최신판

농협은행 5급 기출복원 실전모의고사

직무능력평가 + 직무상식평가

농협중앙회 · 농협생명 · 농협손해보험 · 농협경제지주

혼JOB취업연구소

NH

농협은행 5급 및 농협 계열사 필기시험 대비

- 기출복원 모의고사 1회분 + 실전모의고사 3회분
- 최신 출제 경향을 완벽 반영한 농협 맞춤형 문항
- 빈틈없는 학습을 위한 상세하고 정확한 해설

혼JOB

이 책의 구성 및 특징

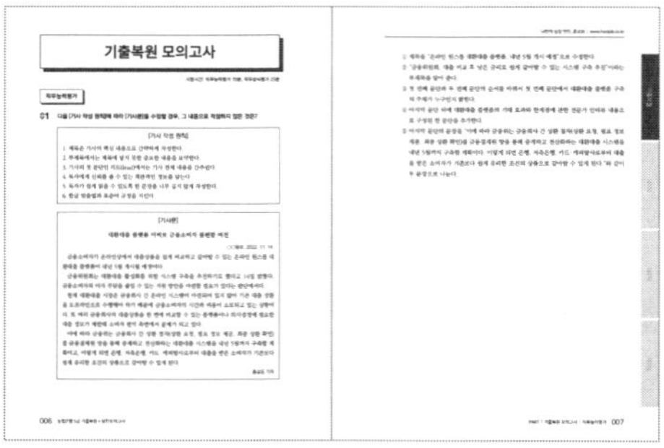

기출복원 모의고사

NH농협은행 필기시험의 기출 문항의 유형, 소재, 난이도를 반영하여 복원한 문항으로 기출복원 모의고사를 구성했습니다. 실전모의고사 풀이 전 출제 유형을 파악할 수 있습니다.

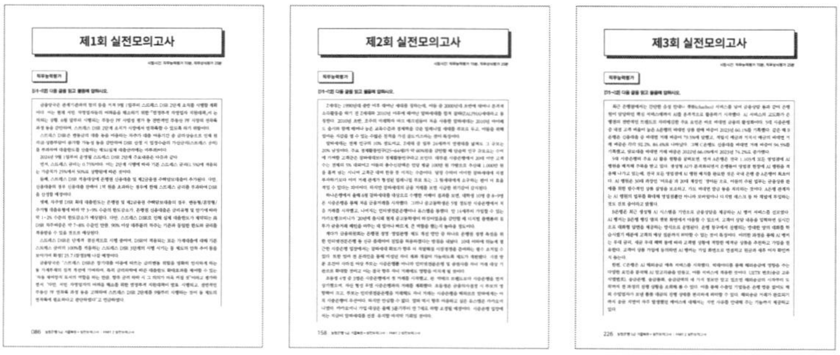

실전모의고사 3회분

실전 대비를 위해 직무능력평가 50문항, 직무상식평가 30문항으로 구성된 실전모의고사 3회분을 수록하였습니다. 주어진 시간 내에 풀이하여 실전 감각을 기를 수 있습니다.

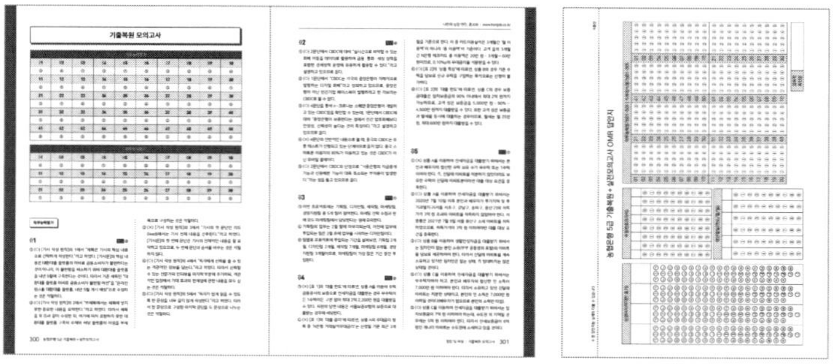

정답 및 해설 & OMR 답안지

독학이 가능하도록 선택지별로 이해하기 쉬운 상세한 해설을 수록하였으며, 실전 적응력을 높이기 위하여 회차별 OMR 답안지를 제공하였습니다.

이 책의 차례

[정답 및 해설] PDF 제공

수험생들의 편리하고 스마트한 학습을 위해 교재 내 [정답 및 해설]을 PDF 파일로도 무료 제공해 드립니다.

다운로드 바로가기

혼JOB 홈페이지
(honjob.co.kr)
→ 자료실
→ 학습자료실

PART 1
기출복원 모의고사

☑ 출제 유형을 파악할 수 있도록 NH농협은행 기출 문항의 유형, 소재, 난이도를 살린 복원 문항으로 기출복원 모의고사 1회분을 구성했습니다.

☑ 직무능력평가(의사소통, 문제해결, 수리, 정보 등) 50문항, 직무상식평가[농업·농촌 관련 상식, 디지털 관련 상식, 금융(경제)분야 용어·상식 등] 30문항으로 구성했습니다.

☑ 실제 시험에 맞춰 시험 형식은 5지 선다, 직무능력평가의 시험시간은 70분, 직무상식평가의 시험시간은 25분으로 구성했습니다.

☑ 함께 제공되는 OMR 답안지에 직접 마킹해 가며 실전과 동일한 조건에서 모의고사를 풀어본 후, 정답 및 해설을 통해 취약 부분을 꼼꼼하게 보완하시기 바랍니다.

혼JOB
농협은행 5급
기출복원+실전모의고사

나만의 성장 엔진, 혼JOB | www.honjob.co.kr

기출복원 모의고사

시험시간: 직무능력평가 70분, 직무상식평가 25분

직무능력평가

01 **다음 [기사 작성 원칙]에 따라 [기사문]을 수정할 경우, 그 내용으로 적절하지 않은 것은?**

[기사 작성 원칙]

1. 제목은 기사의 핵심 내용으로 간략하게 작성한다.
2. 부제목에서는 제목에 넣지 못한 중요한 내용을 요약한다.
3. 기사의 첫 문단인 리드(lead)에서는 기사 전체 내용을 간추린다.
4. 독자에게 신뢰를 줄 수 있는 객관적인 정보를 담는다.
5. 독자가 쉽게 읽을 수 있도록 한 문장을 너무 길지 않게 작성한다.
6. 한글 맞춤법과 표준어 규정을 지킨다.

[기사문]

대환대출 플랫폼 미비로 금융소비자 불편함 여전

○○일보, 2022. 11. 14.

금융소비자가 온라인상에서 대출상품을 쉽게 비교하고 갈아탈 수 있는 온라인 원스톱 대환대출 플랫폼이 내년 5월 개시될 예정이다.

금융위원회는 대환대출 활성화를 위한 시스템 구축을 추진하기로 했다고 14일 밝혔다. 금융소비자의 이자 부담을 줄일 수 있는 지원 방안을 마련할 필요가 있다는 판단에서다.

현재 대환대출 시장은 금융회사 간 온라인 시스템이 마련되어 있지 않아 기존 대출 상환을 오프라인으로 수행해야 하기 때문에 금융소비자의 시간과 비용이 소모되고 있는 상황이다. 또 여러 금융회사의 대출상품을 한 번에 비교할 수 있는 플랫폼이나 의사결정에 필요한 대출 정보가 제한돼 소비자 편익 측면에서 문제가 되고 있다.

이에 따라 금융위는 금융회사 간 상환 절차(상환 요청, 필요 정보 제공, 최종 상환 확인)를 금융결제원 망을 통해 중계하고 전산화하는 대환대출 시스템을 내년 5월까지 구축할 계획이고, 이렇게 되면 은행, 저축은행, 카드·캐피탈사로부터 대출을 받은 소비자가 기존보다 쉽게 유리한 조건의 상품으로 갈아탈 수 있게 된다.

홍길동 기자

① 제목을 “온라인 원스톱 대환대출 플랫폼, 내년 5월 개시 예정”으로 수정한다.

② “금융위원회, 대출 비교 후 낮은 금리로 쉽게 갈아탈 수 있는 시스템 구축 추진”이라는 부제목을 달아 준다.

③ 첫 번째 문단과 두 번째 문단의 순서를 바꿔서 첫 번째 문단에서 대환대출 플랫폼 구축의 주체가 누구인지 밝힌다.

④ 마지막 문단 뒤에 대환대출 플랫폼의 기대 효과와 한계점에 관한 전문가 인터뷰 내용으로 구성된 한 문단을 추가한다.

⑤ 마지막 문단의 문장을 “이에 따라 금융위는 금융회사 간 상환 절차(상환 요청, 필요 정보 제공, 최종 상환 확인)를 금융결제원 망을 통해 중계하고 전산화하는 대환대출 시스템을 내년 5월까지 구축할 계획이다. 이렇게 되면 은행, 저축은행, 카드·캐피탈사로부터 대출을 받은 소비자가 기존보다 쉽게 유리한 조건의 상품으로 갈아탈 수 있게 된다.”와 같이 두 문장으로 나눈다.

02 다음 글에 따를 때 옳지 않은 것은?

CBDC(Central Bank Digital Currency)는 각국의 중앙은행이 자체적으로 발행하는 디지털 화폐를 말한다. 수요와 공급에 의해 가치가 결정되는 비트코인과 달리, CBDC는 지폐나 동전처럼 액면가가 정해져 있으며, 중앙은행이 보증한다는 점에서 민간 암호화폐보다 안정성, 신뢰성이 높다는 것이 특징이다.

CBDC는 초기 시스템만 구축하면 그 이후에는 사실상 발권 비용이 거의 들지 않는다. 또 실시간으로 파악할 수 있는 화폐 이동을 데이터로 활용하여 금융·통화·재정 정책을 포함한 경제정책 운영에 유용하게 활용할 수 있다. 경제활동에 필수적인 모든 자금 거래를 파악할 수 있어 과세 근거를 100% 추적할 수 있고, 화폐 위·변조나 자금세탁 등의 소지도 거의 없다는 점에서 국가 입장에서는 큰 장점이다. 하지만 익명성이 전혀 보장되는 않는다는 것은 CBDC의 단점이기도 하다. 따라서 CBDC는 개인의 경제생활에 국가가 개입·통제하는 수단이 될 수 있다. 심지어 정부가 마음만 먹으면 개인이 보관하고 있는 디지털 화폐를 사용하지 못하게 할 수도 있다. 이와 더불어 시중은행의 자금중개 기능과 신용배분 기능이 대폭 축소되는 부작용이 발생한다. 중앙은행이 디지털 화폐를 통하여 모든 결제서비스를 독자적으로 수행할 수 있기 때문이다.

그럼에도 불구하고 세계 곳곳에서 CBDC에 대한 관심이 높아지고 있다. 여기에는 2019년 페이스북이 발행을 시도한 자체 화폐 '리브라(Libra)'의 영향이 크다. 달러화와 가치를 연동하는 리브라는 페이스북 이용자 25억 명이 각국 중앙은행의 감독을 받지 않고 '세계 화폐'로 쓸 수 있도록 고안되었는데, 이 사건이 각국 정부에 큰 충격을 준 것이다.

세계에서 가장 강력하고 빠르게 CBDC를 추진하고 있는 나라는 중국이다. 이미 2014년부터 CBDC를 연구·개발해 온 중국은 2020년 5월부터 유통 테스트에 돌입했다. 중국 중앙은행인 인민은행에 따르면, 현재 중국은 선전·쑤저우·슝안신구·청두의 4개 도시와 2022년 동계올림픽이 개최될 장소에서 CBDC를 철저한 보안 속에 테스트하였다. 중국의 CBDC 기능은 현재까지는 충전, 계좌이체, 카드 결제, QR코드 스캔 등 기본적인 수준에 머물고 있는 것으로 알려져 있다. 사실 중국은 이미 '현금 없는 사회'로 변모 중이다. 중국 스마트폰 이용자의 80%는 이미 모바일 결제를 이용한다. 한편 일본은 2020년 7월 각료회의를 통과한 '2020년도 경제재정운영개혁 기본방향'에 'CBDC 실증 실험 검토, 실시' 문구를 새롭게 추가하여 디지털 화폐 검토를 공식화했다. 같은 해 10월에는 개념증명 1단계 시행을 목표로 범용 CBDC 실험 수행계획을 발표하여 2022년 파일럿 테스트를 진행할 예정이다. 또한 일본 중앙은행인 일본은행은 2021년 4월경 금융기관과 일부 기업을 대상으로 CBDC 활용에 대한 대규모 시범 사업을 진행할 예정이라고 밝혔다. '현금 없는 사회' 구축에 가장 앞장서고 있는 스웨덴은 2017년부터 중앙은행에 CBDC 전담조직을 구성하고 이미 'e-크로나'라고 명명한 시제품의 개발과 실험까지 진행 중이다. 또한 사용자들이 전자지갑에 이를 보유하고 모바일 앱 등을 통해 지급·입출금·송금을 할 수 있는 플랫폼을 개발하고 있는 단계에 와 있다. 스웨덴의 CBDC는 한국은행이 현재 눈여겨보는 모델이라는 점에도 의미가 있다.

① CBDC는 일반 화폐보다 이동 경로 파악이 용이하다.

② 페이스북이 발행하려고 한 리브라는 CBDC로 볼 수 없다.

③ e-크로나는 민간 암호화폐보다 안정성과 신뢰성이 높을 것이다.

④ 중국 스마트폰 이용자의 80%는 시중에 유통되고 있는 CBDC를 사용하고 있다.

⑤ CBDC가 상용화될 경우 시중은행의 자금중개와 신용배분 기능이 약화될 가능성이 있다.

03 **다음 [N기업 신상품 프로젝트 진행 일정]을 본 N기업 사원들이 [대화]와 같이 이야기를 나누었다고 할 때 [대화]의 ㉠~㉢에 들어갈 말을 옳게 짝지은 것은?**

[N기업 신상품 프로젝트 진행 일정]

업무	담당 팀	1월	2월	3월	4월	5월	6월	7월	8월	9월	10월	11월	12월
시장조사 및 기획	기획팀	■	■										
디자인	디자인팀		■	■									
제작	제작팀			■	■	■	■	■	■	■			
마케팅 전략 수립	마케팅팀				■	■	■						
판매	마케팅팀							■	■	■	■	■	
매출실적 결산	경영지원팀								■		■		■

[대화]

- A: 이번 신상품 프로젝트에는 총 (㉠)개 팀이 참여하는군요.
- B: 네, 1월에 기획팀의 시장조사 및 기획으로 시작되는 프로젝트는 12월에 경영지원팀이 매출실적을 결산하면서 종료될 예정이에요.
- C: 기획팀의 업무가 채 마무리되기도 전에 (㉡)이 프로젝트에 투입되는군요.
- D: 그렇습니다. 참여하는 모든 팀이 수고해 주시겠지만, 아무래도 가장 많은 기간 동안 투입되어야 하는 (㉢)에서 많이 애써 주시겠네요.

	㉠	㉡	㉢
①	5	디자인팀	마케팅팀
②	5	디자인팀	제작팀
③	5	경영지원팀	제작팀
④	6	디자인팀	경영지원팀
⑤	6	경영지원팀	마케팅팀

[04~05] 다음 [표]는 N은행의 대출 상품에 관한 설명서이다. [표]를 보고 물음에 답하시오.

[표 1] 상품 A 설명서

<table>
<tr><td>상품 특징</td><td>대출 신청 정보를 한 번만 입력하면 서울보증보험, 주택금융공사의 보증서를 한 번에 통합 심사해 주는 전세대출</td></tr>
<tr><td>대출 대상</td><td>부동산중개업소를 통해 다음의 요건을 모두 충족하는 임대차계약을 체결한 자
• 다음 보증기관별 임차보증금 기준을 충족하는 자
– 서울보증보험: 제한 없음
– 주택금융공사: 수도권* 7억 원 이하, 수도권 외 5억 원 이하
* 수도권: 서울특별시, 인천광역시, 경기도
• 임차보증금의 5% 이상의 계약금을 지급한 자
• 본인과 배우자의 합산한 주택 보유 수가 무주택 또는 1주택인 자
• 2020. 7. 10. 이후 본인과 배우자가 투기지역 및 투기과열지구*의 취득가격 3억 원 초과의 아파트를 취득하지 않은 자
* 투기지역 및 투기과열지구: 서울 서초구, 강남구, 송파구, 용산구</td></tr>
<tr><td>대출 기간</td><td>1년 이상 2년 이내(기한 연장 가능)</td></tr>
<tr><td>대출 한도</td><td>• 서울보증보험: 최대 5억 원(1주택자는 최대 3억 원)
• 주택금융공사: 최대 2억 2,200만 원
※ 1천만 원 이상 신청 가능</td></tr>
<tr><td>대출 금리</td><td>• 기준금리: 금리변동주기, 대출만기별로 매일 변동
• 우대금리
<table>
<tr><td rowspan="4">N은행
거래실적
우대금리
(최대 0.80%p)</td><td>카드이용실적
(신용/체크 모두 포함)</td><td>• 총 100만 원 이상 0.30%p
• 총 50만 원 이상~100만 원 미만: 0.10%p</td></tr>
<tr><td>급여이체</td><td>• 월 150만 원 이상: 0.30%p
• 월 50만 원 이상~150만 원 미만: 0.10%p</td></tr>
<tr><td>자동이체</td><td>월 3건 이상: 0.10%p</td></tr>
<tr><td>주택청약종합저축</td><td>월 2만 원 이상 납입: 0.10%p</td></tr>
<tr><td rowspan="2">상품우대금리
(최대 1.50%p)</td><td>비대면 신청 우대</td><td>1.00%p</td></tr>
<tr><td>NH상생지원 프로그램 특별우대</td><td>0.50%p</td></tr>
</table>
※ 우대금리는 중복 적용 가능하며, N은행 거래실적우대금리는 신청일 기준 최근 3개월을 기준으로 함</td></tr>
<tr><td>상환 방법</td><td>만기일시상환</td></tr>
</table>

[표 2] 상품 B 설명서

상품 특징	시세 조회되는 아파트를 담보로 구입자금, 생활안정자금 대출이 가능한 아파트담보대출 ※ 기존 주택을 담보로 신규 주택을 구입하는 목적으로는 신청 불가하며, 구입자금의 경우 부동산중개업소를 통한 매매계약인 경우에만 신청 가능
대출 대상	다음 요건을 모두 충족하는 자 • 소득 확인이 가능한 자 • 관련 기관(정부24, 국세청, 국민건강보험공단, 전자가족관계등록시스템 등)을 통해 서류 제출이 가능한 자 • 임차인이 없는 본인 소유(부부 공동명의 포함)의 아파트를 담보로 제공하는 자 • 인터넷등기 서비스로 근저당권 설정이 가능한 자 • 신용등급 등 N은행에서 정한 심사 조건에 해당하는 자
대출 기간	3년 초과 40년 이내
대출 한도	최저 1,000만 원 최대 10억 원 이내
대출 금리	• 기준금리: 금리변동주기, 대출만기별로 매일 변동 • 우대금리: 없음
상환 방법	원(리)금균등할부상환

[표 3] 상품 C 설명서

상품 특징	만 34세 이하 무주택 청년을 대상으로 저리의 임차자금을 지원하는 주택금융신용보증서 담보 청년 전 · 월세자금대출
대출 대상	다음 요건을 모두 충족하는 자 • 본인과 배우자의 합산한 연 소득이 7,000만 원 이하인 자 • 만 34세 이하 무주택자로, 주택금융신용보증서 임차자금 보증이 가능한 자 • 대상 주택이 다음 기준을 충족하는 자 – 전세: 임차보증금 7억 원 이하(수도권* 외 5억 원 이하) * 수도권: 서울특별시, 인천광역시, 경기도 – 월세: 임차보증금 1억 원 이하, 월세 70만 원 이하
대출 기간	임차기간 중 2년 이내
대출 한도	• 보증금대출: 임차보증금의 90% 이내에서 최대 2억 원 • 월세대출: 월 50만 원, 최대 1,200만 원 ※ 보증금 및 월세 동시 대출 시 월세대출 한도는 월 25만 원, 최대 600만 원
대출 금리	• 기준금리: 금리변동주기, 대출만기별로 매일 변동 • 우대금리: NH상생지원 프로그램 0.30%p
상환 방법	만기일시상환, 원(리)금균등할부상환 ※ 월세대출은 원금균등할부상환만 가능

04 다음 [고객 문의 게시판]은 고객 갑~정의 문의와 이에 대한 N은행 행원의 답변 내용이다. 위 [표]에 따를 때 ㉠~㉣ 중 옳은 것을 모두 고르면? (단, 제시되지 않은 내용은 고려하지 않는다)

[고객 문의 게시판]

- 고객 갑: 상품 A를 이용해 주택금융공사의 보증으로 전세자금을 대출받는다고 하면, 최대 얼마까지 대출받을 수 있나요?
- 행원: ㉠ 무주택자이실 경우 최대 5억 원을, 1주택자이실 경우 최대 3억 원을 대출받을 수 있습니다.
- 고객 을: 상품 A 신청일을 기준으로 최근 3개월간 N은행 체크카드로 매월 20만 원씩 이용했어요. 이런 경우 우대금리는 얼마인가요?
- 행원: ㉡ 카드이용실적으로 우대금리를 적용받으시려면 최근 3개월간 매월 50만 원 이상씩 이용하셔야 하므로, 고객님은 우대금리 대상에 포함되시지 않습니다.
- 고객 병: 현재 거주하고 있는 아파트를 담보로 대출을 받아서 새로운 아파트를 구입하려고 하는데요. 상품 B를 이용하는 것이 가능할까요?
- 행원: ㉢ 기존 주택을 담보로 신규 주택을 구입하는 목적으로는 상품 B를 이용하실 수 없습니다.
- 고객 정: 저는 현재 만 29세인 무주택자이고, 저와 아내의 합산 소득은 연 5,000만 원입니다. 경기도 수원시에 소재한 보증금 5,000만 원, 월세 60만 원의 주택에 월세로 들어가려고 하는데요. 상품 C를 이용해 보증금과 월세를 동시에 대출받을 경우 대출 한도는 얼마인가요?
- 행원: ㉣ 보증금은 최대 4,500만 원까지 대출받으실 수 있고, 월세는 월 25만 원을 한도로 최대 600만 원까지 대출받으실 수 있습니다.

① ㉠　② ㉡, ㉢　③ ㉢, ㉣
④ ㉠, ㉡, ㉣　⑤ ㉡, ㉢, ㉣

05 위 [표]와 다음 [상황]에 따를 때 옳지 않은 것은? (단, 제시되지 않은 내용은 고려하지 않는다)

[상황]

현재 미혼인 만 33세의 이몽룡은 2021년 7월 9일에 서울 용산구 소재 진달래 아파트를 구입한 뒤 이 아파트에 거주해 왔다. 그러던 중 얼마 전 타 지역으로 발령이 나면서 해당 지역에 소재한 개나리 아파트로 이사를 하려고 부동산중개업소를 통해 전세계약을 체결하였다. 개나리 아파트의 전세보증금은 6억 원으로, 이몽룡은 현재 3,000만 원을 계약금으로 지급한 상태이다.

① 이몽룡이 상품 A를 이용하여 서울보증보험의 보증으로 전세자금을 대출받을 수 있다고 한다면, 현재 진달래 아파트를 처분한 상태일 것이다.
② 이몽룡이 상품 A를 이용하여 주택금융공사의 보증으로 전세자금을 대출받을 수 있다고 한다면, 진달래 아파트 취득가격은 3억 원 이하일 것이다.
③ 이몽룡이 진달래 아파트를 담보로 상품 B를 이용하여 생활안정자금을 대출받을 수 있다고 한다면, 현재 진달래 아파트를 계속 소유하면서 임대하지는 않은 상태일 것이다.
④ 이몽룡이 상품 C를 이용하여 전세자금을 대출받을 수 있다고 한다면, 현재 진달래 아파트를 처분한 상태이고, 연 소득은 7,000만 원 이하일 것이다.
⑤ 이몽룡이 상품 C를 이용하여 전세자금을 대출받을 수 있다고 한다면, 현재 진달래 아파트를 처분한 상태이고, 개나리 아파트는 수도권에 소재하고 있을 것이다.

06 **간편결제시장 조사를 담당하고 있는 김 행원이 다음 글을 읽고 N페이의 강점, 약점, 기회, 위협 요인을 정리한 [보고서]를 작성하였다. [보고서]의 ㉠~㉣ 중 적절하지 않은 것을 모두 고르면?**

> 국내 간편결제시장 규모는 2016년 11조 7,810억 원에서 2018년 80조 1,453억 원으로 약 7배 이상 성장하였으며, 2019년에는 무려 120조 원을 달성하였다. 특히 코로나19로 인해 비대면 소비가 촉진되면서 간편결제시장의 확장세는 더욱 두드러지고 있고, 이러한 추세는 앞으로도 지속될 것으로 보인다. 이에 따라 간편결제업체의 경쟁 또한 심화되면서 이른바 '페이 전쟁'이 벌어지고 있는 상황이다.
>
> 가장 대표적인 간편결제서비스인 N페이는 자사 인터넷포털 사이트 N포털의 가입자 2,200만 명을 바탕으로 자사 인터넷 쇼핑몰 N쇼핑에서 연간 7조 원 규모의 간편결제서비스를 제공하고 있다. 현재 대부분의 모바일 이용자는 N포털에 로그인된 상태이기 때문에 N포털의 서비스인 N쇼핑과 N페이에 쉽게 진입할 수 있다. 또한 N쇼핑에서 N페이로 상품을 결제함으로써 구매 이후 배송 현황, 반품·교환, 포인트 적립 같은 구매 관련 전 과정을 한 번에 관리할 수 있어 이용자 입장에서는 매우 편리하다는 특징이 있다. N쇼핑, N엔터테인먼트, N클라우드 등 자사의 다른 비금융 서비스와도 연계돼 최대 9%의 포인트를 적립해 준다는 점도 이용자들의 이목을 사로잡고 있다. 하지만 N페이는 오프라인 가맹점이 미비한 탓에 온라인 밖의 시장에서는 고전을 면치 못해 왔다. 이에 N페이는 최근 B카드사와 제휴를 맺고, 오프라인 결제 서비스를 시작한 상태이다.
>
> 한편, N포털이라는 든든한 뒷배를 가지고 있다는 점이 N페이에 오히려 역효과로 작용하기도 한다. N포털 메인 화면에 게재되는 뉴스 기사와 이에 대한 댓글이 특정 정치색을 띤다는 논란이 일자 덩달아 N페이 불매 운동이 벌어지기도 한 것이다. 또한 N포털이 시장 지배력 남용과 관련해 공정거래위원회의 조사를 받고 있는 점도 N페이에 큰 약점으로 작용할 수 있다.
>
> 이러한 상황에서 최근에는 M카드사가 업계 최초로 종합 결제 플랫폼 M페이를 출시하며 승부수를 던졌다. N페이, S페이, K페이 등의 핀테크업체가 내놓은 간편결제서비스에 전통 금융사가 맞불을 놓은 것이다. M페이는 종전 간편결제서비스 방식을 모두 수용한 것에 더하여, 확장성, 보안성, 범용성을 갖춘 종합 금융플랫폼으로서 앞으로의 성과 여부에 관심이 집중되고 있다.

[보고서]

1. 강점(Strength)
   - 자사의 포털 사이트와 연계되어 많은 이용자를 끌어들일 수 있음
   - ㉠ 이용자가 자사의 쇼핑 서비스에서 결제할 경우 구매 관련 전 과정을 한 번에 관리할 수 있음
2. 약점(Weakness)
   - ㉡ 포인트 지급 요건이 자사의 금융 서비스 이용에만 한정됨
   - 자사의 포털 사이트에 대한 부정적 이미지로 인해 불매 운동이 일어나기도 함
   - 온라인에 비해 오프라인 가맹점이 미비함
3. 기회(Opportunity)
   - 코로나19로 비대면 소비가 촉진되면서 간편결제시장의 확장세가 두드러짐
   - ㉢ 자사의 오프라인 쇼핑 사업 부문과 연계하여 오프라인 시장 진출의 발판을 마련함
   - ㉣ 기존 간편결제 기능에 확장성, 보안성, 범용성을 더한 간편결제서비스를 출시함
4. 위협(Threat)
   간편결제업체 간의 경쟁이 심화되고 있음

① ㉠
② ㉠, ㉡
③ ㉡, ㉢
④ ㉡, ㉣
⑤ ㉡, ㉢, ㉣

[07~08] 다음 기사를 읽고 물음에 답하시오.

출입 통제, 근태 관리 등 일부 특수 보안 용도에 머물던 생체인증 기술이 최근 모바일 핀테크와 결합하면서 간편결제 시스템에 새바람을 불러일으키고 있다. 생체인증은 각 사람이 가지고 있는 고유한 신체적 특징을 암호로 사용해 개인을 인증하는 기술이다. 간편결제 서비스에 이 생체인증이 도입되면서 실물 카드나 스마트폰 없이도 결제가 가능해지게 됐고, 이에 따라 이용자의 편의성이 크게 증대됐다.

먼저, A카드에서는 얼굴만으로 결제하는 미래형 결제 모델 '페이스 페이'를 선보였다. 페이스 페이는 2019년 10월 금융위원회 혁신금융서비스로 지정된 바 있다. 이에 안면인식 정보를 등록할 때 앱 인증, 카드 및 휴대폰 본인 확인 등의 방법으로 실명 확인을 대체하는 규제상의 특례를 적용받았다. 안면인식 등록 키오스크에서 카드 정보와 안면 정보를 한번 등록해 놓으면 A카드 페이스 페이가 지원되는 매장에서 얼굴 인식만으로 상품을 구매할 수 있다. 3D 적외선 카메라로 추출한 얼굴 정보와 A카드의 결제 정보를 매치하고 가상 카드 정보인 토큰으로 결제를 승인하는 방식이다.

다음으로, B카드에서는 손바닥 정맥을 이용한 결제 서비스 '핸드 페이'를 도입하였다. 핸드 페이는 손바닥을 결제 단말기에 잠시 올려놓으면 기계가 정맥 속 헤모글로빈 성분을 식별해 개인 인증을 하고 결제를 진행하는 방식이다. 국내뿐 아니라 세계 최초로 정맥인증을 상용화한 사례로 알려졌다. 현재 핸드 페이는 전국 90여 곳에 전용 단말기를 설치해 운영 중이다. B카드는 유동 인구가 많고 핸드 페이 서비스가 시너지를 극대화할 수 있는 곳 위주로 서비스를 확대할 계획이다.

한편, C카드에서는 국내 최초로 목소리를 결제 인증에 사용하는 '보이스 페이'를 서비스 중이다. C카드 간편결제 앱에 목소리를 등록하면 비밀번호 대신 목소리로 결제 인증을 할 수 있다. 예를 들어, 간편결제 앱에 있는 보이스 인증 등록 버튼을 눌러 본인의 음성으로 "내 목소리로 결제"라고 스마트폰에 등록하면, 이후 스마트폰에 등록했던 멘트와 똑같이 말하는 것만으로 결제가 진행된다.

이 외에도 현재 지문, 홍채, 걸음걸이, 심박 수, 뇌파 등을 활용한 생체인증의 상용화가 고려되고 있는 상황이다. 대표적인 생체인증의 종류와 그 내용을 살펴보면 다음과 같다.

구분	내용
지문 인증	• 적용 센서를 이용해 손가락 지문의 디지털 영상을 획득하여 사용자를 인식하는 방법으로, 개발 비용이 상대적으로 저렴하다. • 기계에 지문을 접촉하는 방식이기 때문에 전반적으로 인식률이 높다. • 땀이나 먼지, 손의 상처나 변형 등으로 인해 인식률이 떨어질 수 있고, 타인의 지문을 본떠 위조할 수 있다.
안면 인증	• 코와 입, 눈썹, 턱 등 얼굴 골격의 각 부위를 분석 · 저장한 후 신원 확인 시에 대조하는 인증 방법이다. • 장비와 직접 접촉하지 않아 위생적이며, 원격 인증이 가능하다. • 조명, 환경, 촬영 각도 등에 따라 오작동 확률이 높고, 사진, 변장을 통한 악용 가능성이 있다.
홍채 인증	• 일생 동안 변하지 않고 복제가 불가능한 홍채의 고유한 특징을 추출하여 활용하는 인증 방법이다. • 카메라를 2초 정도 바라보는 것만으로 인식할 수 있어 매우 편리하다. • 굴곡이 심한 안경, 미용 렌즈를 착용한 경우나 대낮에 야외에서 인증하는 경우에는 인식률이 떨어진다.

정맥 인증	• 적외선과 필터를 사용해 손바닥, 손등, 손목의 혈관을 투시한 후 정맥 형태 정보를 추출하여 인증한다. • 혈관의 모양을 인식하는 시스템이기 때문에 복제가 거의 불가능하다. • 하드웨어 구성이 복잡해 많은 비용이 든다.
음성 인증	• 음성으로부터 추출한 독특한 특성을 활용하는 인식기술로 음성 경로, 비강과 구강의 모양 등에 의한 음성학적 특성을 이용한 방법이다. • 음성 입력 장치인 전화망, 마이크로폰 장착 컴퓨터 대중화로 구축 비용이 적다. • 심한 잡음이 있는 사용 환경에서는 음성을 인식하기 힘들다.

07 **농협은행의 최 행원은 위 기사를 토대로 국내 카드사의 생체인증 간편결제 시행 현황에 대해 다음과 같이 보고서를 작성하였다. 보고서를 검토한 오 과장이 최 행원에게 전달했을 수정 사항으로 가장 적절한 것은?**

업체	서비스명	생체인증 시스템	시행 현황
A카드	페이스 페이	㉠ 안면인증	• 금융위원회 혁신금융서비스로 지정 • 안면인식 등록 키오스크에 카드 정보와 안면 정보를 등록하면 3D 적외선 카메라로 추출한 얼굴 정보와 결제 정보를 매치하여 가상 카드 정보인 토큰으로 결제를 승인하는 방식 • ㉡ 전국 90여 곳에 전용 단말기를 설치해 운영 중
B카드	핸드 페이	㉢ 지문인증	• 세계 최초로 정맥인증을 상용화한 사례 • ㉣ 기계가 정맥 속 헤모글로빈 성분을 식별해 개인 인증을 하고 결제를 진행하는 방식
C카드	보이스 페이	음성인증	• ㉤ 국내 최초로 목소리를 결제 인증에 사용 • 간편결제 앱에 본인의 목소리로 특정 멘트를 등록한 후 등록했을 때와 똑같은 멘트로 말하기만 하면 결제가 진행되는 방식

① A카드의 페이스 페이는 홍채인증을 활용한 생체인증 시스템이므로 ㉠을 '홍채인증'으로 수정하세요.
② ㉡은 C카드의 보이스 페이에 해당하는 내용이므로 C카드의 시행 현황 항목으로 옮기세요.
③ B카드의 핸드 페이는 정맥인증을 활용한 생체인증 시스템이므로 ㉢을 '정맥인증'으로 수정하세요.
④ 기계 이용 방법을 좀 더 정확히 알 수 있도록 ㉣ 앞에 '손목을 결제 단말기에 올려놓으면'을 추가하세요.
⑤ C카드의 보이스 페이는 세계 최초로 목소리를 결제 시스템에 도입한 사례이므로 ㉤을 '세계 최초'로 수정하세요.

08 **농협은행 행원들은 [대화]와 같이 고객을 대상으로 실시할 생체인증 시스템에 관하여 논의하고 있다. 위 기사에 따를 때 [대화]의 ㉠에 들어갈 생체인증 시스템으로 가장 적절한 것은?**

> [대화]
>
> • 김 행원: 생체인증 시스템을 상용화하기 위해서는 무엇보다 구축 비용이 상대적으로 저렴해야 합니다.
>
> • 박 행원: 맞습니다. 하지만 비용 요건을 충족한다고 하더라도, 도수가 높은 안경이나 미용렌즈를 착용하는 고객이 많다는 점을 감안할 때 홍채인증은 적절한 시스템이 아닙니다. 또한 인증 장소가 소음이 발생하는 환경일 수 있다는 점도 고려해야 합니다.
>
> • 이 과장: 코로나19의 확산 이후 위생의 중요성이 강조되고 있으므로 기계에 직접 손을 대야 하는 인증 방식도 피해야 할 것으로 보입니다.
>
> • 정 부장: 그렇다면 지금까지의 의견을 종합해 볼 때, (㉠)을 도입하는 것이 가장 좋겠군요.

① 지문인증 ② 안면인증 ③ 홍채인증
④ 정맥인증 ⑤ 음성인증

[09~10] 다음 기사를 읽고 물음에 답하시오.

오픈뱅킹이 활성화되면서 금융소비자의 편리성이 개선되고, 금융산업 전반에 혁신이 촉진되고 있다. 오픈뱅킹이란 조회나 이체 등 은행의 핵심 금융기능을 표준화해 다른 사업자에게 개방하는 은행권 및 핀테크(fintech, 금융기술) 기업의 공동 인프라이다. 소비자는 자신이 이용하는 은행의 앱 전부를 일일이 설치할 필요 없이 한 개의 은행 앱이나 핀테크 기업의 앱에 모든 은행계좌를 등록해 결제·송금·이체 등의 업무를 할 수 있다. 국내에서는 2019년 10월 30일부터 10개 대형 은행에서 오픈뱅킹 시범 운영을 시작했으며, 2019년 12월 18일 정식 운영되면서 은행 16곳과 31개 핀테크 기업에서 접근이 가능해졌다.

오픈뱅킹이 시행되면서 고객들은 하나의 앱으로 이용하는 모든 은행계좌의 금융업무를 처리할 수 있어 편리해졌을 뿐만 아니라, 금융서비스 선택권 및 본인정보 통제권이 강화됐다. 이로 인해 금융 노마드(financial nomad, 금리·부가서비스 등의 혜택에 따라 이동하는 고객)가 출현하는 등 금융소비자의 금융생활이 획기적으로 변화됐다.

오픈뱅킹의 장점은 그 기능이 단순히 은행업무 처리에만 국한되지 않는다는 점이다. 오픈뱅킹에서는 재테크에 관심이 있는 이용자들을 대상으로 다양한 서비스를 제공한다. 카드사의 결제정보를 연동하면 사용처와 내역을 일일이 모바일 가계부에 입력하지 않고도 편리하게 반영할 수 있으며, 이를 기반으로 재무상황과 소비경향을 한눈에 파악할 수 있다. 또한 개인의 금융상태에 맞는 신용카드, 대출, 보험상품을 추천해 주는 서비스도 늘어나고 있어 소비자들이 받는 혜택은 점점 늘어나고 있다.

은행의 입장에서는 오픈뱅킹 앱이 고객을 획득·유지할 수 있는 마케팅 수단이 되고 있다. 시중은행들은 타행 계좌를 자행 오픈뱅킹에 등록하거나 자행 오픈뱅킹을 통해 타행 계좌에서 자행 계좌로 이체하는 고객을 대상으로 대대적인 이벤트를 진행하고 있다. 복수의 은행계좌를 갖고 있는 고객이 특정 은행의 오픈뱅킹 앱을 사용할 경우 해당 은행을 주거래 은행으로 삼을 가능성이 크기 때문이다.

또한 은행은 오픈뱅킹을 통해 기존 고객뿐 아니라 전 국민을 대상으로 다양한 금융 서비스를 제공하는 종합적인 금융플랫폼을 구축할 수 있을 것으로 보고 있다. 오픈뱅킹 확대와 함께 새로운 금융상품과 서비스를 개발·유통할 수 있게 되면서 은행권 전반의 경쟁력이 제고되고 있는 것으로 분석된다.

핀테크 기업 입장에서는 은행권에 의존하지 않고 저렴한 비용으로 서비스 제공이 가능해졌다. 실제로 오픈뱅킹이 시행되면서 핀테크 기업이 은행에 부담하는 수수료는 기존 대비 10분의 1 수준으로 줄었다. 금융결제원에 따르면, 평균 수수료는 한 건당 500원에서 50원으로 절감됐다고 한다. 이러한 비용 절감 효과를 발판으로 핀테크 기업은 해외 진출의 기반을 마련할 수 있을 것으로 보고 있다.

한편, 고객들의 민감한 금융정보가 공유 플랫폼에 공개되는 만큼 금융사고 등의 부작용을 우려하는 목소리도 커지고 있다. 또한 모바일 뱅킹에 취약한 고령층 등 금융 소외계층에게는 해당 서비스가 여전히 '그림의 떡'이라는 점도 문제점으로 지적되고 있다. 이들에게 익숙한 은행 창구 등 오프라인 채널에서는 오픈뱅킹 서비스를 이용할 수 없기 때문이다.

09 농협은행의 이 행원은 위 기사의 내용을 정리하여 다음과 같이 [보고서]를 작성하였다. [보고서]를 검토한 김 과장이 이 행원에게 전달했을 수정 사항으로 가장 적절한 것은?

[보고서]

1. ㉠ 오픈뱅킹의 시행 배경
 - 은행의 핵심 금융기능을 표준화해 다른 사업자에게 개방하는 공동 인프라
 - 한 개의 은행 혹은 핀테크 기업의 앱에 이용하는 모든 은행계좌를 등록해 금융업무를 할 수 있음
2. 오픈뱅킹의 국내 도입
 - 2019년 10월 30일부터 대형 은행 10곳에서 ㉡ 운영
 - 2019년 12월 18일부터 은행 16곳, 핀테크 기업 31곳에서 ㉢ 운영
3. 오픈뱅킹의 장점
 (1) 금융소비자 측면
  - 하나의 앱으로 모든 은행계좌의 금융업무를 처리할 수 있어 편리함
  - 금융서비스 선택권 및 본인정보 통제권이 강화됨
  - ㉣ 오픈뱅킹 가입만으로 모든 카드 사용 정보가 연동되어 소비경향을 한눈에 파악할 수 있음
 (2) 은행 측면
  - 고객을 획득·유지할 수 있는 마케팅 수단이 됨
  - 기존 고객 외에 전 국민을 대상으로 한 종합적인 금융플랫폼 구축이 가능함
  - 새로운 금융상품과 서비스를 개발·유통할 수 있음
 (3) 핀테크 기업 측면
  - ㉤ 은행권에 의존하지 않고 저렴한 비용으로 서비스 제공이 가능함
  - 비용 절감 효과를 토대로 해외 진출의 기반을 마련함
4. 오픈뱅킹의 단점
 - 고객들의 민감한 금융정보가 공개되어 금융사고 등의 부작용이 우려됨
 - ㉥ 오프라인에서는 운영하지 않는 모바일 전용 서비스임

① ㉠은 하위 항목을 모두 포괄할 수 있도록 '오픈뱅킹의 시행 현황'으로 수정하세요.

② ㉡과 ㉢을 구분하여 ㉡은 '정식 운영'으로, ㉢은 '시범 운영'으로 수정하세요.

③ 오픈뱅킹에서 카드 사용 내역을 확인하기 위해서는 해당 카드사와의 연동이 필요하므로 ㉣은 '카드사와의 연동을 통해'로 수정하세요.

④ ㉤은 금융산업 전반으로 볼 때 장점으로 판단하기 어려우므로 삭제하세요.

⑤ ㉥은 젊은 고객층의 모바일 선호도와 최근의 비대면 서비스 추세를 고려할 때 장점에 해당하므로 3-(1)로 옮기세요.

10 **위 기사를 바탕으로 농협은행 행원들이 자행의 오픈뱅킹 앱을 활용할 방안에 대해 논의하고 있다. 다음 중 그 내용으로 적절하지 않은 것은?**

① 농협은행 오픈뱅킹 앱을 사용하면서 주거래 은행을 타행에서 농협은행으로 옮긴 고객에게 상품을 증정하는 이벤트를 실시해야겠군.

② 오픈뱅킹은 고객의 타행 금융정보까지 모아 놓은 서비스이므로, 농협은행 오픈뱅킹 앱의 정보 보안과 안정성 확보에 주력해야겠군.

③ 모바일 뱅킹에 익숙하지 않은 고객들도 쉽게 이용할 수 있도록 농협은행 오픈뱅킹 앱을 직관적이고 단순하게 구성할 필요가 있겠군.

④ 농협은행 오픈뱅킹 앱을 설치한 고객 중 타행 계좌 등록 없이 농협은행 계좌 서비스만을 이용하는 고객을 대상으로 혜택을 제공해야겠군.

⑤ 재테크에 관심이 많은 고객에게 오픈뱅킹 앱을 활용하여 자신에게 적합한 맞춤형 금융상품을 추천받을 수 있다는 점을 홍보해야겠군.

11 **고객 A~E가 '신혼부부 내집마련 대출'을 신청하기 위해 2021년 3월 12일 N은행을 방문했다. 다음 [상품 설명서]에 따를 때 고객 A~E의 질문에 대한 행원 K의 답변으로 가장 적절한 것은? (단, 언급하지 않은 요건은 모두 충족하는 것으로 본다)**

[상품 설명서]

<table>
<tr><td>상품명</td><td>신혼부부 내집마련 대출</td></tr>
<tr><td>상품 특징</td><td>신혼부부가 주택을 구입할 경우 낮은 금리로 대출을 지원하는 상품</td></tr>
<tr><td>대출 대상</td><td>대출 신청일 현재 다음 요건을 모두 충족하는 고객
• 혼인신고를 한 지 5년 이내인 신혼부부* 또는 3개월 이내에 혼인신고를 할 예정인 예비부부일 것
• 부부 모두 민법상 성년(만 19세 이상)일 것
• 직전 연도 부부 합산 연소득이 60백만 원 이하일 것
• 부부 모두 무주택일 것
* 2021년 3월 22일부터는 '혼인신고를 한 지 5년 이내인 신혼부부' 요건이 '혼인신고를 한 지 7년 이내인 신혼부부'로 변경될 예정</td></tr>
<tr><td>대출 대상 주택</td><td>다음 요건을 모두 충족하는 주택을 매매로 구입하는 경우
• 담보주택 평가액 500백만 원 이하(부부 모두 만 30세 이하일 경우 300백만 원 이하)
• 주거전용면적 85m² 이하(읍 또는 면 지역은 100m² 이하)</td></tr>
<tr><td>대출 기간</td><td>10년, 15년, 20년, 30년 중 선택</td></tr>
<tr><td>대출 한도</td><td>최대 220백만 원</td></tr>
<tr><td>대출 금리</td><td>○ 대출 금리
대출 금리＝기준 금리－우대 금리
※ 우대 금리 적용 후 최종 대출 금리가 1.20% 미만인 경우에는 1.20%를 적용
○ 기준 금리
<table>
<tr><td colspan="2" rowspan="2">구분</td><td colspan="4">대출 기간</td></tr>
<tr><td>10년</td><td>15년</td><td>20년</td><td>30년</td></tr>
<tr><td rowspan="3">부부 합산 연소득</td><td>20백만 원 이하</td><td>연 1.70%</td><td>연 1.80%</td><td>연 1.90%</td><td>연 1.95%</td></tr>
<tr><td>20백만 원 초과 40백만 원 이하</td><td>연 1.95%</td><td>연 2.05%</td><td>연 2.15%</td><td>연 2.20%</td></tr>
<tr><td>40백만 원 초과 60백만 원 이하</td><td>연 2.20%</td><td>연 2.30%</td><td>연 2.40%</td><td>연 2.45%</td></tr>
</table>
○ 우대 금리(중복 적용 가능)
• 부부 중 한 명 이상이 장애인인 경우: 0.20%p
• 대출 신청일 현재 부부 중 한 명 이상이 주택청약종합저축 가입기간 1년 이상이고 12회차 이상 납입한 경우: 0.10%p
• 대출 신청일 현재 자녀가 있는 경우: 3자녀 이상 0.70%p, 2자녀 0.50%p, 1자녀 0.30%p</td></tr>
<tr><td>상환 방법</td><td>비거치 또는 1년 거치 후 원리금균등분할상환</td></tr>
</table>

담보 및 보증 여부	• 대출 대상 주택에 1순위 근저당권 설정 • 모기지신용보증(MCG) 가입 가능(담보주택 평가액이 3억 원 이하인 경우에 한함) • 서울보증보험(MCI) 가입 불가
신청 시기	소유권 이전등기 전(소유권 이전 등기 후의 경우에는 이전등기 접수일로부터 3개월 이내)

① 고객 A: 대출 기간을 길게 잡고 싶은데, 25년으로 설정하는 것도 가능한가요?
행원 K: 네, 대출 기간은 최소 10년, 최대 30년으로, 25년도 가능합니다.

② 고객 B: 저희는 만 31세 동갑내기 부부이고 담보주택 평가액은 4억 원인데, 대출 신청이 가능한가요?
행원 K: 네, 대출 신청은 가능하시지만, 모기지신용보증과 서울보증보험 가입은 불가능합니다.

③ 고객 C: 저희 부부는 지난달에 결혼식을 올리고 올 7월에 혼인신고를 할 예정인데, 대출 신청이 가능한가요?
행원 K: 네, 결혼식을 한 지 5년 이내인 신혼부부이므로 대출 신청이 가능합니다.

④ 고객 D: 저희 부부는 2016년 10월 9일에 결혼식을 올리고 그다음 주에 바로 혼인신고를 했는데, 대출 신청이 가능한가요?
행원 K: 현재는 불가능하시지만, 올 3월 22일 이후에는 대출 대상 요건이 변경될 예정이므로 대출 신청이 가능합니다.

⑤ 고객 E: 저희 부부의 작년 연소득은 합산해서 2천만 원이고 자녀로는 세쌍둥이를 두고 있습니다. 대출 기간은 10년으로 하려고 하는데 대출 금리가 얼마나 될까요?
행원 K: 고객님의 대출 금리는 기준 금리 연 1.70%에 우대 금리 0.70%p를 반영한 연 1.00%입니다.

12 다음 글을 읽고 추론한 내용으로 가장 적절한 것은?

인사이드 아웃(inside out)이란 기업의 핵심 역량에 맞춰 생산한 제품과 서비스를 시장으로 전달하는 방식을 말한다. 즉, 기업이 우리는 무엇을 잘하고, 어떤 역량을 가지고 있으며, 이것으로 매출을 어떻게 올릴 것인가를 고민하는 것으로, 공급자 중심의 역량으로 시장을 변화시키는 방법이다. 전통적 산업 시대의 기업은 대체로 인사이드 아웃 방식을 통해 R&D 발달, 원가 절감, 품질 향상 등을 이루어 냈고, 이를 통한 결과를 고객에게 전달하였다. 정보기술이 발달하면서 기업의 프로세스는 빠르게 디지털화되었고 인사이드 아웃 역량은 더욱 강화되었다.

하지만 정보기술의 확산은 고객에게 더 큰 영향을 미쳤다. 고객 입장에서 좀 더 쉽게 제품을 탐색·비교할 수 있게 된 것이다. 이로써 공급자 중심의 시장이 수요자 중심으로 이동하였고, 고객을 중심으로 한 아웃사이드 인(outside in) 관점의 프로세스가 부상하게 되었다. 아웃사이드 인은 시장과 고객의 시각에서 기업의 활동과 제품을 바라보는 방식이다. 다시 말해, 누가 우리의 고객인가, 그들이 필요로 하는 것은 무엇인가라는 물음에서 출발하여, 이를 진행할 수 있는 기술이나 역량을 갖고 있든 그렇지 않든 새로운 역량을 확보하면서 비즈니스를 수행해 나가는 것이다.

아웃사이드 인 방식으로 탁월한 성과를 내고 있는 대표적인 기업이 바로 아마존이다. 아마존 CEO인 제프 베조스는 스스로 고객 강박증이라고 표현할 정도로 모든 업무를 고객 관점에서 바라본다. 이 같은 고객 강박증의 결과물로 탄생한 것이 아마존의 유명한 원클릭 서비스, 도서 추천 기능, 전자책 리더기 킨들, 프라임 멤버십 서비스 등이다. "고객에서부터 시작하고, 거기서부터 거꾸로 일하라."라는 아마존의 역행의 원칙은 신규 사업 개발 프로세스에서 빛을 발하고 있다.

아웃사이드 인 추세에 따라 C2C(Customer to Customer) 시장도 더욱 활성화되고 있다. 그 대표적인 사례로 당근마켓, 집토스, 피터팬 등의 플랫폼을 들 수 있다. 당근마켓은 근접성을 기반으로 하여 소비자와 소비자를 연결하는 로컬 서비스로, 물건을 사고파는 것 외에도 자전거 타는 법 배우기, 커피 같이 마시기 등의 활동을 함께하는 문화 서비스로 발전하고 있다. 집토스와 피터팬 등은 임대인과 임차인이라는 서로 다른 두 시장을 연결하는 플랫폼이지만, 소비자 측 중심의 비즈니스 모델을 지향하고 있다. 소비자들끼리 정보를 주고받으며 직거래로 수수료를 절감하는 것이다.

경영학의 대가 피터 드러커는 "비즈니스 목적에 대한 정의는 단 하나뿐이다. 그것은 바로 고객을 만들어 내는 것이다."라고 하였다. 기업은 제품이나 서비스를 생산하는 존재가 아니라 고객을 확보하는 존재라는 점을 다시 한번 되새겨야 한다. 최고의 기술을 모아 혁신을 했지만 고객이 어떠한 가치도 얻을 수 없다면 그것은 혁신이 아니다. 고객을 중심에 두어야 한다는 말이 진부하게 들리는 요즘이지만 기업에서 진정으로 이를 실현하고 있는지를 생각해 볼 필요가 있다.

① 인사이드 아웃 방식을 취하면 제품의 원가를 절감할 수 없다.
② 아마존의 작업 방식인 역행의 원칙을 따를 경우 기업 입장에서 역량을 갖추고 있지 않은 사업은 진행하기 어렵다.
③ 당근마켓이 문화 서비스로 발전해 가고 있는 양상은 공급자 중심의 역량 강화가 중요하다는 것을 보여 주는 사례이다.
④ 아웃사이드 인 전략을 펼칠 경우 기업이 가지고 있는 역량으로 어떠한 제품을 생산할 수 있는지를 판단하는 것이 중요하다.
⑤ 어떤 고객에게 제품을 판매할지 정하고 다른 기업과의 협업을 통해 그에 맞는 제품을 개발하는 것은 아웃사이드 인에 가깝다.

[13~14] 다음 글을 읽고 물음에 답하시오.

재해보험은 지진, 홍수 등과 같은 대형 자연재해에 대비하는 보험으로, 재해 발생으로 인한 보험 가입자의 경제적 피해를 보상해 주는 수단으로 기능한다. 20세기 중후반부터 미국, 영국, 프랑스 등 주요 선진국은 대규모 자연재해에 대비한 재해보험 제도를 도입하여 운영하고 있다. 일반적으로 재해보험은 정부가 주도하여 제도를 설계하고, 민간 보험사는 판매 등 실무적인 역할을 담당하기 때문에 정부가 개입한다는 점에서 공적 부조의 성격도 지니고 있다.

재해보험금 지급이 필요할 정도로 심각한 자연재해가 일어날 확률은 일반 손해보험이 담보하는 위험, 예를 들어 교통사고가 날 확률에 비해 매우 낮다. 이로 인해 지형적으로 자연재해가 잘 발생하지 않는 지역이나 방재 시설이 잘 갖춰진 지역에 거주하는 사람들은 재해보험에 가입할 필요성을 거의 느끼지 못한다. 이 같은 문제점을 개선하기 위해 미국, 프랑스, 터키 등은 가입 방식을 자율 가입에서 의무 가입으로 일부 전환하였다. 미국의 홍수보험인 NFIP(National Flood Insurance Program)는 특별홍수위험지역(SFHA: Special Flood Hazard Area)에 거주하는 모든 가구에 대해 의무 가입 원칙을 적용하고 있다. 프랑스는 재산보험(Property Insurance)에 반드시 자연재해보험 특약을 포함하는 방식으로 재해보험의 의무 가입을 간접적으로 실시하고 있다. 터키의 경우에는 모든 가구에 대해 지진보험인 TCIP(Turkish Catastrophe Insurance Pool) 가입을 의무화하는 정책을 추진하고 있다.

대체로 보험사는 보험 가입자에게 위험이 발생할 가능성이 높을수록 더 큰 보험료율을 적용한다. 가입자의 위험을 보험료율에 반영하지 않고 모든 가입자에게 획일적으로 동일한 보험료율을 책정할 경우 보험 운영에 소요되는 보험사 및 정부의 부담이 증가할 수밖에 없기 때문이다. 이에 재해보험을 운영하는 주요국들은 가입자별 재해 리스크에 비례하는 보험료율을 부과하고 있다. 구체적으로 미국의 NFIP에서는 보험 가입 건축물의 건축 연도 및 층수, 지역별 홍수 위험도 등을 고려하여 보험료율을 결정하며, 미국의 지진보험인 CEA(California Earthquake Authority) 역시 건축물의 특성과 지역별 지진 위험도 등을 반영하는 차등 보험료율 체계를 갖추고 있다.

한편, 가입자 스스로 방재 노력을 기울일 수 있도록 할인·할증 방식도 도입하고 있다. 가입자 및 지역 단위에서 자율적으로 재해 위험을 줄이기 위해 노력할수록 실제로 재해 위험이 경감되는 효과가 있으므로, 해당 가입자 및 지역에 보험료 할인을 제공하는 것이다. 예를 들어, 미국의 NFIP는 지역평가시스템을 통해 지역 사회의 자율적 방재 노력을 유도하고 있다. 프랑스의 재해보험인 Cat. Nat(Catastrophes Naturelles)은 지역별 피해저감조치 실시 여부를 기준으로 재해 사고 발생 시 가입자의 자기부담금을 차등 부과하는 방식을 적용하고 있다.

13 위 글에 따를 때 옳지 않은 것은?

① 미국의 CEA는 가입자별 재해 리스크에 비례하는 보험료율을 부과하고 있다.
② 자연재해보험 특약을 포함하지 않고서는 프랑스 재산보험에 가입할 수 없다.
③ 미국의 특별홍수위험지역(SFHA)에 거주하는 가구는 의무적으로 NFIP에 가입하여야 한다.
④ 프랑스의 Cat.Nat에서는 피해저감조치를 실시한 지역의 가입자에 대해 국가가 자기부담금을 보조해 준다.
⑤ 미국의 NFIP에서는 보험 가입 건축물의 건축 연도 및 층수가 동일하다고 하더라도 적용되는 보험료율이 다를 수 있다.

14 위 글과 다음 [자료]에 따를 때 [보기]의 갑~정 중 적절한 발언을 한 사람을 모두 고르면?

[자료]

재보험은 보험자가 피보험 물건에 대한 보험 책임의 분산을 위하여 책임의 일부 또는 전부를 다시 다른 보험자에게 인수시키는 일을 뜻한다. 일반적으로 재해보험은 보험금을 지급해야 하는 사유가 발생하였을 때 보험 판매사가 보험금 전부를 부담하기보다는 정부 및 민간 재보험사(reinsurance company)와 분담한다. 특히 재해보험을 도입한 대부분의 국가에서 정부가 직·간접적인 방식으로 국가 재보험 제도를 운영하고 있는데, 이는 보험금 지급 능력을 보완하여 재해보험의 안정성을 강화하기 위한 것이다. 구체적으로 프랑스의 Cat.Nat은 정부가 설립한 재보험 기관에 재보험을 들어 재해보험 제도를 운영하고 있다. 미국의 NFIP, CEA와 터키의 TCIP의 경우 명시적인 국가 재보험 제도는 없지만, 대형 재해로 인해 재해보험사 자체 여력으로 보험금을 지급하기 어려운 상황에서는 정부가 대출, 채권 발행 등으로 보험금 지급을 보장하는 간접적인 방식의 국가 재보험 제도를 운영하고 있다.

| 보기 |

- 갑: 미국의 CEA가 차등 보험료율 체계를 갖추고 있지 않았더라면, 정부가 대출, 채권 발행 등으로 보험금 지급을 보장해야 하는 경우가 더 많았을 거야.
- 을: 터키가 모든 가구에 대해 TCIP 가입 의무화 정책을 추진하고 있는 이유는 정부가 국가 재보험 제도를 간접적인 방식에서 직접적인 방식으로 전환하기 위해서일 거야.
- 병: 미국의 NFIP에 대해서도 명시적인 국가 재보험 제도가 갖춰진다면, NFIP는 현재와 달리 모든 가입 건축물에 동일한 보험료율을 적용하여 형평성을 제고할 수 있을 거야.
- 정: 미국의 NFIP, CEA와 터키의 TCIP와 달리 프랑스의 Cat.Nat에 대해서 명시적인 국가 재보험 제도가 있는 이유는 프랑스가 미국이나 터키보다 국가 재정건전성이 양호하기 때문일 거야.

① 갑　② 갑, 을　③ 정, 병　④ 갑, 을, 병　⑤ 을, 병, 정

15 **N금융회사 사업전략팀은 김 과장, 박 과장, 이 대리, 정 대리, 최 주임 5명의 팀원으로 구성되어 있다. 다음 [대화]와 [4월 달력]에 따를 때 옳지 않은 것은?**

[대화]

- 김 과장: 이 대리님, 4월 중에 금융상품 회의와 모바일 오픈뱅킹 회의를 열려고 합니다.
- 이 대리: 네, 그렇습니까? 일정이 어떻게 됩니까?
- 김 과장: 금융상품 회의는 1일부터 17일까지의 월~금요일 중 4명 이상의 팀원이 참석할 수 있는 날에만 진행할 수 있고, 모바일 오픈뱅킹 회의는 18일부터 30일까지의 월~금요일 중 3명 이상의 팀원이 참석할 수 있는 날에만 진행할 수 있습니다. 각 회의는 진행할 수 있는 날이 총 6일 이상이어야만 개최할 수 있습니다.
- 이 대리: 네, 알겠습니다. 우리 팀원들의 4월 일정을 파악하는 일이 중요하겠군요.
- 김 과장: 네, 저는 매주 수요일과 금요일에는 출장을 가서 참석할 수 없습니다.
- 이 대리: 저는 홀수 날짜에, 정 대리는 짝수 날짜에 승진 교육을 받아야 하기 때문에 그날은 참석할 수 없습니다.
- 김 과장: 그렇군요. 박 과장님은 날짜에 숫자 2, 5, 7 중 하나 이상이 들어가는 날에는 거래처로 외근을 가야 하기 때문에 그날은 참석할 수 없습니다.
- 이 대리: 최 주임은 4월의 첫날과 마지막 날에 휴가를 가기 때문에 그날은 참석할 수 없습니다. 그렇다면 팀원들의 일정 조정이 필요할 수밖에 없겠군요.
- 김 과장: 참, 금융상품 회의는 금요일의 경우 팀원 3명만 참석해도 진행이 가능하고, 모바일 오픈뱅킹 회의는 화요일에 진행할 경우 이 대리님께서 꼭 참석해 주셔야 합니다.
- 이 대리: 네, 알겠습니다.

[4월 달력]

일	월	화	수	목	금	토
				1	2	3
4	5	6	7	8	9	10
11	12	13	14	15	16	17
18	19	20	21	22	23	24
25	26	27	28	29	30	

① 김 과장의 2일 출장을 취소하면, 금융상품 회의 개최가 가능하다.

② 박 과장의 23일 외근을 취소하면, 모바일 오픈뱅킹 회의 개최가 가능하다.

③ 이 대리의 27일 교육을 28일로 미루면, 모바일 오픈뱅킹 회의 개최가 가능하다.

④ 정 대리의 14일 교육을 7일로 당기면, 금융상품 회의 개최가 가능하다.

⑤ 최 주임의 1일 휴가를 8일로 미루면, 금융상품 회의 개최가 가능하다.

[16~17] 다음은 A~C팀의 9월 1, 2주 업무 일정이다. 이어지는 물음에 답하시오.

[A~C팀 9월 1, 2주 업무 일정]

월	화	수	목	금
5	6	7	8	9
조 대리(B팀), 장 사원(B팀) 휴가	임 대리(C팀) 병가, B팀 교육	사내 건강검진	C팀 교육	A팀 결산 회의
12	13	14	15	16
오 팀장(A팀) 외근	권 대리(B팀) 휴가	창립기념일 휴무	국 사원(C팀), 오 사원(C팀) 출장	강 사원(C팀) 출장

[회의 필수 참석 인원]

A팀		B팀		C팀	
• 오 팀장	• 구 대리	• 박 팀장	• 조 대리	• 고 팀장	• 권 대리
• 이 대리	• 김 사원	• 최 대리	• 방 사원	• 국 사원	• 강 사원

16 다음 [상황]를 토대로 할 때 A~C팀이 회의 가능한 날은?

[상황]

A~C팀은 프로젝트로 인해 회의를 진행하고자 한다. A~C팀의 회의 필수 참석 인원은 프로젝트에 필수 인원으로 회의에 참석해야 하며, 교육, 결산 회의, 건강검진이 있는 날이나 창립기념일에는 회의를 진행하지 않는다.

① 9월 5일　② 9월 6일　③ 9월 12일　④ 9월 13일　⑤ 9월 16일

17 A~C팀의 회의 필수 참석 인원의 불참일이 많아 대체 인원을 다음 [상황]과 같이 선정하였다. 9월 1, 2주 중 회의가 가능한 날은 총 며칠인가?

[상황]

B팀 조 대리는 B팀 장 사원으로 대체 가능하며, C팀 국 사원과 강 사원은 C팀 임 대리와 오 사원으로 대체 가능하다.

① 1일　② 2일　③ 3일　④ 4일　⑤ 5일

기출복원 제1회 제2회 제3회

[18~19] 다음 글을 읽고 물음에 답하시오.

농협카드사에서는 최근 신상품 카드 'Great 시리즈'를 출시하였다. Great 시리즈는 포인트 적립 및 사용 혜택에 중점을 둔 상품으로, 'Great X, Great Check Y, Great Z, Great Check W'의 4종으로 구성되어 있다.

1. 포인트 적립률

카드명	종류	포인트 기본 적립률
Great X	신용카드	결제금액의 0.6%
Great Check Y	체크카드	결제금액의 0.4%
Great Z	신용카드	결제금액의 0.5%
Great Check W	체크카드	결제금액의 0.8%

※ 포인트는 '점' 단위로 적립되며, 적립된 포인트를 사용할 경우 1점당 1원으로 환산됨

2. 포인트 적립 및 사용 요건

(1) 신용카드의 포인트는 결제일의 다음 1영업일*에 적립되며, 체크카드의 포인트는 결제일의 다음 2영업일에 적립된다.

* 영업일: 토요일, 일요일, 공휴일을 제외한 평일

(2) 월 적립 한도는 신용카드의 경우 6,000점, 체크카드의 경우 4,000점이다.

(3) 적립된 포인트는 신용카드의 경우 5,000점 이상, 체크카드의 경우 3,000점 이상부터 사용할 수 있다.

(4) 적립된 포인트는 전월 사용 실적이 신용카드의 경우 50만 원 이상, 체크카드의 경우 30만 원 이상일 때만 사용할 수 있다.

3. 포인트 추가 적립 대상

(1) 영화관, 서점, 편의점에서 결제할 경우 결제금액의 0.2%가 추가 적립된다. 단, 백화점 및 아웃렛 입점 매장에서 결제할 경우에는 추가 적립 대상에서 제외된다.

(2) 온라인 배달앱에서 결제할 경우 결제금액의 0.3%가 추가 적립된다.

※ 추가 적립을 포함한 포인트 적립률이 결제금액의 0.8%를 초과할 경우에는 기본 적립률에 따라 포인트가 적립됨

4. 포인트 적립 및 사용 제외 대상

(1) 대학 및 대학원 등록금

(2) 과태료 및 범칙금

(3) 국민건강보험, 국민연금, 고용보험, 산재보험 등의 사회보험

(4) 거래 취소 금액

(5) 포인트(전부 혹은 일부) 결제 시 포인트 사용분 등의 이용 금액

※ 아파트 관리비, 공과금, 국세, 지방세를 납부하는 경우에는 포인트를 적립하거나 사용할 수 있음

18 **위 글의 내용과 일치하는 것은?**

① Great X로 온라인 배달앱에서 식사를 주문하였을 경우 결제금액의 0.9%가 포인트로 적립된다.
② Great Check W로 결제한 아파트 관리비와 국민건강보험료에 대해서는 모두 포인트가 적립된다.
③ Great X를 대학교에 입점한 서점에서 사용할 경우 Great Check W와 같은 적립 혜택을 얻을 수 있다.
④ Great Check W로 백화점에서 60만 원짜리 겨울코트를 구입하였을 경우 4,800점의 포인트를 적립할 수 있다.
⑤ 이번 주 금요일에 Great Check Y와 Great Z로 결제한 금액에 대한 포인트는 모두 다음 주 월요일(공휴일 아님)에 적립된다.

19 **고객 A는 Great 시리즈 4종을 한 장씩 발급받아 사용하고 있다. A의 카드 사용 현황이 다음 [표]와 같을 때 옳지 않은 것은?**

[표] 카드 사용 현황

카드명	누적 포인트	전월 사용 실적
Great X	3,000점	65만 원
Great Check Y	5,000점	90만 원
Great Z	6,000점	53만 원
Great Check W	1,000점	28만 원

※ 2020년 3월 2일 월요일 현재 기준

① A가 현재 적립된 포인트를 사용할 수 있는 카드는 총 2장이다.
② A는 현재 Great Z의 적립 포인트로 지방세 5,500원 전액을 납부할 수 있다.
③ A가 2020년 3월에 Great X로 총 40만 원을 결제했다면, 2020년 4월에 Great X의 누적 포인트를 사용할 수 없다.
④ A가 2020년 3월 3일에 Great Check W로 30만 원을 결제한다면, 2020년 3월 5일에 Great Check W의 누적 포인트를 사용할 수 있다.
⑤ A가 2020년 3월에 Great Check Y로 식료품을 구입하는 데에만 총 50만 원을 결제하고 누적 포인트는 전혀 사용하지 않았다면, 2020년 4월 Great Check Y의 누적 포인트는 최소 7,000점이다.

20 다음 [H보험사 여행자보험 약관]에 따를 때 A가 보상받을 수 있는 보험금의 최대 금액은?

[H보험사 여행자보험 약관]

제1조(보험의 목적의 범위) ① 이 보험의 목적은 피보험자가 해외여행 도중에 휴대하여 소유·사용·관리하는 휴대품에 한합니다.

② 아래의 물건은 보험의 목적에 포함되지 아니합니다.

1. 통화, 유가증권, 인지, 우표, 신용카드, 쿠폰, 항공권, 여권 등 이와 비슷한 것
2. 원고, 설계서, 도안, 물건의 원본, 모형, 증서, 장부, 금형(쇠틀), 목형(나무틀), 소프트웨어 및 이와 비슷한 것
3. 선박 또는 자동차(자동3륜차, 자동2륜차 포함)
4. 산악등반이나 탐험 등에 필요한 용구
5. 동식물
6. 의치, 의족, 콘택트렌즈 및 이와 유사한 신체보조장구

제2조(보상하는 손해) 회사는 피보험자가 해외여행 도중에 생긴 우연한 사고에 의하여 보험의 목적에 입은 손해는 이 약관에 따라 보상해 드립니다.

제3조(보상하지 않는 손해) 회사는 아래의 사유로 인하여 생긴 손해는 보상하여 드리지 아니합니다.

1. 계약자나 피보험자 또는 수익자의 고의 또는 중대한 과실
2. 피보험자의 단순 부주의에 의한 보험의 목적의 방치 또는 분실
3. 피보험자에게 보험금이 지급되도록 하기 위하여 피보험자와 여행과정을 같이 하는 친족 또는 고용인이 고의로 일으킨 손해
4. 단순한 외관상의 손해로 기능에는 지장이 없는 손해
5. 보험의 목적의 자연소모, 녹, 곰팡이, 변질, 변색, 쥐 또는 벌레로 인한 손해
6. 전쟁, 혁명, 내란, 사변, 폭동, 소요, 기타 이들과 유사한 사태로 인한 손해
7. 압류, 징발, 몰수, 파괴 등 국가 또는 공공기관의 공권력행사로 인한 손해. 다만, 화재, 소방, 피난에 필요한 처리로 된 경우는 제외합니다.

제4조(보상 내용) ① 최대 3개 품목에 대하여 품목의 정가에 해당하는 금액을 보상해 드립니다. 이때 품목당 보상액은 20만 원을 넘을 수 없습니다.

② 제1항에 따라 계산된 보상액 총액 중 피보험자가 부담해야 하는 자기부담금 1만 원은 공제한 후 보상해 드립니다.

[상황]

A는 H보험사의 여행자보험에 가입한 후, 미국으로 해외여행을 갔다. 그런데 항공사의 실수로 A의 여행가방이 다른 공항으로 가 버렸고, 몇 시간을 기다린 끝에 가방을 찾을 수 있었다. 하지만 가방을 열어 보니, 원화 10만 원, 정가 40만 원의 카메라, 정가 3만 원의 콘택트렌즈가 사라져 있었고, 정가 17만 원의 외투에는 곰팡이가 피어 있었다. 이에 당황한 A는 공중화장실에 정가 2만 원의 화장품도 두고 와 잃어버린 상태이다.

① 19만 원
② 39만 원
③ 52만 원
④ 60만 원
⑤ 72만 원

21 **다음 글에 따를 때 [표]의 국내 거주 외국인 A~D 중에서 농협은행의 'NH외국인우대통장'에 가입할 수 있는 사람을 모두 고르면?**

국내 거주 외국인이 200만 명을 넘어서자 시중은행들이 외국인 금융소비자를 잡기 위해 적극적으로 나서고 있다. 은행들이 줄줄이 외국인 금융소비자에게 관심을 갖는 것은 이들의 고국 송금이 은행들의 해외 진출에 마중물 역할을 할 수 있을 것으로 기대하고 있기 때문이다. 금융당국이 외치는 '포용금융'과 개념이 맞닿아 있는 것도 시중은행이 줄이어 국내 거주 외국인 금융소비자를 챙기는 이유이다.

이러한 시류에 발맞추어 최근 농협은행에서는 'NH외국인우대통장'을 출시하였다. 이 금융상품은 외국인에게 우대 금리를 적용해 주는 저축예금통장으로, 구체적인 상품 정보는 다음과 같다.

1. 상품명 및 과목: NH외국인우대통장 / 저축예금
2. 가입 대상: 아래 5개 요건 중 2개 이상을 충족하는 국내 거주 외국인
   (1) 당행을 거래외국환은행으로 지정
   (2) 최근 1년간 500달러 상당액 이상의 환전 실적
   (3) 최근 1년간 500달러 상당액 이상의 송금 실적
   (4) 'NH외국인우대적금' 전월 납입 실적 10만 원 이상
   (5) 당행의 'NH-Onepass 카드' 발급
3. 가입 금액: 한도 제한 없음
4. 이자 지급: 매년 3, 6, 9, 12월의 넷째 토요일(공휴일인 경우 직전 영업일)의 잔액에 대하여 기본금리 0.5%를 적용한 후 다음 날 입금
5. 우대 내용
   (1) 당행 인터넷(스마트)·텔레·모바일뱅킹 타행이체 수수료 면제
   (2) 당행 CD/ATM기 당행이체 및 출금 수수료 면제
   (3) 해외송금 수수료 60% 우대
   (4) 외화현찰환전환율 수수료 50% 우대

[표] 요건 충족 현황

구분	거래외국환 은행	최근 1년 환전 실적	최근 1년 송금 실적	NH외국인우대적금 전월 납입 실적	NH-Onepass 카드 발급 여부
A	S은행	2,000달러	480달러	9만 원	×
B	농협은행	0달러	500달러	0원	○
C	W은행	600달러	300달러	10만 원	×
D	농협은행	400달러	200달러	5만 원	×

① A　② A, B　③ B, C　④ C, D　⑤ B, C, D

22 **면접관 4명이 N사 신규직원 면접을 진행하려 한다. 면접은 1시간 동안 진행될 예정이며, 면접시간은 근무 외 시간으로 한다. 한국 시간으로 해당 면접이 이루어질 수 있는 시간은?**

[A~D 면접관의 일정]

• 중국에 있는 A면접관

09:00~10:00	오전 미팅
12:00~13:00	점심 식사
17:00~18:00	바이어와 미팅

• 러시아에 있는 B면접관

11:20~14:00	모스크바 오찬
15:00~16:00	신규 사업관련 회의
18:00~20:00	저녁 만찬

• 인도에 있는 C면접관

08:00~11:00	불교 행사 참석
14:00~15:00	힌두교 행사 참석
15:00~16:00	저녁 예배

• 한국에 있는 D면접관

10:00~10:30	주간 회의
12:00~13:00	점심 식사
15:00~17:00	기업 행사 참관

[표] 한국과의 시차

중국	러시아	인도
1시간	6시간	4시간

※ 중국, 러시아, 인도는 한국보다 모두 시간이 늦다.

① 08:00~09:00 ② 10:00~11:00 ③ 15:30~16:30
④ 17:00~18:00 ⑤ 19:00~20:00

23 다음 글에 대한 설명으로 옳은 것은? (단, 현재를 2020년으로 가정한다)

평균수명이 늘어나면서 소위 말하는 '100세 시대'가 도래하자 노후 준비에 대한 관심이 높아지고 있다. 연령대별 노후 준비 여부를 조사한 설문 결과에 따르면, 이러한 추세를 반영하듯 20~30대의 상당수가 이미 은퇴 이후를 준비하고 있는 것으로 나타났다.

연령대	노후 준비를 하고 있음	노후 준비를 하지 않음	노후 준비를 마쳤음
20대	65.3%	34.5%	0.2%
30대	72.2%	27.0%	0.8%
40대	80.8%	17.9%	1.3%
50대	82.1%	15.3%	2.6%
60대	42.8%	16.8%	40.4%

이렇듯 노후 준비가 화두로 떠오르고 있는 가운데 은퇴 시점을 고려한 맞춤형 연금 상품인 타겟 데이트 펀드(TDF) 시장이 급성장하고 있다. TDF는 고객의 은퇴 예상 시점에 따른 생애주기에 맞춰 주식과 채권 등 자산 비중을 조절해 투자금을 운용하는 펀드이다. TDF 상품 뒤에 붙어 있는 2025, 2045 등의 숫자가 바로 예상 은퇴 연도이다. 자신이 생각하는 은퇴 시기에 따라 TDF를 선택하면 이 시점에 맞춰서 자산을 알아서 재분배해 준다. 자산을 불려 나가야 할 젊은 시기에는 주식형 펀드 등 위험자산에 더 많이 투자를 했다가, 은퇴 시기가 다가오면 채권형 펀드 등 안전자산의 비중을 늘리는 식이다. 자세한 투자 비중은 아래의 [표]를 참고하면 된다.

[표] 은퇴 잔여기간에 따른 위험자산 투자 비중

구분	은퇴 잔여기간 (2020년 기준)	기간별 위험자산 비중							
		−35년	−30년	−25년	−20년	−15년	−10년	−5년	은퇴 이후
		80%	80%	79%	76%	66%	55%	42%	33~22%
TDF 2055	35년	→	→	→	→	→	→	→	→
TDF 2050	30년		→	→	→	→	→	→	→
TDF 2045	25년			→	→	→	→	→	→
TDF 2040	20년				→	→	→	→	→
TDF 2035	15년					→	→	→	→
TDF 2030	10년						→	→	→
TDF 2025	5년							→	→
TDF 2020	—								→
TDF 2015	—								→

기존에 은퇴 자금 형성을 위한 상품들의 경우 투자자가 자산 재분배 등에 신경을 쓰지 않으면 저조한 수익률을 거두는 경우가 있었다. 하지만 TDF의 경우에는 투자자가 크게 신경을 쓰지 않아도 되는 데다, 주식 외에 채권, 예금, 부동산 등 다양한 자산에 분산투자를 하는 효과도 거둘 수 있다.

① TDF는 이미 은퇴를 한 고객에게 적합한 상품이다.

② 15년 후에 퇴직을 할 예정인 고객에게는 TDF 2015를 추천하는 것이 좋다.

③ 65세에 퇴직을 할 예정인 40세의 고객에게는 TDF 2040을 추천하는 것이 좋다.

④ TDF를 통해 위험자산에 75% 이상 투자하고 있는 고객은 은퇴가 20년 이상 남았을 것이다.

⑤ TDF는 은퇴 시기가 다가올수록 위험자산에 더 많이 투자하여 수익률을 올리는 연금 상품이다.

24 다음 [甲기업 급여 지급 규정]과 [표]에 따를 때 甲기업 직원 A~D 중에서 월 급여를 두 번째로 많이 받는 사람과 가장 적게 받는 사람을 옳게 짝지은 것은?

[甲기업 급여 지급 규정]

1. 급여액의 산정
   월 급여액은 기본급여, 직급수당, 초과근무수당, 가족수당을 합하여 산정한다.

2. 기본급여

근속연수	기본급여
3년 미만	200만 원
3년 이상~6년 미만	230만 원
6년 이상~10년 미만	260만 원
10년 이상~15년 미만	300만 원
15년 이상~20년 미만	350만 원
20년 이상	400만 원

3. 직급수당
   직급에 따라 다음과 같이 차등하여 월별로 지급한다.

직급	직급수당
사원	—
주임	10만 원
대리	20만 원
과장	40만 원
차장	60만 원
부장	80만 원

4. 초과근무수당
   초과근무 1시간당 2만 원이 지급된다. 단, 50시간까지만 인정되며 분 단위는 버림하여 초과근무 시간을 산정한다.

5. 가족수당
   배우자 수당으로 월 10만 원을 지급하고, 미성년자 자녀(만 20세 미만) 1인당 월 15만 원을 지급한다.

[표] 월 급여액 산정 자료

구분	근속연수	직급	초과근무 시간	가족 구성
A	2년	사원	56시간 37분	본인, 배우자, 자녀 3명(만 4세, 만 3세, 만 1세)
B	14년	차장	—	본인, 자녀 1명(만 20세)
C	6년	주임	30시간 58분	본인, 부, 모, 배우자
D	7년	대리	22시간 41분	본인, 배우자

	두 번째로 많이 받는 사람	가장 적게 받는 사람
①	A	C
②	A	D
③	B	A
④	B	C
⑤	C	D

25 **농협은행의 서울본부에서 근무하는 A과장은 2월에 [표]와 같이 총 세 번의 출장을 다녀왔다. 다음 [농협은행 출장여비 지급 규정]에 따를 때 A과장이 받게 되는 2월 출장여비 총액은?**

[농협은행 출장여비 지급 규정]

1. 출장여비의 기준
   출장여비는 출장수당과 교통비의 합이다.

2. 출장수당
   출장 일수를 기준(예: 1박 2일이면 2일 기준)으로 다음과 같이 지급하되, 13시 이후 출장 시작 또는 14시 이전 출장 종료 시 해당 일자는 10,000원을 차감한다.
   - 광역자치단체 내 출장: 1일당 20,000원
   - 광역자치단체 외 출장: 1일당 30,000원

3. 교통비
   근무지에서 출장지로 이동하거나 출장지에서 근무지로 돌아올 때 교통수단을 이용하면서 발생한 운임의 실비를 지급하되, 교통수단별로 다음과 같이 상한액을 둔다. 단, 회사 차량을 이용하였을 경우에는 교통비를 지급하지 않는다.
   - 버스: 30,000원
   - 기차: KTX 50,000원, 그 외 28,000원
   - 비행기: 100,000원

[표]

구분	출장지	출장 기간	교통수단 및 운임	
			근무지 → 출장지	출장지 → 근무지
출장 1	세종	2월 3일 09시~2월 5일 12시	KTX(20,000원)	버스(15,000원)
출장 2	서울	2월 11일 10시~2월 11일 17시	회사 차량	회사 차량
출장 3	부산	2월 26일 14시~2월 27일 16시	비행기(80,000원)	KTX(60,000원)

① 305,000원　② 315,000원　③ 325,000원
④ 335,000원　⑤ 345,000원

26 다음은 사내 동아리에 관한 규정이다. 이에 대한 설명으로 옳은 것은?

[사내 동아리 규정]

제1조(목적) 당사의 임직원 체육, 교양 및 임직원 간의 취미활동과 상호 친목 도모를 위한 동아리의 설립, 운영과 그 효율적인 관리에 관한 사항을 정함을 목적으로 한다.

제2조(회원자격) 동아리의 회원은 당사에 재직 중인 임직원으로 한다.

제3조(신규등록) ① 동아리 회원이 4인 이상인 경우에만 신규등록이 가능하다.

② 임직원의 체육, 교양 및 직원 간의 취미활동과 상호 친목 도모를 목적으로 하는 동아리만 신규등록이 가능하다(사행성·오락성을 목적으로 하는 동아리는 신규등록이 불가능하다).

제4조(활동지침) 동아리는 실시목적에 충실해야 하며, 이를 위반하여 회사의 질서를 문란하게 하거나 회사명예를 손상시키는 일이 없도록 활동해야 한다.

제5조(동아리 지원) ① 동아리는 사내 회의실을 동아리실로 사용 가능하다.

② 당사는 각 동아리에 활동비용을 지원하며, 활동 보고서와 동아리 실시목적에 따른 활동비용의 카드 영수증을 첨부한 경우, 재무팀에서 확인 후 지급한다.

① 수영을 좋아하는 여사원 2명과 함께 수영 동아리를 만든 후 회사 앞 수영교실을 다니고자 한다.

② 임직원 5명과 함께 영화 동아리를 만든 후 현금으로 영화를 본 후 활동 보고서와 현금 영수증을 첨부해서 활동비용도 지급받고자 한다.

③ 독서를 좋아하는 퇴사한 임직원 4명과 동아리를 만든 후 회사 앞 카페에서 독서를 하고자 한다.

④ 풋살을 좋아하는 팀원들 6명이 동아리를 만든 후 풋살장 예약을 하지 못해 사내 회의실에서 동아리 회의를 진행하고자 한다.

⑤ 남자 임직원들과 동아리 활동도 하고 돈도 벌 수 있는 경마장에 가는 동아리를 만들고자 한다.

[27~28] 다음은 맹견 관련 손해보험의 변경사항이다. 이어지는 물음에 답하시오.

2021년 2월 12일 동물보호법 개정안 시행에 따라 맹견 소유주는 맹견으로 인한 타인의 생명·신체나 재산상 피해를 보상하기 위한 책임보험에 의무적으로 가입해야 한다.

맹견을 소유한 소유자는 맹견을 소유한 날 또는 책임보험의 만료일 이내에 맹견 책임보험에 가입해야 한다. 기존에 맹견을 소유한 소유자의 경우 2021년 2월 12일까지 보험에 가입해야 하며, 맹견이 3개월 이하인 경우 3개월이 되었을 때 가입해야 한다.

보험 가입 의무 위반 시 관할 시·군·구청장이 300만 원 이하의 과태료를 부과할 수 있다(1차 위반 시 100만 원, 2차 위반 시 200만 원, 3차 위반 시 300만 원의 과태료가 부과된다).

□ 맹견의 기준

- 도사견과 그 잡종견
- 아메리칸 핏불테리어와 그 잡종견
- 아메리칸 스태퍼드셔 테리어와 그 잡종견
- 스태퍼드셔 불테리어와 그 잡종견
- 로트와일러와 그 잡종견

□ 보상 기준

- 맹견으로 인해 사망하거나 후유장애를 입은 경우 피해자 1인당 8,000만 원
- 맹견으로 인해 부상을 입은 경우 피해자 1인당 1,500만 원
- 맹견으로 인해 다른 동물에게 상해를 입힌 경우 사고 1건당 200만 원

[기존 N사의 반려견 보험에 대한 규정]

- 맹견이 사람에 신체적 부상을 입혔을 시, 4백만 원 보상
- 맹견이 사람을 사망에 이르게 하였을 시, 5백만 원 보상
- 맹견이 다른 견주의 개에 부상을 입혔을 시, 1백만 원 보상
- 맹견이 다른 견주의 개를 사망에 이르게 하였을 시, 2백만 원 보상

[N사의 반려견 보험 월 보험료]

유형	A형	B형	C형
해당 견종	• 치와와 • 말티즈 • 푸들	• 닥스훈트 • 리트리버 • 요크셔테리어	• 시츄 • 퍼그 • 진돗개 • 맹견 5종
보험료	• 50% 보상: 27,800원 • 70% 보상: 31,200원	• 50% 보상: 33,300원 • 70% 보상: 36,400원	• 50% 보상: 41,100원 • 70% 보상: 47,500원

※ 기존 반려견 보험(C형)에 가입한 고객은 신규 보험 가입 시 추가금 15,000원을 납부해야 함

27 **위 글을 읽고 N사의 직원 K행원이 올바르게 이해한 것은?**

① 도사견과 그 잡종의 새끼는 맹견에 속한다.
② 2021년 2월 12일 이후 맹견으로 인해 부상을 입은 경우 피해자 1인당 400만 원을 보상한다.
③ 맹견 책임 보험을 가입하지 않은 경우 3차 위반 시 200만 원의 과태료를 납부해야 한다.
④ 생후 2개월된 로트와일러 소유자는 맹견 책임 보험에 가입해야 한다.
⑤ 기존의 맹견을 소유한 소유자는 2021년 2월 28일까지 맹견 책임 보험에 가입해야 한다.

28 **맹견 관련 손해보험에 가입하고자 하는 각 고객의 [상황]에 따를 때 각 고객들이 지불해야 할 보험료는 얼마인가?**

[상황]

- 고객 A: 우리 개는 B형 강아지 크기이지만 견종은 치와와예요. 새롭게 보험을 가입하려고 하며, 보상은 최대한으로 받을 수 있는 보험을 들고 싶어요.
- 고객 B: 우리는 아메리칸 핏불테리어를 한 마리 키우고 그동안 보험에 가입했어요. 3개월 전 새끼를 낳아서 3개월된 새끼 2마리와 함께 새롭게 보험을 가입하고 싶어요. 보험료는 최대한 적게 내고 싶어요.

	고객 A	고객 B
①	31,200원	123,300원
②	31,200원	130,300원
③	31,200원	138,300원
④	36,400원	123,300원
⑤	36,400원	138,300원

[29~30] 다음 [보험상품 약관]을 읽고 물음에 답하시오.

[보험상품 약관]

제1조(자필서명) 계약자와 피보험자가 자필서명을 하지 않으신 경우에는 보장을 받지 못할 수도 있습니다. 다만, 전화를 이용하여 가입할 때 일정요건이 충족되면 자필서명을 생략할 수 있으며, 인터넷 홈페이지에서는 전자서명으로 대체할 수 있습니다.

제2조(계약 전 알릴 의무) 계약자 또는 피보험자는 청약서의 질문사항에 대하여 사실대로 기재하고 자필서명을 하셔야 합니다. 특히 보험설계사 등에게 구두로 알린 사항은 효력이 없으며, 전화 등 통신수단을 통해 가입하는 경우에는 서면을 통한 질문절차 없이 안내원의 질문에 답하고 이를 녹음하는 방식으로 계약 전 알릴 의무를 이행하여야 하므로 신중하게 정확히 답변하여야 합니다. 만약 고의 또는 중대한 과실로 중요한 사항에 대하여 사실과 다르게 알린 경우에는 회사가 별도로 정한 방법에 따라 계약을 해지하거나 보장을 제한할 수 있습니다.

제3조(계약의 무효) 다음 중 한 가지에 해당되는 경우에는 계약을 무효로 하며 이미 납입한 보험료(보험료의 납입이 면제된 경우 납입 면제된 보험료는 포함하지 않습니다)를 돌려드립니다.

① 타인의 사망을 보험금 지급사유로 하는 계약에서 계약을 체결할 때까지 피보험자의 서면에 의한 동의를 얻지 않은 경우. 다만, 단체가 규약에 따라 구성원의 전부 또는 일부를 피보험자로 하는 계약을 체결하는 경우에는 이를 적용하지 않습니다.

② 만 15세 미만자, 심신상실자 또는 심신박약자를 피보험자로 하여 사망을 보험금 지급사유로 한 계약의 경우. 다만, 심신박약자가 계약을 체결하거나 소속 단체의 규약에 따라 단체보험의 피보험자가 될 때에 의사능력이 있는 경우에는 계약이 유효합니다.

③ 계약을 체결할 때 계약에서 정한 피보험자의 나이에 미달되었거나 초과되었을 경우

제4조(청약철회) 계약자는 보험증권을 받은 날부터 15일 이내에 그 청약을 철회할 수 있습니다. 다만, 다음 중 어느 하나에 해당되는 경우에는 청약을 철회할 수 없습니다.

1. 청약한 날부터 30일(65세 이상을 계약자로 하는 '전화를 이용하여 체결된 보험계약'의 경우에는 45일로 합니다)을 초과하는 경우
2. 진단계약 또는 전문보험계약자가 체결한 계약

제5조(계약취소) 계약자가 청약할 때 약관과 계약자 보관용 청약서를 전달받지 못하였거나, 약관의 중요한 내용을 설명받지 못한 경우 또는 청약서에 자필서명(전자서명 포함)을 하지 않은 경우에는 계약자는 계약이 성립한 날부터 3개월 이내에 계약을 취소할 수 있습니다.

제6조(계약의 소멸) 이 계약은 피보험자의 사망 등으로 인하여 보험금 지급사유가 더 이상 발생할 수 없는 경우, 그때부터 효력이 없습니다.

제7조(보험료의 납입연체 및 계약의 해지에 관한 사항) 계약자가 제2회 이후 보험료를 납입기일까지 납입하지 않은 경우에는 회사는 60일을 납입최고기간으로 정하여 보험료의 납입을 최고합니다. 다만, 납입최고기간의 마지막 날이 영업일이 아닌 때에는 최고기간은 그다음 영업일까지로 합니다. 그때까지 해당보험료를 납입하지 않을 경우 계약이 해지됩니다.

※ 무효: 당사자가 의도한 법률상의 효과가 처음부터 발생하지 않는 것

※ 철회: 법률상에서 의사표시를 한 자가 장차 그 효력이 발생하기 전에 소멸시키는 일방적 의사표시

※ 취소: 법률행위의 효력을 소멸시키는 일

29 **위 [보험상품 약관]에 따를 때 [보기]에서 옳지 않은 것을 모두 고르면?**

| 보기 |

ㄱ. 전화를 이용하여 보험에 가입할 때에는 상황의 특수성을 고려하여 조건 없이 계약자와 피보험자의 자필서명이 생략된다.
ㄴ. 진단계약의 경우에는 계약자가 보험증권을 받은 날부터 15일 이내더라도 그 청약을 철회할 수 없다.
ㄷ. 계약자가 제2회 이후 보험료를 납입기일까지 납입하지 않은 경우 회사가 납입을 최고하는 기간은 60일을 초과할 수도 있다.
ㄹ. 계약자가 청약할 때 약관의 중요한 내용을 설명받지 못하였다면, 계약자는 계약이 성립한 날부터 3개월 이내에 계약을 무효로 할 수 있다.

① ㄱ, ㄴ ② ㄱ, ㄷ ③ ㄱ, ㄹ ④ ㄴ, ㄷ ⑤ ㄷ, ㄹ

30 **위 [보험상품 약관]과 다음 [상황]에 따를 때 [보기]에서 옳은 것을 모두 고르면?**

[상황]

만 45세인 A는 개인적 필요에 의해 자신의 딸 B를 피보험자, 자신을 수익자로 하여, 피보험자가 사망하였을 경우 수익자에게 1억 원의 보험금이 지급된다는 내용의 보험계약을 체결하였다.

| 보기 |

ㄱ. 계약을 체결하면서 A가 계약자 보관용 청약서를 전달받지 못했다면 계약은 무효이다.
ㄴ. 계약을 체결할 당시 B가 심신상실자였다면 계약은 무효이다.
ㄷ. 계약을 체결할 당시 B가 만 15세 미만이었다면 계약은 무효이다.
ㄹ. 계약을 체결할 때까지 B의 서면 동의를 얻지 못했다면 계약은 무효이다.

① ㄱ ② ㄱ, ㄴ ③ ㄴ, ㄷ ④ ㄷ, ㄹ ⑤ ㄴ, ㄷ, ㄹ

31 다음 글과 [표]에 따를 때 총무팀 J가 사무기기 구매에 지불하게 될 금액은 얼마인가?

H기업 총무팀에서 근무하는 J는 사내에 필요한 사무기기를 구매하고자 한다. A~E의 5개 팀은 총무팀에 사무기기 구매 신청을 하였고, 이 중 2021년 3월 22일부터 4월 16일까지 신청된 내역에 대해서만 승인이 완료되었다. J는 다음 [조건]에 따라 구매를 진행하고자 한다.

[조건]

1. 승인이 완료된 신청 내역에 대해서만 구매를 진행해야 한다.
2. 구매를 진행하게 될 신청 내역에 대해서는 팀별 신청 기기 및 수량, 별도 요청 사항을 모두 충족해야 한다.
3. H기업과 거래하고 있는 사무기기 판매업체는 갑, 을, 병, 정의 4개 업체로, 이 중 위 2의 사항을 충족할 수 있는 업체 한 곳을 정한 뒤, 이곳에서만 구매를 진행해야 한다.
4. 위 2의 사항을 충족할 수 있는 선에서 비용이 가장 적게 들도록 구매를 진행해야 한다.

[표 1] 팀별 사무기기 구매 신청 현황

팀	신청일	신청 기기 및 수량	별도 요청 사항
A	2021. 3. 17.	모니터 1대, 마우스 3대	모니터는 27인치여야 함
B	2021. 4. 8.	모니터 2대, 키보드 1대, 마우스 1대	키보드는 무선이어야 함
C	2021. 3. 26.	마우스 5대, 프린터 1대	마우스는 모두 무선이어야 함
D	2021. 4. 21.	키보드 3대, 프린터 1대	키보드는 모두 방수 기능이 있어야 함
E	2021. 4. 15.	프린터 2대	프린터는 모두 스캔이 가능해야 함

[표 2] 사무기기별 판매업체 및 가격

사무기기	판매업체	세부 품목 및 가격	비고
모니터	갑	27인치 250,000원, 32인치 320,000원	—
	을	24인치 270,000원, 32인치 330,000원	—
	정	27인치 360,000원, 32인치 400,000원	—
키보드	갑	유선 25,000원, 무선 30,000원	유선 방수 가능, 무선 방수 가능
	을	유선 24,000원, 무선 30,000원	유선 방수 가능, 무선 방수 불가능
	병	유선 22,000원, 무선 32,000원	유선 방수 가능, 무선 방수 가능
	정	유선 24,000원	방수 불가능
마우스	갑	유선 18,000원	—
	을	유선 19,000원, 무선 21,000원	—
	병	유선 23,000원, 무선 30,000원	—
	정	무선 27,000원	—

프린터	을	510,000원	복사 가능, 스캔 가능
	병	460,000원	복사 가능, 스캔 불가능
	정	500,000원	복사 가능, 스캔 가능

※ '판매업체'에 적혀 있지 않은 업체는 해당 사무기기를 판매하고 있지 않음
※ '세부 품목 및 가격'에 적혀 있지 않은 품목은 판매하고 있지 않으며, 가격은 사무기기 1대 기준임

① 1,714,000원 ② 2,033,000원 ③ 2,224,000원
④ 2,650,000원 ⑤ 2,863,000원

32 다음 업무협조전에 따라 기획팀 A과장이 올린 계약기안서에 관계자들이 결재하였다고 할 때 해당 기안서의 결재형식으로 옳은 것은?

업무협조전	결재	담당	팀장	본부장	최종결재
		A	전결 E	/	팀장

제목	기획팀 계약에 관한 검토 건
날짜	2020. 1. 3.
발신	기획팀 A과장
수신	법무팀 B과장

1. 귀 부서의 노고와 협조에 항상 감사드립니다.

2. 다음과 같이 업무 협조를 요청하오니 적극 협조하여 주시기 바랍니다.

3. 기획팀에서 신규 사업 추진을 위해 2020년 1월 7일에 갑 업체와 계약을 체결하고자 합니다. 계약서 초안을 첨부한 기안서를 1월 5일에 올릴 예정이오니, 해당 계약서 초안을 검토하여 주시기 바랍니다.

4. 상기 계약기안서의 최종결재권자는 C대표이사로부터 전결*을 위임받은 D본부장입니다. 따라서 D본부장을 포함한 이하 직책자인 기획팀 E팀장과 담당자 A과장이 서명할 예정이며, 협조자인 법무팀의 F팀장께서도 서명해 주셔야 합니다.

* 전결: 최고결재권자의 결재를 생략하고, 자신의 책임하에 최종적으로 의사결정이나 판단을 하는 행위. 결재를 올리는 자는 최고결재권자로부터 전결을 위임받은 자가 있는 경우 결재란에 전결이라고 표시하고 최종결재란에 위임받은 자를 표시한다. 결재가 불필요한 자의 결재란은 우상향 대각선으로 표시한다.

5. 2020년 1월 7일에 계약을 체결할 예정이므로, 상기 계약기안서에 대해서는 1월 6일까지 모든 결재가 완료되어야 합니다.

①

<table>
<tr><td rowspan="5">결재</td><td>담당</td><td>팀장</td><td>본부장</td><td>최종결재</td></tr>
<tr><td>A</td><td>전결
E</td><td></td><td>팀장</td></tr>
<tr><td>1/5</td><td>1/5</td><td>—</td><td>—</td></tr>
<tr><td rowspan="2">협조</td><td colspan="3">법무팀 팀장 F</td></tr>
<tr><td colspan="3">1/6</td></tr>
</table>

②

<table>
<tr><td rowspan="5">결재</td><td>담당</td><td>팀장</td><td>본부장</td><td>최종결재</td></tr>
<tr><td>A</td><td>전결
E</td><td></td><td>팀장</td></tr>
<tr><td>1/5</td><td>1/5</td><td>—</td><td>—</td></tr>
<tr><td rowspan="2">협조</td><td colspan="3">법무팀 과장 B</td></tr>
<tr><td colspan="3">1/6</td></tr>
</table>

③

<table>
<tr><td rowspan="5">결재</td><td>담당</td><td>팀장</td><td>본부장</td><td>최종결재</td></tr>
<tr><td>A</td><td>E</td><td>전결
D</td><td>본부장</td></tr>
<tr><td>1/5</td><td>1/6</td><td>1/8</td><td>—</td></tr>
<tr><td rowspan="2">협조</td><td colspan="3">법무팀 팀장 F</td></tr>
<tr><td colspan="3">1/8</td></tr>
</table>

④

<table>
<tr><td rowspan="5">결재</td><td>담당</td><td>팀장</td><td>본부장</td><td>최종결재</td></tr>
<tr><td>A</td><td>E</td><td>전결
D</td><td>본부장</td></tr>
<tr><td>1/5</td><td>1/5</td><td>1/6</td><td>—</td></tr>
<tr><td rowspan="2">협조</td><td colspan="3">법무팀 과장 B</td></tr>
<tr><td colspan="3">1/6</td></tr>
</table>

⑤

<table>
<tr><td rowspan="5">결재</td><td>담당</td><td>팀장</td><td>본부장</td><td>최종결재</td></tr>
<tr><td>A</td><td>E</td><td>전결
D</td><td>본부장</td></tr>
<tr><td>1/5</td><td>1/5</td><td>1/6</td><td>—</td></tr>
<tr><td rowspan="2">협조</td><td colspan="3">법무팀 팀장 F</td></tr>
<tr><td colspan="3">1/6</td></tr>
</table>

33 다음 두 글에 따를 때 옳지 않은 것을 고르면?

임금피크제는 근로자가 일정 연령에 도달한 시점부터 임금을 삭감하는 대신 정년을 보장하거나 정년 후 고용을 연장하는 제도이다. 즉, 정년보장 또는 정년연장과 임금삭감을 맞교환하는 형식이라고 볼 수 있다.

임금피크제를 실시하기 위해서는 제도 유형, 적용대상자 범위, 임금감액 기준, 임금굴절(피크, peak) 시점, 임금감액 유형 등을 고려해야 한다. 제도 유형에는 정년보장형, 정년연장형, 고용연장형의 세 가지가 있는데, 이 중 정년보장형은 정년을 보장하는 것을 전제로 정년 이전 특정 시점부터 임금수준을 낮추는 형태이고, 정년연장형은 정년을 연장하는 조건으로 정년 이전 특정 시점부터 임금수준을 낮추는 형태이며, 고용연장형은 정년퇴직자를 촉탁직 등 계약직으로 재고용하고 임금수준을 낮추는 형태이다. 임금감액 기준은 총임금을 기준으로 일정 비율만큼 감액하거나 기본급만을 감액하는 방식, 특정수당·상여금·변동급 등을 감액하는 방식 등이 있다. 임금굴절 시점은 임금감액의 기점이 되는 시기를 말하는데, 이를 결정하는 기준에는 분배소득액 기점, 시장임금 기점, 노동생산성 기점 등이 있다. 임금감액 유형은 임금굴절 시점부터 매년 임금의 일정 비율을 단계적으로 삭감하는 형태와 임금굴절 시점에 감액한 임금수준을 계속 유지하는 형태가 있다.

이러한 임금피크제를 도입할 경우 고용안정, 인건비 부담 완화, 고령인력 활용, 인사적체 해소, 노동력 부족 해결, 사회보장 비용부담 완화 등의 기대효과가 예상된다. 하지만 조직의 활력 저하, 고령자의 생산성 저하, 임금축소에 따른 동기부여의 어려움 등이 문제로 지적되기도 한다.

근로자는 정년 및 급여체계와 투자능력 등에 따라 자신에게 적합한 퇴직연금 유형을 선택해야 한다. 퇴직연금 유형은 크게 DB형(확정급여형)과 DC형(확정기여형)으로 나눌 수 있다.

- DB형: 회사책임형이라고도 불리며, 회사가 근로자의 퇴직연금 재원을 외부 금융회사에 적립하여 운용하고, 근로자 퇴직 시 정해진 금액(퇴직 직전 3개월 평균급여×근속연수)을 지급하는 제도이다. 따라서 퇴직연금 재원을 운용하면서 회사에 손해가 발생하더라도 근로자는 이와 상관없이 정해진 퇴직연금을 받을 수 있다.
- DC형: 근로자책임형이라고도 불리며, 회사가 매년 연간 임금총액의 일정 비율(1/12 이상)을 적립하고, 근로자가 이 적립금을 직접 운용하는 방식이다. 따라서 근로자가 적립금을 어떻게 운용하느냐에 따라 차등된 퇴직연금을 받을 수 있다.

① 자산운용 능력이 뛰어난 근로자라면 DB형보다 DC형이 유리하다.
② 정년보장형, 정년연장형, 고용연장형 임금피크제는 모두 일정 시점부터 임금을 감액하는 제도이다.
③ 임금피크제에 진입한 근로자는 DB형을 선택하여 퇴직연금 재원의 운용을 회사에 맡기는 것이 퇴직연금 수령 규모상 유리하다.
④ DB형으로 퇴직연금을 받기로 했다면 정년 시점이 되었을 때 임금피크제에 따라 고용을 연장하기보다 당장 퇴직하는 것이 퇴직연금 수령 규모상 유리할 수 있다.
⑤ 근속연수가 30년이고, 퇴직 직전 3개월 평균급여가 400만 원인 근로자가 DB형 퇴직연금에 가입되어 있다면, 이 근로자의 퇴직 시 퇴직연금은 1억 2,000만 원이다.

34 다음 글에 따를 때 [상황]의 농가 A~D가 제2차 재해보상금으로 받게 되는 보상금액의 합은?

태풍으로 피해를 입은 농작물재해보험 가입 농가에 대해 제2차 재해보상금이 지급된다. 보상금액은 다음과 같이 피해면적에 지원단가를 곱한 값의 80%이다.

보상금액(원) = 피해면적(m^2) × 지원단가(원) × 80%

지원단가는 해당 피해 경작지에서 경작하고 있던 농작물에 따라 상이하므로, 아래의 [표]를 참고하여 보상금액을 계산하면 된다.

한편, 농작물재해보험에 가입하지 않은 농가가 전체 농가 중 약 50%에 달하는 것으로 나타나자, 이들의 피해 보전을 위하여 농작물재해보험 미가입 농가에도 보상금을 일부 지원하기로 했다. 보험 미가입 농가의 보상금은 다음과 같다.

보상금액(원) = 피해면적(m^2) × 지원단가(원) × 50%

이번 제2차 재해보상금의 대상은 제1차 재해보상금을 받지 않은 피해 농가에 한하며, 해당되는 농가는 해당 읍·면·동이나 농협에 피해신고서를 제출해야 한다.

[표] 주요 농작물의 지원단가

(단위: 원)

농작물	지원단가	농작물	지원단가
사과	3,000	벼	2,500
배	3,500	옥수수	1,500
복숭아	2,000	대파	1,000
포도	2,500	양파	3,000
밤	2,000	고추	2,000

[상황]

농가	경작 농작물	피해 면적	농작물재해보험 가입 여부	제1차 보상 여부
A	배	2,000m^2	가입	미보상
B	대파	800m^2	미가입	보상
C	사과	3,000m^2	미가입	미보상
D	벼	10,000m^2	가입	미보상

① 2,560만 원 ② 3,010만 원 ③ 3,050만 원
④ 3,280만 원 ⑤ 3,344만 원

[35~36] 제주도로 4명의 사원이 여행을 갔다. 자료를 토대로 이어지는 물음에 답하시오.

[제주도 여행 코스별 이동 거리]

- 천지연폭포 ↔ 성산일출봉: 49km
- 함덕해수욕장 ↔ 만장굴: 13km
- 천지연폭포 ↔ 쇠소깍: 8km
- 쇠소깍 ↔ 곶자왈도립공원: 38km
- 항몽유적지 ↔ 협재동굴: 21km
- 안덕계곡 ↔ 항몽유적지: 27km
- 곶자왈도립공원 ↔ 하늬오름: 13km
- 안덕계곡 ↔ 쇠소깍: 28km
- 만장굴 ↔ 성산일출봉: 23km
- 협재동굴 ↔ 새별오름: 16km
- 곽지해수욕장 ↔ 항몽유적지: 12km
- 곽지해수욕장 ↔ 새별오름: 15km
- 새별오름 ↔ 한라산: 36km
- 항몽유적지 ↔ 걸매생태공원: 43km
- 하늬오름 ↔ 한라산: 34km
- 한라산 ↔ 걸매생태공원: 21km

[표] 여행 경비

거리별 택시비		식비(2인 기준 비용)	
10km 미만	1만 원	아침	21,000원
10km 이상 20km 미만	2만 원	점심	33,000원
20km 이상 30km 미만	3만 원	저녁	45,000원
30km 이상	4만 원	간식	10,000원

35 **다음 여행 코스 중 이동 거리가 가장 짧은 코스는?**

① 천지연폭포 → 성산일출봉 → 만장굴 → 함덕해수욕장
② 한라산 → 걸매생태공원 → 항몽유적지 → 협재동굴
③ 항몽유적지 → 곽지해수욕장 → 새별오름 → 한라산
④ 곶자왈도립공원 → 쇠소깍 → 안덕계곡 → 항몽유적지
⑤ 안덕계곡 → 항몽유적지 → 걸매생태공원 → 한라산

36 **사원 4명이 곽지해수욕장 → 새별오름 → 한라산 → 하늬오름 → 곶자왈도립공원의 코스를 모두 택시를 이용하여 관광을 했다. 4명은 아침, 점심, 저녁 식사를 모두 하였고, 간식도 모두 먹었다고 했을 때 지불한 총비용은 얼마인가?**

① 219,000원 ② 258,000원 ③ 298,000원
④ 338,000원 ⑤ 348,000원

37 다음 글과 [상황]에 따를 때 차량 접촉사고에 의한 A, B 각각의 과실비율을 옳게 짝지은 것을 고르면? (단, 언급하지 않은 내용은 고려하지 않는다)

1. 과실비율 인정기준의 적용
   (1) 해당 사고에 적용할 도표의 기본과실을 확인한다.
   (2) 기본과실은 원칙적으로 두 차량 모두에게 정하고, 도표에서 두 차량은 A, B로, 과실비율은 숫자로 표시한다(예 A30 B70).
   (3) 기본과실 하단의 수정요소 항목 중 본인 사고에 해당되는 수정요소가 있는지 확인한다. 수정요소의 값이 ＋인 경우 해당 차량에는 가산을, 상대 차량에는 감산을 한다.
   (4) 수정요소를 가산한 일방 차량의 최종 값이 100%를 넘거나 0%보다 작을 수 없다. 또한 양자의 최종 과실비율의 합계는 언제나 100%가 되어야 한다.
   (5) 현저한 과실과 중과실이 모두 발생할 경우는 중과실의 수정요소만을 적용한다.
   (6) 현저한 과실 내에서 여러 개가 중복되어도 최대 20%까지만 가산한다.

2. 수정요소의 구분
   (1) 현저한 과실
   - 사고 상황을 가정하여 정한 기본과실에 더해 과실의 정도가 큰 과실을 '현저한 과실'이라 한다. 중대한 과실보다는 주의의무의 위반정도가 낮은 과실항목을 의미하며, 중대한 과실과 중복 적용하지 않는다.
   - 현저한 과실로는 한눈팔기 등 전방주시의무의 현저한 위반, 음주운전(혈중알코올농도 0.03% 미만), 시속 10km 이상 20km 미만의 제한속도 위반, 핸들 또는 브레이크 조작의 현저한 부적절, 차량 유리의 높은 암도, 운전 중 휴대전화 사용, 운전 중 영상표시장치 시청·조작 등이 있다.
   (2) 중과실
   - 현저한 과실보다도 주의의무의 위반정도가 높고 고의에 비견할 정도로 위험한 운전행위를 하는 중대한 과실을 말한다. 현저한 과실과 중복 적용하지 않는다.
   - 중대한 과실로는 음주운전(혈중알코올농도 0.03% 이상), 무면허 운전, 졸음운전, 제한속도 20km 초과, 마약 등 약물운전, 공동위험행위(도로교통법 제46조) 등이 있다.

[상황]

제한속도가 60km/h인 도로에서 시속 85km/h로 영상통화를 하며 운전하던 A는 녹색직진신호에서 직진을 하다가 좌회전을 하던 B와 충돌했다. 접촉사고 당시 B는 녹색직진신호임에도 불구하고 좌회전(비보호 좌회전* 아님)을 하던 중이었으며 무면허 운전이었다. 신호위반 사고(녹색직진신호 좌회전)의 과실비율 도표는 다음과 같다.

<table>
<tr><td rowspan="2">210</td><td>사고 상황</td><td>기본과실</td><td colspan="2">A0 B100</td></tr>
<tr><td>(A) 녹색직진신호 직진
(B) 녹색직진신호 좌회전</td><td colspan="3">수정요소</td></tr>
<tr><td colspan="2" rowspan="10">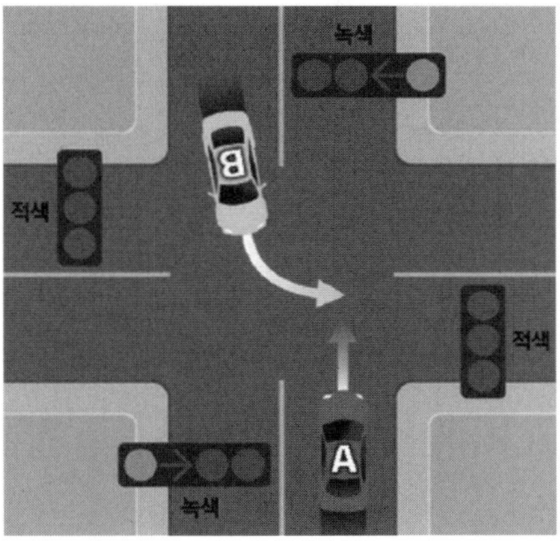
</td><td>A 현저한 과실</td><td>+10</td><td></td></tr>
<tr><td>A 중과실</td><td>+20</td><td></td></tr>
<tr><td>A 교차로 정체 중 진입</td><td colspan="2">비적용</td></tr>
<tr><td>B 현저한 과실</td><td></td><td>+5</td></tr>
<tr><td>B 중과실</td><td></td><td>+10</td></tr>
<tr><td>B 기좌회전</td><td colspan="2" rowspan="5">비적용</td></tr>
<tr><td>B 서행불이행</td></tr>
<tr><td>B 급좌회전</td></tr>
<tr><td>B 소좌회전 · 대좌회전</td></tr>
<tr><td>B 대형차</td></tr>
</table>

* 비보호 좌회전: 교차로에서 별도의 좌회전 신호를 주지 않고 직진 신호일 때 좌회전을 허용하는 신호 운영 방식

	A	B
①	0%	100%
②	10%	90%
③	20%	80%
④	30%	70%
⑤	40%	60%

38 **K팀은 350만 원의 예산으로 컴퓨터를 구매하고자 한다. K팀 사원이 정리한 자료를 토대로 할 때 K팀에서 구매하는 컴퓨터는 어느 회사의 컴퓨터인가?**

[표] A~E사 컴퓨터 사양과 가격

구분	A사	B사	C사	D사	E사
CPU	i7	i5	i5	i3	i7
RAM	16GB	24GB	16GB	16GB	16GB
저장용량	256GB	128GB	256GB	512GB	256GB
속도	2.3GHz	1.8GHz	2.1GHz	2.1GHz	2.3GHz
가격	135만 원	110만 원	120만 원	110만 원	115만 원

※ A사와 B사는 행사 중으로 20% 할인하고 있음

[K팀이 구매하고자 하는 컴퓨터]

- 3대의 컴퓨터를 구매하고자 한다.
- 2개 회사가 선정될 경우 가격이 더 저렴한 것을 선택한다.
- 구매하고자 하는 컴퓨터의 사양은 CPU는 i5 이상, RAM은 16GB 이상, 저장용량은 256GB 이상, 속도는 2.1GHz 이상이다.

① A사　② B사　③ C사
④ D사　⑤ E사

39 **N기업의 서울지사와 시드니지사 직원이 10월 4일에 함께 화상회의를 하려고 한다. 다음 [조건]과 [표]에 따를 때 서울 시간을 기준으로 한 화상회의 시간으로 옳은 것은?**

[조건]

1. 회의는 연속하여 2시간 동안 진행된다.
2. 서울지사에서는 사원 1명과 대리 1명이, 시드니지사에서는 과장 1명이 반드시 회의에 전(全) 시간 동안 참여해야 한다.
3. 시드니는 서울보다 1시간이 빠른데, 10월 4일은 서머타임(summer time) 시행 기간이라 기존 시간보다 1시간 더 빠르다.

[표 1] 서울지사 직원들의 10월 4일 일정

구분	A과장	B대리	C사원	D사원
09:00~10:00	거래처 방문	고객 응대		
10:00~11:00				
11:00~12:00			시장조사	
12:00~13:00	점심식사	점심식사	점심식사	점심식사
13:00~14:00				
14:00~15:00	조퇴			기획안 작성
15:00~16:00		거래처 방문		
16:00~17:00				
17:00~18:00			보고서 작성	

[표 2] 시드니지사 직원들의 10월 4일 일정

구분	E과장	F과장	G대리	H사원
09:00~10:00			휴가	거래처 방문
10:00~11:00		거래처 방문		
11:00~12:00				
12:00~13:00	점심식사	점심식사		점심식사
13:00~14:00		시장조사		
14:00~15:00			기획안 작성	
15:00~16:00	고객 응대			고객 응대
16:00~17:00				
17:00~18:00		보고서 작성		

※ [표 1]의 시간은 서울 현지시간, [표 2]의 시간은 서머타임을 적용한 시드니 현지시간을 나타낸다.

※ 서울지사와 시드니지사의 근무시간은 현지시간 기준 09:00~18:00이며, 근무시간 외에는 화상회의를 할 수 없다.

① 09:00~11:00 ② 10:00~12:00 ③ 13:00~15:00 ④ 14:00~16:00 ⑤ 16:00~18:00

40 농협은행에서는 환전 서비스 개선을 위해 은행 A~C와 핀테크업체 D~F에서 운영하고 있는 환전 시스템의 특징을 정리한 [주요 은행 및 핀테크업체의 환전 서비스]를 보고 개선책에 대해 논의하였다. 다음 중 그 개선책으로 보기 어려운 것은?

[주요 은행 및 핀테크업체의 환전 서비스]

구분		통화	환전 수수료 우대율	수수료 우대 요건 및 특징
은행	A	달러	100%	• 최근 1년 이내 당행 환전 이용 실적이 있는 경우 우대 가능 • 환전 시 해외여행자보험 무료 가입 가능
		엔화		
		유로	90%	
	B	달러	90%	• 최근 6개월 이내 당행 환전 이용 실적이 있는 경우 우대 가능 • 개인당 연 1회 우대 가능 • 첫 거래 이용자에게 S면세점 할인권 지급
		엔화		
		유로	80%	
	C	달러	80%	• 당행 계좌를 보유한 경우 우대 가능 • 개인당 연 2회 우대 가능
		엔화	70%	
		유로		
핀테크 업체	D	달러	100%	• 환전 실적이나 횟수 제한 없이 우대 가능 • 환전 당일 수령 가능 • 첫 거래 이용자에게 1천 원의 포인트 지급
		엔화		
		유로		
	E	달러	100%	• 환전 실적이나 횟수 제한 없이 우대 가능 • 환전 당일 수령 가능 • 해외 현지에서 출금 가능
		엔화		
		유로		
	F	달러	100%	• 환전 당일 수령 가능 • 해외 현지에서 출금 가능
		엔화	90%	
		유로	80%	

① 환전 수수료 우대율을 100%로 상향한다.

② 이용자에게 해외여행과 관련된 혜택을 제공한다.

③ 핀테크업체와 제휴하여 간편하고 편리한 환전 시스템을 구축한다.

④ 유로 통화의 환전 수수료 우대율을 하향 조정하여 달러 통화의 우대율과 차등을 둔다.

⑤ 누구나 환전 수수료를 우대받을 수 있도록 환전 실적이나 횟수 등에 제한을 두지 않는다.

[41~42] 다음은 외부 회의를 위해 대관할 회의실 정보를 정리한 자료이다. 이어지는 물음에 답하시오.

[회의실 정보]

회의실명	대여 시간	최대 수용 인원
크리스털	5시간	59명
루비	4시간	60명
사파이어	4시간	54명
에메랄드	3시간	60명
토파즈	5시간	62명

[회의실 대여 방법]

- 테이블 정리 및 다과 세팅을 위해 회의 전 1시간, 회의 후 1시간의 정리 시간이 필요하며, 정리 시간이 대여 시간에 포함된다.
- 회의실 준비 인원은 '최대 수용 인원/10'으로 계산하며, 계산 시 소수점 첫째 자리에서 올림한다.
- 참석 인원 확인을 위해 확인 인원을 2명을 둔다.
- 최대 수용 인원은 회의실 준비 인원과 확인 인원을 포함한 인원이다.

[대화]

- 조 팀장: 김 대리님, 다음 주에 있을 외부 회의를 진행하려 하는데 회의실을 예약해주시겠어요?
- 김 대리: 네, 알겠습니다. 회의는 몇 시간 동안 진행되나요?
- 조 팀장: 네, 회의는 2시간 동안 진행할 예정입니다. 그리고 참석 인원은 52명입니다.
- 김 대리: 두 곳 이상 이용 가능할 경우 어떤 회의실로 예약할까요?
- 조 팀장: 회의가 길어질 수 있으므로 30분 이상 더 사용 가능한 회의실로 예약해주시고, 12시부터 13시까지는 예약을 피해주세요.
- 김 대리: 네, 알겠습니다.

41 **김 대리가 예약하는 회의실은 어디인가?**

① 크리스털　　② 루비　　③ 사파이어
④ 에메랄드　　⑤ 토파즈

42 김 대리가 41번 문항에서 선정한 회의실을 예약하고자 [회의실 예약 현황]을 확인하였다. 회의 시작 시간은 몇 시인가?

[회의실 예약 현황]

구분	크리스털	루비	사파이어	에메랄드	토파즈
09:00~10:00	×	×	×	○	×
10:00~11:00	○	×	×	○	○
11:00~12:00	○	×	○	○	×
12:00~13:00	○	×	○	○	○
13:00~14:00	○	○	○	×	○
14:00~15:00	○	○	○	○	○
15:00~16:00	○	○	○	○	○
16:00~17:00	○	○	○	○	○
17:00~18:00	○	×	×	○	○
18:00~19:00	○	×	×	×	×
19:00~20:00	○	×	×	×	×

※ ○: 예약 가능, ×: 예약 불가

① 10:00 ② 11:00 ③ 12:00 ④ 13:00 ⑤ 14:00

43 **다음은 스마트 TV를 제조하는 A사의 조사결과이다. 이를 토대로 할 때 스마트 TV 홍보 방법으로 적절하지 않은 것은?**

[그림1] TV 종류별 선호도 및 TV 선호도

(단위: %)

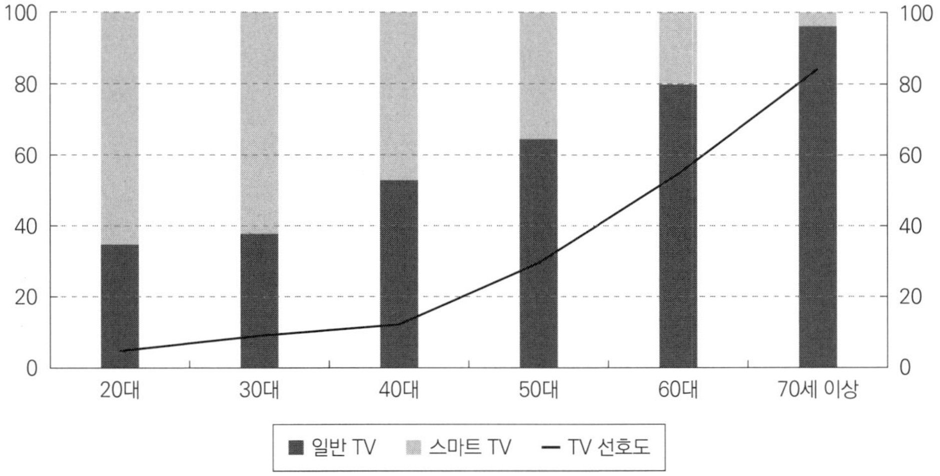

[그림2] 하루 평균 TV 시청시간

(단위: 분)

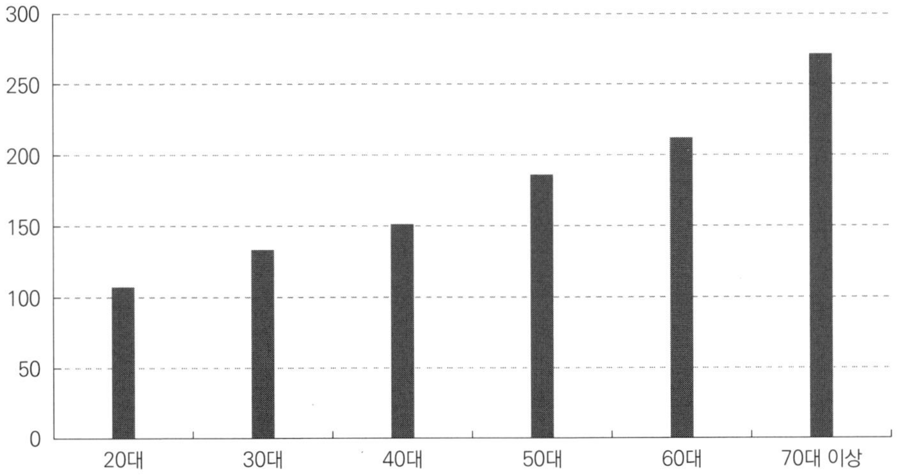

① TV 선호도가 높은 50대 이상을 주요 고객층으로 설정한다.

② 50대 이상에게 스마트 TV와 일반 TV의 차이점을 설명하여 스마트 TV 선호도를 높힌다.

③ 스마트 TV 선호율이 가장 높은 20대에게 주력으로 판매한다.

④ 스마트 TV 선호도가 낮은 연령대를 위한 스마트 TV 이용 방법 안내 책자를 제공한다.

⑤ TV 시청시간이 높은 연령대를 위해 스마트 TV에서 사용할 수 있는 OTT 이용권을 제공한다.

44 **다음 [표]와 [그림]은 친환경농산물의 출하량 및 시장규모를 나타내고 있다. 자료를 보고 옳지 않은 것을 [보기]에서 모두 고른 것은?**

[표] 2018년 친환경농산물 인증단계 · 품목별 출하량

(단위: 톤, %)

구분	유기농산물	무농약농산물	계	전년 대비 증감률		
				유기 농산물	무농약 농산물	계
곡류	56,784(54.0)	100,674(29.1)	157,458(34.9)	14.0	−14.8	−6.3
채소류	31,471(30.0)	90,442(26.2)	121,914(27.0)	−15.5	−11.0	−12.2
과실류	7,283(6.9)	15,935(4.6)	23,218(5.1)	−17.8	−13.4	−14.9
서류	3,594(3.4)	13,553(3.9)	17,148(3.8)	19.7	2.6	5.8
특용작물	2,476(2.4)	116,016(33.5)	118,493(26.3)	−74.1	−5.8	−10.7
기타	3,464(3.3)	9,191(2.7)	12,655(2.8)	−31.0	11.3	−4.7
계	105,072(100.0)	345,811(100.0)	450,886(100.0)	−7.4	−9.7	−9.2

[그림] 2007~2018년 친환경농산물 인증단계별 시장규모

(단위: 천억 원)

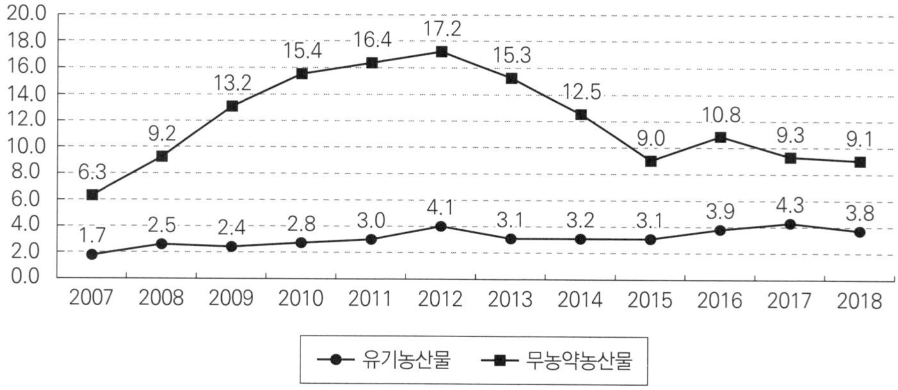

| 보기 |

ㄱ. 2017년 무농약농산물 중 채소류의 출하량은 100,000톤 이상이다.
ㄴ. 2018년 친환경농산물 출하량에서 무농약농산물이 차지하는 비중은 80% 미만이다.
ㄷ. 2018년 유기농산물의 출하량 대비 시장규모는 무농약농산물의 출하량 대비 시장규모보다 작다.
ㄹ. 2007~2018년 중 유기농산물의 시장규모가 가장 컸던 연도와 무농약농산물의 시장규모가 가장 컸던 연도는 일치한다.

① ㄱ, ㄴ　② ㄱ, ㄷ　③ ㄴ, ㄷ　④ ㄴ, ㄹ　⑤ ㄷ, ㄹ

45 **다음 [상황]과 [규칙]에 따를 때 홍길동이 설정할 수 있는 암호로 옳은 것은?**

[상황]

홍길동은 A 홈페이지에 회원 가입을 하려고 한다. A 홈페이지에 가입하기 위해서는 실명과 주민등록번호를 입력한 후 아이디와 암호를 설정하여야 한다. 최근 A 홈페이지는 보안 강화를 위해 암호 설정 조건을 다음 [규칙]과 같이 변경한 상태이다.

[규칙]

- 암호를 구성하는 문자의 종류에는 알파벳, 특수문자, 숫자가 있으며, 3개 종류의 문자가 모두 포함되어야 한다.
- 암호는 총 8자 이상 12자 이하여야 한다.
- 알파벳은 대문자와 소문자를 구분하며, 대문자와 소문자가 각각 포함되어야 한다.
- 특수문자는 아래 [키보드 숫자 키]에 숫자와 함께 적힌 문자를 의미한다, 단, 숫자 '2', '3', '4' 키에 적힌 특수문자는 사용할 수 없다.
- 아래 [키보드 숫자 키]를 기준으로 왼쪽에서 오른쪽 방향이나 오른쪽에서 왼쪽 방향으로 순서대로 인접하는 숫자를 3자리 이상 사용할 수 없다. 이때, 숫자 '0'과 '1'도 순서대로 인접하는 것으로 본다.

예 왼쪽에서 오른쪽 방향으로 순서대로 인접하는 '123'은 암호에 사용할 수 없음

[키보드 숫자 키]

① Dkfmaekdns&59

② Gks^*210

③ whdfh7611

④ #!2458RUDNf

⑤ 82(gkqRuR)

46 **다음 글에 따를 때 [보기]의 환자와 그 환자가 부여받을 진료코드를 연결한 것으로 옳지 않은 것을 고르면? (단, 언급하지 않은 내용은 고려하지 않는다)**

진료코드는 다음과 같이 지역코드, 종별코드, 진료과목코드, 보험자구분코드를 차례대로 다열하여 7자리 숫자로 표현한다.

지역코드 (2자리)	종별코드 (2자리)	—	진료과목코드 (2자리)	—	보험자구분코드 (1자리)

• 지역코드는 진료받은 의료기관이 위치한 지역을 기준으로 한다. 지역별로 서울에는 11, 부산에는 21, 인천에는 22, 대구에는 23, 광주에는 24, 대전에는 25, 울산에는 26, 경기에는 31, 강원에는 32, 충북에는 33, 충남에는 34, 전북에는 35, 전남에는 36, 경북에는 37, 경남에는 38, 제주에는 39, 세종에는 41을 부여한다.

• 종별코드는 진료받은 의료기관의 종류를 나타내는 코드이다. 종별로 다음과 같이 코드를 부여한다.

상급종합병원	01	조산원	61
종합병원	11	보건소	71
병원	21	보건지소	72
요양병원	28	보건진료소	73
정신요양병원	29	모자보건센터	74
의원	31	한방종합병원	91
치과병원	41	한방병원	92
치과의원	51	한의원	93

• 진료과목코드는 진료과목에 따라 다음과 같이 코드를 부여한다. 같은 의료기관 내에서 진료과가 전과된 경우는 전과된 후의 진료과를 기준으로 한다.

내과	01	비뇨의학과	15
신경과	02	재활의학과	21
정신건강의학과	03	핵의학과	22
외과	04	가정의학과	23
정형외과	05	보건	41
신경외과	06	보건기관치과	43
흉부외과	07	치과	49
성형외과	08	구강악안면외과	50

마취통증의학과	09	치과보철과	51
산부인과	10	치과교정과	52
소아청소년과	11	한방내과	80
안과	12	한방부인과	81
이비인후과	13	한방소아과	82
피부과	14	침구과	85

• 보험자구분코드는 건강보험에 4, 의료급여에 5, 보훈에 7, 무료진료에 9를 부여한다.

| 보기 |

• 건강보험 피부양자인 '갑'은 대전에 있는 안과의원에서 백내장 시술을 받았다.
• 의료급여 수급자인 '을'은 서울에 있는 상급종합병원 정형외과에서 진료를 받았다.
• 충치가 생긴 무료진료 대상자 '병'은 강원도의 한 보건진료소에서 무료로 충치치료를 받았다.
• 전라남도에 살고 있는 직장건강보험 가입자 '정'은 서울의 내과병원에서 위 내시경을 받았다.
• 부산의 일반종합병원 신경과에 방문한 직장건강보험 가입자 '무'는 해당 병원 신경외과로 전과되어 진료를 받았다.

	환자	진료코드
①	갑	2531-12-4
②	을	1101-05-5
③	병	3273-43-9
④	정	1121-01-4
⑤	무	2111-02-4

47 다음 글에 따를 때 [표]의 ㉠, ㉡에 들어갈 문자열을 옳게 짝지은 것을 고르면?

문자열 인코딩이란 컴퓨터가 인간의 언어를 처리할 수 있도록 문자를 일정한 규칙에 따라 이진수로 변환하는 방법이다. 현재 가장 보편적으로 쓰이고 있는 인코딩 방식은 국제 표준화 기구에서 동일한 규칙으로 거의 모든 언어를 표현할 수 있도록 만든 유니코드 변환 형식(Unicode Transformation Format: UTF)이다. 유니코드(Unicode)는 전 세계의 문자에 고유 숫자를 부여한 문자 집합으로, 1993년 국제 표준으로 제정되었다. 유니코드 변환 형식은 크게 UTF-8, UTF-16, UTF-32의 세 가지로 나눌 수 있는데, 이 중에서 비교적 많이 사용되는 방식은 UTF-8과 UTF-16이다.

○ UTF-8: 8bit(1byte)로 인코딩한다는 의미로, 한 글자가 1~4byte 중 하나의 용량으로 인코딩된다. 현재 가장 많이 쓰이는 인코딩 방식이다.
  - 알파벳: 1byte를 사용하여 표현
  - 한글: 3byte를 사용하여 표현
  - 기호 및 공백: 1byte를 사용하여 표현

○ UTF-16: 16bit(2byte)로 인코딩한다는 의미로, 기본 다국어 평면(Basic Multilingual Plane: BMP)에 속하는 대부분의 문자는 2byte로 인코딩되고, 그 외 일부 추가 문자는 4byte로 인코딩된다. 주로 자바(Java) 프로그래밍에서 사용되는 방식이다.
  - 알파벳: 2byte를 사용하여 표현
  - 한글: 2byte를 사용하여 표현
  - 기호 및 공백: 2byte를 사용하여 표현

[표]

구분	문자열	용량
UTF-8	TS SOUND입니다.	18byte
	㉠	UTF-16으로 인코딩할 때보다 8byte 작음
UTF-16	ASMR SOUND였다.	26byte
	㉡	30byte

	㉠	㉡
①	TS_second이다.	ASMR second입니까?
②	TS_second이다.	TS_computer였습니다.
③	T computer였습니다.	asmr_computer이다!
④	T computer였습니다.	ASMR second입니다.
⑤	asmr_computer이다!	TS second입니다.

[48~49] 다음 글을 읽고 물음에 답하시오.

친환경농축산물이란 생물의 다양성을 증진하고, 토양에서의 생물적 순환과 활동을 촉진하며, 농업생태계를 건강하게 보전하기 위하여 합성농약, 화학비료, 항생제 및 항균제 등 화학자재를 사용하지 않거나 사용을 최소화한 건강한 환경에서 생산한 농축산물을 의미한다. 국립농산물품질관리원에서는 친환경농축산물이 체계적으로 생산되고 유통될 수 있도록 친환경농축산물 인증제도를 운영·관리하고 있다. 친환경농축산물 인증기관은 인증 신청인에 대해 서류심사와 현장심사를 실시한 뒤 인증기준에 적합하다고 판정되는 경우 인증서를 발급하고 인증번호를 부여한다.

1. 인증번호의 구성

친환경농축산물 인증번호는 다음과 같이 시·도별 지정번호(00), 인증종류(0), 인증서의 발급순번(00000)을 결합하여 일련번호 방식으로 부여한다.

0	1	1	0	0	0	0	1
↑ 시·도별 지정번호 (2자리)		↑ 인증종류 (1자리)	↑ 인증서의 발급순번 (5자리)				

2. 시·도별 지정번호

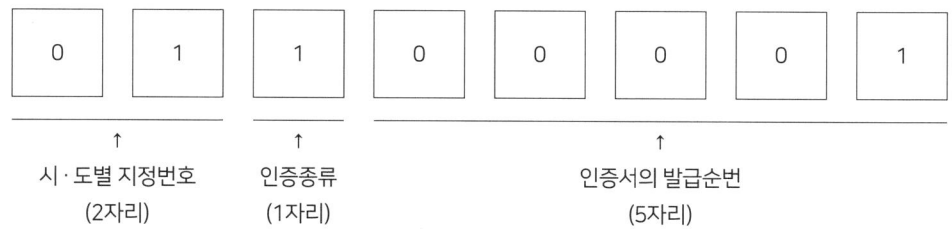

지역	번호	지역	번호
서울특별시	01	충청북도	12
부산광역시	02	충청남도 · 세종특별자치시	13
대구광역시	03	전라북도	14
인천광역시	04	전라남도	15
광주광역시	05	경상북도	16
대전광역시	06	경상남도	17
울산광역시	07	제주특별자치도	18
경기도	10	해외	99
강원특별자치도	11		

3. 인증종류별 번호

인증종류		기준	번호
농산물	유기농산물	농업생태계를 건강하게 유지·보전하고 환경오염을 최소화하는 경작원칙을 적용하여 합성농약과 화학비료를 사용하지 않고, 작물 돌려짓기(윤작) 등 유기 재배방법에 따라 생산한 농산물	1
	무농약농산물	농업생태계를 건강하게 유지·보전하고 환경오염을 최소화하는 경작원칙을 적용하여 합성농약을 사용하지 않고, 권장 성분량의 1/3 이하로 화학비료 사용을 최소화하는 등 무농약 재배방법에 따라 생산한 농산물	3
축산물	유기축산물	가축이 자유롭게 활동할 수 있는 축사 조건과 축종별로 정해진 방목 조건을 준수하고 유기사료를 급여하면서 동물용의약품에 의존하지 않고 면역 기능을 증진하는 등 유기 사육방법에 따라 생산한 축산물	2
가공품	유기가공식품	유기농축산물을 원료로 하여 유기적 순수성이 유지되도록 기계적, 물리적, 생물학적 방법으로 가공한 식품	8
	무농약원료가공식품	무농약농산물과 유기식품을 원료로 하여 인증기준에 따라 기계적, 물리적, 생물학적 방법으로 가공한 식품	7
	비식용유기가공품 (유기사료)	유기농축산물과 허용된 사료 첨가물로 만들어진 사료	9
취급자		인증받은 친환경농축산물과 가공품을 단순처리하거나 포장단위를 변경하여 취급하는 자	6

4. 인증서의 발급순번

인증서의 발급순번은 해당 시·도의 인증종류별 일련번호로 한다. 예를 들어, 서울특별시에서 유기농산물에 대해 첫 번째로 인증서를 발급받은 경우 인증번호는 01100001이 된다.

48 **위 글에 따를 때 옳은 것은?**

① 친환경농축산물 인증번호의 마지막 자리는 0이 될 수 없다.

② 친환경농축산물 인증번호는 최소 4자리에서 최대 8자리로 이루어진다.

③ 친환경농축산물 인증번호의 첫 번째 자리에 올 수 있는 숫자는 총 10가지이다.

④ 친환경농축산물 인증번호의 앞 5자리가 17801이라면 경상남도에서 유기가공식품에 대해 1만 회 이상 친환경농축산물 인증서가 발급된 것이다.

⑤ 세종특별자치시에서 무농약원료가공식품에 대해 다섯 번째로 인증서를 발급받았다면, 친환경농축산물 인증번호 각 자리 숫자를 모두 더한 값은 16이다.

49 **위 글에 따를 때 다음 [상황]에서 김 과장이 추천할 친환경농축산물의 인증번호로 가능한 것을 [보기]에서 모두 고르면?**

[상황]

제주도 출신의 김 과장은 동료 직원들에게 고향에서 재배된 특산물을 소개할 계획이다. 제주도의 특산물 중에서도 특별히 합성농약을 사용하지 않고, 권장 성분량의 1/3 이하로 화학비료 사용을 최소화하여 재배하여, 친환경농축산물 인증을 받은 농산물 제품을 추천하고자 한다. 그러던 중 신문에서 강원도 지역에서 사육되어 생산된 축산물이 품질이 우수하다는 내용의 기사를 읽고, 강원도의 유기축산물 인증 제품도 함께 추천하려고 한다.

| 보기 |

ㄱ. 1832750
ㄴ. 09200785
ㄷ. 11020002
ㄹ. 11200364
ㅁ. 18203951
ㅂ. 18310039

① ㄱ, ㅂ
② ㄹ, ㅂ
③ ㄴ, ㄷ, ㄹ
④ ㄷ, ㄹ, ㅁ, ㅂ
⑤ ㄱ, ㄷ, ㄹ, ㅁ, ㅂ

50 다음 글과 [상황] 따를 때 도서 A~C와 [보기]의 한국도서번호 ㄱ~ㄷ을 옳게 연결한 것은?

한국도서번호는 다음과 같이 국제표준도서번호(ISBN: International Standard Book Number)에 부가기호를 덧붙여 구성한다.

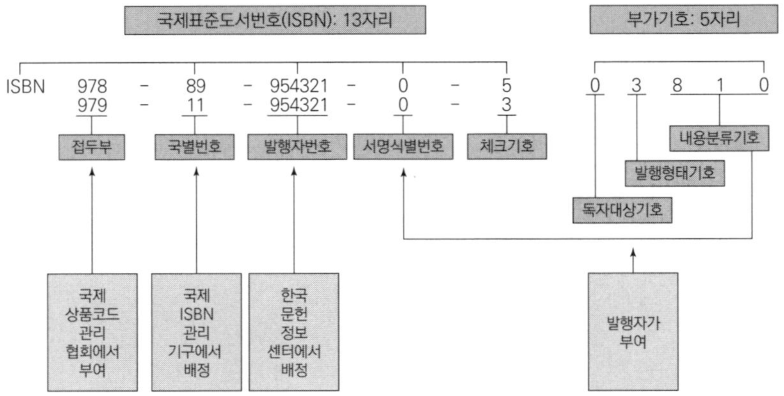

1. 국제표준도서번호(ISBN)
   (1) 접두부: 국제상품코드관리협회가 부여하는 세 자리 숫자로 978, 979가 있다.
   (2) 국별번호: 우리나라 국별번호는 89(접두부가 978인 경우)와 11(접두부가 979인 경우)이다.
   (3) 발행자번호: 한국문헌번호센터에서 발행자에게 부여한 번호로, 두 자리에서 여섯 자리로 구성된다.
   (4) 서명식별번호: 발행자가 출판물 발행 시 순차적으로 부여하는 번호이다. 처음으로 책을 내게 되면 0, 그 이후 1, 2, 3…을 사용하고, 9까지 사용한 뒤에는 바로 앞의 발행자번호를 다시 신청해서 받아야 한다. 이때 발행자번호는 다섯 자리가 되고, 서명식별번호는 두 자리가 된다. 책의 발행 수가 늘어 감에 따라 발행자번호 자릿수는 줄어 간다.
   (5) 체크기호: ISBN의 정확성을 점검하는 기호로, 한국도서번호 통보서 신청 시 자동 계산된다.

2. 부가기호
   (1) 독자대상기호

기호	대상독자	설명
0	교양	일반 독자층을 대상으로 한 것으로, 주로 전문적인 내용을 비전공 일반 독자들이 쉽게 알아볼 수 있도록 풀어 쓴 교양 도서
1	실용	• 주로 실무에 관계된 실용적인 내용의 도서 • 실생활에 활용할 수 있는 도서 • 일반인을 대상으로 한, 어떤 목적을 가진 수험서적

4	청소년	중 · 고등 학습 참고서에 해당되지 않는 것으로 중 · 고등학생을 대상으로 한 도서
5	학습참고서 1 (중 · 고교용)	중 · 고등학생을 대상으로 한 학습참고서
6	학습참고서 2 (초등학생용)	초등학생을 대상으로 한 학습참고서
7	아동	초등 학습참고서에 해당되지 않는 것으로 영유아 · 초등학생을 대상으로 한 도서
9	전문	주로 학술 · 전문적인 내용의 도서

(2) 발행형태기호

기호	형태	설명
0	문고본	세로 15cm 이하 자료
1	사전	사전, 사전류(책 크기에 상관없음)
2	신서판	세로 18cm 미만 자료
3	단행본	세로 18cm 이상 자료
4	전집 · 총서 · 다권본 · 시리즈	전집, 총서, 다권본, 시리즈
5	전자출판물	E-Book(PDF, EPUB, XML), CD, DVD, CD-ROM 등
6	도감	도감류
7	그림책 · 만화	그림책, 만화
8	혼합자료 · 점자자료 · 마이크로자료	혼합자료, 점자자료, 전자책(CD-ROM 등), 마이크로자료

(3) 내용분류기호: 책의 내용을 나타내는 기호로, 세 자리로 구성된다.

첫 번째 자리	• 총류: 0 • 종교: 2 • 자연과학: 4 • 예술: 6 • 문학: 8	• 철학 · 심리학 · 윤리학: 1 • 사회과학: 3 • 기술과학: 5 • 언어: 7 • 역사 · 지리 · 관광: 9
두 번째 자리	첫 번째 자리에서 선택한 주제의 세부 분야를 나타내는 번호이다.	
세 번째 자리	0으로 사용한다.	

[상황]

도서관에서 사서로 일하고 있는 영미가 도서 정리를 위해 열람실에 들어가 보니, 열람실 책상 위에 다음과 같이 세 권의 도서 A~C가 놓여 있었다.

• A: 초등학생을 위한 우주과학 백과사전 20권 중 제10권

• B: 중학생을 위한 한국사 교양서

• C: 수능 영어영역 어휘 문제집

세 도서의 한국도서번호는 모두 지워져 있었고, 각각 [보기] ㄱ~ㄷ의 번호 중 하나라는 사실만 알려져 있다.

| 보기 |

ㄱ. 979-11-6609-517-7 53740

ㄴ. 979-11-85952-07-9 43900

ㄷ. 979-11-88535-00-2 74400

	도서	한국도서번호
①	A	ㄱ
②	A	ㄷ
③	B	ㄱ
④	B	ㄷ
⑤	C	ㄴ

직무상식평가

01 **협동조합 기본법에 대한 설명으로 옳지 않은 것은?**

① 협동조합등 및 협동조합연합회등은 자발적으로 결성하여 공동으로 소유하고 민주적으로 운영되어야 한다.

② 협동조합을 설립하려는 경우에는 창립총회의 의결을 거친 후 주된 사무소의 소재지를 관할하는 시 · 도지사에게 신고하여야 한다.

③ 국가 및 공공단체는 협동조합등 및 협동조합연합회등의 사업에 대하여 적극적으로 협조하여야 하고, 그 사업에 필요한 자금 등을 지원할 수 있다.

④ 농림축산식품부장관은 협동조합에 관한 정책을 총괄하고 협동조합의 자율적인 활동을 촉진하기 위한 기본계획을 3년마다 수립하여야 한다.

⑤ 협동조합의 정책에 관한 주요 사항을 심의하기 위하여 기획재정부장관 소속으로 협동조합정책심의위원회를 둔다.

02 **'비전 2025'를 위한 NH농협의 5대 핵심가치에 부합하지 않는 것은?**

① 농업인과 소비자가 함께 웃는 유통 대변화

② 고객행복과 국가발전에 공헌하는 농협

③ 경쟁력 있는 농협, 잘사는 농업인

④ 지역과 함께 만드는 살고 싶은 농촌

⑤ 정체성이 살아있는 든든한 농협

03 협동조합의 특징으로 옳은 것은?

① 출자자들은 출자금 액수에 따라 권한을 행사한다.
② 세계 최초의 협동조합이 생겨난 나라는 이탈리아이다.
③ 2020년 제33회 ICA 세계협동조합대회가 우리나라에서 열렸다.
④ 「협동조합 기본법」에 따르면 협동조합은 보험업을 영위할 수 없다.
⑤ 협동조합의 주된 목적은 조합원의 권익 향상보다 이윤 극대화에 있다.

04 다음 [보기]에서 설명하는 내용과 용어를 각각 바르게 짝지은 것은?

| 보기 |

ㄱ. 글래스나 헤드셋 등 머리 착용형 기기나 휴대폰을 통해, 실제 세상의 모습 위로 디지털 콘텐츠를 띄우는 기술
ㄴ. 사용자를 가상 환경으로 데려가 실제로 벌어지는 것 같은 경험을 하도록 만드는 기술
ㄷ. 여러 카메라와 센서를 활용해 현실 세계를 포착한 뒤 그것을 눈앞의 화면에 투사하는 방식
ㄹ. 현실 같은 디지털 세상을 구현하는 기술들을 통칭하는 개념

	ㄱ	ㄴ	ㄷ	ㄹ
①	증강현실(AR)	가상현실(VR)	혼합현실(MR)	확장현실(XR)
②	증강현실(AR)	확장현실(XR)	혼합현실(MR)	가상현실(VR)
③	가상현실(VR)	증강현실(AR)	확장현실(XR)	혼합현실(MR)
④	가상현실(VR)	확장현실(XR)	혼합현실(MR)	증강현실(AR)
⑤	확장현실(XR)	가상현실(VR)	혼합현실(MR)	증강현실(AR)

기출복원 제1회 제2회 제3회

05 **4차 산업혁명 등장의 핵심기술과 가장 거리가 먼 것은?**

① AI ② 로봇공학 ③ 생명공학
④ 빅데이터 ⑤ 인터넷

06 **스마트시티(스마트도시)의 구성요소로 옳지 않은 것은?**

① ICT ② IoT ③ 스마트폰
④ 3D프린터 ⑤ 스푸핑

07 **다음 글이 설명하는 개념은 무엇인가?**

- 디지털 형식으로 된 지적 재산권을 보호하기 위해서 삽입한 것을 말한다.
- 의도적으로 어느 정도까지는 볼 수 있도록 만드는 것이 일반적이다. 단, 디지털 분야에서는 전혀 보이지 않게 설계된 것도 있다.

① 디지털포렌식 ② 워터마크 ③ 스피어피싱
④ 워터링 홀 ⑤ 디지털트윈

08 클라우드 컴퓨팅에 대한 설명으로 옳은 것만을 [보기]에서 모두 고르면?

| 보기 |

ㄱ. 클라우드 컴퓨팅이란 인터넷으로 가상화된 IT리소스를 서비스로 제공하는 것을 말한다.
ㄴ. 클라우드 서비스는 크게 IaaS, PaaS, SaaS로 구분한다.
ㄷ. PaaS는 Packaged as a Service의 약자로, CPU와 메모리 등 하드웨어적인 자원을 제공하는 서비스를 말한다.
ㄹ. NH농협은행은 2020년 10월 신한은행에 이어 '퍼블릭 클라우드'를 도입했다.

① ㄱ, ㄴ　② ㄱ, ㄷ　③ ㄱ, ㄹ
④ ㄴ, ㄹ　⑤ ㄷ, ㄹ

09 다음 글이 가리키는 현상은 무엇인가?

무역수지 개선을 위해 환율을 상승시켰는데 오히려 무역수지가 악화되는 현상을 말한다. 이후 시간이 지나면서 무역수지가 개선된다. 이 현상이 발생하는 원인은 기본적으로 환율변동에 따른 수출입가격변동과 수출입물량 조정 간에 시차가 존재하기 때문이다.

① J커브현상　② W커브현상　③ N커브현상
④ M커브현상　⑤ I커브현상

10 **과점시장의 특징에 대한 설명으로 옳지 않은 것은?**

① 소수의 기업이 시장을 지배하는 구조이다.
② 진입 장벽이 높아 새로운 기업들이 쉽게 진입하기 어렵다.
③ 기업 간의 가격 담합이 발생할 수 있는 가능성이 있다.
④ 기업들은 제품 차별화를 위해 기술혁신을 활용한다.
⑤ 명기업들은 가격을 독립적으로 설정하며, 다른 기업의 반응을 고려하지 않는다.

11 **국제수지에 관한 설명으로 옳지 않은 것은?**

① 배당금은 자본수지에 해당한다.
② 상품의 수출입은 경상수지에 해당한다.
③ 지적재산권 사용료는 서비스수지에 해당한다.
④ 대외 무상원조는 이전소득수지에 해당한다.
⑤ 실제 통계작성 과정에서 오차가 발생한다.

12 **금리역전 현상에 대한 설명으로 옳지 않은 것은?**

① 일반적으로 단기금리보다 장기금리가 높다.
② 장단기 금리차 역전은 경기 과열의 신호일 가능성이 높다.
③ 장단기 금리차 역전은 시장에 경기선행지수로 작용한다.
④ 장단기 금리가 역전되면 은행은 리스크 관리에 만전을 기할 것이다.
⑤ 안전자산에 대한 투자가 증가하면 장단기 금리차 역전 현상이 발생할 가능성이 높다.

13 **등량곡선의 특징에 대한 설명으로 옳지 않은 것은?**

① 등량곡선은 원점에 대해 볼록하다.
② 일반적인 등량곡선은 우하향한다.
③ 등량곡선이 원점에 가까워질수록 더 많은 생산물을 산출하는 자본과 노동의 조합이다.
④ 등량곡선의 기울기는 기존과 동일 생산량을 유지할 때 추가로 노동을 한 단위 고용하기 위해 감소시켜야 하는 자본의 양을 의미한다.
⑤ 등량곡선끼리 서로 교차할 수 없다.

14 **다음은 A국의 경제성장과 관련된 정보를 나타내고 있다. 주어진 자료만을 바탕으로 성장회계 방정식을 이용해 노동이 경제성장에 기여한 크기를 구하시오.**

경제성장률$=\frac{\triangle Y}{Y}$, 자본소득분배율$=\alpha$, 자본증가율$=\frac{\triangle K}{K}$일 때 각 값은 아래와 같다. $\frac{\triangle Y}{Y}=5\%$, $\alpha=0.4$, $\frac{\triangle K}{K}=3\%$

① 0.4%　② 1.2%　③ 2.6%　④ 3.8%　⑤ 4.0%

15 **시장수요곡선과 시장공급곡선에 대한 설명으로 옳은 것은?**

① 시장수요곡선은 개별 소비자들의 수요곡선을 수평으로 더하여 얻는다.
② 시장공급곡선은 개별 공급자들의 공급곡선을 수직으로 더하여 얻는다.
③ 시장수요곡선과 개별수요곡선은 동일한 형태를 가진다.
④ 공공재의 시장수요곡선은 개별 수요곡선을 수평으로 더하여 얻는다.
⑤ 개별공급곡선이 이동해도 시장공급곡선은 이동하지 않는다.

16 **거시경제 이론인 실물적 경기변동이론(RBC: Real Business Cycle Theory) 학자들이 주장하는 경기변동의 원인으로 옳은 것은?**

① 수요충격 ② 기술혁신 ③ 기업가의 기대
④ 불완전한 정보 ⑤ 통화량 증가

17 **장기생산함수에 대한 설명으로 옳지 않은 것은?**

① 모든 생산 요소가 가변적이다.
② 단기생산함수보다 더 많은 유연성을 가지고 있다.
③ 규모에 대한 수익이 증가하면 항상 한계효용도 증가한다.
④ 규모에 대한 수익은 일정, 증가, 감소 모두 발생할 수 있다.
⑤ 기술 혁신에 의해 생산 효율성이 향상될 수 있다.

18 **다음은 기업 A의 총비용함수이다. TC=총비용, Q=수량일 때 아래의 총비용함수에 대한 설명으로 옳지 않은 것은?**

$$TC=Q^2-6Q+30$$

① 주어진 함수는 단기 총비용함수이다.
② Q=3일 때 총비용은 21이다.
③ Q=3일 때 평균비용은 7이다.
④ Q=3일 때 한계비용은 0이다.
⑤ Q가 3보다 작을 때 규모의 경제를 이룬다.

19 어느 기업의 총비용함수(TC)가 다음과 같다. 이에 대한 설명으로 옳은 것은? (단, Q는 제품의 수량을 나타낸다)

$$TC(Q)=Q^2-10Q+225$$

① 이 기업이 제품 10개를 생산할 때 드는 고정비용은 제품 5개를 생산할 때 드는 고정비용의 2배만큼 크다.
② 제품 5개 생산 시 평균비용은 40이다.
③ 총비용은 제품을 생산할수록 점차 증가한다.
④ 규모의 불경제는 존재하지 않는다.
⑤ 제품 15개 생산 시 총비용은 3,000이다.

20 헥셔-올린(Heckscher-Ohlin) 이론에 관한 설명으로 옳은 것은?

① 재화의 국가 간 이동이 자유롭다.
② 비교우위의 발생원인을 노동생산성의 차이로 본다.
③ 운송비는 존재한다고 가정한다.
④ 국가 간 생산요소의 이동이 가능하다.
⑤ 양국의 요소부존비율은 동일하다.

21 환율에 대한 설명으로 옳지 않은 것은?

① 실질환율은 두 국가 간의 물가 수준 변화에 영향을 받지 않는다.
② 실질환율이 상승하면 수출이 증가하고 수입이 감소하는 경향이 있다.
③ 교역조건이 개선되면 실질환율이 상승할 가능성이 있다.
④ 명목환율은 중앙은행의 금리 정책과 외환시장 개입 등 통화정책에 영향을 받을 수 있다.
⑤ 명목환율이 상승하면 자국 통화의 가치가 하락한다.

22 **가나전자와 다라전자는 동일한 투자안에 대한 참여를 고려하고 있다. 가나전자가 투자에 참여하는 경우 40만 원이 소요되며 다라전자가 투자에 참여하는 경우 20만 원이 소요된다. 두 기업이 동시에 투자하는 경우 두 기업 모두 30만 원의 수입을 얻을 수 있다. 반면, 가나전자 또는 다라전자 중 한 기업만 투자에 참여하면 투자에 참여한 기업은 60만 원을 얻을 수 있다. 가나전자와 다라전자가 내쉬균형에 의해 선택을 한다고 할 때 옳은 것은?**

① 가나전자와 다라전자는 모두 투자안에 참여하지 않는다.
② 가나전자는 투자에 참여하고 다라전자는 투자안에 참여하지 않는다.
③ 가나전자는 투자에 참여하지 않고 다라전자는 투자안에 참여한다.
④ 가나전자와 다라전자 모두 투자안에 참여한다.
⑤ 주어진 자료에서는 여러 개의 내쉬균형이 존재하므로 알 수 없다.

23 **금융시장에 대한 설명으로 옳은 것은?**

① 할인시장은 유동성이 낮은 장기 금융 자산을 거래하는 시장이다.
② 증권시장은 중앙은행의 통화정책 변화에 직접적으로 영향을 받지 않는다.
③ 장기대부시장은 주로 단기 채권과 상업어음이 거래되는 시장이다.
④ 단기금융시장에서의 거래는 주로 신용도가 높은 자산을 중심으로 이루어진다.
⑤ 단기금융시장은 주로 중앙화된 거래소에서 거래가 이루어진다.

24 **ETF의 특징으로 옳지 않은 것은?**

① 거래소에 상장되어 주식처럼 거래할 수 있다.
② 개별 주식 종목보다 가격 변동성이 대체로 크다.
③ ETF는 주식을 분산투자하는 것과 같은 결과를 가져온다.
④ ETF는 상장폐지의 위험이 존재한다.
⑤ 해외주식에 대한 투자가 가능하다.

25 P2P(Peer to Peer) 대출에 대한 설명으로 옳은 것은?

① 기술 발전에 따라 전통적 금융기관이 온라인으로 업무공간을 확장한 것을 말한다.
② 일반적으로 P2P 금융은 제도권 은행보다 인력이 부족하기 때문에 대출 금리가 높다.
③ P2P 대출은 학자금 대출, 부동산 대출 등에도 사용된다.
④ 비대면 방식임에도 소득 심사, 서류 작업이 까다로워 대출 시 시간이 오래 걸린다.
⑤ P2P 중개를 담당하는 플랫폼 업체는 수수료 없이 예대마진으로만 운영한다.

26 디플레이션의 특징으로 옳은 것은?

① 예상하지 못한 디플레이션이 발생하면 채권자가 불리해진다.
② 고정금리로 대출을 받은 채무자는 실질채무부담이 감소한다.
③ 장기적으로 물가가 하락해 생산자는 피해를 입지만 소비자는 피해를 입지 않는다.
④ 디플레이션은 총공급이 증가하거나, 총수요가 감소해 발생한다.
⑤ 일시적인 물가 하락을 디플레이션이라고 한다.

27 선물시장의 현물가격과 선물가격 간의 관계에 대한 설명으로 옳지 않은 것은?

① 베이시스(basis)는 현물가격과 선물가격 간의 차이를 말한다.
② 베이시스가 양(+)이면 콘탱고(contango), 음(−)이면 백워데이션(backwardation)이라고 한다.
③ 주가가 하락할 것으로 예상되는 경우 콘탱고가 발생하며 반대로 주가가 상승할 것으로 예상되면 백워데이션 현상이 일어나게 된다.
④ 백워데이션이 나오면 현물가격이 선물가격 대비 고평가된 것이라 보고 현물을 매도하고 선물을 사려고 할 것이다.
⑤ 일시적인 공급부족 등 시장 불균형이 발생하면 현물가격보다 선물가격이 낮아지는 경우가 발생한다.

28 **예금자보호제도에 대한 설명으로 옳은 것을 [보기]에서 모두 고르면?**

| 보기 |

ㄱ. 금융회사가 영업정지를 당하거나 파산 등으로 예금 등을 지급할 수 없는 경우 예금보험의 원리에 따라 일정범위에서 예금 등을 지급하는 등 예금자를 보호하는 제도로, 우리나라에서는 「자본시장과 금융투자업에 관한 법률」에 근거를 둔다.
ㄴ. 주관부처는 예금보험공사이다.
ㄷ. 계좌 하나당 원금과 이자를 포함해 5,000만 원까지 보호해 준다.
ㄹ. 우체국은 「예금자보호법」에 따른 보호대상금융기관이 아니지만, 새마을금고 예금은 예금자보호법에 따른 보호대상이다.

① ㄱ ② ㄴ ③ ㄴ, ㄷ ④ ㄱ, ㄹ ⑤ ㄴ, ㄹ

29 **적대적 M&A의 방어전략이 아닌 것은?**

① 황금낙하산 ② 왕관의 보석 ③ 공개매수제도
④ 자사주매입 ⑤ 독소조항

30 **채권에 관한 설명으로 옳은 것은?**

① 표면이자율은 채권의 시장가 대비 이자율을 의미한다.
② 채권 발행 시 시장이자율보다 액면이자율이 높은 경우 채권은 할인발행된다.
③ 채권 발행 시 시장이자율과 액면이자율이 같은 경우 채권은 할증발행된다.
④ 보유기간 수익률은 채권의 표면이자수익률과 동일한 개념이다.
⑤ 만기수익률(Yield to maturity)은 채권의 내부수익률과 동일하다.

PART 2
실전모의고사

☑ 실제 시험에 대비할 수 있도록 출제경향을 완벽 반영한 실전모의고사 3회분을 구성했습니다.

☑ 각 회차별로 직무능력평가(의사소통, 문제해결, 수리, 정보 등) 50문항, 직무상식평가[농업·농촌 관련 상식, 디지털 관련 상식, 금융(경제)분야 용어·상식 등] 30문항으로 구성했습니다.

☑ 실제 시험에 맞춰 시험 형식은 5지 선다, 직무능력평가의 시험시간은 70분, 직무상식평가의 시험시간은 25분으로 구성했습니다.

☑ 함께 제공되는 OMR 답안지에 직접 마킹해 가며 실전과 동일한 조건에서 모의고사를 풀어본 후, 정답 및 해설을 통해 취약 부분을 꼼꼼하게 보완하시기 바랍니다.

혼JOB
농협은행 5급
기출복원＋실전모의고사

나만의 성장 엔진, 혼JOB | www.honjob.co.kr

제1회 실전모의고사
제2회 실전모의고사
제3회 실전모의고사

제1회 실전모의고사

시험시간: 직무능력평가 70분, 직무상식평가 25분

직무능력평가

[01~02] 다음 글을 읽고 물음에 답하시오.

금융당국은 관계기관과의 협의 등을 거쳐 9월 1일부터 스트레스 DSR 2단계 조치를 시행할 계획이다. 이는 현재 서민·자영업자들의 어려움을 해소하기 위한 「범정부적 자영업자 지원대책」이 논의되는 상황, 6월 말부터 시행되는 부동산 PF 사업성 평가 등 전반적인 부동산 PF 시장의 연착륙 과정 등을 감안하여, 스트레스 DSR 2단계 조치가 시장에서 연착륙할 수 있도록 하기 위함이다.

스트레스 DSR은 변동금리 대출 등을 이용하는 차주가 대출 이용기간 중 금리상승으로 인해 원리금 상환부담이 증가할 가능성 등을 감안하여 DSR 산정 시 일정수준의 가산금리(스트레스 금리)를 부과하여 대출한도를 산출하는 제도(실제 대출금리에는 미부과)이다.

2024년 9월 1일부터 운영될 스트레스 DSR 2단계 주요내용은 다음과 같다.

먼저, 스트레스 금리는 0.75%이다. 이는 2단계 시행에 따라 기본 스트레스 금리(1.5%)에 적용되는 가중치가 25%에서 50%로 상향됨에 따른 것이다.

둘째, 스트레스 DSR 적용대상에 은행권 신용대출 및 제2금융권 주택담보대출이 추가된다. 다만, 신용대출의 경우 신용대출 잔액이 1억 원을 초과하는 경우에 한해 스트레스 금리를 부과하여 DSR을 산정할 예정이다.

셋째, 차주별 DSR 최대 대출한도는 은행권 및 제2금융권 주택담보대출의 경우, 변동형/혼합형/주기형 대출유형에 따라 약 3~9% 수준의 한도감소가, 은행권 신용대출은 금리유형 및 만기에 따라 약 1~2% 수준의 한도감소가 예상된다. 다만, 스트레스 DSR로 인해 실제 대출한도가 제약되는 高DSR 차주비중은 약 7~8% 수준인 만큼, 90% 이상 대부분의 차주는 기존과 동일한 한도와 금리를 적용받을 수 있을 것으로 예상된다.

스트레스 DSR은 단계적·점진적으로 시행 중이며, DSR이 적용되는 모든 가계대출에 대해 기본 스트레스 금리의 100%를 적용하는 스트레스 DSR 3단계의 시행 시기는 동 제도의 안착 추이 등을 보아가며 확정['25.7.(잠정)]해 나갈 예정이다.

금융당국은 "스트레스 DSR은 장기대출 이용에 따르는 금리변동 위험을 명확히 인식하게 하는 등 가계부채의 질적 개선에 기여하며, 특히 금리하락에 따른 대출한도 확대효과를 제어할 수 있는 '자동 제어장치'로서의 역할을 하는 만큼, 향후 금리 하락 시 그 의의가 더욱 커질 것"이라고 평가하면서, "다만, 서민·자영업자의 어려움 해소를 위한 범정부적 지원대책이 발표·시행되고, 전반적인 부동산 PF 연착륙 과정 등을 고려하여 스트레스 DSR 2단계를 9월부터 시행하는 것이 동 제도의 연착륙에 필요하다고 판단하였다"고 언급하였다.

한편, 금융당국은 9. 1.부터 스트레스 DSR 2단계를 차질없이 시행해 나가며, 유형별·업권별 가계부채 증가추이를 밀착 모니터링 해 나가는 등 가계부채를 GDP 성장률 범위 내에서 안정적으로 관리해 나갈 계획이다.

※ 금융위원회 보도자료

01 **농협은행의 이 행원은 위 보도자료의 내용을 정리하여 다음과 같이 [스트레스 DSR 2단계 운용에 관한 보고서]를 작성하였다. [보고서]를 검토한 김 과장이 이 행원에게 전달했을 수정 사항으로 적절하지 않은 것은?**

[스트레스 DSR 2단계 운용에 관한 보고서]

1. ㉠ 시행 현황
   서민·자영업자들의 어려움 해소를 위한 범정부적 대책이 논의 중인 상황 및 PF 사업성 평가 등 전반적인 부동산 PF 연착륙 과정 등 고려
2. 시행 시기
   (1) 스트레스 DSR 2단계: 금융당국은 관계기관과의 협의 등을 거쳐 9. 1.부터 시행할 계획
   (2) ㉡ 스트레스 DSR 3단계: '25. 7. 예정
3. 주요 내용
   (1) 스트레스 금리: ㉢ 기본 스트레스 금리의 50% 적용
   (2) 스트레스 DSR 적용대상: ㉣ 은행권 신용대출 및 제2금융권 주택담보대출
   (3) 차주별 DSR 최대 대출한도: 은행권 및 제2금융권 주택담보대출의 경우 약 3~9% 수준, 은행권 신용대출의 경우 약 1~2% 수준의 한도감소가 예상
4. 의의
   ㉤ 자동 제어장치로서의 역할

① 스트레스 DSR 2단계를 9월부터 시행하는 배경에 대한 내용이므로 ㉠을 '시행 배경'으로 수정하세요.
② ㉡은 보고서 주제와 관계없는 내용이므로 삭제하세요.
③ 스트레스 DSR 1단계와의 차이를 보여 주기 위해 ㉢을 '1단계보다 50% 상향됨'으로 수정하세요.
④ 스트레스 DSR 2단계 적용대상을 잘못 파악하였으므로 ㉣을 '은행권 신용대출 및 제2금융권 주택담보대출이 추가됨'으로 수정하세요.
⑤ ㉤은 정보가 부족하므로 내용을 추가하여 '향후 금리 하락 시 대출한도 확대효과를 제어하는 자동 제어장치로서의 역할'이라고 수정하세요.

02 위 보도자료를 읽고 난 후의 반응으로 적절하지 않은 것은?

① 스트레스 DSR은 DSR 한도 산정 시 미래금리위험을 반영하여 가산금리를 부과하는군.

② 스트레스 DSR 2단계 시행으로 인해 차주의 약 7~8%는 실제 대출한도에 제약을 받겠군.

③ 스트레스 DSR 2단계에서는 신용대출의 경우 DSR을 산정할 때 신용대출 잔액이 1억 원 이하일 경우에는 스트레스 금리를 부과하지 않겠군.

④ 스트레스 DSR 3단계가 시행되면 DSR이 적용되는 모든 가계대출에 대해 0.75%의 스트레스 금리가 적용되겠군.

⑤ 스트레스 DSR은 장기대출 이용에 따르는 금리변동 위험을 인식시켜 가계부채의 질적 개선에 기여하겠군.

03 다음은 A사의 직원 학자금 지원에 관한 규정이다. 이에 대한 설명으로 옳지 않은 것은?

제1조(목적) A사 직원의 학위취득을 위한 학자금 지원 및 사후관리 등에 관한 사항을 정함을 목적으로 한다.

제2조(지원 대상 및 자격요건) 학위취득 지원 및 자격은 다음 각 호의 요건을 모두 충족한 자에 한하여 지원한다.

1. 전문학사, 학사, 석사, 박사 학위과정에 재학 중이거나 입학통지서를 소지한 자. 단, 지원접수일 기준 휴학 등 과정 중단 없이 과정 종료 후 전문학사와 학사는 2년 이내, 석사와 박사는 4년 이내 정년(만 65세)이 도래하는 자는 제외한다.
2. 지원접수일 기준 입사 후 2년 이상 경과한 자

제3조(지원 금액) ① 학위취득 지원 학자금은 1인 1학기당 최대 100만 원을 다음 각 호를 기준으로 지원한다.

1. 학자금 50만 원 미만은 전액을 지원한다.
2. 학자금 50만 원 이상 100만 원 미만은 50만 원을 지원한다.
3. 학자금 100만 원 이상은 등록금의 50%를 지원하되, 100만 원을 초과할 수 없다.

② 학자금은 본인이 우선 납부한 후 교육주관부서(이하 인재원이라 한다)에 교육비 납입영수증, 재학증명서와 학자금 신청서, 서약서를 첨부하여 신청한다.

제4조(지원 횟수, 학습 및 학위 취득 기한) ① 전문학사, 학사, 석사와 박사에 한하여 1인 정규학기 최대 8회까지 지원할 수 있다.

② 학자금 수혜자는 최초 지원접수일로부터 전문학사는 4년, 학사는 6년, 석사와 박사는 7년 이내에 학습과 학위취득을 완료하여야 한다.

제5조(지원 범위) ① 학위취득 지원 학자금은 입학 또는 재학 중인 정규학기 등록금으로 입학금, 수업료를 포함한다. 단, 학생회비, 원우회비, 논문작성비, 학술활동비는 제외한다.

② 장학금 수혜 등의 경우에는 실 납부금액을 기준으로 지원한다.

제6조(학자금 지원 중단) 학자금 수혜자가 다음 각 호의 하나에 해당하는 경우 각 호의 사유 발생 이후부터 학자금 지원을 중단한다. 단, 제1호를 적용하는 경우에는 교육위원회의 의결을 거쳐야 한다.

1. 자사의 명예를 손상시키는 등의 사유로 학자금 지원 중단이 필요한 경우
2. 정직 또는 강등의 징계처분을 받아 징계기록 말소 시까지

제7조(학자금 환수 및 사후관리) ① 학위취득 학자금 수혜자가 다음 각 호의 하나에 해당하는 경우 기 지원한 학자금을 즉시 환수한다.

1. 사망, 질병 등의 특별한 사유 없이 학위취득을 중도에 포기하거나 제4조 제2항을 준수하지 못하는 경우
2. 학위취득 지원기간 중 의원면직하거나 파면, 해임, 직권면직된 경우. 단, 질병·사고 등 부득이한 사유로 직권면직 또는 의원면직한 경우는 제외한다.

② 학자금 수혜자는 학업중단, 휴학 등의 사유 발생 시 인재원에 즉시 알려 필요한 조치를 취하여야 하며, 학위취득 후 교육이수 결과 보고서를 인재원에 반드시 제출하여야 한다.

① 만 57세의 A사 직원은 3년이 소요되는 석사학위 취득을 위해 학자금 지원을 받을 수 있다.
② 학자금을 지원받는 A사 직원의 등록금이 300만 원일 때, 지원받는 학자금은 100만 원이다.
③ 학자금을 납부하기 전에 신청한 후 지급받은 학자금과 자기 부담금을 학교에 납부한다.
④ 학자금을 지원받은 A사 직원은 학위취득 후 교육이수 결과 보고서를 인재원에 반드시 제출해야 한다.
⑤ 학자금을 지원받은 A사 직원은 특별한 사유 없이 학위취득을 중도에 포기한 경우 지원받은 학자금을 환수한다.

[04~05] 다음 글을 읽고 물음에 답하시오.

농업경영에서도 불확실과 위험의 관리는 점차 중요해지고 있다. 이상기후에 따른 자연재해와 가축질병이 빈발하는 한편, 투자 확대로 생산성은 높아지지만 수요정체와 농산물 수입 증가로 가격하락 위험 또한 높아지고 있다. 2019년만 해도 봄철 생육조건이 좋아 양파와 마늘의 생산이 늘자 가격이 폭락하였고, 무와 배추도 과잉생산으로 인한 파장이 여름까지 계속됐다. 쌀농가 소득안정에 큰 역할을 해 온 변동직불제가 폐지됨에 따라 과잉생산에 대비한 정부의 시장개입 제도화 요구가 제기됐다. 또한 2020년의 코로나19로 인한 화훼와 학교급식 계약재배 농산물 수요 단절은 새로운 위험의 사례가 되고 있다.

이러한 농업생산과 관련된 위험에 대비하는 금융제도로 농작물과 가축에 대한 재해보험이 광범위하게 시행되고 있지만 가격위험에 대한 대책은 부족한 실정이다. 원예작물 가격 및 수급 안정사업은 계약재배와 출하조절, 비축 등 다양한 수단을 통해 시행됐지만, 소비자의 물가안정을 중심으로 이루어져 농가의 경영안정에는 미치지 못하고 있다. 근년에는 농업수입보장보험과 자조금제가 농업인의 주체적인 참여와 시장기능의 활용을 통한 경영안정제도로 주목을 받았지만, 아직 제자리걸음을 벗어나지 못하고 있다.

농업수입보장보험은 2015년 양파, 포도, 콩을 대상으로 한 시범사업으로 시작됐다. 이 보험은 품목별 조수입(필요한 경비를 빼지 않은 수입) 안정을 위한 것으로 생산량 변동과 가격하락에 동시 대처한다는 점에서 재해보험보다 한 걸음 더 나아간 정책이다. 2019년 양파의 사례에서 보았듯이 과잉생산으로 인한 가격하락의 충격이 자연재해 피해보다 크다는 점에서 조수입 안정을 목표로 하는 정책은 타당성이 있다.

하지만 이 같은 장점에도 불구하고 농업수입보장보험은 한정된 품목과 지역을 대상으로 한 시범사업에 머물고 있다. 2019년에는 대상 품목이 양배추와 마늘, 고구마, 가을감자를 포함해 7개로 늘어났지만 품목당 5곳 내외의 시·군만을 대상으로 하고 있다. 총 가입 면적도 1,200ha에 그쳐 실질적인 농업소득안정의 역할을 하지 못하였다.

현재 보험을 확대하는 데 가장 큰 장애는 손해평가 대상인 조수입의 변동, 특히 생산량 변동 파악이 어렵다는 점이다. 보험 적용 가격은 개별 농가의 판매가격을 조사하는 대신 도매시장 경락가격과 같은 대표가격을 사용하는 방법이 나름대로 합리성을 갖는다. 문제는 개별 농가의 실제 생산량 변동을 파악하는 데에는 비용과 인력이 지나치게 많이 소요된다는 점이다. 재해발생 농가에서 사고신고를 받아 현장실사를 통해 피해규모를 산출하는 재해보험과 달리 수입보장보험에서는 계약농지 대부분에 대해 수확량 변화를 조사해야 하기 때문이다.

수입보장보험을 확대하기 위해서는 손해평가 방식이 바뀌어야 한다. 가장 바람직한 방안은 신뢰성 있는 기장거래제(농가의 거래 내역을 장부에 기록으로 남기는 제도)를 확립해 농가의 판매액을 직접 파악하는 것이다. 전면적 기장거래방식 도입에 대해서는 농업계의 우려가 없지 않다. 농업이 사회적 기여에 걸맞은 대우를 받지 못하는 상황에서 자칫 농업소득세 확대 논란만 불러일으킬 수 있다는 생각에서다. 그렇지만 이제는 농업부문도 사회구성원으로서 의무를 다하고 요구할 것은 당당히 주장하겠다는 발상의 전환이 필요할 때다. 투명한 거래와 경영기록의 유지는 그 출발점이 됨은 물론 경영 진단과 개선, 근로소득장려제(EITC)와 같은 새로운 정책도입의 인프라가 될 수 있을 것이다.

04 **위 글을 읽고 보인 반응으로 가장 적절한 것은?**

① 농업수입보장보험의 보장 대상 품목은 해마다 줄어들고 있군.
② 변동직불제가 없어지면서 쌀의 가격폭등에 대비한 대책이 필요해졌군.
③ 원예작물 가격 및 수급 안정사업은 생산자에게만 혜택이 돌아간다는 한계가 있군.
④ 재해보험은 계약농지 대부분의 수확량을 조사해야 하기 때문에 확대되기 어렵겠군.
⑤ 농업수입보장보험은 생산량 변동과 가격하락에 동시에 대처할 수 있는 금융제도로군.

05 **위 글을 읽고 농협의 신입사원 A, B가 다음과 같이 [대화]를 나누었다. [대화]의 ㉠에 들어갈 말로 가장 적절한 것은?**

[대화]

- A: 현재 농작물과 가축을 대상으로 한 재해보험이 시행되고는 있지만 가격위험에 대한 대책은 여전히 미흡한 상황입니다.
- B: 농업수입보장보험이 실시되면서 농업경영의 위험성이 크게 줄어들 것이라고 예상했는데, 아직 제도가 안정적으로 정착하지는 못했나 보네요.
- A: 네, 농업수입보장보험은 조수입 안정을 목표로 한다는 점에서 큰 장점을 가지고 있지만 2015년 시범사업이 시작된 이래 아직까지 크게 확대되지는 못하고 있습니다.
- B: 참 아쉽군요. 그렇다면 농업수입보장보험의 확대를 위해 어떤 방안을 강구해 볼 수 있을까요?
- A: 무엇보다도 (㉠)이 필요해요.

① 농업소득세를 인상하여 농업경영의 투명성을 높이는 것
② 손해평가 비용의 감축을 위해 평가 대상을 피해농지 규모로 한정하는 것
③ 농업수입보장보험과 자조금제의 장점만을 결합한 새로운 제도를 만드는 것
④ 기장거래제를 통해 농가의 수입을 직접 파악하는 방식으로 손해평가를 하는 것
⑤ 농업수입보장보험의 보장 품목을 대폭 확대한 후 시범사업 기간을 좀 더 연장하는 것

[06~07] 다음 글을 읽고 물음에 답하시오.

원가회계란 정확한 원가나 수익을 측정하고 분석하는 경영 관리 활동 중 하나이다. 여기서 원가란 기업이 제품을 만들기 위해 재료를 구입하거나 서비스를 얻기 위해 소비된 경제적 가치를 화폐액으로 측정한 것으로, 기업의 입장에서는 원가가 항목별로 얼마나 소비되었는지를 알아야 기업을 경영하는 데 필요한 의사 결정을 할 수 있다. 그래서 기업은 원가를 항목별로 분류하여 집계하고 분석하기 위해 원가회계를 활용한다.

먼저 원가회계에서는 원가를 크게 제조원가와 비제조원가로 나눈다. 제조원가는 재료비, 인건비, 기계 설비 대여비, 공장 임차료 등과 같이 기업이 재료를 구입하고 제품을 만드는 활동에서 소요된 모든 비용이다. 비제조원가는 광고비나 운반비 등과 같이 생산된 제품을 판매하고 관리하는 활동에서 소요된 모든 비용으로, 제조원가를 제외한 모든 원가이다. 일반적으로 제조원가와 비제조원가의 합에 예상 수익을 더한 것이 판매가격이 된다. 원가회계에서는 제조원가를 계산할 때 단위당 제조원가를 기준으로 한다. 여기서 단위당 제조원가는 특정 기간에 생산된 제품 한 개의 제조원가를 의미하는 것으로, 발생한 제조원가의 총액을 총생산량으로 나누어 구한다.

한편 원가회계에서는 원가행태에 따라 원가를 분류하기도 한다. 원가행태란 조업도의 변화에 따라 발생한 원가의 총액이 일정한 방식으로 변화하는 움직임을 의미한다. 조업도란 기업이 자원을 최대한 투입하여 생산할 수 있는 규모에서, 현재 어느 정도를 생산하고 있는가를 의미하는 것이다. 조업도는 주로 생산량으로 나타낼 수 있는데, 예를 들어 조업도가 80%라면 기업이 최대로 생산할 수 있는 총생산량의 80%를 생산하고 있다는 뜻이다. 일반적으로 조업도와 기업의 수익은 비례할 것이라 예측하기 쉽지만, 경우에 따라서는 비용이 추가로 지출될 수 있어 오히려 단위당 제조원가의 변화를 예측하기 어려울 수 있다. 그래서 원가회계에서는 조업도의 변화에 따른 원가의 움직임을 유효하게 적용할 수 있는 조업도의 범위를 임의로 정하고, 그 범위 안의 원가행태를 분석한다.

이러한 원가행태에 따라 원가를 분류하면 고정원가, 변동원가, 혼합원가로 나눌 수 있다. 먼저 고정원가는 조업도의 변화와 상관없이 원가의 총액이 일정하게 발생하는 것으로, 기계 설비 대여비, 공장 임차료 등을 들 수 있다. 예를 들어 제과점이 빵을 만들기 위해 일정 금액을 지불하고 공장을 1년간 빌렸다면, 임차료로 발생한 원가의 총액은 빵을 생산하지 않아도 일정하다. 또한 빵 생산량이 늘거나 줄어도 임차료로 발생한 원가의 총액은 항상 일정하다. 따라서 빵 하나를 생산하는 데 필요한 단위당 임차료는 조업도가 증가할수록 오히려 감소한다.

다음으로 변동원가는 조업도의 변화에 따라 원가의 총액이 비례적으로 증가하거나 감소하는 것으로, 대표적인 예로 제품의 재료비를 들 수 있다. 가령 제과점에서 빵 생산량을 늘리면 그만큼 밀가루 구입비도 늘어나므로, 밀가루 구입비로 발생한 원가의 총액은 조업도의 증가에 따라 비례하여 증가한다. 따라서 빵 하나를 생산하는 데 필요한 단위당 밀가루 구입비는 조업도의 증감과 상관없이 동일하다.

마지막으로 혼합원가는 고정원가와 변동원가의 합으로, 전기 요금이 대표적인 예이다. 전기 요금은 사용량과 관계없이 발생하는 기본요금과 사용량에 따라 발생하는 추가 요금으로 이루어져 있어 고정원가와 변동원가의 특성을 모두 가진다. 그래서 전기 요금으로 발생한 원가의 총액은 조업도의 증가에 따라 비례하여 증가하고, 단위당 전기 요금은 조업도가 증가할수록 감소한다.

이러한 고정원가, 변동원가, 혼합원가를 활용하여 기업은 효율적으로 경영 관리 활동을 할 수 있다. 가령 기계 설비 대여비에 투자한 비용이 커서 고정원가 비중이 변동원가보다 높은 기업은 조업도를 높이는 데 집중하면 기업의 수익을 높이는 데 효과적이다.

06 윗글을 읽고 알 수 있는 내용이 아닌 것은?

① 기업의 수익과 조업도가 항상 비례하는 것은 아니다.
② 고정 비용은 생산량의 증감 여부와 상관없이 일정하게 발생한다.
③ 제품의 판매 가격에서 제조원가를 제외한 나머지가 비제조원가이다.
④ 원가회계에서는 임의로 정한 조업도의 범위 안의 원가행태를 분석한다.
⑤ 원가회계는 기업이 원가를 항목별로 분류하여 집계하고 분석하는 데 활용된다.

07 윗글을 바탕으로 다음 [상황]에 대해 이해한 내용으로 적절하지 않은 것은?

[상황]

A회사는 나무 의자 제조를 위해 무인 자동화 기계 설비를 대여하고 2023년 1월부터 1년간 공장을 임차하여 근로자 없이 공장을 가동하였다. 이 회사는 2023년 지역 신문에 광고를 실어 매달 생산한 의자를 모두 해당 월에 판매하였다. 다음은 이 회사의 2023년 1월부터 3월까지의 원가 분석 자료이다.

구분	1월	2월	3월
의자 생산량	30개	40개	70개
목재 구입비(개당)	3만 원	3만 원	3만 원
공장 임차료	100만 원	100만 원	100만 원
기계 설비 대여비	50만 원	50만 원	50만 원
공장 전기 요금	10만 원	20만 원	30만 원
광고비	1만 원	1만 원	1만 원

※ 단, 제시된 항목 외에 다른 비용은 발생하지 않았고, 조업도는 생산량으로 나타냄

① 비제조원가의 총액은 매달 일정하다.
② 변동원가의 총액은 매달 증가하고 있다.
③ 조업도 증가에 따라 단위당 전기 요금은 감소하고 있다.
④ 1월과 2월에 발생한 변동원가의 비중이 고정원가의 비중보다 높다.
⑤ 4월에 의자 100개를 생산한다면 단위당 기계 설비 대여비가 감소하여 회사의 수익이 높아질 수 있다.

08 다음은 M사의 경조금 지급에 관한 규정이다. 이에 대한 설명으로 옳지 않은 것은?

제1조(목적) M사 사원 및 그 가족의 경조사에 대하여 회사에서 지급하는 경조금에 관한 기준과 절차를 규정함을 그 목적으로 한다.

제2조(적용범위) M사 사원 및 그 가족의 경조금 지급에 관하여는 다른 규정에서 정한 것이 있는 것 외에는 본 규정이 정하는 바에 의한다.

제3조(구분) 경조금의 종류는 다음 각 호와 같이 구분한다.

1. 축의금
2. 조의금

제4조(지급기준) ① 경조금의 지급기준은 [별표]와 같다.

② 동일사유에 대한 경조금 지급대상이 2인 이상일 경우에는 지급대상 중 경조금이 더 많은 1인에게만 경조금을 지급한다.

제5조(지급신청) ① 경조금의 지급대상은 6개월 이상 근무한 사원 중 경조사유가 발생한 자이다(단, 휴직 중인 자는 제외한다).

② 경조사유가 발생한 경우 본인 또는 그 소속장이 소정의 양식에 의하여 총무부에 경조금을 신청한다.

③ 권리발생일로부터 2개월간 청구하지 않으면 소멸한다.

제6조(지급방법) ① 경조금 지급은 본인에게 직접 지급됨을 원칙으로 한다(단, 본인의 직접 수령이 불가능할 경우 대리인에게 지급한다).

② 유족에게 지급하는 경조금의 경우 대표이사가 인정한 자에게 지급한다.

③ 총무부는 신청서 접수일로부터 7일 이내에 지급대상에게 경조금을 지급하여야 한다(단, 필요에 따라 발생일 즉시 지급할 수 있다).

제7조(예외지급) 1년 이상 근무한 여사원이 결혼으로 인하여 퇴직한 후 2개월 내에 결혼한 경우 축의금을 지급한다.

[별표] 경조금의 지급기준

구분	대상	금액
결혼	본인	100만 원
	자녀	50만 원
	형제 자매	30만 원
회갑	본인 및 배우자의 부모	50만 원
출산	자녀 출산	100만 원
조의	본인	100만 원
	부모, 배우자	50만 원
	자녀	30만 원

① 8월 5일에 결혼한 M사 사원은 10월 5일 이내에 청구하면 경조금으로 100만 원을 지급받는다.
② M사 직원이 사망한 경우 대표이사가 인정한 사람에게 지급한다.
③ M사에 2년 근무한 여사원이 결혼으로 퇴직하고 퇴직 후 3개월 뒤에 결혼했다면 축의금을 지급받을 수 있다.
④ 입사 5개월차 M사 사원은 경조금을 지급받을 수 없다.
⑤ M사 사원인 A와 B는 부녀지간으로 자녀인 B가 결혼한다면 경조금은 B가 지급받는다.

[09~10] 다음 글을 읽고 물음에 답하시오.

주식시장의 움직임을 예측하는 것이 가능할까? 이러한 질문에서 시작된 가설 중 하나가 바로 효율적 시장 가설(EMH: Efficient Market Hypothesis)이다. 효율적 시장 가설은 2013년 노벨경제학상을 수상한 유진 파마(Eugene Fama)가 1960년대에 제기했던 이론으로, 새로운 정보가 주어졌을 때 그 정보는 시장 가치에 즉각 반영되며, 시장 참여자들은 모든 시장 정보를 이해할 수 있는 지적 능력을 가지고 있다고 가정한다. 따라서 공개된 정보를 이용해 거래하는 투자자는 평균 이상의 수익을 얻을 수 없고, 공격적이고 위험한 투자를 감행하는 투자자만이 높은 수익률을 올릴 수 있다고 본다.

효율적 시장 가설에서는 효율적 시장을 정보의 범위에 따라 약형, 준강형, 강형으로 구분한다. 먼저, 약형(weak-form) 효율적 시장은 현재의 시장 가치에 과거 정보가 모두 반영되어 있기 때문에 과거의 자료를 분석한다고 하더라도 초과 이윤을 획득하는 것이 불가능한 시장이다. 과거 정보를 토대로 시장 가치의 변동을 분석하는 기법을 기술적 분석(technical analysis)이라고 하는데, 시장 참여자들은 이미 기술적 분석 결과를 통해 합리적으로 행동하고 있기 때문에 이러한 기술적 분석에 의해 밝혀진 지표로는 정상 이윤 외에 초과 이윤을 얻을 수 없다는 것이 약형 효율적 시장의 요지이다. 즉, 약형 효율적 시장에서는 정보 비용을 지불하고 현재나 미래 정보를 얻어야만 초과 이윤을 획득할 수 있다.

다음으로, 준강형(semi-strong form) 효율적 시장은 과거 정보에 더해 현재 정보까지 시장 가치에 모두 반영되어 있는 시장을 말한다. 과거와 현재의 정보는 달리 표현하면 공식적으로 이용 가능한 정보로서, 구체적으로 과거의 주가 자료, 기업이 보고한 회계 자료, 증권기관의 투자 자료와 공시 자료 등이 있다. 공표된 자료를 토대로 시장 가치의 변동을 분석하는 기법을 기본적 분석(fundamental analysis)이라고 하는데, 이 시장에서는 기본적 분석 결과를 통해서 정상 이윤을 얻을 수 있을 뿐 초과 이윤을 획득하는 것은 불가능하다. 즉, 준강형 효율적 시장에서는 정보 비용을 지불하고 비공개된 미래 정보를 얻어야만 초과 이윤을 획득할 수 있는 것이다.

마지막으로, 강형(strong form) 효율적 시장은 공표된 과거와 현재의 정보이든 공표되지 않은 미래의 정보이든 상관없이 모든 정보가 이미 시장 가치에 반영되어 있는 시장이다. 이 시장에서는 어떠한 정보를 사용하더라도 초과 이윤을 획득할 수 없기 때문에 분석과 정보 비용이 필요하지 않다. 완전경쟁시장은 동질적인 상품을 생산하는 매우 많은 수의 사람들로 이루어져 있으며 각자가 시장에 대하여 완전한 정보를 가지고 자유롭게 거래할 수 있는 시장을 의미하는데, 강형 효율적 시장은 효율적 시장 가설이 제시하는 세 가지 시장 유형 중 완전경쟁시장에 가장 부합한다고 볼 수 있다.

효율적 시장 가설은 금융 이론의 핵심적인 아이디어로 기능하지만, 구체적인 데이터를 분석해 보면 효율적 시장 가설로는 명확하게 설명하기 어려운 사례들도 종종 발견되어 왔다. 대표적인 예가 1987년 10월 19일 일어난 블랙 먼데이(black monday) 사건이다. 이날 뉴욕의 다우존스 평균 주가는 특별한 악재도 없이 전일 대비 22.6%나 폭락했는데, 입수 가능한 모든 정보가 주가에 반영되고, 투자자들은 이러한 정보를 모두 이해할 수 있다고 가정하는 효율적 시장 가설로는 이 사건을 해석하기 힘들다. 효율적 시장 가설은 시장 거품과 시장 붕괴, 투자자의 비합리적 행동, 정보의 불완전성 등을 설명하지 못한다는 비판에 직면해 있는 상황이다.

09 **위 글에 따를 때 옳은 것은?**

① 유진 파마는 노벨경제학상을 수상한 후 효율적 시장 가설을 제기하였다.
② 블랙 먼데이 사건은 정보의 불완전성을 설명하지 못한다는 비판을 받고 있다.
③ 효율적 시장 가설에 따르면 공격적이고 위험한 투자로는 평균 이상의 수익을 얻을 수 없다.
④ 효율적 시장 가설에 따르면 준강형 효율적 시장에서는 기본적 분석 결과를 통해 정상 이윤을 획득하는 것이 가능하다.
⑤ 효율적 시장 가설에 따르면 강형 효율적 시장은 시장 가치에 과거와 현재 정보를 제외한 미래 정보만이 반영되어 있다.

10 **위 글과 다음 [상황]에 따를 때 옳지 않은 것을 [보기]에서 모두 고르면? (단, 각 시장은 효율적 시장 가설에 따라 작동한다고 가정한다)**

[상황]

- 약형 효율적 시장에서 활동하는 투자자 갑은 정상 이윤은 획득하였지만 초과 이윤은 획득하지 못하였다.
- 준강형 효율적 시장에서 활동하는 투자자 을은 정상 이윤은 획득하였지만 초과 이윤은 획득하지 못하였다.
- 준강형 효율적 시장에서 활동하는 투자자 병은 정상 이윤뿐만 아니라 초과 이윤까지 획득하였다.

| 보기 |

ㄱ. 갑은 기술적 분석 결과를 사용하여 초과 이윤을 획득할 수 있다.
ㄴ. 병은 과거와 현재 정보를 얻기 위해 정보 비용을 지불하였을 것이다.
ㄷ. 병이 활동하는 시장이 시장 가치에 미래 정보가 반영되는 시장으로 바뀌더라도 병은 계속해서 초과 이윤을 획득할 수 있다.
ㄹ. 갑은 정보 비용을 지불하더라도 초과 이윤을 획득할 수 없지만, 을은 정보 비용을 지불하는 경우 초과 이윤을 획득할 수 있다.
ㅁ. 을과 병이 활동하는 시장은 시장 가치에 과거의 주가 자료, 기업이 보고한 회계 자료, 증권기관의 투자 자료와 공시 자료 등이 반영되어 있다.

① ㄱ, ㅁ ② ㄴ, ㄷ ③ ㄱ, ㄴ, ㄹ
④ ㄷ, ㄹ, ㅁ ⑤ ㄱ, ㄴ, ㄷ, ㄹ

[11~12] 다음 [자경 농지 등의 증여 시 증여세 감면 특례]를 읽고 물음에 답하시오.

[자경 농지 등의 증여 시 증여세 감면 특례]

자경농민이 영농자녀에게 농지(논·밭·과수원), 초지, 산림지, 축사용지를 물려주면 당해 증여 농지 등에 대해서는 5년간 합산하여 증여세액기준 1억 원을 한도(증여세 감면한도액)로 증여세를 감면한다.

■ 농지·초지·산림지·축사용지 증여 시 증여세 감면

- 증여세란 경제적 가치가 있는 재산을 타인에게 무상으로 증여하는 경우 그 재산을 증여받은 사람이 증여받은 재산가액의 10~50%를 납부하는 세금이다.
  ※ 증여세 신고기한: 재산을 증여받은 날이 속하는 달의 말일부터 3개월 이내
- 그러나 자경농민이 영농자녀에게 농지나 초지, 산림지 또는 축사용지를 증여하는 경우로서 일정한 요건을 갖춘 경우에는 증여세를 감면한다.

■ 물려주는 자와 물려받는 자의 요건

- 농지 등(농지·초지·산림지·축사용지)을 물려주는 사람(자경농민)의 요건
  물려줄 농지 등의 소재지에 거주*하고, 농지 등의 증여일부터 소급하여 3년 이상 계속하여 직접 영농에 종사**하고 있을 것
  * 농지 등의 소재지에 거주: 농지 등이 소재하는 시·군·구(자치구인 구), 그와 연접한 시·군·구 또는 해당 농지 등으로부터 직선거리 30km 이내의 지역에 거주하는 것을 말한다.
  ** 직접 영농에 종사: 소유농지에서 농작물의 경작 또는 다년생 식물의 재배에 상시 종사하거나 농작업의 1/2 이상을 자기의 노동력으로 수행
- 농지 등을 물려받는 사람(영농자녀)의 요건
  농지 등의 증여일 현재 만 18세 이상인 직계비속으로서 증여세 신고기한까지 증여받은 농지 등의 소재지에 거주하고 직접 영농에 종사할 것
- 물려주는 자와 물려받는 자의 공통요건
  사업소득금액과 총급여액의 합계액이 3,700만 원 이상인 과세기간은 영농에 종사한 기간 계산 시 제외한다.

■ 자경농민의 농지 등 증여 시 증여세 감면 한도

감면받을 증여세액이 1억 원을 초과하는 경우에는 그 초과하는 부분에 상당하는 금액을 감면하지 아니한다.

11 **위 글을 읽고 보인 반응으로 적절하지 않은 것은?**

① 재하: 위 특례에 해당된다면, 증여 농지에 대한 증여세를 전액 감면받을 수도 있겠군.
② 루리: 자경농민이 영농자녀에게 자경 농지를 유상으로 양도하는 경우에는 증여세가 부과되지 않겠군.
③ 라희: 부모가 자녀에게 농지를 증여하는 경우에는 원칙적으로는 증여세가 부과되지 않는군.
④ 소빈: 위 특례를 적용받기 위해서는 농지를 물려주는 사람이 반드시 농지소재지에만 거주할 필요는 없겠군.
⑤ 예은: 증여일이 1월 5일인 영농자녀는 위 특례를 적용받기 위해서 같은 해 4월 30일까지 증여받은 농지 소재지에 거주해야겠군.

12 **위 글에 따를 때 증여세가 감면되는 경우를 고르면? (단, 언급되지 않은 요건은 모두 만족하는 것으로 간주한다)**

① 자경농민 A가 영농자녀에게 농지를 증여하였고, 그에 대한 증여세액이 3억 원인 경우
② 자경농민 B가 영농에 종사 중인 부모에게 농지를 증여한 경우
③ 자경농민 C가 영농자녀인 D의 자녀 E(15세)에게 농지를 증여한 경우
④ 농작업의 30%를 본인의 노동력으로 수행하는 자경농민 F가 영농자녀에게 농지를 증여한 경우
⑤ 영농에 종사한 과세기간 내내 사업소득금액과 총급여액의 합계액이 4,000만 원 이상이었던 자경농민 G가 영농자녀에게 농지를 증여한 경우

[13~14] 다음 [보험상품 설명서]를 읽고 물음에 답하시오.

[보험상품 설명서]

1. 보험상품명: 적과*전종합위험 II

* 적과: 나무를 보호하고 좋은 과실을 얻기 위하여 너무 많이 달린 과실을 솎아 내는 일

2. 가입 품목: 사과, 배, 단감, 떫은감

3. 보상 재해

(1) 적과 종료 이전

자연재해	태풍피해, 우박피해, 동상해, 호우피해, 강풍피해, 냉해(冷害), 한해(旱害), 조해(潮害), 설해(雪害), 폭염, 기타 자연재해
조수해	새나 짐승으로 인하여 발생하는 피해
화재	화재로 인하여 발생하는 피해

(2) 적과 종료 이후

태풍(강풍)	다음 중 어느 하나에 해당하는 현상 • 기상청에서 태풍주의보 또는 태풍경보를 발령한 때 발령지역의 바람과 비 • 최대순간풍속 14m/sec 이상의 바람
우박	적란운과 봉우리적운 속에서 성장하는 얼음알갱이 또는 얼음덩어리가 내리는 현상
집중호우	다음 중 어느 하나에 해당하는 현상 • 기상청에서 호우주의보 또는 호우경보를 발령한 때 발령지역의 비 • 과수원에서 가장 가까운 3개소의 기상관측장비로 측정한 12시간 누적강수량이 80mm 이상인 강우 상태
화재	화재로 인하여 발생하는 피해
지진	기상청에서 규모 5.0 이상의 지진 통보를 발표한 때
가을동상해	서리 또는 기온의 하강으로 인하여 과실 또는 잎이 얼어서 생기는 피해
일소피해	과실이 태양광에 노출되어 과피 또는 과육이 괴사되어 검게 그을리거나 변색되는 현상

4. 보장 내용

약관	보장	대상 재해		품목	보험 기간	
					보장 개시	보장 종료
보통약관	과실 손해 보장	적과 종료 이전	자연재해, 조수해, 화재	사과, 배	계약체결일 24시	적과 종료 시점 (단, 판매개시연도 6월 30일을 초과할 수 없음)
				단감, 떫은감	계약체결일 24시	적과 종료 시점 (단, 판매개시연도 7월 31일을 초과할 수 없음)

		적과 종료 이후	태풍(강풍), 우박, 집중호우, 화재, 지진	사과, 배, 단감, 떫은감	적과 종료 이후	수확기 종료 시점 (단, 판매개시연도 11월 30일을 초과할 수 없음)
			가을동상해	사과, 배	판매개시연도 9월 1일	수확기 종료 시점 (단, 판매개시연도 11월 10일을 초과할 수 없음)
				단감, 떫은감	판매개시연도 9월 1일	수확기 종료 시점 (단, 판매개시연도 11월 15일을 초과할 수 없음)
			일소피해	사과, 배, 단감, 떫은감	적과 종료 이후	판매개시연도 9월 30일
특별약관	나무손해보장	자연재해, 조수해, 화재		사과, 배, 단감, 떫은감	판매개시연도 2월 1일 (단, 판매개시연도 2월 1일 이후에 가입하는 경우는 계약체결일 24시)	이듬해 1월 31일

※ '판매개시연도'는 보험상품 판매개시일이 속하는 연도를 말하며, '이듬해'는 판매개시연도 이후에 도래하는 연도를 말함

13 **위 [보험상품 설명서]에 따를 때 적과전종합위험 II의 과실손해보장에 관한 설명으로 옳지 않은 것은? (단, 보험 기간을 비롯하여 제시되지 않은 요건은 모두 충족하는 것으로 가정한다)**

① 적과 종료 이후에는 품목에 상관없이 새나 짐승으로 인하여 발생하는 피해에 대해 보상하지 않는다.

② 적과 종료 이후에 최대순간풍속 14m/sec 이상의 바람으로 인하여 떫은감이 입은 손해에 대해 보상한다.

③ 적과 종료 이후에 기상청에 의해 호우주의보가 발령된 지역의 단감이 발령 당시 내린 비로 입은 손해에 대해 보상한다.

④ 배 농장에 화재가 일어나 발생한 과실 손해에 대해 보상이 이루어졌다면 해당 재해는 적과 종료 이전에 일어났을 것이다.

⑤ 사과 농장에 조해(潮害)가 일어나 발생한 과실 손해에 대해 보상이 이루어졌다면 해당 재해는 적과 종료 이전에 일어났을 것이다.

14 위 [보험상품 설명서]와 다음 [상황]에 따를 때 갑이 적과전종합위험 Ⅱ를 통해 보장받을 수 있는 손해를 [보기]에서 모두 고르면? (단, 제시되지 않은 요건은 모두 충족하는 것으로 본다)

[상황]

사과와 배 농사를 짓고 있는 갑은 2023년 1월 30일부터 2023년 3월 3일까지 판매된 적과전종합위험 Ⅱ의 보통약관과 특별약관에 가입하는 계약을 2023년 2월 2일 체결하였다. 갑이 농사짓고 있는 사과는 그해 7월 1일에 적과가 종료되었고, 그해 11월 25일에 수확기가 종료되었다. 배의 적과 종료 시점과 수확기 종료 시점은 사과와 동일하였다.

| 보기 |

ㄱ. 2023년 6월 30일에 조수해로 인해 사과가 입은 손해
ㄴ. 2023년 2월 1일에 화재로 인해 사과나무가 입은 손해
ㄷ. 2023년 11월 15일에 지진으로 인해 사과가 입은 손해
ㄹ. 2023년 11월 15일에 가을동상해로 인해 배가 입은 손해
ㅁ. 2024년 2월 5일에 설해(雪害)로 인해 배나무가 입은 손해

① ㄱ, ㄷ
② ㄴ, ㄹ
③ ㄷ, ㅁ
④ ㄱ, ㄴ, ㄹ
⑤ ㄱ, ㄷ, ㄹ, ㅁ

15 다음은 [예금거래기본약관] 조항을 근거로 판단할 때, [보기]에서 옳지 않은 것을 모두 고르면?

제20조(약관의 변경) ① 은행이 이 약관이나 입출금이 자유로운 예금약관, 거치식·적립식 예금약관(이하 총칭하여 본조에서 "약관 등"이라 한다)을 변경하고자 하는 경우에는 변경되는 약관 등의 시행일 1개월 전에 그 내용을 영업점과 인터넷 홈페이지에 게시하여 거래처에 알린다. 다만, 법령의 개정이나 제도의 개선 등으로 인하여 긴급히 약관 등을 변경한 때에는 즉시 이를 게시 또는 공고하여야 한다.

② 은행은 약관 등을 변경하는 경우 제1항에 따른 게시와는 별도로 변경되는 약관 등의 시행일 1개월 전에 거래처에 변경 내용(신·구조문대비표 포함)을 다음 각 호 중 1개(거래처에 불리한 변경인 경우에는 3개) 이상의 방법으로 알리되, 제1호 내지 제3호의 방법이 포함되어야 한다. 다만, 법령의 개정이나 제도의 개선 등으로 인하여 긴급히 약관 등을 변경한 때에는 즉시 거래처에 알린다.

1. 거래처가 신고한 정보에 따른 우편 또는 전자우편(E－mail)에 의한 통지
2. 거래처가 신고한 휴대전화 문자메시지(SMS, MMS) 또는 이에 준하는 거래처가 사전 동의한 전자적 의사표시에 의한 통지
3. 거래처와 약정한 별도의 전자기기(앱푸쉬 등)에 의한 통지
4. 거래통장에 표기
5. 현금자동지급기/현금자동입출금기설치장소에 게시(이 경우 큰 문자를 사용하고 알아보기 쉬운 위치에 게시한다)
6. 인터넷뱅킹 및 모바일뱅킹 초기화면에 게시

③ 제2항에도 불구하고, 내용의 실질적 변경을 수반하지 않는 오탈자나 자구 수정 등 단순한 문구 변경인 경우는 제2항을 적용하지 아니한다.

④ 제1항의 게시 또는 제2항의 통지를 할 경우 "예금주가 변경에 동의하지 아니한 경우 제1항의 게시일 또는 제2항의 통지를 받은 날로부터 1개월 이내에 계약을 해지할 수 있으며, 계약해지의 의사표시를 하지 아니한 경우에는 변경에 동의한 것으로 본다"라는 취지의 내용을 함께 게시 또는 통지한다.

⑤ 제4항의 게시일 또는 통지를 받은 날로부터 1개월 이내에 계약해지의 의사표시가 도달하지 않으면 거래처가 변경에 동의한 것으로 본다.

| 보기 |

ㄱ. 약관 추가 내용을 통지받은 예금주가 의사표시를 하지 않더라도 약관 추가에 동의한 것으로 본다.
ㄴ. 현금자동지급기에 변경된 약관을 표기 시에는 큰 문자를 사용하여 표기해야 한다.
ㄷ. 약관 시행일 1주일 전 문구의 오탈자로 인해 긴급하게 수정이 필요한 경우 홈페이지 게시 후에 즉시 거래처에 변경 내용을 알려야 한다.
ㄹ. 은행은 신·구조문대비표는 문자메시지, 거래통장, 모바일뱅킹 초기화면에만 표기할 수 있다.

① ㄱ, ㄴ　② ㄴ, ㄹ　③ ㄷ, ㄹ
④ ㄱ, ㄴ, ㄷ　⑤ ㄴ, ㄷ, ㄹ

[16~17] 다음은 [영농 도우미]에 관한 자료이다. 자료를 보고 물음에 답하시오.

○ 목적: 사고·질병 농가에 영농 도우미를 지원하여 안정적인 영농활동 도모

○ 사업대상자: 아래 조건 중 하나에 해당하며, 사고를 당했거나 질병 발생 및 통원치료 등으로 영농활동이 곤란한 농업경영체(법인 제외)로 농지 경작면적이 5ha 미만인 경영주 및 경영주 외 농업인

- 사고 또는 질병으로 2주 이상 진단을 받았거나 3일 이상 입원한 경우
- 4대 중증질환[암, 심장질환(고혈압 제외), 뇌혈관질환, 희귀난치성질환] 진단을 받은 자로 해당 질환으로 최근 6개월 이내 통원치료를 받은 경우
- 제1~2급 법정감염병 확진자 또는 접촉한 자로 의료기관으로부터 통보를 받아 격리 중인 경우
- '농업인 교육과정'에 1일 이상 참여한 여성 농업인(전체 지원인원의 5% 이내)

※ 단, 농식품부(소속기관 포함), 지방자치단체, 농협 또는 중앙부처 및 지방자치단체가 인가한 비영리법인이 주관하는 6시간 이상의 농업인 교육과정에 한함

○ 지원금액 및 조건

- 지원내용: 영농을 대행한 영농 도우미 임금(1일 84,000원 이내)의 70% 지원, 지원액을 제외한 금액은 자기부담금임
- 지원일수: 지원대상 세대당 연간 10일 이내

※ 단, 1~2급 법정감염병 확진자 또는 격리자는 세대당 정부지침에서 정하는 격리기간에 한함

※ 여성 농업인 교육의 경우 교육 참여일수에 따른 차등 지원(10일 이상 교육 시 10일 지원, 10일 미만 교육 시 교육 참여일수만큼 지원)

○ 유의사항

- 농업인이 아닌 가족이 사고를 당했거나 질병이 발생한 경우 신청 제외됨
- 영농 도우미는 가구당 1일에 1명 파견
- 1일 임금은 휴식시간을 제외한 8시간 작업시간을 기준으로 하고, 1일 작업시간이 8시간 미만일 경우에는 시간급으로 환산하여 산정함
- 만 80세 이하의 경우에만 영농 도우미로 활동 가능함
- 영농 도우미 신청대상자의 배우자 및 동거인, 직계 존·비속, 직계 존·비속의 배우자, 본인이나 배우자의 형제·자매 및 형제·자매의 배우자는 영농 도우미로 선정할 수 없음

16 **다음 [보기]의 A~E 중 영농 도우미 대상자에 해당하는 사람은? (단, 제시되지 않은 조건은 고려하지 않는다.)**

| 보기 |

- A: 의료기관으로부터 1급 법정감염병 확진을 통보받아 격리 중인 경영주 A의 농지 경작면적은 5ha이다.
- B: 농업인 교육과정에 3일 참여한 여성 농업인인 B의 농지 경작면적은 6ha이다.
- C: 사고로 2일 동안 입원한 농업인 C의 농지 경작면적은 4ha이다.
- D: 뇌혈관질환을 진단받은 자로 최근 8개월 전에 통원치료를 받은 경영주 D의 농지 경작면적은 3ha이다.
- E: 질병으로 3주를 진단받은 농업인 E의 농지 경작면적은 2ha이다.

① A　② B　③ C　④ D　⑤ E

17 **다음 [상황]의 갑과 을이 지불해야 하는 자기부담금은 총 얼마인가?**

[상황]

- 사고로 영농도우미 사업에 지원한 갑은 매일 휴식시간을 제외하고 5시간씩 6일 동안 영농도우미를 이용하였다.
- 9일 동안 여성 농업인 교육을 받은 을은 매일 휴식시간을 제외하고 8시간씩 영농 도우미를 이용하였다.

① 311,100원　② 314,600원　③ 317,200원　④ 321,300원　⑤ 326,500원

18 다음은 퇴직금에 관한 자료이다. 퇴직금에 대한 설명으로 옳지 않은 것은? (단, 1년은 365일로 계산한다)

1. 퇴직금의 산정방법 및 지급기간

   고용주는 퇴직하는 근로자에게 계속근로기간 1년에 대해 30일분 이상의 평균임금*을 퇴직금으로 지급해야 한다.

   * 평균임금: 이를 산정해야 할 사유가 발생한 날 이전 3개월 동안 해당 근로자에게 지급된 임금의 총액을 그 기간의 총일수로 나눈 금액(단, 평균임금이 근로자의 통상임금보다 적으면 그 통상임금을 평균임금으로 산정)

2. 퇴직금 산정공식

   - 퇴직금＝1일 평균임금×30일×(재직일수/365)

     ※ 고용주는 근로자가 퇴직한 경우에 그 지급사유가 발생한 날부터 14일 이내(특별한 사정이 있는 경우에는 당사자 간의 합의에 따라 지급기일을 연장할 수 있음)에 퇴직금을 지급해야 한다.

   - 위에 따른 퇴직금은 근로자가 지정한 개인형 퇴직연금제도의 계정 또는 「근로자퇴직급여 보장법」 제23조의8에 따른 계정으로 이전하는 방법으로 지급해야 한다.

     ※ 예외 사항

     - 근로자가 만 55세 이후에 퇴직하여 급여를 받는 경우
     - 급여가 고용노동부장관이 정하여 고시하는 금액 이하인 경우
     - 근로자가 사망한 경우
     - 「출입국관리법 시행령」 제23조 제1항에 따라 취업활동을 할 수 있는 체류자격으로 국내에서 근로를 제공하고 퇴직한 근로자가 퇴직 후 국외로 출국한 경우
     - 다른 법령에서 급여의 전부 또는 일부를 공제하도록 한 경우

     ※ 급여에서 일부를 공제한 경우 남은 금액은 근로자가 지정한 개인형 퇴직연금제도의 계정 또는 개인형 퇴직연금계정등으로 이전해야 함

     ※ 근로자가 위에 따라 개인형 퇴직연금제도의 계정등을 지정하지 않은 경우에는 근로자 명의의 개인형 퇴직연금제도의 계정으로 이전함

3. 육아휴직 등 근로자의 퇴직금 산정방법

   평균임금 산정기간 중에 출산전후 휴가 및 유산·사산 휴가 기간과 육아휴직 기간이 있는 경우에는 그 기간과 그 기간 중에 지급된 임금은 평균임금 산정기준이 되는 기간과 임금의 총액에서 각각 제외한다. 육아기 근로시간 단축을 한 근로자에 대해 「근로기준법」 제2조 제6호에 따른 평균임금을 산정하는 경우에는 그 근로자의 육아기 근로시간 단축 기간을 평균임금 산정기간에서 제외한다.

① 퇴직 신청 1년 전 육아휴직 6개월을 사용한 A는 평균임금 산정 시 9개월 기간의 평균임금을 산정한다.

② 만 50세에 퇴직한 근로자는 근로자가 지정한 개인형 퇴직연금 계정으로 이전하는 방법으로 지급된다.

③ 최근 연봉이 3,066만 원인 근로자가 5년간 재직했을 때 퇴직금은 1,260만 원이다.

④ 퇴직금은 평균임금과 재직일수에 따라 달라진다.

⑤ 퇴직금은 14일 이내에 지급해야 하며, 당사자 간 합의 시 연장할 수 있다.

[19~20] 다음은 농협은행이 행원 복지의 일환으로 시행하고 있는 [임차사택제공] 제도에 관한 규정의 일부이다. 이를 토대로 물음에 답하시오.

[임차사택제공]

제00조(임차사택제공 대상 및 기준) ① 임차사택제공 대상자는 근속기간(전문직원은 고용계약이 체결되거나 갱신된 날로부터 기산. 단, 일반직, 별정직 및 청원경찰에서 전환된 전문직원의 경우 기존 근속기간 포함. 이하 같음) 6개월 이상인 본점 및 수도권 소재지에서 근무하는 4급 이하 직원 또는 본점 및 수도권 이외의 소재지에서 근무하는 직원으로서 입주신청일 현재 통근가능지역 내 무주택자이며 부양가족을 동반한 직원(60일 이내 결혼 예정 직원 포함)으로 한다. 다만, 주택자금을 대여받고 있는 직원(건설 중인 주택 제외)에게는 임차사택을 제공할 수 없다.

② 임차사택은 임차사택제공 대상자의 배우자, 직계존비속, 배우자의 직계존속, 형제자매 및 기타 동거가족의 소유가 아닌 주택으로서 입지조건 및 건물상황이 양호하고 직원용 주택으로 적합하여야 한다.

③ 임차사택에 입주하고 있는 직원이 타 지역으로 이동되었으나 부득이한 사정으로 단신 부임하게 된 경우에는 부양가족의 계속 거주를 위하여 부양가족 거주지 소재 임차사택을 제공할 수 있다.

제00조(사택임차한도, 사용료 및 사용기간) ① 사택소재지별 임차보증금 한도액은 [별표]와 같다.

② 연고지 권역 내 근무직원이 임차사택을 사용하는 경우에는 아래 기준의 사용료를 납부하여야 한다.

1. 임차사택 사용료 계산기준

사용료(연)={(임차보증금)×(3개월코리보)×(n/9)}

※ n=1~9년

2. n은 2012. 1. 1. 이후 신규계약분부터 임차사택 사용연수(연고지 권역 내 및 연고지 권역 외 사용기간을 모두 포함)를 의미한다.

③ 직원의 사택 사용기간은 9년 이내로 한다. 다만, 월 미만 사용기간에 대하여는 이를 절사한다.

[별표] 사택 임차보증금 한도액

(단위: 천 원)

구분	서울특별시, 수도권	기타 지역
한도액	120,000	100,000

※ 수도권의 범위는 본점 기준 통근가능지역임

※ 전세가 급등 등 불가피한 사유 발생 시 한도액의 −30%~+50% 범위 내 운용 허용

19 **위 규정의 내용과 부합하지 않는 것은?**

① 1~3급 직원은 임차사택을 제공받을 수 없다.
② 같은 전문직원이어도 근속기간 기산 방법이 서로 다를 수 있다.
③ 임차사택에는 직원이 아닌 직원의 부양가족만 거주할 수도 있다.
④ 8년 5일 동안 임차사택을 사용한 경우 8년을 기준으로 사용료를 계산한다.
⑤ 수도권의 임차사택 보증금은 최대 180,000천 원까지 운용이 허용될 수 있다.

20 **위 규정에 따를 때, 농협은행 직원 A~D 중 임차사택을 제공받을 수 없는 직원을 [보기]에서 모두 고르면? (단, 언급되지 않은 요건은 모두 만족하는 것으로 간주한다)**

| 보기 |

- 통근가능지역에 2층의 단독주택 1채를 소유하고 있는 A
- 현재 미혼으로 부양가족 없이 살고 있지만 1개월 후에 결혼 예정인 B
- 자신의 장모가 소유하고 있는 주택에 대하여 임차사택제공 신청을 한 C
- 내년 완공을 목표로 현재 건설되고 있는 주택에 대하여 주택자금을 대여받고 있는 D

① A, B　② A, C　③ B, C
④ B, D　⑤ C, D

[21~22] 다음은 농기계임대에 관한 자료이다. 자료를 보고 물음에 답하시오.

□ 목적: 농기계 임대사업소를 설치하여 농기계 구입이 어려운 농가에 농기계를 임대함으로써 농기계 구입부담 경감하고 밭농업 기계화율 제고

□ 사업내용: 임대농기계 보관창고 건축 및 임대농기계 구입비 지원

□ 지원 자격 및 요건: 농기계임대사업을 운영하거나 운영하려는 지자체(시·군·구)

□ 지원내용 및 예산

○ 지원 내용

- 농기계임대사업소: 임대농기계 보관창고 건축 및 임대농기계 구입비 지원
- 주산지일관기계화: 경운·정지, 수확까지 일관작업을 할 수 있는 임대 농기계 지원
- 노후농기계대체: 농기계 임대사업소의 노후농기계 교체

○ 2024년 예산: 61,880백만 원(국비 50%, 지방비 50%)

□ 사업 신청: 시·도를 통해 시·군·구에서 농기계임대 사업신청서를 제출

□ 대상자 선정: 지자체의 신청내용을 확인·검토하여 사업비 내에서 지원대상자 선정

□ 농기계 임대 대상 및 운용

○ 임대대상: 농업인

○ 운용

- 많은 농가들이 이용할 수 있도록 1~3일 내외의 단기임대를 원칙으로 하며 필요할 경우 3일 이상 임대 가능
  ※ 들녘별경영체육성사업 등 농식품부 경쟁력 제고 사업과 연계 추진, 도서지역 등 임대 여건이 어려운 농업인의 경우 3일 이상 임대할 수 있음
  ※ 지역 여건을 감안하여 필요 시 반일 단위 임대농기계 운용 가능
  ※ 임대사업소 휴무 등 농기계 반납이 어려운 경우 해당 일자 감면 등 임대료를 탄력적으로 운영할 수 있음
- 관내 농업인뿐만 아니라 해당 시·군의 농경지를 타 지역에서 출입 경작하는 농업인, 인접 시·군 농업인에게도 임대하여야 함
  ※ 단, 주소지와 농경지가 다른 경우 임대 우선순위는 지자체에서 결정하되, 주소지와 경작지가 동일한 경우만 임대 운영하는 것은 금지
- 여성·고령농업인, GAP 인증 농업인, 농업경영체 등록 농업인 등에게 우선 임대할 수 있음
- 미세먼지 종합대책(국무조정실 주관) 추진과 영농부산물 소각으로 인한 산불방지를 위해 잔가지 파쇄기를 우선 구입하여 임대할 수 있으며, 마을단위의 잔가지 파쇄 작업을 위해 이장 등 마을 대표가 잔가지 파쇄기를 임대할 경우 무상으로 임대할 수 있음
- 산림청 소속기관, 관내 산림부서 등에서 영농부산물 파쇄작업 대행을 위해 파쇄기 임대 요청 시 임대 지원 가능
  ※ 단, 관내 농업인의 파쇄기 사용에 문제가 없는 범위 내에서 임대 지원
- 국내 우수품종의 채종기반 유지를 위해 채종포를 운영하고 있는 지자체는 채종용 농기계를 구입 임대할 수 있음

[표] 작물별 투입농기계별 작업면적

작물	작업명	농기계	1대당 작업면적
콩	파종	파종기	15ha
	예취+탈곡	콩콤바인	
고구마	정식	동력정식기	6ha
	수확	땅속작물수확기	
감자	파종	동력파종기	8ha
	수확	땅속작물수확기	
무	파종	파종기	6ha
배추	정식	동력정식기	7ha
고추	정식	동력정식기	6ha
마늘	파종	파종기	6ha
	수확	땅속작물수확기	

21 위 자료에 대한 설명으로 옳지 않은 것은?

① 임대사업소의 경우 농기계 구입 비용을 지원받을 수 있다.
② 여성 농업인의 경우 높은 우선순위로 대여할 수 있다.
③ 기본적으로 3일 이하로 임대한다.
④ 타 지역에 거주 중인 경우에도 농기계를 입대할 수 있다.
⑤ 임대사무소 휴무로 인하여 농기계 반납을 못하는 경우 추가 임대를 할 수 있다.

22 [상황]의 A가 2024년에 대여해야 하는 농기계는 총 몇 대인가?

[상황]

A는 50ha의 밭에 감자, 무, 마늘을 재배하고 있다. A는 3월에 감자와 마늘을 동일한 넓이만큼 파종 후 감자는 7월에 수확하고, 마늘은 8월에 수확한다. 8월에 밭 전체에 무를 파종 후 10월에 수확한다. 마늘은 추가로 밭 전체에 11월에 파종 후 이듬해 3월에 수확한다.

① 20대 ② 27대 ③ 36대
④ 45대 ⑤ 54대

[23~24] 다음은 [농번기 아이돌봄방 설치 및 운영 기준]에 관한 자료이다. 자료를 보고 물음에 답하시오.

1. 시설의 설치
   1) 시설규모: 영유아가 안전하게 활동할 수 있는 실내공간을 확보하여야 하며, 돌봄방의 면적은 최소 39.6m^2 이상이어야 함(영유아 1인당 2.64m^2 이상)
   2) 설치지역: 농촌지역으로 농번기 주말에 돌봄수요가 있으나, 보육 및 돌봄시설 이용에 어려움이 있는 지역
   3) 설치기간: 사업추진에 차질이 없도록 사업대상자 선정 후 빠른 시일 내에 완료
   4) 구비시설: 화장실(영유아용 변기 보조기구 설치)과 조리시설 구비 필요
   5) 기타: 돌봄방 공간과 시설 및 설비는 운영기간 동안은 돌봄방 전용으로만 사용하여야 하며, 타 기관, 개인용도 및 공동 사용 불가(단, 주중 어린이집 등 보육 목적으로 사용하는 것은 허용)
2. 농번기 아이돌봄방의 운영
   1) 명칭: ○○○ 농번기 아이돌봄방이라 함
   2) 돌봄대상: 만 2세~초등학교 2학년(단, 농업인자녀 필수 포함)
   3) 운영기간: 4개월~8개월(지역 특성을 반영하여 운영시기 및 기간 결정)
   4) 돌봄시간: 주말(토, 일요일) 모두 운영 또는 주말 선택제 운영, 하루 8시간 이상 운영을 원칙으로 하되, 영농 여건 등을 고려하여 조정·운영
      ※ 단, 주말 선택제 운영의 경우 동일한 요일을 정하여 돌봄방 운영해야 함(주마다 요일 변동 안 됨)
   5) 종사자 최대 근무시간: 시설장(5시간), 돌보미(10시간), 취사원(5시간)을 원칙으로 하되, 교대근무, 대체근무, 겸임근무 등 운영 여건을 고려하여 조정·운영
      ※ 보건복지부 어린이집 운영(토요일)지침을 감안, 시설장 근무시간은 15:00 이후부터 인정(일요일 근무시간은 관계없음) (단, 본 사업 운영을 위해 신규 채용한 시설장은 오전부터 근무시간 인정)
3. 입소 우선순위
   1) 동일 순위 내에서는 기초생활보장 수급권자, 차상위계층, 한부모 가정, 조손가정, 다문화가정, 장애가정 아동에게 우선순위 부여
      - 1순위: 부모가 모두 농업인인 경우(단, 한부모 가정인 경우 1순위 적용)
        ※ 농업인 여부는 농업경영체등록 확인서 및 농업인 확인서로 증빙
      - 2순위: 부모 중 1인 또는 보호자가 농업인인 경우
      - 3순위: 부모 또는 보호자가 모두 비농업인인 경우
4. 운영방식
   1) 사전에 아이돌봄방 이용신청서를 받아 시설 규모에 적정한 아동을 돌보는 것을 원칙으로 하되, 사전에 이용신청서를 제출하지 않은 아동이 돌봄이 필요한 경우 출결상황 등을 고려하여 돌봄 가능

2) 종사자 배치기준

구분	시설장	돌보미	취사원
영유아 10인 미만	1명	1명	1명
영유아 10인 이상 15인 미만	1명	1~2명	1명
영유아 15인 초과	1명	2명	1명

3) 보육교직원

- 시설장은 아동현황 및 출결기록, 돌봄방 운영일지, 돌보미 근무상황부 등 시설의 운영·관리에 필요한 사항을 작성하고 관리하여야 함
- 시설장 및 돌보미(보육교사 포함)는 다음 자격을 갖추어야 함. 다만, 지역여건에 따라 자격기준을 갖춘 돌보미 또는 보육교사 2명을 채용하기 어려운 경우 돌보미 또는 보육교사 2인 중 1인은 보육 및 돌봄 교육을 받았거나, 육아 경험이 있는 자를 채용하여 운영 가능

※ 시설장의 경우 돌보미, 취사원 겸임 가능. 다만, 시설장이 돌보미를 겸임할 경우 시설장이 돌보미 자격기준도 충족해야 함

4) 시설장 자격기준

- 「사회복지사업법」에 따른 사회복지사 2급 이상의 자격 취득 후 사회복지시설 또는 아동복지 시설에 3년 이상 종사한 경력이 있는 사람
- 학대아동보호사업과 관련된 기관에서 3년 이상 근무한 경력이 있는 사람
- 7급 이상 공무원으로서 국가나 지방자치단체에서 사회복지사업에 관한 행정업무에 5년 이상 종사한 경력이 있는 사람
- 「의료법」에 따른 의사 한의사 또는 치과의사 면허 취득 후 3년 이상 진료경력이 있는 사람
- 「정신보건법」에 따른 정신보건전문요원 자격 취득 후 사회복지업무에 5년 이상 종사한 경력이 있는 사람
- 「영유아보육법」에 따른 보육교사 1급 자격 취득 후 아동과 관련된 사회복지업무에 5년 이상 종사한 경력이 있는 사람
- 유치원, 초등학교 또는 중등학교 교사 자격증 취득 후 사회복지사업에 5년 이상 종사한 경력이 있는 사람
- 직업훈련교사, 간호사, 영양사 자격 취득 후 사회복지사업에 5년 이상 종사한 경력이 있는 사람

5) 돌보미 자격기준

- 여성가족부 아이돌봄 교육을 이수한 자
- 「영유아보육법」에 따른 보육교사 3급 이상의 자격이 있는 사람

※ 돌봄방 돌보미는 여성가족부에서 관리하고 있는 아이돌보미, 보육교사 또는 지역 내 보육 및 돌봄 교육을 받은 돌보미 등을 활용

23 위 자료에 대한 설명으로 옳지 않은 것은?

① 돌봄방 면적이 47.52m^{2}이고, 영유아 1인당 돌봄방 면적이 최소일 때, 돌보미는 2명이다.

② 토요일만 돌봄방을 운영하는 경우 일요일 운영으로 변경 불가능하다.

③ 돌봄방이 최소 면적일 때, 이용하는 영유아는 15명 이하여야 한다.

④ 비농업인 한부모의 만 4세 아동의 경우 부모가 모두 농업인인 아동보다 우선순위가 더 높다.

⑤ 사전에 이용신청서를 제출하지 않은 아동의 경우 돌봄 불가능하다.

24 다음 [보기]의 A~E 중 시설장으로 겸업할 수 있는 사람은? (단, 현재는 2024년이다)

| 보기 |

- 보육교사 3급 자격이 있는 A
- 2013년에 사회복지사 2급을 취득하고 아동복지시설에 작년부터 종사 중인 B
- 2000년에 영양사 자격을 취득하고 2021년부터 현재까지 사회복지사업에 종사 중인 C
- 2018년에 9급 공무원으로 현재까지 진급 없이 지장자치단체에서 사회복지사업에 관한 행정업무를 맡고 있는 D
- 2015년에 정신보건전문요원 자격을 취득 후 그 해부터 사회복지업무에 현재까지 종사 중인 E

① A ② B ③ C ④ D ⑤ E

25 **다음은 전략작물산업화에 관한 자료이다. 이에 대한 설명으로 옳은 것을 [보기]에서 모두 고르면?**

○ 목적: 고품질 가루쌀 생산을 위한 규모화된 공동영농체계 구축

○ 사업내용
- 교육컨설팅: 가루쌀 재배기술, 공동영농 및 공동경영체계 확립 등을 위한 교육·컨설팅 및 실태조사 등을 지원
- 시설장비: 가루쌀 공동영농 규모 확대를 위한 시설·장비 구입비 지원

○ 지원 자격 및 요건
- 교육컨설팅: 30ha 이상 가루쌀 공동영농을 할 수 있는 농협조직(지역농협, 품목농협, 조합공동사업법인 등) 또는 농업법인[영농조합법인, 농업회사법인, 식량작물(들녘)공동경영체]
- 시설장비: 가루쌀 생산단지로 지정(예정)된 식량작물공동경영체, 농업법인 또는 농협조직으로 가루쌀 공동영농 부지가 60ha 이상인 조직
  ※ 생산규모 확대계획('26년까지 기존 200ha, 신규 150ha)을 수립·제출 이행해야 함

○ 지원내용 및 예산
- 사업규모
  - 교육컨설팅: 130개소, 3,900백만 원
  - 시설장비: 30개소, 15,000백만 원
- 지원기준
  - 교육컨설팅: 국비 50%, 지방비 40%, 자부담 10%
    ※ 지자체가 생산단지를 직접 지원하는 경우 국비 50%, 지방비 50%
  - 시설장비: 국비 50%, 지방비 40%, 자부담 10%

○ 사업신청: 소재지 시·군·구에 사업시행 전년도 5.31.까지 신청

○ 선정절차: 사업신청(5월) → 지자체심사(6~8월) → 농식품부 심사·예비선정(8~9월) → 사업비 예비심사(9월) → 지원 대상자 및 사업비 확정(12월)

| 보기 |

ㄱ. 시설장비를 지원받는 법인의 자부담금은 4,500만 원이다.
ㄴ. 사업기간이 완료된 이후 지원 대상자 확정까지 최대 7개월 소요된다.
ㄷ. 지자체에서 직접 지원하는 산업단지 내의 교육컨설팅을 지원받는 경우 자부담금이 없다.
ㄹ. 교육컨설팅 지원자격에 해당하는 가루쌀 생산 단지로 지정 예정인 농업법인의 경우 시설장비 지원자격에도 해당한다.

① ㄱ, ㄴ　② ㄱ, ㄹ　③ ㄴ, ㄷ
④ ㄴ, ㄹ　⑤ ㄷ, ㄹ

기출복원 제1회 제2회 제3회

26 **다음 글에 근거할 때 옳은 것을 [보기]에서 모두 고르면? (단, 각각의 입찰자들은 자신들이 상품에 대해서 평가한 가치 금액까지 지불하고 구매할 의사가 있으며, Z 경매방식에서는 상품 평가 가치와 입찰 가격이 동일하다)**

경매란 경쟁체결방식에 의해 구두로 매매하는 것으로서 입찰가의 공개 여부나 진행 방식에 따라 다음과 같이 다양한 형태로 나누어진다.

- X 경매방식: 최초 호가에서 시작하여 판매자가 현재 입찰가를 경매 참여자들에게 알려 주고 경매 참여자들은 미리 정해진 호가 단위*를 현재 입찰가에 더하여 더 높은 가격을 제시하고 최종적으로 가장 높은 가격을 제시한 경매 참여자에게 상품이 입찰되는 방식
  - * 호가 단위: 사거나 팔 때 부르는 가격 간의 간격을 말함(예를 들어, 호가 단위가 10만 원인 경우 호가는 10만 원, 20만 원, 30만 원… 단위로 오르거나 내려감). 호가 단위는 경매가 진행되는 동안 변하지 않음
- Y 경매방식: 판매자가 최초 호가를 제시하고 제시된 호가에 경매 참여자들이 아무도 응하지 않을 경우 판매자가 미리 정해진 호가 단위만큼 호가를 내리며 최종적으로 제시된 호가를 가장 먼저 받아들인 경매 참여자에게 상품이 낙찰되는 방식
- Z 경매방식: 경매 참여자들이 써낸 입찰 가격이 비공개로 봉인된 채 동시에 제출되고 가장 높은 입찰 가격을 써낸 경매 참여자에게 상품이 낙찰되는 방식

경매 방식에 따라 동시 낙찰자가 나올 수 있는데 이 경우에는 제시된 최종 호가는 변하지 않고 판매자의 의사에 따라 최종 낙찰자가 결정된다. 위 세 가지 경매 방식 중 하나의 방식을 통해서 A상품, B상품을 매매하며 경매에 참여한 사람은 갑, 을, 병, 정이다. 이들이 평가한 상품 가치와 최초 호가는 다음과 같다.

[표 1] 갑, 을, 병, 정이 평가한 상품의 가치

구분	A상품	B상품
갑	100만 원	200만 원
을	95만 원	210만 원
병	90만 원	220만 원
정	85만 원	230만 원

[표 2] 최초 호가

구분	A상품	B상품
X 경매방식	50만 원	100만 원
Y 경매방식	150만 원	300만 원

| 보기 |

ㄱ. A상품을 호가 단위가 7만 원인 X 경매방식으로 진행할 경우 최종 낙찰금액은 99만 원이다.

ㄴ. B상품을 호가 단위가 25만 원인 Y 경매방식으로 진행할 경우와 Z 경매방식으로 진행할 경우의 최종 낙찰금액은 동일하다.

ㄷ. A상품을 호가 단위가 9만 원인 X 경매방식으로 진행할 경우 최종 낙찰자는 을이 될 수도 있다.

ㄹ. X 경매방식과 Y 경매방식의 호가 단위가 동일하게 30만 원이라면 B상품의 경매는 Y 경매방식으로 진행할 때 최종 낙찰금액이 더 크다.

① ㄱ, ㄴ ② ㄱ, ㄷ ③ ㄱ, ㄹ
④ ㄴ, ㄷ ⑤ ㄴ, ㄹ

27 **다음은 부동산 중개보수 요율에 관한 자료이다. [상황]의 A와 B가 지불해야 하는 부동산 중개보수 액은 최대 얼마인가?**

1. 주택

구분	거래금액	상한요율	한도액	비고
매매 · 교환	5천만 원 미만	1천분의 6	25만 원	※ 교환대상의 가격 중 더 높은 금액을 거래금액으로 산정함 ※ 분양권의 경우 거래금액에 프리미엄도 포함됨
	5천만 원 이상 2억 원 미만	1천분의 5	80만 원	
	2억 원 이상 9억 원 미만	1천분의 4	–	
	9억 원 이상 12억 원 미만	1천분의 5	–	
	12억 원 이상 15억 원 미만	1천분의 6	–	
	15억 원 이상	1천분의 7	–	
임대차 등	5천만 원 미만	1천분의 5	20만 원	※ 전세의 경우 전세금, 월세의 경우 '보증금+(월차임액×100)'을 거래금액으로 산정함
	5천만 원 이상 1억 원 미만	1천분의 4	30만 원	
	1억 원 이상 6억 원 미만	1천분의 3	–	
	6억 원 이상 12억 원 미만	1천분의 4	–	
	12억 원 이상 15억 원 미만	1천분의 5	–	
	15억 원 이상	1천분의 6	–	

2. 오피스텔

구분	거래내용	상한요율	비고
전용면적 $85m^2$ 이하	매매 · 교환	1천분의 5	주택과 동일
	임대차 등	1천분의 4	
그 외	매매 · 교환 · 임대차 등	1천분의 9 이내	공인중개사와 협의

3. 그 외

거래내용	상한요율	비고
매매 · 교환 · 임대차 등	1천분의 9 이내	주택과 동일하며, 상한요율은 공인중개사와 협의

※ 중개보수는 거래금액×상한요율

[상황]

- A는 분양가가 6억 5천만 원인 전용면적이 59m^{2}인 아파트 분양권을 구매하였다. A는 프리미엄을 1억 3천만 원을 추가로 지불하였다.
- B는 전용면적이 30m^{2}인 오피스텔을 월세 계약을 맺었다. 보증금은 5,000만 원이고, 월차임액은 60만 원이다.

① 331만 원 ② 348만 원 ③ 356만 원
④ 364만 원 ⑤ 372만 원

28 다음은 가격표시제에 관한 규정이다. 이에 대한 설명으로 옳은 것은?

제4조(표시의무자의 지정 등) ① 판매가격 표시의무 대상점포는 한국표준산업분류의 세세 분류를 기준으로 별표 1의 업종을 영위하는 점포로서 다음 각 호의 어느 하나와 같다.

1. 매장면적이 33m^2 이상인 소매점포(다만, 농약 및 비료판매점은 매장면적과 관계없이 적용)
2. 특별시·광역시 내에 있는 매장면적 17m^2 이상인 소매점포(다만, 농약 및 비료판매점은 매장면적과 관계없이 적용)
3. 대규모점포(전통시장 제외) 내의 모든 소매점포
4. 그 밖의 특별시장·광역시장·도지사 또는 특별자치도지사(이하 "시·도지사"라 한다)가 지정하는 소매점포, 시장 또는 지역 내 소매점포

② 제1항의 판매가격 표시의무 대상점포를 운영하는 판매업자는 판매가격을 표시하여야 한다. 다만, 소매점포가 제조업자·수입업자·유통업자로부터 상품에 대한 소유권 및 가격 결정권이 없이 상품을 수탁받아 판매하거나 제조업자·수입업자·유통업자가 소매점포를 자기의 책임과 계산 하에 직접 운영하는 경우에는 상품에 대한 소유권 및 가격결정권이 있는 제조업자·수입업자·유통업자가 판매가격을 표시한다.

③ 제1항 제4호의 시장 또는 지역 내 소매점포 지정 시 시·도지사는 지정하고자 하는 시장 또는 지역의 판매업체·단체와 지정일시, 범위, 유예기간 등에 대하여 협의하여 지정하되, 다음 각 호의 사항들을 고려하여야 한다.

1. 가격표시와 관련한 소비자 민원이 빈번히 제기되거나, 외국인 관광객 방문이 잦은 지역 등 상거래 질서 확립이 필요한 지역을 지정대상으로 한다.
2. 원칙적으로 지정된 시장 또는 지역의 별표 1의 업종을 영위하는 모든 점포가 판매가격 표시의무 대상점포가 되나, 시·도지사는 지정 협의 시 일정 매장면적 이상 또는 층별, 구역별로 판매가격 표시의무 대상점포를 특정하여 지정할 수 있다.

④ 제1항 제4호의 판매가격 표시의무 대상점포 중 도·소매를 병행하는 점포의 경우에는 소매하는 상품에 한정하여 판매가격을 표시해야 한다.

⑤ 시·도지사는 제1항 제4호에 따라 지정된 소매점포 또는 시장에 대하여 가격표시 지정 업소임을 알리는 별지 제1호 서식의 지정서를 교부하여야 하며, 지정업소 또는 시장임을 알리는 표지판을 일반 소비자가 알기 쉬운 장소에 설치하게 할 수 있다.

⑥ 시·도지사는 제1항 제4호에 따라 지역을 지정하는 경우에는 그 내용을 별지 제2호 서식에 따라 공보에 공고하여야 하며, 지정 지역임을 알리는 표지판을 일반 소비자가 알기 쉬운 장소에 설치하게 할 수 있다

제5조(표시방법) ① 판매가격은 라벨, 스탬프, 꼬리표, 또는 일람표 등을 만들어 개별상품에 표시하되, “판매가 ○○원, 소매가 ○○원” 등 소비자가 가장 쉽게 알아볼 수 있는 방법 또는 크기로 선명하고 명확하게 표시하여야 한다. 다만, 개개점포의 업태나 취급상품의 종류 및 내부 진열상태 등에 따라 개별상품에 표시하는 것이 곤란할 경우에는 종합적으로 제시하는 등 소비자가 가장 쉽게 알아볼 수 있는 방법으로 판매가격을 별도로 표시할 수 있다.

② 제1항에 따른 판매가격을 표시할 경우에도 개별상품의 판매가격이 500원 이하인 상품이면서 종류가 다양한 상품의 경우에는 개별상품명을 명기하지 아니하고 “○○상품류 판매가격 ○○원부터 ○○원” 등의 소비자가 알아보기 쉬운 방법으로 일괄적으로 표시할 수 있다.

① 대전광역시 내에 있는 매장면적이 5m^{2}인 도매점포는 판매가격 표시의무 대상점포에 해당한다.
② 가격표시 시장임을 소비자가 인지할 수 있도록 도지사는 표지판을 설치하게 할 수 있다.
③ 수입업자가 소매점포를 직접 운영하는 경우 가격결정권은 시·도지사에게 있다.
④ 가격표시와 관련한 소비자 민원이 빈번히 제기되는 시장의 경우 시장 상인 협의하에 판매가격 표시의무 대상점포로 지정할 수 있다.
⑤ 한 냉장고에 다양한 아이스크림을 보관하고 5개 3,000원에 판매하는 개별상품에 판매가격을 표시하지 않아도 된다.

29 다음은 [농촌돌봄활동지원]에 대한 설명이다. [상황]을 토대로 A군의 청년 조직 대한 설명으로 옳지 않은 것은?

○ 목적
- 농업 활동을 통해 국민의 정신건강을 증진하고, 사회적 약자를 대상으로 돌봄·교육·고용 등 다양한 서비스를 제공하는 사회적 농업의 확산 도모
- 사회적 농업 등을 통해 사회적 약자의 신체적·정신적 건강 증진 및 사회적 역할 수행을 돕고, 지역의 다양한 주체 간에 네트워크를 형성하여 농촌 공동체를 활성화하도록 유도

○ 사업내용
- 농촌돌봄농장: 사회적 농업 활동 운영비, 사회적 농업 조직과 지역사회 네트워크 구축비, 사회적 농업 활동에 따른 시설비 지원, 5년간 지원
- 공동체단위 농촌돌봄농장: 다수의 농촌돌봄농장이 실천하는 사회적 농업 및 지역사회 기여 활동 운영비, 중간지원 인력의 활동비 등 지원, 5년간 지원
- 농촌주민 생활돌봄: 지역 주민에게 필요한 사회·복지 서비스를 제공하는 서비스 공동체 활동 운영비, 돌봄 반장의 활동비, 서비스 제공 활동에 따른 시설비 지원, 5년간 지원
- 거점농장: 거점농장 활동 운영비(교육, 자문, 모니터링, 네트워크 구축 등) 및 거점농장 활동에 따른 시설비 지원, 3년간 지원

○ 지원 자격 및 요건
- 사회적 농업을 실천하고 있는 농촌지역 소재 조직 등
  ※ '농촌'의 정의는 「농업·농촌 및 식품산업 기본법」 제3조 제5호에 따르며, 농장의 위치가 농촌에 소재해야 함

○ 지원내용 및 예산
- 지원 내·품목: 사회적 농업 활동에 따른 운영비 등
- 지원기준: 국고 70%, 지방비 30%
  1) 농촌돌봄농장: 개소당 총 55백만 원(1년차 20백만 원)
  2) 공동체단위 농촌돌봄농장: 개소당 총 80백만 원(1년차 50백만 원)
  3) 농촌주민 생활돌봄: 개소당 총 66백만 원(1년차 50백만 원)
  4) 거점농장: 개소당 총 155백만 원

○ 사업 신청
- 장소: 사업장 주소지 소재 시·군·구
- 신청기간: 시행지침 공고 후 신청기간 중(전년도 9~10월 중)

○ 대상자 선정
- 선정기준에 따라 서면·현장심사(지자체)를 거쳐 최종 선정(농식품부)

[상황]

A군 내의 청년 조직은 농촌돌봄 활동지원을 받는 대상자이다. 교통편이 좋지 않아 보건소 또는 병원 진료에 애로사항으로 인해 주 2회 이동 진료소를 구축하여 주민들에게 진료 서비스를 제공한다. 혼자 거주하는 노인을 위해 청소와 빨래 서비스를 제공하며, 필요시 화장실 설치를 진행한다.

① 1년차의 지원금은 50백만 원이다.
② 돌봄 반장의 활동비를 지원받을 수 있다.
③ 5년간 지원받을 수 있다.
④ 지역사회 네트워크 구축비도 지원받을 수 있다.
⑤ 이동 진료소 구축과 같은 시설비도 지원받을 수 있다.

[30~31] 다음 글을 읽고 물음에 답하시오.

금융당국이 발표한 가계대출 관리방안의 핵심은 '버는 만큼만 빌려주겠다'는 것으로, 금융회사가 개인의 소득을 얼마로 파악하느냐가 핵심이다. 금융당국은 급여 외에 금융소득, 저축액, 카드사용액 등의 다양한 자료로 소득을 추정하는 등 소득 파악 체계를 촘촘히 하고, 소득이 낮은 청년층에게는 미래소득을 인정해 주기로 했다.

금융당국의 이번 관리방안에 포함된 개인별 총부채원리금상환비율(DSR) 규제는 40%이다. 그동안 담보 중심으로 심사하던 대출 관행을 소득에 기반한 DSR 중심으로 바꿔, 개인의 상환능력 내에서 대출이 나가도록 하겠다는 구상이다. DSR은 대출 심사 때 대출자의 모든 대출에 대해 원리금 상환 부담을 계산하는 지표로, 주택담보대출뿐 아니라 신용대출과 카드론을 모두 포함한다.

문제는 이때 소득을 어떻게 추정하느냐이다. 현재 급여가 일정한 급여소득자 외에 소득 증빙이 어려운 이들의 피해가 우려되는 대목이다. 금융당국은 기존에 인정되는 증빙소득과 인정소득 외에 다양한 소득추정 방식을 추가하기로 했다. 소득이 일정하지 않은 농·축·임·어업인에 대해서는 인정소득 산정방법 특례를 신설하기로 했다. 농촌진흥청이 제공하는 최근 3년간의 평균 총수입에서 경영비 제외분을 인정하는 식이다.

증빙소득·인정소득 산출이 어려운 경우에는 임대소득, 금융소득, 매출액, 카드사용액, 저축액 등의 자료를 활용해 추정 가능한 소득을 인정하기로 했다. 예를 들어, 노령연금 월 50만 원을 받는 퇴직자는 연 소득을 600만 원으로 추정한다. 이 경우 다른 대출은 없다고 가정할 때, 다음의 DSR 공식에 따른 신용대출 한도(만기 10년, 이자율 연 5% 가정)는 (㉠)원이 된다.

DSR 40% = (연간 대출원리금 상환액/연 소득) × 100
※ 만기까지 연간 대출원리금 상환액은 일정함

30 위 글의 ㉠에 들어갈 금액은?

① 15,000,000
② 16,000,000
③ 17,000,000
④ 18,000,000
⑤ 19,000,000

31 **위 글과 다음 [상황]에 따를 때, A~D를 신용대출을 가장 많이 받을 수 있는 사람부터 옳게 나열한 것은? (단, A~D 모두 만기 10년, 이자율 10%이고, 다른 대출은 없다고 가정한다)**

[상황]

구분	개인별 상황	연 소득 산정 공식
A	매월 20만 원씩 1년 넘게 국민연금을 납부 중인 실직 근로자	최근 3개월 국민연금 평균납부 보험료 ÷보험료율(10%)×12월
B	매월 10만 원씩 6개월 넘게 건강보험료를 납부 중인 휴폐업 사업자	최근 3개월 건강보험 평균납부 보험료 ÷보험료율(6%)×12월
C	최근 1년간 매월 50만 원씩 적금을 납부 중인 학생	최근 1년간 적금 납부금액 ÷민간저축률(30%)×90%
D	매년 1,500만 원씩 신용카드를 이용 중인 전업주부	최근 1년간 신용카드 사용액 ÷신용카드사용률(50%)×90%

① A-B-C-D ② B-D-A-C ③ B-D-C-A
④ D-A-B-C ⑤ D-A-C-B

[32~33] 생산 정보와 선정 방식을 토대로 할 때, 자료를 보고 물음에 답하시오.

[표] A~E사 생산 정보

구분	생산대수	불량대수	생산기간
A사	1,500개	10개	3시간
B사	2,400개	24개	5시간
C사	600개	7개	1시간
D사	900개	8개	2시간
E사	2,100개	16개	4시간

※ 불량률: 불량대수/생산대수 × 100

※ 불량대수는 생산기간 동안 생산한 생산대수 중 포함되어 있는 불량대수임

[선정 방식]

1. 시간당 생산대수가 높은 순으로 10점, 8점, 7점, 6점, 5점을 부여하며, 생산대수 1,000개당 불량대수가 7개 이하인 경우 2점의 추가 점수를 부여한다.
2. 불량률이 낮은 순으로 10점, 8점, 7점, 6점, 5점을 부여하며, 시간당 생산대수가 가장 높은 회사에 3점을 추가 점수를 부여한다.

※ 각 선정 방식의 총점이 가장 높은 업체를 선정한다.

※ 총점이 동일한 업체가 있는 경우 시간당 생산대수가 높은 업체를 선정한다.

32 위 자료에 대한 설명으로 옳은 것만을 [보기]에서 모두 고르면?

| 보기 |

ㄱ. 선정 방식 1번으로 업체를 선정할 때, 선정되는 업체는 C사이다.

ㄴ. 선정 방식 2번으로 업체를 선정할 때, 선정되는 업체는 D사이다.

ㄷ. 추가 점수를 3점으로 변경한다면 선정 방식 1번과 선정으로 전정할 때 선정되는 업체가 변경된다.

① ㄱ　② ㄴ　③ ㄷ

④ ㄱ, ㄴ　⑤ ㄴ, ㄷ

33 **선정 방식 2번으로 선정했을 때, 선정되는 업체에 다음과 같이 생산을 요청했을 때, 지불해야 하는 비용은 얼마인가?**

[표] 개당 생산단가

A사	B사	C사	D사	E사
500원	600원	550원	650원	600원

※ 5,000개의 제품을 주문하였고, 불량품을 대비하기 위해 5%의 여유분을 더 주문하였음
※ 생산 시 불량품을 제외한 제품에 대해서만 생산비용을 지불함
※ 불량품은 생산기간 동안 일정 비율로 생산됨

① 2,566,250원 ② 2,607,500원 ③ 2,632,500원
④ 2,651,050원 ⑤ 2,668,550원

[34~35] N사는 서울에 본사를 두고 인천·경기에 지사를 둔 금융업체이다. N사는 새로 입사한 신입직원 120명을 대상으로 연수를 진행하기로 하였다. 다음 연수를 진행할 후보 장소들의 자료를 보고 이어지는 물음에 답하시오.

[표] 연수 후보 장소

장소	위치	수용 가능 인원(명)	금액(원)	식사제공 여부	평점
A	서울	160	2,000,000	제공	4.1
B	인천	130	1,500,000	미제공	3.7
C	인천	100	1,600,000	제공	3.6
D	경기	180	2,300,000	미제공	4.6
E	서울	100	1,800,000	제공	3.5
F	서울	130	1,900,000	미제공	3.9
G	경기	150	2,200,000	제공	4.2
H	인천	190	2,000,000	제공	3.8
I	서울	200	2,400,000	미제공	4.2

※ 평점 최고점은 5.0임

※ 식사는 수용 가능 인원만큼만 제공됨

34 연수 장소를 결정하기 위한 회의 내용으로 적절하지 않은 것은?

① 신입직원의 20%를 여유로 둔다면, 가능한 곳은 A, D, G, H, I이다.

② 신입직원 전원 수용 가능하면서 본사가 있는 지역으로 장소를 고른다면 가능한 곳은 3곳이다.

③ 예산이 180만 원이라면 예산 내에서 신입직원 모두가 식사 가능한 곳은 C와 E이다.

④ 신입직원 전체가 수용 가능한 곳 중 평점이 4.0 이상인 장소를 대여하기 위한 최저예산은 200만 원이다.

⑤ 연수 장소 선정에 있어 평점을 중요시한다면 인천지역은 서울지역이나 경기지역에 비해 선정되기 어렵다.

35 **다음의 [방법]에 따라 점수를 부여해 그 점수가 가장 높은 장소를 연수지로 선정한다고 할 때, 선정될 장소는 어디인가? (단, 신입직원 전체를 수용 불가한 장소는 제외)**

[방법]

1. 본사가 위치한 지역은 20점, 지사가 위치한 지역은 15점을 부여한다.
2. 수용 가능 인원에 따라 차등 부여한다.
   - 120명 이상 150명 미만: 10점
   - 150명 이상 180명 미만: 15점
   - 180명 이상 200명 미만: 18점
   - 200명 이상: 20점
3. 금액에 따라 차등 부여한다.
   - 1,500,000원 이하: 20점
   - 1,500,000원 초과 1,800,000원 이하: 18점
   - 1,800,000원 초과 2,000,000원 이하: 13점
   - 2,000,000원 초과: 10점
4. 식사가 가능한 곳은 20점, 식사가 불가능한 곳은 10점을 부여한다.
5. 평점에 따라 차등 부여한다.
   - 3.5점 이하: 10점
   - 3.5점 초과 4.0점 이하: 13점
   - 4.0점 초과 4.5점 이하: 17점
   - 4.5점 초과: 20점

① A　② D　③ G
④ H　⑤ I

[36~37] 다음 [표]와 [그림]은 2017~2022년 전국과 시·도별 1인당 민간소비지출액에 관한 자료이다. 자료를 보고 물음에 답하시오.

[표] 2017~2022년 시·도별 1인당 민간소비지출액

(단위: 천 원)

구분	2017년	2018년	2019년	2020년	2021년	2022년
서울특별시	20,197	21,314	21,991	21,185	22,603	24,455
부산광역시	17,176	17,664	18,134	17,365	18,712	20,637
대구광역시	16,826	17,209	17,964	17,276	18,362	19,903
인천광역시	15,431	16,090	16,552	16,059	17,176	18,706
광주광역시	17,049	17,841	18,326	17,602	18,800	20,361
대전광역시	16,798	17,546	18,115	17,715	19,136	21,065
울산광역시	17,946	18,090	18,574	17,816	19,207	21,097
세종특별자치시	17,141	16,921	16,845	16,158	17,301	18,571
경기도	16,777	17,275	17,493	16,721	17,747	19,307
강원도	15,780	16,565	16,905	16,193	17,078	18,457
충청북도	15,088	15,583	15,885	15,215	16,082	17,536
충청남도	15,428	15,872	16,123	15,426	16,330	17,878
전라북도	14,957	15,723	16,103	15,351	16,122	17,614
전라남도	14,960	15,601	16,199	15,441	16,206	17,919
경상북도	15,332	15,852	16,311	15,473	16,472	17,841
경상남도	15,687	16,068	16,520	15,890	16,945	18,766
제주특별자치도	16,191	16,640	17,037	16,227	17,252	19,125

[그림] 2017~2022년 전국 1인당 민간소비지출액

(단위: 천 원)

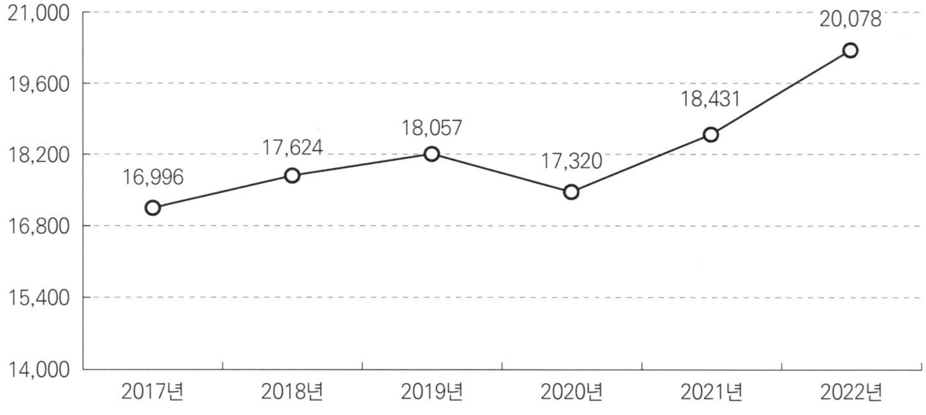

※ 1인당 민간소비지출액은 국내총생산에 대한 민간부문의 연간 소비지출을 국민 1인당 평균 수치로 나타낸 것

36 **위 자료에 따를 때 다음 [대화]에서 옳지 않은 발언을 한 사람을 모두 고르면?**

[대화]

- 김 과장: 17개 시·도 모두 2020년 1인당 민간소비지출액이 2019년에 비해 하락하였다.
- 박 대리: 조사 기간 동안 강원도와 제주특별자치도의 1인당 민간소비지출액의 차이가 10만 원 이상이었던 해는 3개년이다.
- 이 대리: 1인당 민간소비지출액이 큰 순서대로 17개 시·도의 순위를 매길 경우 광주광역시의 순위는 조사 기간 동안 매해 5위 이내이다.
- 최 주임: 조사 기간 동안 경상남도와 경상북도의 1인당 민간소비지출액을 합산한 금액은 충청남도와 충청북도의 1인당 민간소비지출액을 합산한 금액보다 매해 더 크다.

① 박 대리
② 김 과장, 이 대리
③ 박 대리, 최 주임
④ 이 대리, 최 주임
⑤ 김 과장, 박 대리, 이 대리

37 **위 자료와 다음 [정 과장의 지시 사항]에 따를 때, 강 대리가 정 과장에게 보고해야 하는 곳은?**

[정 과장의 지시 사항]

강 대리님, 2017~2022년 동안 1인당 민간소비지출액이 전국 기준 1인당 민간소비지출액보다 매해 더 컸던 시·도 중에서 2021년 대비 2022년의 1인당 민간소비지출액 증가율이 가장 높은 곳을 파악해서 보고해 주세요.

① 서울특별시 ② 부산광역시 ③ 광주광역시
④ 울산광역시 ⑤ 세종특별자치시

38 다음 글을 근거로 판단할 때, [보기]에서 옳지 않은 것만을 모두 고르면?

- 평가요소는 업무달성도, 인성, 통합역량, 발전가능성, 근무태도 총 5가지이다.
- 각 평가요소의 가중치는 업무달성도가 0.3, 인성이 0.2, 통합역량이 0.2, 발전가능성이 0.2, 근무태도가 0.1이다.
- 각 평가요소의 가중치를 곱한 합을 총점으로 하며, 총점이 가장 높은 1명을 승진 대상자로 선정한다.
- 총점이 같은 임원이 2명 이상인 경우 평가요소 중 업무달성도가 더 높은 임원을 승진 대상자로 선정한다.

[표] A~E의 평가점수

구분	A	B	C	D	E
업무달성도	8	7	8	6	10
인성	6	7	8	7	4
통합역량	7	8	9	6	5
발전가능성	5	8	5	7	7
근무태도	7	8	7	6	8

| 보기 |

ㄱ. 승진 대상자로 선정되는 임원은 C이다.
ㄴ. E의 발전가능성이 10점으로 변경된다면 승진 대상자로 선정되는 임원은 E이다.
ㄷ. 업무달성도와 통합역량의 가중치를 각각 0.4, 0.1로 변경한다면 승진 대상자로 선정되는 임원은 C이다.

① ㄱ　② ㄴ　③ ㄷ　④ ㄱ, ㄴ　⑤ ㄴ, ㄷ

39 **다음은 K시 친환경 쌀 생산 업체의 소매가격에 관한 자료이다. 다음 [조건]을 근거로 하여 A, B에 해당하는 업체를 바르게 나열한 것은?**

[표] K시 친환경 쌀 생산 업체별 소매가격

(단위: 원/4kg)

업체명	10월		11월					12월		
	3주	4주	1주	2주	3주	4주	5주	1주	2주	3주
A	29,225	29,536	29,701	29,698	30,780	31,241	31,180	31,106	30,554	30,554
B	19,795	20,432	19,795	20,295	21,857	22,373	21,773	21,773	22,248	23,648
C	27,761	27,903	26,285	26,254	28,222	28,819	29,016	29,016	29,096	28,818
D	20,593	19,045	19,045	19,045	19,427	19,590	20,690	23,440	23,440	27,850

[조건]

- 11월 주 평균 소매가격이 가장 높은 업체는 '가야'이다.
- 10월 4주 소매가격 대비 12월 3주 소매가격 증가율이 10%에 못 미치는 업체는 '가야'와 '신라'이다.
- 각 월 3주차 대비 소매가격의 증감방향이 같은 업체는 '백제'와 '신라'이다.

① 가야, 백제

② 가야, 신라

③ 백제, 신라

④ 백제, 가야

⑤ 신라, 가야

40 **다음 자료는 A~D 축산 농가의 면적과 사육밀도에 관한 자료이다. 이에 대한 설명으로 옳지 않은 것은?**

[표] 축산 농가의 면적

(단위: m^2)

축산 농가	A	B	C	D
면적	603.15	799.25	811.25	514.78

※ 각 축산 농가의 면적은 연도와 무관하게 변함없음

[그림] 2013~2023년 축산 농가별 사육밀도

(단위: 마리/m^2)

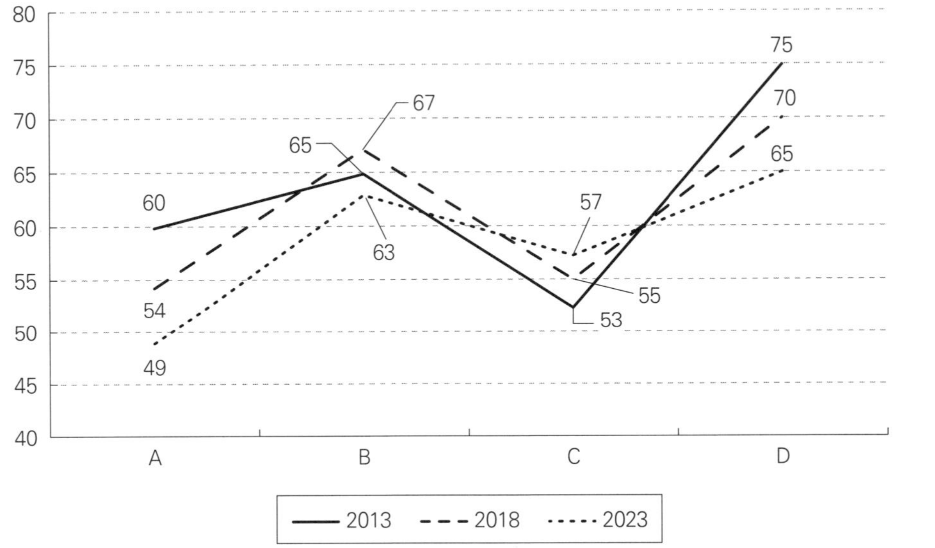

※ 사육밀도(마리/m^2)$=\frac{\text{사육 동물 두수(마리)}}{\text{축산 농가 면적}(m^2)}$

① 2013년 사육 동물 두수는 B 축산 농가가 가장 많다.

② 2018년 사육 동물 두수는 A 축산 농가가 가장 적다.

③ 2023년 A축산 농가의 사육 동물 두수는 B축산 농가의 절반 이상이다.

④ 조사기간마다 사육 동물 두수가 증가한 축산 농가는 C뿐이다.

⑤ D의 축산 농가 면적은 C의 65% 이상이다.

41 **다음은 A국 농촌인구에 관한 자료이다. 이에 대한 설명으로 옳은 것을 [보기]에서 모두 고르면?**

[표 1] 농가호수, 농가인구, 농림업취업자 동향 및 전망

구분	현황			전망		
	2015	2023	2024 (추정)	2025	2026	2027
농가호수 (만 호)	148	109	107	106	101	96
농가인구 (만 명)	469	257	252	247	226	203
65세 이상 농가인구비율 (%)	18.2	38.4	39.3	40.2	44.1	49.3
총인구 중 농가인구비율 (%)	10.3	5.0	4.9	4.8	4.3	3.8
농림업취업자 (만 명)	243	135	133	132	126	116

[표 2] 농촌인구 동향 및 전망

(단위: 만 명)

구분	현황			전망		
	2020	2023	2024 (추정)	2025	2026	2027
내국인만	951	945	944	943	935	909
외국인 포함	957	982	987	991	1,004	1,004

| 보기 |

ㄱ. 농가 1호당 농가인구 비중은 2023년 이후로 꾸준히 낮아질 것으로 전망된다.
ㄴ. 2020년 이후 내국인 인구는 매년 줄어들 것이다.
ㄷ. 2024년 이후 농림업취업자의 전년대비 증가율이 가장 낮은 해는 2027년이다.
ㄹ. 2023년의 총인구는 5,000만 명 이상이다.

① ㄱ, ㄴ　② ㄱ, ㄷ　③ ㄴ, ㄷ
④ ㄱ, ㄷ, ㄹ　⑤ ㄴ, ㄷ, ㄹ

42 **K시는 주요 곡물의 전체적인 생산량을 조절하고자 한다. K시의 쌀 생산량이 다른 주요 곡물 생산량의 두 배 이상이 되면서도, 보리와 옥수수 간 비율은 유지하고자 할 때, 보리의 적정 생산량은? (단, K시의 주요 곡물 전체 생산량은 2,350톤이고, 소수 둘째 자리에서 반올림한다)**

[그림 1] 주요 곡물별 소비율

(단위: %)

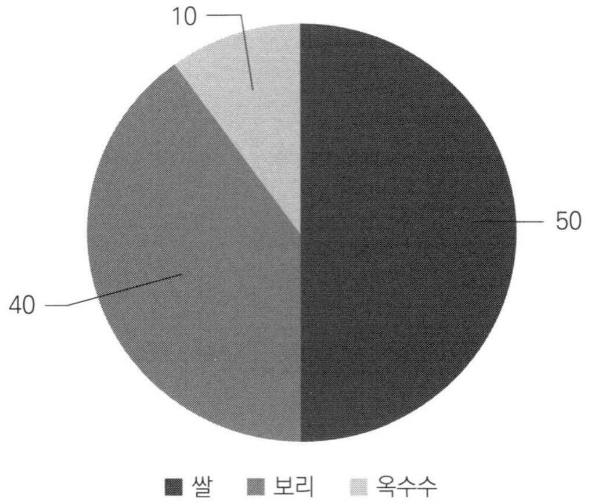

[그림 2] 제품별 쌀 포함비율

(단위: %)

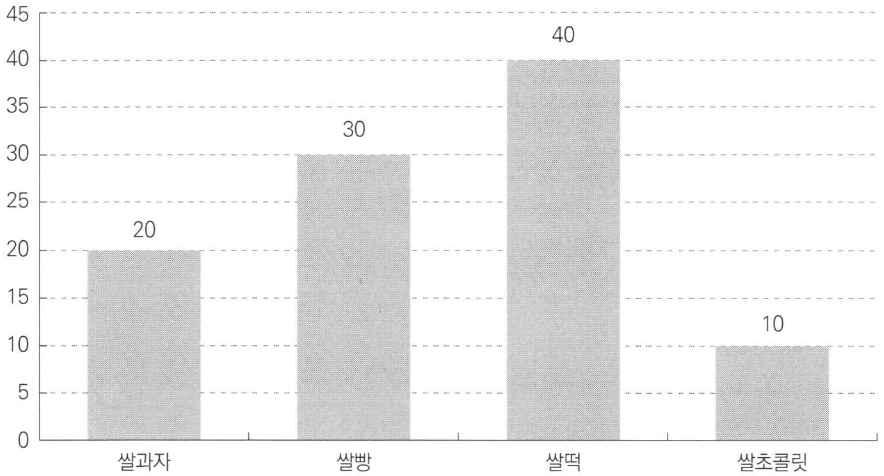

① 156.7톤 ② 253.6톤 ③ 626.6톤

④ 1,566.7톤 ⑤ 2,000.0톤

43 **다음 [표]는 A국의 연도별 1인당 양곡 소비량에 관한 자료이다. 이에 대한 설명으로 옳지 않은 것만을 [보기]에서 모두 고르면?**

[표] 연도별 1인당 양곡 소비량

(단위: kg)

연도	계	쌀	기타 양곡					
				보리	밀가루	잡곡	두류	서류
2014	101.2	88.9	12.3	1.7	3.0	0.9	3.3	3.4
2018	87.2	78.8	8.4	1.2	1.3	0.5	3.0	2.4
2019	84.8	76.9	7.9	1.1	1.3	0.5	2.7	2.3
2020	83.9	75.8	8.1	1.1	1.4	0.5	2.3	2.8
2021	82.3	74.0	8.3	1.2	1.5	0.5	2.3	2.8
2022	81.3	72.8	8.5	1.3	1.5	0.7	2.3	2.7
2023	78.7	71.2	7.5	1.3	1.4	0.6	1.8	2.4
2023년 대비 2024년 증가율 (%)	−3.3	−2.2	−12.9	0.0	−6.7	−14.3	−21.7	−11.1

| 보기 |

ㄱ. 2014년부터 2023년까지 1인당 양곡 소비량은 매년 지속적으로 감소했다.
ㄴ. 2014년을 제외하고, 조사기간 중 쌀 소비량 대비 두류 소비량이 가장 많은 해는 2018년이다.
ㄷ. 2023년 대비 2024년 감소율이 가장 큰 양곡은 두류이다.
ㄹ. 2024년 1인당 양곡 소비량이 가장 큰 기타 양곡은 두류이다.

① ㄱ, ㄴ ② ㄱ, ㄷ ③ ㄱ, ㄹ
④ ㄴ, ㄷ ⑤ ㄴ, ㄹ

44 **농장 갑은 품종 개량을 위해 일정 시간 동안 숙성하는 테스트를 진행하고 있다. 다음 [지표 계산식]을 근거로 품종 개량 정도를 판단할 때, [보기]에서 옳은 것만을 모두 고르면? (단, 각 지표 만점은 100점이다)**

[지표 계산식]

○ 생산량 지표
- A: 50+3.2×시간
- B: 40+4.5×시간
- C: 50+4.3×시간

○ 품질 지표
- A: 30+6.1×시간
- B: 50+2.7×시간
- C: 45+5.1×시간

○ 품종 개량 정도는 생산량 지표와 품질 지표의 총점으로 평가하며, 상대 평가(우위, 열위, 동률)만 진행함

※ 테스트는 두 지표 총합 최대 14시간 동안 진행한다.

| 보기 |

ㄱ. B와 A가 같은 시간 동안 숙성한다면 B가 A보다 우위에 있다.
ㄴ. 같은 시간 동안 숙성한다면 A는 생산량 지표보다 품질 지표가 더 좋게 나타난다.
ㄷ. B는 C와 같은 생산량 지표를 받을 수 없다.

① ㄱ ② ㄴ ③ ㄷ
④ ㄱ, ㄴ ⑤ ㄱ, ㄷ

45 **다음은 2020~2023 연도별 농가부채에 관한 자료이다. 이에 대한 설명으로 옳은 것은?**

[표 1] 농가부채 및 자산 동향

(단위: 천 원, %)

구분	2020	2021	2022	2023
평균 부채	27,262	27,363	27,878	27,215
농업용 부채	13,122	11,715	11,778	11,917
가계용 및 기타 부채	14,140	15,647	16,101	15,298
농가자산	407,872	400,580	431,823	453,580
부채상환능력	6.7	6.8	6.5	6.0

※ 농가자산 대비 평균 부채 비율이 하락할수록 부채상환능력이 향상됨

[표 2] 경지규모별 농가부채 분포

(단위: 천 원)

경지규모	2020	2021	2022	2023
~0.5ha	18,670	16,734	21,315	20,467
0.5~1.0ha	20,007	22,299	21,681	21,325
1.0~1.5ha	20,710	27,649	27,425	25,127
1.5~2.0ha	26,854	28,234	28,380	22,971
2.0~3.0ha	26,101	28,463	24,742	27,141
3.0~5.0ha	38,616	43,757	46,644	44,975
5.0~7.0ha	54,571	58,117	59,751	68,968
7.0~10.0ha	158,865	86,546	63,603	90,770
10.0ha~	68,762	95,156	83,220	78,961
평균 부채	27,262	27,363	27,878	27,215

① 매년 경지규모가 커질수록 농가부채가 많아졌다.
② 전년대비 농가자산 증가율은 2022년이 2023년보다 크다.
③ 2022년 대비 2023년의 부채상환능력은 0.5% 감소하였다.
④ 경지규모가 0.5ha 이하인 농가들의 농가부채는 부채상환능력이 가장 낮은 해에 가장 많았다.
⑤ 1.0ha 이하의 경지규모인 농가들의 연도별 평균 부채는 2022년에 가장 많았다.

기출복원
제1회
제2회
제3회

[46~47] 다음은 KC 인증번호 체계(전기용품)에 관한 자료이다. 이어지는 질문에 답하시오.

○ KC 인증번호 체계(전기용품)

A	D	0	1	0	0	0	1	—	01	0	0	1	0	1	A
①	②	③		④				⑤		⑥			⑦		⑧

○ 구분 코드 의미

① 안전인증기관 구분코드

안전인증기관	안전인증코드	안전확인코드
한국기계전기전자시험연구원	H	X
한국화학융합시험연구원	J	Y
한국산업기술시험원	S	Z
기타	P	W

② 전기용품제조업자

지역	코드	지역	코드	지역	코드
서울특별시	A	강원도	I	아시아	U
부산광역시	B	충청북도	J	미주	V
대구광역시	C	충청남도	K	유럽	W
인천광역시	D	경상북도	L	중동	X
광주광역시	E	경상남도	M	아프리카	Y
대전광역시	F	전라북도	N	그 외	Z
울산광역시	G	전라남도	O		
경기도	H	제주도	P		

③ 전기용품 분류코드

전기용품분류	코드	전기용품분류	코드	전기용품분류	코드
전선 등	01	전기보호부품	05	오디오응용기기	09
전기 스위치	02	절연변압기	06	정보통신기기	10
전원필터	03	전기기기	07	조명기기	11
전기설비 부품	04	전동공구	08	전기 구성품	12

④ 동일지역, 동일제품분류 제조업자의 일련번호 세 or 네 자리

⑤ 연도: 인증받은 연도 끝자리 두 자리. 예 2020년 인증 시 20

⑥ 동일공장, 동일제품분류 기본모델의 일련번호 세 자리

⑦ 동일모델 수입업자 식별코드 두 자리

⑧ 기존 인증받은 내용의 재발급 식별코드. 최초 기본모델에는 없으나 안전인증서 또는 안전확인신고의 내용이 변경될 때마다 최초 변경부터 A → B → C 등으로 코드 변경

46 **전기용품을 구매하기 위해 매장에서 (가)를 확인하고, KC 인증번호를 확인하였더니, HB021233-12045B였다. 위 자료를 근거로 판단할 때, (가)에 해당하는 설명으로 옳지 않은 것은?**

① 이 제품은 전기 스위치이다.

② 이 제품은 2012년에 인증받았다.

③ 부산광역시의 수입업자로부터 유통되었다.

④ 한국기계전기전자시험연구원으로부터 안전인증을 받았다.

⑤ 기존 인증받은 내용을 두 차례 재발급받았다.

47 **수입업자 K가 해외에서 제조한 조명기기를 수입하면서 안전확인코드를 받고자 하는 경우, 받을 수 없는 KC 인증번호는?**

① XU110203-1301013A

② SW111818-1677517B

③ ZX112274-2027119C

④ YY118172-2295722D

⑤ WZ117751-0766457E

[48~49] 다음 글을 읽고 물음에 답하시오.

A은행은 고객의 개인정보 보호를 위해 고객의 이름을 암호 코드로 바꾸려고 한다. A은행에서 사용하는 암호화 방식은 다음 절차를 따른다.

1. 암호화하고자 하는 이름 각 글자의 자모를 초성(첫 자음자)-중성(모음자)-종성(받침) 순으로 이어서 나열한다. 이때 종성이 없는 경우에는 초성-중성만 나열하면 된다. 예를 들어, '김예쁜'은 'ㄱㅣㅁㅇㅖㅃㅡㄴ'이 된다.
2. 위 1에서 나열한 자모를 다음 [자모 변환표]에 따라 대응하는 두 개의 숫자로 변환한다. 이때 이중 자음(ㄲ, ㄸ, ㅃ, ㅆ, ㅉ, ㄳ, ㄵ, ㄺ, ㄻ, ㄼ, ㄾ, ㅄ)은 단자음으로 분리하여 분리된 단자음을 모두 순서대로 변환하면 된다. 예를 들어, '김예쁜'은 '094541741358582917'로 변환된다.

[자모 변환표]

ㄱ	ㄴ	ㄷ	ㄹ	ㅁ	ㅂ	ㅅ	ㅇ	ㅈ
09	17	25	33	41	58	66	74	82
ㅊ	ㅋ	ㅌ	ㅍ	ㅎ	ㅏ	ㅐ	ㅑ	ㅒ
90	07	15	23	31	49	56	64	72
ㅓ	ㅔ	ㅕ	ㅖ	ㅗ	ㅘ	ㅙ	ㅚ	ㅛ
80	98	05	13	21	39	47	54	62
ㅜ	ㅝ	ㅞ	ㅟ	ㅠ	ㅡ	ㅢ	ㅣ	
70	88	96	03	11	29	37	45	

3. 위 2에서 변환된 숫자와 다음 [난수표]의 숫자를 맨 앞의 숫자부터 순서대로 하나씩 대응시켜 암호 코드로 바꾼다. 이때 암호 코드는 변환된 숫자와 [난수표]의 대응 숫자를 더한 수의 일의 자리 숫자를 순서대로 나열한 것이다. 예를 들어, '김예쁜'의 암호 코드는 '746932525915766870'이 된다.

[난수표]

7524918846672849638702149270068725507898···

48 위 글에 따라 A은행 고객의 이름을 암호화한다고 할 때, 암호 코드의 맨 앞에서부터 열 번째 숫자가 홀수가 되는 이름을 [보기]에서 모두 고르면?

| 보기 |

ㄱ. 박지성
ㄴ. 소유진
ㄷ. 이맑음
ㄹ. 최민식
ㅁ. 황보혜정

① ㄱ, ㄷ
② ㄴ, ㅁ
③ ㄱ, ㄴ, ㄹ
④ ㄷ, ㄹ, ㅁ
⑤ ㄱ, ㄷ, ㄹ, ㅁ

49 다음 [암호 코드]는 A은행 고객정보보호부의 김 대리가 위 글에 따라 고객의 이름을 암호화한 결과이다. 김 대리가 암호화한 고객의 이름으로 옳은 것은?

[암호 코드]

824590876757358404

① 노강산
② 노꽃님
③ 지단꿈
④ 지출만
⑤ 진원숙

50 **다음 [표]는 알파벳과 10진수로 표기된 숫자의 아스키코드 변환표이다. 16진수 '4C, 4F, 56, 45'를 입력했을 때, 도출되는 10진수 아스키코드 값으로 알맞은 것은?**

[표] 아스키코드 변환표

A	B	C	D	E	F	G	H
65	66	67	68	69	70	71	72
I	J	K	L	M	N	O	P
73	74	75	76	77	78	79	80
Q	R	S	T	U	V	W	X
81	82	83	84	85	86	87	88
Y	Z						
89	90						

※ 10진수를 16진수로 변환할 때 0부터 9까지는 숫자로 표현되고, 10부터 15까지는 각각 A, B, C, D, E, F로 표현된다.

예 10진수 70=(4×16)+6 → 16진수 46
10진수 78=(4×16)+14 → 16진수 4E

① LOVE

② TRUE

③ IDOL

④ REAL

⑤ GOAL

직무상식평가

01 **'비전 2030'에 나타난 NH농협의 핵심가치로 적절하지 않은 것은?**

① 국민에게 사랑받는 농협
② 농업인을 위한 농협
③ 지역 농축협과 함께하는 농협
④ 경쟁력 있는 글로벌 농협
⑤ 일상에서 누리는 건강하고 행복한 국민의 삶 실현

02 **농협이 하는 사업이 아닌 것은?**

① 교육지원사업
② 농업경제사업
③ 연구사업
④ 축산경제사업
⑤ 상호금융사업

03 **협동조합과 사회적협동조합의 차이를 설명한 내용으로 적절하지 않은 것은?**

① 법인격상 협동조합은 법인이고, 사회적협동조합은 비영리법인이다.
② 설립 시 협동조합은 시·도지사 신고로 이루어지고, 사회적협동조합은 기획재정부 인가로 이루어진다.
③ 협동조합의 법정 적립금은 잉여금의 10/100 이상이고, 사회적협동조합의 법정 적립금은 잉여금의 30/100 이상이다.
④ 청산 시 협동조합은 정관에 따라 잔여재산을 처리하고, 사회적협동조합은 비영리법인이나 국고에 귀속된다.
⑤ 협동조합은 조합원수가 200인 이상 또는 출자금 납입총액이 30억 원 이상인 경우 경영공시가 의무이고, 사회적협동조합은 조합원수가 5인 이상 또는 출자금 납입총액이 1천만 원 이상인 경우 경영공시가 의무가 부과된다.

04 다음 글의 빈칸 A에 들어갈 내용으로 적절하지 않은 것은?

> 금융위원회는 2021년 7월, 금융분야에서의 인공지능(이하 'AI'라 한다) 시스템의 개발, 사업화 및 활용과 관련한 기획·설계, 평가·검증, 도입·운영 및 모니터링의 전 과정에서 신뢰성을 높여 AI 활성화를 제고하고 금융서비스에 대한 고객신뢰를 확보하는 데 기여하는 것을 목적으로 「금융분야 인공지능(AI) 가이드라인」을 시행하였다. 본 가이드라인에서는 (　　　A　　　)라는 4가지 핵심가치를 구현하고자 하였다.

① 금융산업의 책임성 강조
② AI 학습용 데이터의 정확성·안전성 확보
③ 데이터 보호를 중시하는 AI
④ AI 금융서비스의 투명성·공정성 담보
⑤ 금융소비자 권리의 엄격한 보장

05 빅데이터의 3대 기술에 대한 설명으로 옳지 않은 것을 [보기]에서 모두 고르면?

| 보기 |

ㄱ. 저장 기술 중 하나인 하둡(Hadoop)은 대용량 데이터를 분산처리할 수 있는 자바 기반의 오픈소스 프레임 워크다.
ㄴ. 빅데이터 시대에 크게 주목을 받고 있는 저장 기술인 하둡(Hadoop)과 NoSQL(Not Only SQL)은 기존의 관계 데이터베이스를 완벽히 대체하는 기술이다.
ㄷ. 근래 소셜 미디어 등 비정형 데이터의 증가로 데이터 마이닝, 기계 학습, 자연어 처리, 패턴 인식 등이 주목을 받고 있다.
ㄹ. 표현 기술은 특정 기준으로 분석한 데이터의 특징이나 분석 결과를 그림이나 그래프 등으로 표현해주는 기술이다.

① ㄱ, ㄴ　　② ㄱ, ㄷ　　③ ㄱ, ㄹ
④ ㄴ, ㄷ　　⑤ ㄴ, ㄹ

06 **클라우드 컴퓨팅 모델의 종류인 IaaS(Infrastructure as a Service)에 대한 설명으로 옳지 않은 것을 [보기]에서 모두 고르면?**

| 보기 |

ㄱ. 네트워크를 통해 이용자에게 CPU나 하드웨어 등 컴퓨팅 자원을 제공하는 모델이다.
ㄴ. 운영체제, 데이터베이스, 프로그램 개발 도구 등 소프트웨어 개발 환경을 제공하는 클라우드 서비스이다.
ㄷ. 업무에서 사용하는 소프트웨어 기능(고객 관리 프로그램, 문서작성 등)을 인터넷 등의 네트워크를 통해 필요한 만큼 이용할 수 있도록 제공하는 형태이다.
ㄹ. 이용자는 인프라 구축 및 운용 보수를 하지 않아도 되므로 단기간에 응용 프로그램을 개발할 수 있다.
ㅁ. 대표적인 Iaas 서비스로는 아마존의 AWS가 있다.

① ㄱ, ㄴ, ㄷ ② ㄱ, ㄴ, ㄹ ③ ㄱ, ㄷ, ㅁ
④ ㄴ, ㄷ, ㄹ ⑤ ㄴ, ㄷ, ㅁ

07 **다음 [보기]에서 설명하는 내용과 용어를 각각 바르게 짝지은 것은?**

| 보기 |

ㄱ. 인간의 지적 능력을 컴퓨터를 통해 구현하는 기술
ㄴ. 컴퓨터가 데이터를 통해 스스로 학습하여 예측이나 판단을 제공하는 기술
ㄷ. 깊은 인공신경망(ANN) 알고리즘을 활용하는 머신러닝 기술

	ㄱ	ㄴ	ㄷ
①	머신러닝	딥러닝	인공지능
②	머신러닝	인공지능	딥러닝
③	딥러닝	머신러닝	인공지능
④	인공지능	딥러닝	머신러닝
⑤	인공지능	머신러닝	딥러닝

08 **제3보험에 대한 설명으로 옳은 것을 [보기]에서 모두 고르면?**

| 보기 |

ㄱ. 제3보험은 생명보험이나 손해보험과의 겸영은 허용되지 않는다.
ㄴ. 생명보험의 정액보상적 특성과 손해보험의 실손보상적 특성을 동시에 가지는 보험이다.
ㄷ. 원칙적으로 사망보장이 불가능하다.
ㄹ. 독립된 하나의 보험업이다.
ㅁ. 상해보험은 15세 미만, 심신상실자 등의 사망사고로 한 계약이 불가능하다.

① ㄱ, ㄴ, ㄷ ② ㄱ, ㄴ, ㄹ ③ ㄴ, ㄷ, ㄹ
④ ㄴ, ㄷ, ㅁ ⑤ ㄱ, ㄴ, ㄹ, ㅁ

09 **지수연동예금 중 Knock Out Put형에 대한 설명으로 옳지 않은 것은?**

주가지수 ㉠ 상승 시에는 원금을 ㉡ 보장하고, ㉢ 하락 시에는 참여율을 적용하여 수익률이 정해지지만, 주가지수가 일정 지수(barrier) ㉣ 이상을 터치할 경우 옵션의 효력을 ㉤ 무효화하거나 사전에 정한 소정의 리베이트만을 받게 되는 수익구조이다.

① ㉠ ② ㉡ ③ ㉢ ④ ㉣ ⑤ ㉤

10 **채권수익률 변동 요인으로 옳지 않은 것은?**

① 잔존기간이 길면 수익률도 상승한다.
② 채무불이행 위험이 커지면 해당 채권의 수익률은 하락한다.
③ 유동성이 풍부한 채권의 수익률은 상대적으로 낮게 거래된다.
④ 물가가 상승하면 투자 수익의 구매력을 유지하기 위해 투자자는 더 높은 수익률을 요구한다.
⑤ 채권의 초과공급이 발생되면 채권의 수익률이 상승한다.

11 **시장가치비율 분석에 대한 설명으로 옳지 않은 것은?**

① 주가수익비율(PER)은 주당이익 창출능력에 비해 주가가 높은지 낮은지를 판단하는 기준이다.
② 주가순자산비율(PBR)은 시장가치 대 장부가치 비율로, 1보다 클 때 저평가되었다고 판단한다.
③ 주가현금흐름비율은 기업의 영업성과와 자금조달능력을 보여 준다.
④ 주가매출액비율(PSR)은 순이익이 나지 않는 경우 분석이 힘들어진다.
⑤ 토빈의 q가 1보다 작은 경우에는 M&A대상이 되기도 한다.

12 **금리에 대한 설명으로 옳지 않은 것은?**

① 이자의 실질적 가치를 반영한 이자율을 명목이자율이라 한다.
② 할인율은 미래에 지급되는 금액을 기준으로 계산한다.
③ 실효수익률은 연단위 복리이자율로 금융상품들의 수익률을 비교하는 판단지표이다.
④ 채권의 유통수익률을 만기수익률, 시장수익률이라고 한다.
⑤ 7일 만기 RP금리가 정책금리 또는 기준금리의 역할을 한다.

13 **채권 가격에 영향을 미치는 요인으로 적절하지 않은 것은?**

① 채권 발행 시기
② 채권 액면에 표시된 표면금리
③ 채권의 부도 위험 상승
④ 채권의 할인율
⑤ 채권의 만기

14 **A회사의 단기총비용함수 $C=100+2Q^2$이 주어졌을 때, 다음 설명 중 옳지 않은 것은? (단, C는 비용, Q는 생산량이다)**

① 생산량이 10단위일 때 총비용은 300이다.
② 생산량이 10단위일 때 한계비용은 40이다.
③ 생산량이 5단위일 때 평균총비용은 30이다.
④ 생산량이 15단위일 때 평균가변비용은 총비용의 절반을 차지한다.
⑤ 생산량이 15단위일 때 평균가변비용은 생산량이 10단위일 때의 한계비용보다 낮다.

15 **IS 곡선에 대한 설명으로 옳은 것은?**

① IS 곡선은 기술 발전에 의해 이동한다.
② IS 곡선은 이자율이 상승할 때 오른쪽으로 이동하여, 높은 이자율하에서도 총수요가 증가하게 만든다.
③ IS 곡선은 이자율에 대한 투자 수요의 민감도가 높을 때 더 가파른 기울기를 가진다.
④ IS 곡선의 오른쪽 이동은 정부 지출 증가 또는 세금 감소와 같은 확장적 재정정책의 결과로 발생할 수 있다.
⑤ IS 곡선은 기업 수익성이 증가할 때 왼쪽으로 이동한다.

16 **다음 [그림]은 한 나라의 PPC곡선이다. [그림]에 대한 설명으로 옳지 않은 것은?**

[그림]

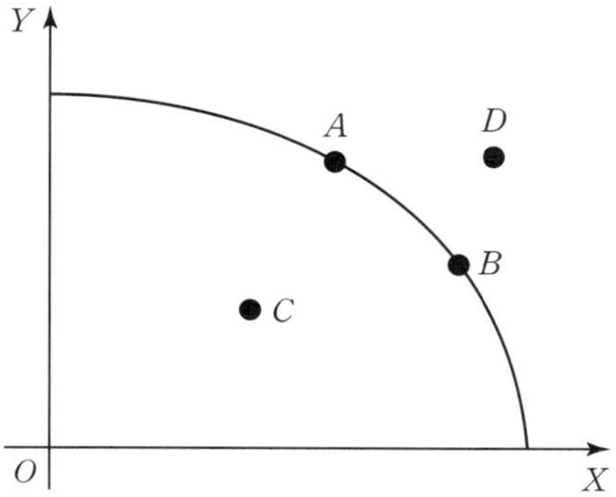

① 독점 또는 실업이 존재하는 경우 C점에서 생산한다.
② X재를 생산하는 기업이 해외로 이전하는 경우 B점에 있던 경제는 C로 이동할 수 있다.
③ B점에 있을 때는 X재 생산에 대한 기회비용이 커지고 A점에 있을 때는 X재 생산에 대한 기회비용이 작아진다.
④ 위의 PPC 곡선에서는 한계비용은 체감하고 한계생산은 체증한다.
⑤ D점에서는 생산이 이루어질 수 없다.

17 **고전학파와 케인즈학파에 관한 설명으로 옳은 것을 [보기]에서 모두 고르면?**

| 보기 |

ㄱ. 고전학파는 임금과 가격의 완전한 유연성을 통해 경제가 항상 완전 고용 상태에 도달한다고 가정한다.
ㄴ. 케인즈학파는 불확실성과 기대가 경제의 주요 결정 요소라고 보고, 이로 인해 시장의 자동 균형이 방해받을 수 있다고 보았다.
ㄷ. 고전학파는 수요가 공급을 만든다는 수요 주도 경제 이론을 주장하며, 때로는 정부의 개입이 필요하다고 보았다.
ㄹ. 고전학파는 경제가 불균형에 처할 경우, 유연한 이자율이 자본 투자를 적절히 조절하여 경제를 균형 상태로 되돌릴 수 있다고 보았다.
ㅁ. 케인즈학파는 유동성함정 상황에서는 재정정책이 더 우선시되어야 한다고 보았다.

① ㄱ, ㄴ, ㄷ ② ㄴ, ㄷ, ㄹ ③ ㄴ, ㄷ, ㅁ
④ ㄱ, ㄴ, ㄷ, ㄹ ⑤ ㄱ, ㄴ, ㄹ, ㅁ

18 고전학파의 국민소득결정이론에 관한 설명으로 옳지 않은 것은?

① 통화량은 장기적인 실질소득에 영향을 미치지 않는다고 주장하였다.
② 모든 시장이 자동으로 균형에 이르지 못할 때 불황이 발생한다고 주장하였다.
③ 경제활동에 있어서 개인의 소비 경향보다 총공급이 국민소득에 더 큰 영향을 미친다고 보았다.
④ 장기적으로 경제는 항상 완전고용 상태에 도달한다고 보았다.
⑤ 이자율은 자금의 수요와 공급을 조절하여 항상 균형을 이루는 메커니즘으로 작동한다고 보았다.

19 고정환율제도와 변동환율제도에 관한 설명으로 옳은 것은?

① 고정환율제도에서는 환율이 시장의 수요와 공급에 의해 자유롭게 결정되며, 정부의 개입이 없다.
② 변동환율제도에서 환율은 정부에 의해 고정되어 있어 시장의 수요와 공급의 영향을 받지 않는다.
③ 고정환율제도에서는 국제통화기금(IMF)의 권고에 따라 환율을 조정할 수 있다.
④ 고정환율제도는 환율 변동성이 변동환율제도보다 더 높다는 특징을 가지고 있다.
⑤ 변동환율제도는 외환준비금의 변동성이 고정환율제도보다 더 높다는 특징을 가지고 있다.

20 무차별곡선이론에 대한 설명으로 옳지 않은 것은?

① 무차별곡선은 소비자의 효용을 서수적으로 나타낸다.
② 서로 다른 사람의 무차별곡선은 좌표평면상에서 겹치지 않는다.
③ 원점에 볼록한 무차별곡선은 한계대체율이 체감한다.
④ 완전대체재 관계의 두 재화가 각 축으로 있는 경우 무차별곡선은 우하향의 직선이다.
⑤ 일반 재화와 비재화가 축으로 있는 무차별곡선은 우상향한다.

21 **상품의 공급이 완전탄력적인 경우에 대한 설명으로 옳은 것을 [보기]에서 모두 고르면?**

| 보기 |

ㄱ. 공급 곡선은 수평으로 그려지며, 이는 공급자가 생산 비용의 변동 없이 어떤 수준의 수요도 충족시킬 수 있음을 의미한다.
ㄴ. 소량의 가격 변동에도 공급량이 크게 증가하거나 감소할 수 있다.
ㄷ. 시장에서 수요가 증가하더라도 공급자가 추가적인 비용 없이 더 많은 양을 생산할 수 있어 가격은 일정하게 유지된다.
ㄹ. 공급 곡선이 수직인 경우로, 완전탄력적 공급은 가격 결정에서 수요의 변화에만 의존한다.
ㅁ. 완전탄력적인 공급의 조건하에서는 기술적 혁신이나 자원의 변화와 같은 외부적 요인이 공급에 큰 영향을 미친다.

① ㄱ, ㄴ ② ㄱ, ㄷ ③ ㄴ, ㄹ
④ ㄷ, ㅁ ⑤ ㄹ, ㅁ

22 **소득불평등 측정 방법에 대한 설명으로 옳지 않은 것은?**

① 로렌츠 곡선이 완전균등선에서 멀어질수록, 지니 계수는 1에 가까워지며 소득 불평등이 심화된다는 것을 나타낸다.
② 앳킨슨 지수는 소득 분배의 불평등을 평가할 때 사회적 복지 기능을 직접적으로 측정하지 않지만, 불평등에 대한 민감도를 조절하는 매개변수를 통해 간접적으로 반영한다.
③ 지니 계수는 소득의 상위 10%와 하위 10%의 비율만을 고려하여 계산되므로, 소득 분배의 전반적인 불평등을 완전히 파악하기 어렵다.
④ 로렌츠 곡선은 인구의 누적 비율을 수평축에, 해당 인구의 누적 소득 비율을 수직축에 표시하여 그려지며, 곡선이 대각선에서 벗어날수록 소득 불평등이 크다고 해석한다.
⑤ 앳킨슨 지수는 소득 분배의 불평등을 완전히 제거할 경우 항상 0의 값을 가진다.

23 실업에 대한 설명으로 옳은 것은?

① 고용률은 전체 인구 중 실제로 취업하여 일하고 있는 사람들의 비율을 나타낸다.
② 실업률은 모든 실업자와 비경제활동인구를 합친 수치로, 경제활동인구 대비 비율로 계산된다.
③ 고용률이 증가한다는 것은 반드시 경제가 성장하고 있다는 것을 의미한다.
④ 경제활동인구는 파트타임 근로자를 포함한다.
⑤ 경제활동인구에는 잠재적 노동력인 학생들과 주부, 그리고 노인들까지 모두 포함되어 경제 내에서의 노동 공급 가능성을 평가한다.

24 완전경쟁시장에서 기업의 장기균형에 관한 설명으로 옳은 것은?

① 장기 균형 상태에서 개별 기업은 생산량을 늘려 평균고정비용(AFC)을 최소화한다.
② 장기적으로 모든 기업은 최소효율규모에서 생산하며, 이는 시장의 총수요를 충족시키는 가장 효율적인 생산 수준이다.
③ 완전경쟁시장에서 개별 기업은 시장 가격을 초과하여 상품을 판매할 수 있으며, 이는 장기적인 이윤 극대화 전략이다.
④ 장기 균형 상태에서 개별 기업의 한계비용(MC)은 시장 가격과 같으며, 이는 한계비용 곡선 위의 모든 점에서 이루어진다.
⑤ 장기 균형 상태에서 기업은 여전히 규모의 경제를 경험할 수 있으며, 이로 인해 시장 진입이 계속 일어난다.

25 **외부효과에 관한 설명으로 옳은 것은?**

① 피구세는 부정적 외부성을 내부화하기 위해 정부가 생산자에게 부과하는 세금으로, 소비자에게 부과되어야 한다.
② 거래 비용이 높은 경우, 코즈 정리에 따르면 정부 개입 없이도 시장 참여자들이 자발적 협상을 통해 외부성 문제를 해결할 수 있다.
③ 긍정적 외부성은 항상 생산자의 이익을 높여 시장에서 과대생산을 초래한다.
④ 부정적 외부효과를 해결하기 위해 정부는 해당 활동에 보조금을 제공하여 생산자의 비용을 감소시킬 수 있다.
⑤ 오염권배출거래제는 부정적 외부효과를 해결하는 데 효과적이지만, 이 시스템을 통한 배출권 가격 설정은 종종 시장 조작에 취약하다.

26 **총효용과 한계효용에 관한 설명으로 옳은 것은?**

① 총효용이 증가하면 한계효용도 항상 증가한다.
② 소비자가 두 상품을 소비할 때 총효용을 최대화하기 위해서는 두 상품의 한계효용이 동일해야 한다.
③ 리스크 회피 소비자는 증가하는 위험에 대해 한계효용이 증가한다.
④ 한계효용이 처음으로 0이 되는 지점에서 소비자의 총효용은 감소하기 시작한다.
⑤ 소비자 이론에서 총효용의 극대화는 항상 예산 제약을 고려하여 이루어진다.

27 **토빈의 q 이론에 대한 설명으로 옳은 것은?**

① 토빈의 q가 1을 초과하는 경우, 이는 투자에 대한 높은 수익 기대를 반영한다.
② 토빈의 q 값이 낮을수록 기업은 더 많은 투자를 유도받는다.
③ 토빈의 q는 주로 금융 시장에서의 주식 가격 변동성을 측정하는 데 사용된다.
④ 토빈의 q와 이자율은 서로 독립적인 변수이며, 이자율의 변화는 토빈의 q에 영향을 미치지 않는다.
⑤ 토빈의 q는 기업의 부채와 자본의 비율을 나타내는 지표로 사용된다.

28 **통화승수에 관한 설명으로 옳은 것은?**

① 현금예금비율이 증가하면 통화승수는 감소한다.

② 현금통화비율이 증가하면, 이는 자동적으로 통화승수의 증가로 이어진다.

③ 지급준비율의 감소는 시중은행이 보유해야 할 최소 예금 비율을 낮추므로 은행들은 더 적은 자금을 대출에 활용할 수 있다.

④ 통화승수는 중앙은행의 금리 정책에 의해 영향을 받지 않는다.

⑤ 통화승수는 은행의 대출 활동이 증가할수록 감소한다.

29 **피셔효과(Fisher effect)에 대한 설명으로 옳지 않은 것은?**

① 기대 인플레이션율이 상승하면, 피셔 효과에 따라 명목 이자율도 상승한다.

② 피셔 효과는 장기적으로 실질 이자율이 안정적이라고 가정한다.

③ 예상 인플레이션율이 4%이고 현재 명목 이자율이 7%일 때, 실질 이자율은 3%이다.

④ 기대 인플레이션이 0%라면, 피셔 효과는 명목 이자율과 실질 이자율이 동일하다고 예측한다.

⑤ 예상 인플레이션이 변하지 않아도 완전한 피셔 효과하에서 명목 이자율이 변할 수 있다.

30 **두 종류의 상품 X와 Y가 있다. 개인 A와 B는 이 상품들을 소비하며, 현재 개인 A의 한계대체율(MRS)는 X에 대해 2Y이고, 개인 B의 MRS는 X에 대해 1Y이다. 상품 X와 Y의 가격은 각각 P_x, P_y로 표현되며, $P_x=2P_y$이다. 이에 대한 설명으로 옳은 것을 [보기]에서 모두 고르면?**

| 보기 |

ㄱ. 현 상태는 파레토 효율성이 달성되었으며 더 이상 개선이 불가능하다.
ㄴ. 상품 X와 Y의 재분배를 통해 개인 A와 B의 복지를 동시에 향상시킬 수 있다.
ㄷ. 개인 B의 한계대체율(MRS)이 시장 가격 비율 P_x/P_y와 일치하여, 경제가 파레토 효율적 상태에 있다.
ㄹ. 개인 A는 X를 추가로 소비하기 위해 Y를 두 배로 포기할 용의가 있어, A의 소비 선택은 비효율적이다.
ㅁ. 개인 B는 개인 A에 비해 상품 X의 가치를 낮게 평가하고 있다.

① ㄱ, ㄷ ② ㄴ, ㄷ ③ ㄴ, ㄹ
④ ㄴ, ㅁ ⑤ ㄹ, ㅁ

제2회 실전모의고사

시험시간: 직무능력평가 70분, 직무상식평가 25분

직무능력평가

[01~02] 다음 글을 읽고 물음에 답하시오.

Z세대는 1990년대 중반 이후 태어난 세대를 칭하는데, 이들 중 2000년대 초반에 태어나 본격적 소득활동을 하기 전 Z세대와 2010년 이후에 태어난 알파세대를 합쳐 잘파(ZALPHA)세대라고 통칭한다. 2010년 초반, 호주의 미래학자 마크 매크린들이 처음 사용한 알파세대는 2010년 아이패드 출시와 함께 태어나 높은 교육수준과 경제력을 갖춘 밀레니얼 세대를 부모로 두고, 이들을 위해 얼마든 지갑을 열 수 있는 수많은 친척을 가진 골드키즈라는 점이 특징이다.

알파세대는 전체 인구의 10% 정도이고, Z세대 중 일부 24세까지 연령대를 넓혀도 그 규모는 20% 남짓이다. 주요 경제활동인구(25~64세)가 약 60%임을 감안할 때 단순히 인구 규모로는 수익에 기여할 고객군은 잘파세대보다 경제활동인구라고 보인다. 대부분 시중은행에서 20대 미만 고객 수는 전체의 5% 내외이고 이들의 총수신잔액은 인당 평균 100만 원 가량으로 추산돼 1,000만 원을 훌쩍 넘는 시니어 고객군 대비 한참 못 미치는 수준이다. 당장 수익이 미미한 잘파세대에 직접 투자하기보다 이미 거래 관계가 형성된 밀레니얼 부모 또는 그 윗세대에게 소구하는 편이 더 효율적일 수 있다는 의미이다. 하지만 잘파세대의 금융 거래를 보면 시급한 위기감이 감지된다.

하나은행에서 올해 6월 잘파세대를 대상으로 수행한 서베이 결과를 보면, 대학생 10명 중 8~9명은 시중은행을 통해 처음 금융거래를 시작했다. 그러나 중고등학생은 5명 정도만 시중은행에서 처음 거래를 시작했고, 나머지는 인터넷전문은행이나 유스앱을 통했다. 만 14세부터 가입할 수 있는 카카오뱅크미니가 '20년에 출시돼 현재 중고등학생이 타깃이었음을 감안할 때 디지털 플랫폼의 침투가 금융거래 패턴을 바꾸는 데 얼마나 빠르게, 큰 역할을 했는지 놀라울 정도이다.

게다가 금융위원회는 은행권 경영·영업관행·제도 개선 방안 중 하나로 은행권 경쟁 촉진을 위한 인터넷전문은행 등 신규 플레이어 진입을 허용하겠다는 방침을 내놨다. 10대 이하에 뒤늦게 접근한 시중은행 입장에서는 잘파세대 확보가 향후 더 치열해질 시장경쟁을 준비하는 필수 조치일 수 있다. 또한 얼마 전 온라인을 통해 미성년 자녀 계좌 개설이 가능하도록 제도가 개편됐다. 지점 방문 조건이 사라진 이상 부모는 시중은행뿐 아니라 인터넷전문은행 및 증권사를 자녀 거래 대상 기관으로 확대할 것이고 이는 결국 향후 자녀 거래에도 영향을 미치게 될 것이다.

초등생 4명 중 3명은 시중은행에서 첫 거래를 시작했고, 핀·빅테크 브랜드보다 시중은행을 먼저 상기했으며, 자산 형성 후엔 시중은행과의 거래를 계획했다. 초등생은 금융의사결정 시 부모의 영향력이 크고, 부모는 인터넷전문은행을 거래해도 자녀 거래는 시중은행을 택하므로 알파에게는 아직 시중은행이 우선이다. 하지만 안심할 수 없다. 알파 역시 향후 이용하고 싶은 유스앱은 카카오미니였다. 카카오미니 가입 대상은 올해 3분기부터 만 7세로 하향 조정될 예정이다. 시중은행 입장에서는 지금이 알파세대를 선점·유지할 마지막 기회일 것이다.

시중은행은 여건에 따라 잘파세대에 특화된 플랫폼을 운영하고 해당 플랫폼들은 아직 금융거래가 제한적인 이들에게 일상·소비의 다양한 콘텐츠를 제공한다. 하지만 잘파세대를 위한 플랫폼은 그들이 기대하는 금융(은행)의 핵심 가치를 고려해야 한다. 잘파세대가 은행에 기대하는 핵심 가치는 돈을 모으고(초등), 편리하게 쓰는(중고등) 데 있다. 은행은 단편적인 관심 유발보다 이들의 핵심 기대가 실현될 수 있도록 플랫폼을 통해 효율적으로 가이드할 방안을 고민해야 한다.

영국의 Bluestone Bank는 마일스톤 계좌를 통해 0~23세 잘파세대의 성장에 맞춰 서비스·혜택을 제공한다고 한다. 아직 국내 유스앱 중 잘파세대 성장을 고려한 앱은 눈에 띄지 않는다. 성인의 경우 자산 규모가 관리의 절대적 기준이겠지만 잘파세대는 성장에 따라 거래 조건, 인식이 크게 바뀐다. 당장 선호하는 플랫폼의 컨셉만 보아도 초등생은 부모와 함께 이용할 수 있는, 중고등생은 자동으로 돈이 분배돼 계획적으로 관리되는 앱을 선호해 인식에 차이를 보였다. 따라서 시기별 관리 포인트를 변경하며 맞춤 제공될 수 있도록 장기적 관점의 체계적 관리 방안을 계획해야 한다. 잘파세대에게 진정한 금융의 가치를 가이드하고 성장에 따른 맞춤 관리를 제공할 수 있어야 이들의 긴 금융여정에 신뢰할 수 있는 동반자가 될 수 있을 것이다.

※ 하나은행 논단

01 위 글의 내용과 일치하지 않는 것은?

① 시중은행에서 부모가 비대면으로 미성년 자녀의 계좌를 개설할 수 있게 되었다.
② 인터넷은행은 연령대를 기존보다 낮추어 잘파세대 고객 유치에 활발하게 나서고 있다.
③ 금융거래가 제한적인 알파세대에게는 시중은행보다 인터넷전문은행의 인지도가 더 높다.
④ 은행들이 자산도 적고 거래 규모가 크지 않아 수익성이 적은 잘파세대를 공략하는 것은 이들을 잡아둬 미래 핵심 고객으로 만들기 위해서이다.
⑤ 잘파세대는 1990년대 중반에서 2000년대 초반에 태어난 Z세대와 2010년대 초반 이후 태어난 알파세대를 의미한다.

02 위 글을 읽고 난 후의 반응으로 적절하지 않은 것은?

① 시중은행의 잘파세대 관리는 제도의 변화로 인해 더욱 촉발된 셈이군.
② 금융회사는 잘파세대를 동일 집단으로 보고 이들을 통합 관리할 수 있도록 해야겠군.
③ 국내와 달리 해외의 금융회사에서는 잘파세대의 성장에 맞춰 서비스·혜택을 제공하고 있어.
④ 시중은행은 잘파세대의 유입을 위해 밀레니얼 세대 부모를 대상으로 한 상품도 출시할 필요가 있어.
⑤ 잘파세대를 위한 플랫폼에서 이벤트, 게임 등의 활용은 금융의 핵심 가치를 실현하기 위한 수단이어야 해.

[03~04] 다음 글을 읽고 물음에 답하시오.

[금융 플랫폼 구축 경쟁 본격화]

핀테크 스타트업, ICT 기업은 더 빠르고 편리한 금융서비스를 원하는 소비자의 요구에 민첩하게 대응하면서 전통적인 금융업에서 금융서비스 부분을 해체하고 있다. 이러한 해체 현상은 지급결제, 송금, 대출, 자산관리 등 다양한 금융서비스 분야에서 이루어지고 있으며, 그 영역은 점차 확대되고 있다. 기존 금융기관들이 인력과 자본을 투입하여 수행했던 금융서비스를 이제 네트워크에 기반한 정보통신기술이 대신할 수 있게 된 것이다.

금융서비스의 제공이 금융기관의 독점적인 영역을 벗어나게 됨에 따라 금융업에서도 플랫폼의 중요성이 커지고 있다. 특히 비대면 인증 수단의 도입은 금융소비자가 금융기관을 방문하지 않고도 모바일 금융 플랫폼을 통해 모든 금융 거래를 할 수 있게 만들고 있다. 금융 플랫폼은 금융 거래를 위한 단순한 채널을 넘어 고객의 자산관리, 일정관리 등은 물론 금융 소비자에게 필요한 모든 서비스를 종합적으로 제공하는 중요한 통로가 됨으로써 고객 접점 확보를 위한 전략적 교두보가 될 것으로 전망되고 있다.

[금융 플랫폼 구축 사례]

● 해외: TD Bank와 Moven의 얼라이언스

TD Bank는 1855년 설립된 캐나다의 초대형 은행이다. 이 은행은 본래 개인자산관리 서비스를 제공하지 않았지만, 금융 플랫폼에 대한 소비자의 의존도가 높아지고 자산관리 서비스에 대한 수요가 확대되는 트렌드에 대응하기 위해, 실시간 개인자산관리 플랫폼을 보유한 핀테크 기업 Moven과 2014년 얼라이언스를 체결하였다.

Moven은 고객이 자신의 소비를 비판적으로 분석하는 것을 돕는 디지털 플랫폼을 제공하는 스타트업으로 2011년에 설립되었다. 예를 들어, 모바일 플랫폼을 통해 야구 티켓을 사는 고객에게 자신이 여가에 얼마나 많은 돈을 사용하고 있는지 경고해 주고, 과거 기록 등과 비교했을 때 어떠한 수준인지도 알려 준다. Moven의 목표는 '더 많이 저축하도록' 고객을 돕는 것으로, 자산관리 모바일 플랫폼으로 소비 과정에서 소비 결정에 관한 조언을 제공하고 있다.

TD-Moven 얼라이언스가 성사되면서 TD Bank는 자산관리에 어려움을 겪는 소비자들에게 돈을 더 잘 관리할 수 있는 플랫폼을 제공하였을 뿐만 아니라, 캐나다 시장의 경험을 바탕으로 2017년 미국 시장으로도 진출할 수 있게 되었다.

● 국내: NH농협은행의 오픈 플랫폼

NH농협은행은 2016년 8월 전 계열사를 통합한 오픈 플랫폼 '올원(All-One) 뱅크'를 개발하여 업계의 주목을 받고 있다. 올원 뱅크는 20~30대를 주 타깃으로 삼아 간편한 생활밀착형 서비스를 제공한다. NH농협은행은 올원 뱅크를 통해 핀테크 기업과 NH금융그룹 간의 오픈 플랫폼 시너지도 구현하고 있으며, 지속적으로 핀테크 서비스를 확대하여 올원 뱅크의 글로벌 버전을 출시할 계획이다.

올원 뱅크의 주요 서비스는 (1) Easy & Quick, (2) Young People, (3) Life Helper, (4) NH Market을 들 수 있다. 'Easy & Quick'에서는 간편송금, 간편결제, 간편대출, 비대면계좌 개설 등의 서비스를 제공하고 있으며, 'Young People'에서는 20~30대를 주 타깃으로 하여 더치페이(TOSS) 송금, 썸데이(일정관리), 기부 등의 서비스를 제공하고 있다. 'Life Helper'에는 공과금 납부, 경조금 송금, 여행패키지, 스마트 알림 등의 서비스가 포함되며, 'NH Market'에서는 NH캐피탈의 오토론 패키지, NH저축은행의 햇살론처럼 증권, 생명, 손보, 캐피탈 등의 서비스를 제공하면서 계열사 간 시너지를 내는 전략을 펼치고 있다.

03 **위 글을 읽고 농협은행 행원 A~E가 다음과 같이 대화를 나누었다. 글의 내용을 잘못 이해한 사람은?**

① 행원 A: 금융서비스는 더 이상 전통 금융기관만의 전유물이 아니야.

② 행원 B: 고객에게 농협은행의 모바일 뱅크인 '올원 뱅크'를 이용해서 공과금을 보낼 수 있다고 안내해야겠어.

③ 행원 C: Moven의 모바일 플랫폼을 이용하면 야구 티켓을 사면서도 지출에 대한 정보를 얻을 수 있겠어.

④ 행원 D: TD Bank는 자사만의 개인자산관리 서비스 노하우를 바탕으로 자산관리 플랫폼을 개발할 수 있었어.

⑤ 행원 E: 소비자가 금융기관을 직접 방문하지 않고도 금융 거래를 할 수 있게 된 것에는 비대면 인증이 한몫을 했어.

04 **농협은행의 박 행원은 '올원 뱅크' 광고 포스터에 들어갈 문구를 구상 중이다. [금융 플랫폼 구축 사례]의 내용에 따를 때 박 행원이 구상한 문구로 적절하지 않은 것은?**

① 2030을 위한 젊은 뱅크

② 쉽고 빠른 모바일 금융서비스

③ 생활밀착형 실손치과보험

④ 마음을 전하기에 딱! 경조금 송금

⑤ 바쁜 현대인의 일정을 관리해 드립니다!

[05~06] 다음 글을 읽고 물음에 답하시오.

양면시장은 플랫폼 사업자가 서로 구분되는 두 개의 이용자 집단에 플랫폼을 제공하고 이용자들은 플랫폼을 통해 상대 집단과 거래하면서 경제적 가치나 편익을 창출하는 시장을 의미한다. 이때 플랫폼이란 양쪽 이용자 집단의 연결 고리 역할을 하는 물리적·가상적·제도적 환경을 일컫는다. 이용자 집단은 플랫폼을 통해 거래가 이루어지기까지의 시간이나 노력 등과 같은 거래비용을 절감하여 상대 집단과 거래하게 된다. 대표적인 플랫폼으로 신용 카드 회사가 제공하는 카드 결제 시스템을 들 수 있다. 플랫폼의 한쪽에는 카드로 결제하는 회원들이 있고, 플랫폼의 반대쪽에는 그것을 지불 수단으로 받는 가맹점들이 있다. 플랫폼 사업자인 신용 카드 회사 입장에서는 양쪽 이용자 집단인 카드 회원들과 가맹점들 모두가 고객이 된다.

플랫폼을 통해 연결되는 양쪽 이용자 집단의 관계는 '네트워크 외부성'을 통해 설명할 수 있다. 네트워크 외부성은 어떤 제품이나 서비스를 사용하는 이용자의 규모가 이용자의 효용에 영향을 미치는 것으로 직접 네트워크 외부성과 간접 네트워크 외부성으로 구분된다. 직접 네트워크 외부성이란 동일 집단 내에서 발생하는 것으로, 동일 집단에 속한 이용자의 규모가 커지면 집단 내 개별 이용자의 효용이 증가하는 특성이다. 이와 달리 간접 네트워크 외부성이란 서로 다른 집단 간에 발생하는 것으로, 한쪽 이용자 집단의 규모가 커지면 반대쪽 이용자 집단의 효용이 증가하고, 한쪽 이용자 집단의 규모가 작아지면 반대쪽 이용자 집단의 효용이 감소하게 된다. 양면시장에서는 간접 네트워크 외부성이 필수적으로 작용하므로 양쪽 이용자 집단이 서로 긴밀하게 영향을 주고받는다.

이를 바탕으로 플랫폼 사업자는 플랫폼 이용료를 통해 수익을 창출하기 때문에 양쪽 이용자 집단 모두를 플랫폼에 참여하도록 유도할 수 있는 가격구조를 결정하게 된다. 이때 가격구조란 플랫폼 이용료를 각각의 이용자 집단에 어떻게 부과하느냐를 의미한다. 플랫폼 사업자는 수익을 극대화할 수 있는 전략으로 양쪽 이용자 집단에 차별적인 가격을 부과하는 것이 일반적인데, 한쪽 이용자 집단의 플랫폼 이용료를 아주 낮게 책정하거나 한쪽 이용자 집단에 보조금을 지급하는 경우도 있다.

위에서 언급된 카드 결제 시스템을 바탕으로 간접 네트워크 외부성이 가격구조에 미치는 영향을 살펴보면 다음과 같다. 카드 회원들이 가맹점에 미치는 간접 네트워크 외부성이 클수록, 카드 회사는 카드 회원 수를 늘리기 위해 낮은 연회비를 부과할 수 있다. 이에 따라 카드 회원 수가 늘어나면 가맹점들의 효용이 증가하기 때문에 가맹점은 높은 결제 건당 수수료를 지불하더라도 카드 결제 시스템을 이용하게 된다. 이는 가맹점이 카드 회원들에게 미치는 간접 네트워크 외부성이 큰 경우에도 마찬가지로 적용된다.

한편 가격구조는 수요의 가격탄력성에도 영향을 받는다. 수요의 가격탄력성이란 가격이 오르거나 내릴 때 수요량이 얼마나 변동하느냐를 의미하는 것으로, 양면시장에서 양쪽 이용자 집단 각각은 플랫폼 이용료의 변동에 따라 이용자 수나 서비스 이용량과 같은 수요량에 영향을 받게 된다. 카드 회원의 수요의 가격탄력성이 높은 경우에는 연회비가 오를 때 카드 회원 수가 크게 감소하고, 수요의 가격탄력성이 낮은 경우에는 변동이 크지 않다. 따라서 플랫폼 사업자는 자신의 수익을 극대화하기 위해 양쪽 이용자 집단의 특성을 파악하여 각 집단에 최적의 이용료를 부과하게 된다. 일반적으로 플랫폼 사업자는 수요의 가격탄력성이 높은 집단에 낮은 이용료를 부과하여 해당 집단의 이용자 수를 늘리려고 한다.

플랫폼 사업자가 수익을 창출하기 위해 사용하는 대표적인 전략으로 공짜 미끼와 프리미엄(free-mium) 등이 있다. 공짜 미끼 전략은 무료 서비스를 통해 한쪽 집단의 이용자 수를 늘리면서 반대쪽 집단 이용자의 플랫폼 참여를 유인하는 것이다. 프리미엄 전략은 기본적 기능은 무료로 제공하지만 추가적인 기능은 유료로 제공하는 것으로, 무료에서 유료로 전환한 이용자의 긍정적 경험이 무료 이용자에게 전파되어 그 중 일부가 유료 이용자로 전환되도록 하는 것이다.

05 위 글의 내용과 일치하지 않는 것은?

① 양면시장은 서로 다른 두 이용자 집단이 플랫폼을 통해 상호 작용을 하며 경제적 가치나 편익을 창출하는 시장이다.

② 양면시장에서 동일 집단에 속한 이용자의 규모가 커지면 집단 내 개별 이용자의 효용이 증가하는 것을 직접 네트워크 외부성이라고 한다,

③ 양면시장에서 상대집단의 크기가 클수록 보다 높은 이익이나 효용을 얻는 것을 간접 네트워크 외부성이라고 한다.

④ 양면시장에서 플랫폼 사업자는 양쪽 혹은 한쪽에 이용료를 부과함으로써 수익을 창출한다.

⑤ 양면시장에서 플랫폼 사업자는 플랫폼 이용료를 더 많이 지불하는 집단이 플랫폼에 참여할 수 있도록 유도한다.

06 위 글을 바탕으로 다음 [상황]을 이해한 내용으로 적절하지 않은 것은?

[상황]

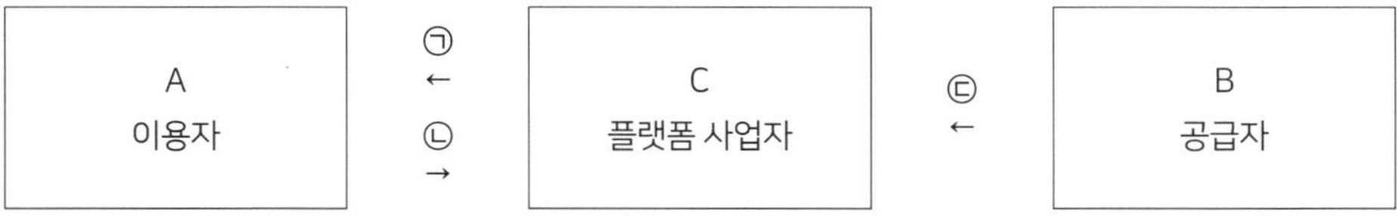

① A의 가격탄력성이 높은 경우 C는 수익을 극대화하기 위해 A에게서 받는 이용료 ㉡을 낮게 부과한다.

② C는 수익 창출을 위해 무료 서비스 ㉠을 제공하여 A의 수를 늘리면서 B의 플랫폼 참여를 유인한다.

③ A가 B에 미치는 간접 네트워크 외부성이 큰 경우, C는 수익을 극대화하기 위해 B에게 수수료 ㉢을 높게 부과한다.

④ A의 가격탄력성이 높고, A가 B에 미치는 간접 네트워크 외부성이 클 때, C가 이용료 ㉡을 무료에서 유료로 전환하면 A의 수와 B의 효용은 감소한다.

⑤ B가 A에 미치는 간접 네트워크 외부성이 클수록 B의 효용이 증가하기 때문에 B는 수수료 ㉢의 비용이 높더라도 C를 이용하게 된다.

[07~08] 다음은 금융보안원에서 금융회사 재직자에게 보낸 [안내서]이다. 이를 토대로 물음에 답하시오.

[안내서]

Ⅰ. 개요: 각종 전염병의 영향으로 사무 환경의 밀집도가 높은 금융권 콜센터 직원 등의 재택근무 필요성이 지속적으로 제기됨. 하지만 재택근무는 보안 통제가 소홀할 수밖에 없는 외부에서 수행되므로 정보유출 등 사고 발생 우려가 존재. 금융당국은 재택근무를 위한 원격접속 시 정보보호 통제 사항을 규정 → 금융회사가 안전하고 신속하게 재택(원격)근무 환경을 구축하는 데 필요한 보안 고려 사항을 구체적으로 안내

Ⅱ. 원격접속 관련 보안 고려 사항

□ 의무 사항: 백신 프로그램 설치, 안전한 운영체제 사용, 정보유출 방지대책 등을 의무 적용

백신 프로그램 설치	외부 단말기에 백신 프로그램을 설치하고 실시간 탐지 정책 업데이트 및 실시간 검사 수행
안전한 운영체제 사용	외부 단말기는 Windows7 등 기술 지원이 종료된 운영체제를 사용해서는 안 되며, 최신 보안패치(운영체제 관련 정기 보안패치, 긴급 보안패치 등)를 필수 적용
로그인 비밀번호 및 화면보호기 설정	외부 단말기에 로그인 비밀번호 및 화면보호기를 설정하고, 일정 시간 동안 업무처리를 하지 않으면 화면 잠금 설정
정보유출 방지대책 적용	• 외부 단말기의 화면, 출력물 등에 의한 정보유출 방지대책 적용(화면 캡처 방지 / 중요 정보에 마스킹 처리 / 내부 전산자료 출력 금지 / 출력물 내 워터마크 적용 등) • 적용한 정보유출 방지대책을 직원이 외부 단말기에서 임의로 변경(삭제 또는 우회)하지 못하도록 조치

□ 권고 사항: 개인방화벽 설정, 외부 단말기 도난 방지 조치 등의 적용을 권고

개인방화벽 설정	외부로부터의 악의적인 네트워크 접근 등을 차단하기 위해 외부 단말기에 개인방화벽 설정
단말기 도난 방지 조치	케이블 잠금장치 등을 통해 외부 단말기의 도난 등에 대비하고, 일정 시간 이석 시 PC 종료 처리

□ 추가 권고 사항: 외부 단말기가 모바일 기기인 경우 모바일 기기에 특화된 보안통제 방안 추가 적용을 권고

탈옥된 운영체제 사용 금지	모바일 기기 운영체제의 탈옥* 여부에 대한 사전 검사 * 탈옥: 모바일 기기의 모든 권한을 획득하기 위해 임의로 운영체제를 수정하는 행위
잠금 설정	모바일 기기에 잠금을 설정하고, 잠금 설정 해제를 위해 안전한 인증 방법(예 바이오인증) 적용
불필요한 네트워크 접속 제한	모바일 기기의 불법적 네트워크 접속을 방지하기 위해 NFC, 핫스팟 등의 네트워크 접속 기능 차단
모바일 기기 통제 솔루션 적용	모바일 기기에 대한 강력한 통제가 필요한 경우 아래의 모바일 기기 통제 솔루션 적용 고려 • MDM: 모바일 기기의 보안정책 적용을 통제할 수 있는 솔루션으로, 모바일 기기(회사 지급 기기, 개인 소유 기기)별 통제 강도 조절 가능 • MAM: 모바일 기기 내 환경을 업무용 구간과 개인용 구간으로 분리하여 운영할 수 있는 솔루션

07 **위 [안내서]를 읽고 금융회사 직원의 재택근무에 대해 반응한 내용으로 적절한 것은?**

① 외부 단말기의 화면은 관계자 외 타인에게 노출되기 쉽기 때문에 내부 문서는 종이에 출력해서 작업해야 하는군.

② 콜센터 직원은 각종 감염병에 취약한 근무 환경에 노출되어 있기 때문에 의무적으로 재택근무를 해야 하는군.

③ 해커들의 불법적인 접근을 차단하기 위해서 재택근무 시 이용하는 외부 단말기에는 반드시 개인방화벽을 설정해야 하는군.

④ 악성코드에 감염된 백신 프로그램이 있을 수 있으므로 재택근무 시 이용하는 외부 단말기에 백신 프로그램을 설치해서는 안 되는군.

⑤ 재택근무 시 이용하는 외부 단말기에 보안패치를 적용할 때는 아무리 최신이라고 하더라도 검증되지 않은 낯선 패치를 사용해서는 안 되는군.

08 **A은행의 정보보안팀 김 대리는 모바일 기기로 재택근무를 하고 있는 직원들에게 다음과 같이 [이메일]을 작성해 발송했다. 제시문에 따를 때, [이메일]의 ㉠~㉣ 중 적절하지 않은 내용만을 모두 고르면?**

[이메일]

안녕하십니까? 정보보안팀의 김 대리입니다.

자택에서 모바일 기기로 원격근무를 하고 계신 직원분들께 몇 가지 권고 사항을 안내해 드리고자 합니다.

먼저, 업무를 위해 사용하시는 모바일 기기가 ㉠ <u>제한된 운영체제를 임의로 풀어 놓은 기기인지 살펴보신 후, 그러한 기기에 해당한다면 다른 모바일 기기를 통해 업무</u>해 주시기를 바랍니다. 그리고 모바일 기기에 ㉡ <u>NFC 기능이 작동 중이라면 설정을 해제하여 다른 모바일 기기에 의도하지 않게 데이터가 전송되는 일이 없도록 주의</u>해 주십시오.

또한 업무 내용의 보안을 위해 모바일 기기에 잠금 설정을 하시되, ㉢ <u>되도록 지문이나 홍채인식을 통한 생체인증보다는 비밀번호 입력으로 잠금을 풀 수 있도록 설정</u>해 주시기 바랍니다. 혹시 ㉣ <u>하나의 모바일 기기 안에서 개인용 앱과 업무용 앱을 구분하여 앱 제어기능을 차등 적용하고 싶은 직원분이 계시다면 MDM 솔루션에 대해 따로 안내</u>해 드리겠습니다.

기타 문의 사항이 있으시면 정보보안팀으로 연락 주십시오.

감사합니다.

① ㉢　② ㉠, ㉡　③ ㉡, ㉢　④ ㉢, ㉣　⑤ ㉠, ㉡, ㉣

[09~10] 다음 규정을 읽고 물음에 답하시오.

제00조(목적) 이 법은 외국환거래와 그 밖의 대외거래의 자유를 보장하고 시장기능을 활성화하여 대외거래의 원활화 및 국제수지의 균형과 통화가치의 안정을 도모함으로써 국민경제의 건전한 발전에 이바지함을 목적으로 한다.

제00조(외국환업무의 등록 등) ① 외국환업무를 업으로 하려는 자는 대통령령으로 정하는 바에 따라 외국환업무를 하는 데에 충분한 자본·시설 및 전문인력을 갖추어 미리 기획재정부장관에게 등록하여야 한다. 다만, 기획재정부장관이 업무의 내용을 고려하여 등록이 필요하지 아니하다고 인정하여 대통령령으로 정하는 금융회사등은 그러하지 아니하다.

② 외국환업무는 금융회사등만 할 수 있으며, 외국환업무를 하는 금융회사등은 대통령령으로 정하는 바에 따라 그 금융회사등의 업무와 직접 관련되는 범위에서 외국환업무를 할 수 있다.

③ 제1항 및 제2항에도 불구하고 금융회사등이 아닌 자가 다음 각 호의 어느 하나에 해당하는 외국환업무를 업으로 하려는 경우에는 대통령령으로 정하는 바에 따라 해당 업무에 필요한 자본·시설 및 전문인력 등 대통령령으로 정하는 요건을 갖추어 미리 기획재정부장관에게 등록하여야 한다. 이 경우 제1호 및 제2호의 외국환업무의 규모, 방식 등 구체적인 범위 및 안전성 확보를 위한 기준은 대통령령으로 정한다.

1. 외국통화의 매입 또는 매도, 외국에서 발행한 여행자수표의 매입
2. 대한민국과 외국 간의 지급 및 수령과 이에 수반되는 외국통화의 매입 또는 매도
3. 그 밖에 외국환거래의 편의 증진을 위하여 필요하다고 인정하여 대통령령으로 정하는 외국환업무

④ 제1항 본문에 따라 외국환업무의 등록을 한 금융회사등과 제3항에 따라 외국환업무의 등록을 한 자(이하 "전문외국환업무취급업자"라 한다)가 그 등록사항 중 대통령령으로 정하는 사항을 변경하려 하거나 외국환업무를 폐지하려는 경우에는 대통령령으로 정하는 바에 따라 기획재정부장관에게 미리 그 사실을 신고하여야 한다.

제00조(외국환중개업무 등) ① 다음 각 호의 업무(이하 "외국환중개업무"라 한다)를 업으로 하려는 자는 대통령령으로 정하는 바에 따라 자본·시설 및 전문인력을 갖추어 기획재정부장관의 인가를 받아야 한다. 이 경우 인가사항 중 대통령령으로 정하는 중요 사항을 변경하려면 기획재정부장관에게 신고하여야 한다.

1. 외국통화의 매매·교환·대여의 중개
2. 외국통화를 기초자산으로 하는 파생상품거래의 중개
3. 그 밖에 제1호 및 제2호와 관련된 업무

② 제1항에 따라 외국환중개업무를 인가받은 자(이하 "외국환중개회사"라 한다)가 외국환중개업무를 할 수 있는 거래의 상대방은 외국환거래 관련 전문성을 갖춘 금융회사등 및 관련 기관으로서 대통령령으로 정하는 자로 한다.

③ 외국환중개회사가 다음 각 호의 어느 하나에 해당하는 행위를 하려는 경우에는 대통령령으로 정하는 구분에 따라 기획재정부장관의 인가를 받거나 기획재정부장관에게 신고하여야 한다.

1. 합병 또는 해산
2. 영업의 전부 또는 일부의 폐지·양도·양수

09 **위 규정에 따를 때 옳은 것은?**

① 외국환중개회사는 영업의 전부 또는 일부를 양도하거나 양수할 수 없다.
② 외국환중개회사가 되기 위해서는 대통령령으로 정하는 바에 따라 자본·시설 및 전문인력을 갖추어야 한다.
③ 대한민국과 외국 간의 지급 및 수령과 이에 수반되는 외국통화의 매입 또는 매도는 금융회사등만 업으로 할 수 있다.
④ 외국환업무를 하는 금융회사등이 그 금융회사등의 업무와 직접 관련되지 않는 범위에서 외국환업무를 하기 위해서는 기획재정부장관에게 등록하여야 한다.
⑤ 전문외국환업무취급업자가 외국환업무를 할 수 있는 거래의 상대방은 외국환거래 관련 전문성을 갖춘 금융회사등 및 관련 기관으로서 대통령령으로 정하는 자이다.

10 **위 규정에 따를 때 다음 [대화]의 빈칸에 들어갈 말이 서로 같은 것끼리 옳게 분류한 것은?**

[대화]

- 갑: 저는 금융회사등에 포함되는 회사에서 근무하고 있는데, 이번에 우리 회사가 외국환업무를 업으로 하려고 그 절차를 알아보니, 외국환업무에 필요한 충분한 자본, 시설, 전문인력 등을 꾸려서 기획재정부장관에게 (㉠)하여야 한다고 하네요.
- 을: 그렇군요. 우리 회사는 금융회사등에 포함되지 않는데, 일정 요건을 충족하면 특정 외국환업무를 업으로 할 수 있다고 하더군요. 그래서 몇 년 전에 해당 업무에 필요한 자본, 시설, 전문인력 등을 갖춰서 기획재정부장관에게 (㉡)하여 전문외국환업무취급업자 자격을 얻었어요.
- 병: 저는 외국환중개회사에서 근무하고 있는데, 외국환중개업무를 업으로 하기 위해 기획재정부장관에게 인가받았던 사항들 중 대통령령으로 정해진 중요 사항을 바꾸려면 기획재정부장관에게 (㉢)하여야 해서, 요즘에 그 일을 진행 중입니다. 그런데 업계에 들리는 소문으로는 을의 회사가 조만간 외국환업무를 그만둔다고 하던데요?
- 을: 맞습니다. 우리 회사는 지난 몇 년간 외국환업무를 해 왔는데, 최근에 폐지를 하기로 결정하고 기획재정부장관에게 이 사항을 (㉣)하려고 합니다.

① ㉠ / ㉡, ㉢, ㉣
② ㉠, ㉡ / ㉢, ㉣
③ ㉠, ㉣ / ㉡, ㉢
④ ㉠, ㉡, ㉢ / ㉣
⑤ ㉠, ㉢, ㉣ / ㉡

11 **다음 글의 필자가 [사례]를 분석한다고 할 때, 적절하지 않은 것은?**

경제학자들은 거래 당사자 중에서 어느 한쪽이 정보를 갖고 있고 다른 한쪽은 갖고 있지 않을 경우, 시장이 우리가 기대하는 만큼의 기능을 하지 못할 수도 있다고 경고하였다. 이처럼 정보 파악이 공평하게 이루어지지 않은 상태를 '정보의 비대칭성'이라고 하였다.

다음과 같은 중고차 시장이 있다고 가정해 보자. 이 중고차 시장에서 팔고 있는 자동차의 절반은 복숭아(훌륭한 자동차)이고 나머지 절반은 레몬(결함이 있는 형편없는 차)이다. 판매자들은 자신이 팔고 있는 차가 레몬인지 복숭아인지 알고 있지만, 구매자들은 자동차가 레몬일 확률과 복숭아일 확률이 50%임을 알고 있을 뿐이다. 이와 같은 상황에서 구매자가 중고 자동차를 구입한다고 하자. 구매자가 중고 자동차의 적정 가격이 200만 원에서 250만 원이라고 생각하고 판매자와 흥정을 하게 된다면 100만 원도 안 되는 레몬을 갖고 있는 판매자는 주저함 없이 자동차를 200만 원에 팔 것이다. 하지만 400만 원 이상의 가치를 지닌 복숭아를 갖고 있는 판매자는 손해를 볼 수 없으므로 팔지 않을 것이다. 판매자들은 이익의 극대화를 목표로 삼기 때문이다. 그러나 이러한 거래가 몇 번 반복되다 보면 구매자는 판매자들이 자신을 속이고 있다는 사실을 눈치채게 될 것이다.

이러한 상황이 지속된다면 이 시장은 그 기능을 완전히 상실하게 될 것이다. 판매자를 신뢰할 수 없는 상황에서 레몬일 확률이 50%나 되는데 이러한 위험 부담을 감수하고 그 차를 400만 원씩이나 주고 사려는 구매자는 없을 것이다. 판매자들은 레몬을 팔기 위해 가격을 낮출 것이고, 결국 구매자들은 이전보다는 낮은 가격이지만 형편없는 레몬을 사게 될 것이다. 이런 현상이 반복되다 보면 복숭아를 갖고 있는 판매자들은 이 시장을 떠날 것이고, 구매자들은 복숭아는 없고 레몬을 팔고 있는 신뢰할 수 없는 시장을 더 이상 이용하지 않을 것이다. 결국 정보의 비대칭이라는 상황 때문에 이 중고차 시장은 매매 기능을 상실하게 될 것이다.

편중된 내부 정보가 상호 이익이 될 수 있는 거래를 방해하고 있다면, 판매자와 구매자 사이의 정보 격차를 줄일 수 있는 방법을 찾아야만 할 것이다. 경제학자 스펜서는 유용한 정보를 많이 소유하고 있는 사람이 그렇지 못한 사람에게 신뢰할 수 있는 정보를 제공할 것을 제안하였다.

경제학자 스티글리츠는 스펜서와는 정반대 방식으로 시장에서 정보의 비대칭을 해소할 수 있는 방안을 제안하였다. 그는 정보가 적은 사람이 필요한 정보를 얻어 내기 위해 노력해야 함을 강조하였는데, 이러한 과정에서 심사가 중요하다고 역설하였다. 예컨대 '정보의 비대칭'을 해결하기 위해 구매자는 레몬을 복숭아로 속여 파는 판매자들을 사전에 '위험 부류'로 분류하거나, 레몬인지 복숭아인지를 확인할 수 있는 방법을 미리 익혀 중고 자동차를 사기 전에 이를 적용해 보아야 한다는 것이다.

[사례]

툭하면 아픈 A와 건강을 잘 유지해 온 B는 장래를 대비하기 위해 C라는 생명보험 상품을 계약하려고 한다. A와 B에 대한 정보가 없는 C는 A와 B에게 나이가 몇인지, 담배를 피우는지, 병으로 입원한 적은 없는지, 부모나 가까운 친척 중에 질병으로 사망한 경우가 있는지 등에 대해 물었다. C는 A와 B의 답변을 바탕으로 A와 B의 보험료를 다르게 책정하려고 한다.

① C가 A와 B의 신상에 대해 모르고 있는 상황은 '정보의 비대칭'에 해당한다.
② C가 A와 B에 대한 정확한 정보를 갖게 된다면 손해를 볼 확률은 낮아질 것이다.
③ C가 A와 B에게 질문을 한 것은 일종의 '심사'로, 이는 정보 격차를 줄이기 위한 것이다.
④ 장기적인 관점에서 볼 때, A와 B가 정보를 노출하지 않아야 C가 이익을 극대화할 수 있다.
⑤ C의 입장에서 볼 때, A는 위 글에 제시된 '레몬'에, B는 '복숭아'에 대응한다고 볼 수 있다.

[12~13] 다음 [표]는 N은행의 적금 상품에 관한 설명서이다. [표]를 보고 물음에 답하시오.

[표 1] 적금 A 상품 설명서

상품 특징	급여이체 실적에 따라 금리가 우대되는 직장인 전용 자유적립 적금
가입 대상	만 18세 이상 개인(개인사업자 제외)
가입 기간	12개월 이상 36개월 이내(월 단위)
적립 금액	최초 입금 및 매회 입금 1만 원 이상, 가입 시점 기준 3개월(분기)당 300만 원 이내에서 원 단위로 자유적립 ※ 계약 기간 3/4 경과 후 적립할 수 있는 금액은 이전 적립 누계액의 1/2 이내임
기본금리	가입 기간에 따라 차등 적용 • 12개월 이상 24개월 미만: 3.37% • 24개월 이상 36개월 미만: 3.25% • 36개월 이상: 3.42%
우대금리	다음 우대 조건을 충족하는 경우 만기 해지 시 기본금리에 우대금리 가산하여 적용(중복 적용 가능) • N은행 인터넷뱅킹 또는 스마트뱅킹으로 이 적금에 가입한 경우: 0.10%p • 가입 기간 동안 1회 이상 N은행으로 건별 50만 원 이상 급여를 이체한 고객이 가입 월부터 만기 전월 말까지 다음에 해당되는 경우 – N은행 입출식통장으로 3개월 이상(비연속적인 경우 포함) 급여이체 실적이 있는 경우: 0.30%p – N은행 ★★카드(신용/체크 모두 포함) 결제 실적이 100만 원 이상인 경우: 0.20%p – N은행 주택청약종합저축(청약저축, 청년우대형 포함) 또는 적립식펀드 중 1개 이상에 신규 가입한 경우: 0.20%p
가입 및 해지	N은행 영업점, 인터넷뱅킹, 스마트뱅킹 중 한 곳에서 가입 및 해지 가능

[표 2] 적금 B 상품 설명서

상품 특징	N은행 대표 비대면 자유적립 적금
가입 대상	개인(1인 1계좌)
가입 기간	12개월 이상 36개월 이내(월 단위)
적립 금액	최초 입금 5만 원 이상, 매회 1만 원 이상, 매월 500만 원 이내에서 원 단위로 자유적립 ※ 계약 기간 3/4 경과 후 적립할 수 있는 금액은 이전 적립 누계액의 1/2 이내임
기본금리	가입 기간에 따라 차등 적용 • 12개월 이상~24개월 미만: 3.67% • 24개월 이상~36개월 미만: 3.55% • 36개월 이상: 3.72%
우대금리	다음 우대 조건을 충족하는 경우 만기 해지 시 기본금리에 우대금리 가산하여 적용(중복 적용 가능) • N은행 인터넷뱅킹 또는 스마트뱅킹으로 이 적금에 가입한 경우: 0.30%p • 가입 월부터 만기 전월 말까지 N은행 ★★카드(신용/체크 모두 포함)의 결제 실적이 100만 원 이상인 경우: 0.10%p • 이 적금 가입 고객이 타인에게 이 상품을 추천하고 타인이 이 상품에 가입한 경우: 추천 및 피추천 고객 각 0.10%p ※ 추천 및 피추천의 경우를 모두를 합산하여 1인당 최대 0.30%p까지 가능
가입 및 해지	• N은행 인터넷뱅킹, 스마트뱅킹 중 한 곳에서 가입 가능(영업점 가입 불가) • N은행 영업점, 인터넷뱅킹, 스마트뱅킹 중 한 곳에서 해지 가능

12 **위 [표]에 따를 때 N은행의 적금 A와 B에 대한 설명으로 옳지 않은 것은? (단, 제시되지 않은 내용은 고려하지 않는다)**

① 적금 B에 가입한 고객은 모두 0.30%p 이상의 우대금리를 적용받는다.
② 가입 기간과 상관없이 적금 A에 가입한 고객이 적용받는 기본금리는 적금 B에 가입한 고객이 적용받는 기본금리에 비해 낮다.
③ 적금 B에 가입한 고객이 5명의 타인에게 적금 B를 추천하여 5명 모두 적금 B에 가입한 경우 추천 고객이 해당 추천을 통해 적용받을 수 있는 우대금리는 0.30%p이다.
④ 적금 가입 월부터 만기 전월 말까지 N은행 ★★카드(신용/체크)의 결제 실적이 100만 원인 경우 해당 카드 결제 실적으로 적용받을 수 있는 우대금리는 적금 A와 B가 서로 같다.
⑤ 2023년 1월에 36개월을 계약 기간으로 설정하여 적금 A에 가입한 고객이 2023년 2~4월 동안 매달 100만 원씩 N은행 입출식통장으로 급여이체를 한 경우 해당 급여이체를 통해 적용받을 수 있는 우대금리는 0.30%p이다.

13 **위 [표]와 다음 [상황]에 따를 때 옳은 설명을 [보기]에서 모두 고르면?**

[상황]

• 갑은 24개월을 계약 기간으로 설정하여 N은행의 적금 상품에 가입하였다. 갑은 가입 후 18개월까지 해당 적금 상품에 총 900만 원을 적립하였다.
• 을은 12개월을 계약 기간으로 설정하여 N은행의 적금 상품에 가입하였다. 을은 가입 후 9개월까지 해당 적금 상품에 총 630만 원을 적립하였다.

| 보기 |

ㄱ. 갑이 가입한 상품이 적금 B라면, 가입 후 19개월 차에 해당 적금에 500만 원을 적립하는 것이 가능하다.
ㄴ. 갑이 가입한 상품이 적금 A라면, 가입 후 21개월이 된 시점에 해당 적금에 적립된 누계액은 1,200만 원 이하일 것이다.
ㄷ. 을이 가입한 상품이 적금 A와 B 중에 무엇이든지 만기 시점까지 해당 적금에 적립된 누계액은 1,000만 원을 넘을 수 없다.
ㄹ. 갑이 가입한 상품이 적금 A이고 을이 가입한 상품이 적금 B라면, 각각 해당 적금에 최초로 입금한 금액은 갑이 을보다 적을 것이다.

① ㄱ ② ㄱ, ㄹ ③ ㄴ, ㄷ ④ ㄷ, ㄹ ⑤ ㄱ, ㄴ, ㄷ

[14~15] 다음 [상속·이농 및 귀농목적의 농어촌주택과 양도소득세 비과세 특례]에 관한 자료를 읽고 물음에 답하시오.

[상속·이농 및 귀농목적의 농어촌주택과 양도소득세 비과세 특례]

상속·이농 및 귀농목적으로 수도권 이외의 읍면지역에 소재하는 농어촌주택과 그 외의 일반주택을 각각 1개씩 소유하고 있는 1세대가 일반주택을 양도하는 경우에는 일정한 요건하에서 양도소득세를 비과세한다.

■ 농어촌주택과 일반주택을 각각 1개씩 소유한 경우의 양도소득세 비과세

- 상속·이농 및 귀농목적으로 수도권(서울·인천 및 경기) 이외의 읍지역(도시지역 안의 지역 제외)·면지역에 소재하는 농어촌주택과 그 외의 일반주택을 각각 1개씩 소유하고 있는 1세대가 일반주택을 먼저 양도하는 경우에는 일정한 요건하에서 양도소득세를 비과세한다. 다만, 귀농주택의 경우 취득일부터 5년 이내에 일반주택을 양도하는 경우에 한정하여 적용한다.
- 유형별 농어촌주택의 범위는 다음과 같다.
  - 상속주택: 피상속인이 취득 후 5년 이상 거주한 사실이 있는 주택
  - 이농주택: 영농·영어에 종사하면서 5년 이상 거주하다가 전업으로 인하여 다른 시·구·읍으로 전출함으로써 본인 및 그 배우자와 생계를 같이하는 가족 전부 또는 일부가 거주하지 않게 된 주택으로서 이농인이 소유하고 있는 주택
  - 귀농주택: 영농 또는 영어에 종사하고자 하는 자가 그 목적으로 취득(귀농 이전에 취득한 것 포함)하여 거주하고 있는 주택으로서 아래 요건을 갖춘 것

※ 귀농주택 요건

1. 취득 당시에 9억 원 초과 고가주택이 아닐 것
2. 대지면적이 660m^2 이내일 것
3. 영농 또는 영어의 목적으로 취득하는 것으로서 1,000m^2 이상의 농지를 소유하는 자 또는 그 배우자가 해당 농지의 소재지에 있는 주택을 취득한 것이거나 어업인이 취득하는 것일 것(귀농주택 취득 후 1년 이내에 1,000m^2 이상의 농지를 취득하는 경우 포함)
4. 세대전원이 이사하여 거주할 것(취학, 근무상 형편, 질병의 요양의 경우 예외 인정)

■ 일반주택이 1세대 1주택 비과세 요건을 갖춘 경우에 한함

- 먼저 양도하는 일반주택만을 기준으로 판단할 때 1세대 1주택 비과세 요건*을 충족하여야 한다.
  * 1세대 1주택 비과세 요건: 2년 이상 보유(2017. 8. 2. 이후 조정대상지역 내 주택을 취득할 경우 2년 이상 거주)
- 귀농주택 소유자는 세대전원이 귀농주택으로 이사(주민등록 이전)를 한 후 3년 이상 영농에 종사하지 않거나, 해당 주택에 거주하지 아니한 경우 일반주택 양도소득세를 추징당하게 되니 유의하여야 한다.
- 상속·이농 또는 귀농목적으로 취득한 농어촌주택이 2개 이상인 경우에는 먼저 양도하는 일반주택과 농어촌주택에 대하여 양도소득세가 과세된다.

14 **위 글을 읽고 보인 반응으로 적절하지 않은 것은?**

① 귀농목적으로 취득한 농어촌주택이 2개, 일반주택이 1개인 경우에는 먼저 양도하는 일반주택에 대하여 양도소득세가 과세되는군.

② 상속주택과 이농주택은 귀농주택과 달리 금액과 규모의 제한이 없군.

③ 이농주택을 소유한 이농인은 더 이상 영농 및 영어에 종사하지 않는군.

④ 이농주택에는 이농인의 가족 중 일부가 거주할 수도 있겠군.

⑤ 세대전원이 거주하지 않을 경우 귀농주택으로 볼 수 없군.

15 **위 비과세 특례를 적용받을 수 있는 경우는? (단, 언급되지 않은 요건은 모두 만족하는 것으로 간주한다)**

① 일반주택 1개를 소유하고 있던 1세대가 부모님이 5년 이상 거주했던 농어촌주택 1개를 부모님 사망으로 인해 상속받았고, 해당 주택을 5년 이내 양도하는 경우

② 부모로부터 상속받은 서울 소재 주택 1개와 기존에 소유하고 있던 귀농주택 1개 중 상속주택을 먼저 양도하는 경우

③ 일반주택 1개와 취득 당시 10억 원이었지만 현재 6억 원인 귀농주택 1개를 소유 중인 1세대가 일반주택을 먼저 양도한 경우

④ 2012년 일반주택을 취득하였고, 그다음 해 귀농주택을 취득한 1세대가 세대원 중 요양원에 계신 할머니를 제외하고 모두 귀농주택으로 이사한 뒤, 2019년 일반주택을 양도한 경우

⑤ 조정대상지역 내 일반주택을 2018년 1월 취득 후 다음 해 6월 귀농주택을 취득해 거주지를 옮겼고, 2020년 6월 일반주택을 양도한 경우

[16~17] 다음은 [청년창업농 장학금]에 관한 자료이다. 자료를 보고 물음에 답하시오.

○ 목적: 농업농촌농산업 분야에 신규 청년인력을 유입하기 위하여 대학 졸업 후, 영농 및 농림축산식품분야에 취·창업을 조건으로 장학금을 지원

○ 신청기간: 2024. 6. 10.(월) 10:00~2024. 7. 15.(월) 17:00까지

○ 지원대상

- 공통: 대한민국 국적자
- 학년: 대학교 3학년 이상(선발학기 기준, 3학년 1학기 진학 예정자 포함) 또는 전문대 및 농업계대학 농식품계열학과 1학년 2학기 이상[단, 선발학기 기준 1학년 2학기 진학 예정자 포함하며, 전문대의 경우 동일 대학 내 전공심화과정(학기) 진학 시 인정]
- 나이: 재학생 중 시행연도(2024. 1. 1.) 기준 만 40세 미만인 자(1984. 1. 1. 이후 출생자)

  ※ 계속장학생은 만 40세 이상도 가능[단, 미성년자의 경우, 성년도래 시점에 보증보험에 가입하겠다는 '보증보험 가입약정{법정대리인 공증(친권자, 후견인)}' 후 선발 가능], 공증비용은 장학생 개인 부담해야 함

  ※ 장학금 신청자 연령은 재단 장학시스템 회원가입 시 휴대폰 본인확인 또는 아이핀 인증으로 확인

○ 신청자격요건

- 학점: 12학점 이상 이수(직전학기 기준)
- 성적: 70점 이상('직전학기 학점/기준학점×100'으로 계산)

○ 지원내용

- 등록금+학업장려금: 250만 원

  ※ 추가모집의 경우, 등록금은 타 장학금 수혜금액을 제외하고 지원

○ 의무사항

- 의무종사: 졸업 후 장학금 수혜 횟수에 해당하는 기간(수혜 학기당 6개월)만큼 영농 및 농림축산식품분야에 취·창업

  ※ 의무종사 미이행 시 장학금(등록금 및 학업장려금) 환수
- 의무교육: 재단에서 정한 의무교육(학기당 신규 신청자 최대 25시간, 수혜자 20시간 이내) 필수 이수

  ※ 의무교육 미이행 시 향후 1년간 장학금 지원중단, 의무종사는 유지
- 보증보험가입: 장학생 자격 상실(포기), 의무종사 불이행 등으로 인한 장학금 반환을 담보하기 위해 수혜 학기별로 가입

16 **위 자료에 대한 설명으로 옳지 않은 것은?**

① 기준학점이 4.0일 때, 직전학기 학점이 2.8점 이상이어야 신청할 수 있다.
② 만 18세인 경우 2년 뒤 보증보험 가입을 약속하는 보증보험 가입약정을 해야 하며, 공증 비용은 본인이 지불해야 한다.
③ 장학금을 받은 후 의무교육과 의무종사를 하지 않는 경우 장학금 환수 및 지원 중지된다.
④ 추가모집된 장학생이 타 장학금으로 등록금을 일부 지원받는 경우 학업장려금만 지원받는다.
⑤ 5학기 동안 장학금을 받은 경우 30개월 동안 농림축산식품분야에 취업 또는 창업을 해야 한다.

17 **다음은 청년창업농 장학금을 신청한 A~F의 서류심사 점수에 관한 자료이다. D가 장학금 수혜자로 선정되기 위한 계획의 구체성의 최소 점수는?**

[서류심사 점수]

구분	A	B	C	D	E	F
지속적인 활동 가능성	70	80	74	84	86	80
분야 선택의 적절성	80	76	80	66	78	72
계획의 구체성	84	76	80	( )	82	84
실현 가능성	90	82	82	85	84	86
진출 준비 과정	88	86	80	82	86	84

[각 항목의 가중치]

지속적인 활동 가능성	분야 선택의 적절성	계획의 구체성	실현 가능성	진출 준비 과정
15%	10%	20%	30%	25%

※ 각 항목의 점수에 가중치를 곱한 값의 합인 총점이 가장 높은 2명을 선별한다.
※ 동점자가 있는 경우 실현 가능성이 더 높은 대상자를 선별한다.

① 91점　② 92점　③ 93점　④ 94점　⑤ 95점

18 **다음 약관을 토대로 할 때 자동차 리스 계약 해지 사항에 해당하지 않는 것은?**

제14조(금지행위) 고객은 금융회사의 사전 서면동의 없이 다음 각 호의 행위를 할 수 없습니다.

1. 자동차의 양도, 전대 또는 약정서에 기재된 고객의 권리를 양도하는 행위
2. 자동차를 해당 자동차 보험에서 인정하는 사용자 이외의 자에게 사용토록 하는 행위
3. 자동차의 규격, 성능, 기능 등을 변경하거나 무단으로 해체하는 행위
4. 자동차를 제3자에게 담보목적으로 제공하는 등 금융회사의 자동차에 대한 소유권 및 정당한 권리를 침해할 수 있는 일체의 행위
5. 제5조 제6항에 의거 자동차에 부착된 표지를 제거 또는 훼손하거나 그 내용 및 부착위치 등을 변경하는 행위

제15조(자동차의 도난, 멸실 및 훼손) ① 고객이 자동차를 인수한 때로부터 리스계약 종료 등의 사유로 인하여 금융회사에게 이를 반환할 때까지 도난, 멸실 또는 훼손 등과 같이 자동차의 정상적인 기능, 외형 및 점유를 손상시키는 사고가 발생한 경우 지체 없이 금융회사에 이를 통보하고 고객의 비용 등으로 다음 각 호의 사항 중 한 가지를 이행하기로 합니다.

1. 자동차를 본래의 기능, 외형 및 점유로 복구합니다.
2. 기존 자동차와 모델, 사양 및 구성이 동일한 자동차로 교체합니다. 이 경우 교체된 자동차는 금융회사의 소유가 되며, 이 약정서상의 자동차로 간주합니다.

② 제1항의 자동차의 도난, 멸실 또는 훼손 등의 사유로 금융회사가 보험금을 수령한 경우 당 보험금을 최대 한도로 하여 제1항에 따라 고객이 부담한 비용을 고객에게 지급하기로 합니다.

제21조(계약의 중도해지) ① 고객이 이 계약을 해지하고자 할 때는 해지하고자 하는 날의 10일 전에 금융회사에게 사전 통보하여야 하여야 합니다.

② 금융회사는 고객에게 여신거래기본약관 제8조 제1항에서 정한 사유 중 하나라도 발생한 경우 동항에서 정한 절차에 따라 이 계약을 해지하고 자동차의 반환을 청구할 수 있습니다.

③ 금융회사는 고객에게 다음 각 호에서 정한 사유 또는 여신거래기본약관 제8조 제3항 및 제4항에서 정한 사유 중 하나라도 발생하여 금융회사의 채권보전에 현저한 위험이 예상될 경우, 고객에게 서면으로 발생 사유의 해소를 독촉하고, 그 통지의 도달일로부터 10일 이상으로 금융회사가 정한 기간까지 고객이 발생 사유를 해소하지 않으면 금융회사는 이 계약을 해지하고 자동차의 반환을 청구할 수 있습니다.

1. 정당한 사유 없이 이 계약상에 규정된 자동차인수 및 자동차인수 사실 확인 의무를 위반한 경우
2. 제14조에 규정된 금지행위를 행한 경우
3. 제15조의 의무를 불이행한 경우
4. 고객의 귀책사유로 보험에 가입하지 않거나 보험료를 2회 이상 연체하는 등 보험관리를 해태한 경우

④ 고객이 월 리스료를 2회 이상 연속적으로 지체한 경우 금융회사는 채무이행 지체사실과 이에 따른 이 계약의 해지를 계약해지일 3영업일(고객이 가계인 경우, 7영업일) 전까지 고객에게 통지 후 계약을 해지하고 자동차의 반환을 청구할 수 있으며, 계약해지일 3영업일(고객이 가계인 경우, 7영업일) 전까지 고객에게 통지하지 않은 경우 실제 통지가 도달한 날부터 3영업일(고객이 가계인 경우, 7영업일)이 경과한 날을 계약의 해지일로 합니다.
⑤ 리스기간 중 자동차가 도난 또는 전손된 경우, 보험금 수령일자에 리스계약은 해지된 것으로 봅니다.

① 리스 중인 자동차를 그의 배우자에게 양도한 A
② 리스 중인 자동차의 월 리스료를 연속 3회 연체한 B
③ 리스 중인 자동차를 도난당하여 보험금을 수령한 C
④ 리스 중인 자동차를 담보로 금융거래를 한 D
⑤ 리스 중인 자동차를 외관 변경 후 원상 복구한 E

[19~20] 다음은 [부패행위 신고 보상 안내]에 관한 자료이다. 자료를 보고 물음에 답하시오.

○ 보상금: 부패방지권익위법에 따른 신고로 인하여 직접적인 공공기관 수입의 회복이나 증대 또는 비용을 절감한 경우

※ 보상대상가액(보상금 지급 사유 중 어느 하나에 해당하는 부과 및 환수 금액)별 보상금 지급기준에 따라 최고 30억 원까지 지급

○ 보상금 지급 사유

- 몰수 또는 추징금 부과
- 국세 또는 지방세 부과
- 손해배상·부당이득반환 등에 의한 환수
- 계약변경에 의한 비용절감 등
- 벌금, 과료, 과징금 또는 과태료의 부과와 통고처분

○ 보상금 신청기한: 공공기관 수입의 회복·증대 또는 비용의 절감에 관한 법률관계가 확정되었음을 인지한 날로부터 3년 이내, 그 법률관계가 확정된 날로부터 5년 이내

○ 보상금 지급 기준

보상대상가액	최대 보상금
1억 원 이하	보상대상가액의 30%
1억 원 초과 5억 원 이하	3천만 원+1억 원 초과금액의 20%
5억 원 초과 20억 원 이하	1억 1천만 원+5억 원 초과금액의 14%
20억 원 초과 40억 원 이하	3억 2천만 원+20억 원 초과금액의 8%
40억 원 초과	4억 8천만 원+40억 원 초과금액의 4%

○ 감액 사유

- 증거자료의 신빙성 등 신고의 정확성
- 언론매체에 의하여 공개된 것인지의 여부
- 신고자가 신고와 관련한 불법행위 가담 여부
- 부패행위사건의 해결에 기여한 정도
- 신고자가 신고할 의무를 가졌는지 여부

○ 보상금 지급 절차

1) 보상금 신청요건 및 지급대상 여부 확인
2) 접수 조사 및 확인
3) 심의 의결(보상심의위원회)
4) 지급 여부 및 금액 결정(전원위원회)
5) 위원회 결정 내용 통보
6) 보상금 지급

19 **위 자료에 대한 설명으로 옳지 않은 것을 [보기]에서 모두 고르면?**

| 보기 |

ㄱ. 시공업체에서 근무하는 A와 B는 납품 원가를 허위로 부풀리는 행위를 하고, B가 본인보다 더 많은 비율로 부풀리는 행위를 본 뒤 A는 B를 국민권익위원회에 신고한 경우 감액된 보상금을 받는다.
ㄴ. 부과금액 및 환수금액에 따라 전원위원회에 의해 보상금이 결정된다.
ㄷ. 신고자의 신고로 인해 부정수급한 업체에게 부정수급 금액을 전액 환수한 이후 5년 이내에 신고자에게 보상금을 지급해야 한다.

① ㄱ ② ㄴ ③ ㄷ
④ ㄱ, ㄴ ⑤ ㄴ, ㄷ

20 **다음 [상황]의 A와 B에 지급되는 최대 보상금의 차이는?**

[상황]

- A는 보조금 4억 8천만 원을 부정 수급하여 이를 편취한 자를 국민권익위원회에 신고하였고, 불법으로 편취한 보조금을 반환하라는 법적 조치를 받았다.
- B는 시공업체가 계약서와 다르게 비용절감을 통하여 42억 원을 편취한 업체를 국민권익위원회에 신고하였고, 환수 조치 처분을 받았다.

① 36,600만 원 ② 37,200만 원 ③ 38,200만 원
④ 38,900만 원 ⑤ 39,200만 원

[21~22] 다음은 농협은행이 행원 복지의 일환으로 시행하고 있는 가계안정자금 대여제도에 관한 규정의 일부이다. 이를 토대로 물음에 답하시오.

제00조(가계안정자금 대여대상자) ① 주택자금 대여대상은 국내에 본인, 배우자 및 동거하는 부양가족 소유의 주택이 없는 직원이 주택을 구입 또는 임차하고자 하는 경우로서, 근속기간 6개월 이상인 직원으로 향후 2년 이상 근무 가능한 직원에 한한다. 다만, 사택을 제공받고 있는 직원은 제외한다.

② 생활안정자금 대여대상은 근속기간 6개월 이상의 직원으로 한다.

제00조(가계안정자금 대여조건) ① 가계안정자금의 대여조건은 [별표]와 같다.

② 가계안정자금 대여에 수반한 기타 필요한 업무처리절차는 주관부서장이 따로 정하는 바에 의한다.

[별표] 가계안정자금 대여조건

<table>
<tr><th rowspan="2">자금 용도
구분</th><th colspan="3">주택자금</th><th colspan="2" rowspan="2">생활안정자금</th></tr>
<tr><th colspan="2">구입자금</th><th>임차자금</th></tr>
<tr><td>대여한도</td><td colspan="3">5,000만 원</td><td colspan="2">1,000만 원</td></tr>
<tr><td>대여기간
(거치기간 포함)</td><td>20년 이내</td><td>3년 이내</td><td>2년 이내</td><td>8년 이내</td><td>3년 이내</td></tr>
<tr><td>거치기간</td><td>5년 이내</td><td>—</td><td>—</td><td>3년 이내</td><td>—</td></tr>
<tr><td>이율</td><td colspan="5">원화대출고정기준금리(1년)+가산금리(0.73%)</td></tr>
<tr><td>상환방법</td><td>• 원금: 매월균등 분할상환
• 이자: 매월후취</td><td>• 원금: 만기일시 상환
• 이자: 매월후취. 단, 최초 원금 5% 내입 시 3년 연장 가능</td><td>• 원금: 만기일시 상환
• 이자: 매월후취</td><td>• 원금: 매월균등 분할상환
• 이자: 매월후취</td><td>• 원금: 만기일시 상환
• 이자: 매월후취. 단, 최초 원금 10% 내입 시 3년 연장 가능</td></tr>
</table>

※ 주택자금 대여한도에는 생활안정자금 대여한도가 포함됨

21 **위 규정의 내용과 부합하는 것은?**

① 가계안정자금 대여한도는 6,000만 원이다.
② 가계안정자금을 대여할 경우 0.73%의 이율이 적용된다.
③ 주택임차자금 대여 시 일정 금액을 내입할 경우 연장이 가능하다.
④ 생활안정자금의 거치기간을 포함한 대여기간은 최대 8년을 초과할 수 없다.
⑤ 서울에 소재한 배우자 소유 집에서 살고 있는 행원의 경우 본인 명의의 주택 구입을 위해 주택자금 대여를 이용할 수 있다.

22 **위 규정에 따를 때, 농협은행 행원 A~E 중에서 가계안정자금 대여제도를 바르게 이해한 사람은 누구인가? (단, 언급되지 않은 요건은 모두 만족하는 것으로 간주한다)**

① A: 현재 사택을 제공받아 근무 중인데 곧 결혼할 예정이라 주택자금 대여를 이용해 배우자와 함께 살 집을 마련하려고 해.
② B: 5년간 근무했지만 건강상의 이유로 올해까지만 근무하고 퇴직하려고 해. 앞으로 2년 이상 근무가 불가능하기 때문에 생활안정자금 대여를 이용할 수 없겠어.
③ C: 회사 근처에 전셋집을 알아보고 있어. 마침 주택자금 대여대상에 해당된다는 내용을 전해 들어 원금을 매월 균등분할하여 상환하는 방식으로 이용하려고 해.
④ D: 자녀 유학으로 미국에 배우자 소유의 주택을 구입했어. 하지만 방학에 한국으로 올 가족과 같이 지낼 공간을 위해 이번에 주택자금 대여를 통해 주택을 구입하려고 해.
⑤ E: 올해 10월에 입사해 근무하고 있는 중인데 현재 전세로 살고 있는 집에서 출퇴근하기에는 거리가 너무 멀어. 그래서 내년 2월에 주택자금 대여를 받아 회사 근처 주택으로 들어가려고 해.

[23~24] 다음은 [여행자 휴대품 관세]에 관한 자료이다. 자료를 보고 물음에 답하시오.

1. 여행자 휴대품
   - 여행자가 휴대하는 것이 통상적으로 필요하다고 인정하는 신변용품 및 신변장식품
   - 비거주자인 여행자가 반입하는 물품으로서 본인의 직업상 필요하다고 인정되는 직업용구
   - 물품의 성질·수량·가격·용도 등으로 보아 통상적으로 여행자의 휴대품 또는 별송품인 것으로 인정되는 물품 등
2. 면세범위
   - 여행자 휴대품으로서 각 물품의 과세가격 합계 기준으로 미화 800달러 이하(농축수산물 품목당 5kg 이내, 총량 40kg 이내, 전체 해외취득가격 10만 원 이내 포함)
   - 위 항과 별도로 주류 2병(전체 용량이 2L 이하이고 총 가격이 미화 400달러 이하), 필터담배 200개비, 전자담배 니코틴용액 20ml(니코틴함량 1% 미만), 향수 100ml
   - 만 19세 미만(출생년도 기준) 미성년자는 주류, 담배 면세범위 없음
3. 여행자 휴대품 성실신고
   - 면세범위를 초과하는 물품
   - 자진신고 시: 산출 세액의 30% 경감
   - 미신고 적발 시: 가산세 부과(산출 세액의 40%, 2년 내 2회 이상 60%, 가산세는 관세와 부가세 모두 적용)
4. 반출입 금지 및 제한물품의 통관
   - 반출입 금지물품: 음란물, 화폐·채권 기타 유가증권의 위조품·변조품 또는 모조품 등
   - 반출입 제한물품: 총기, 마약, 멸종위기의 야생동식물 보호에 관한 국제협약(CITES)에서 규정한 동식물 및 이들의 제품 등
   - 반출입 제한물품은 면세범위와 관계없이 통관에 필요한 제반요건을 구비하여야 함
5. 관세율

구분	관세율	비고	구분	관세율	비고
가방(200만 원 이하)	8%	–	일반보석	8%	–
지갑	8%	–	모자	8%	–
신발	13%	고무, 플라스틱 신발 8%, 그 외 13%	선글래스/안경	8%	–
의류	13%	–	시계(200만 원 미만)	8%	–
가죽의류	13%	–	캐리어	8%	–
모피의류(500만 원 미만)	16%	–	배낭	8%	–

※ 가방(200만 원 초과), 고급보석(500만 원 이상), 시계(200만 원 이상), 모피의류(500만 원 이상)의 경우 별도의 관세율을 부과한다.

6. 관세 계산 방법
- 납부 세액=산출 세액+가산세-경감액
- 산출 세액=관세+부가세
- 관세=과세가격×관세율
- 과세가격=물품의 합계 금액에서 면세 범위 금액을 제외한 금액
- 부가세=(과세가격+관세)×10%

23 위 자료에 대한 설명으로 옳지 않은 것을 [보기]에서 모두 고르면?

| 보기 |

ㄱ. 동일한 물품에 한하여 비용에 따라 일정 비율의 세금을 지불해야 한다.
ㄴ. 금일 1달러 환율이 1,380원인 경우 면세범위는 1,104,000원이다.
ㄷ. 성인 2명, 청소년 1명의 가족이 가족 합산으로 신고하는 경우 면세 가능한 주류는 총 6병이다.
ㄹ. 최대 8종류의 농축수산물을 반입할 수 있다.

① ㄱ, ㄴ　② ㄱ, ㄷ　③ ㄴ, ㄹ　④ ㄱ, ㄷ, ㄹ　⑤ ㄴ, ㄷ, ㄹ

24 다음 [상황]의 A와 B가 납부해야 하는 세금의 합은? (단, 계산 시 원 단위 미만은 절사한다)

[상황]

- A: 유럽에서 금액이 160만 원인 가방을 구매했다. 구매 당시의 1달러 환율은 1,360원이었으며, A는 세금을 자진 신고하였다.
- B: 미국에서 금액이 2,500,000원인 캐리어를 구매하였고, 구매 당시의 1달러 환율은 1,380원이었으며, B는 처음으로 세금 미신고로 적발되었다.

① 154,387원　② 167,904원　③ 203,526원　④ 204,755원　⑤ 217,043원

25 다음은 [목재산업시설 현대화사업]에 관한 자료이다. 이에 대한 설명으로 옳지 않은 것은?

1. 사업대상자
   목재생산업 등록 업체로 목재산업시설의 현대화를 원하는 업체

2. 지원자격 및 요건
   목재생산업 등록 업체로서 해당 제조시설이 위치하고 있는 지자체에서 지방비 확보가 가능하여야 함(자격 요건에 해당하지 않는 경우 신청 불가)

3. 지원대상
   목재생산업으로 등록된 건조, 제재·가공, 방부, 목탄 제조시설을 갖춘 업체

4. 지원자금의 사용용도
   목재산업시설 현대화를 위한 제재시설 등 장비 구입, 시설 보강 등

5. 지원형태 및 사업범위
   목재산업시설 현대화를 위한 건조, 제재·가공, 방부, 목탄 제조시설 등 노후화된 목재산업시설 교체 또는 보강 및 기존 목재생산업 운영자로서 목재산업시설 신규 설치

제재시설	띠톱 및 원형톱, 자동제재기, 집진설비, 대차 등
건조시설	저온·중온·고온 건조기, 고온고습 건조기, 진공·고주파 건조기 등
가공시설	스핀들레스, 원주가공기, 프리컷 자동설비, 집성재설비, 칩제조시설, 톱밥제조시설 등
목탄제조	숯가마 생산시설, 원목절단기계, 숯 파쇄기, 컨베어벨트, 집진기 등
방부시설	주약관, 저장탱크, 계량탱크, 진공펌프, 가압펌프 등
기타	원목 집재를 위한 기계장비 등

6. 지원한도액 기준 및 범위
   개소당 2억 원(국비 40%, 지방비 20%, 자부담 40%)

7. 사업 공고 및 신청

[사업시행지침]		[e-나라도움, 홈페이지]		[e-나라도움]
사업 추진방향 통보	→	사업홍보	→	사업신청(선정업체)
산림청(9월)		사업시행기관(9 ~ 10월)		목재생산업 등(2~3월)

1) 산림청: 사업시행지침 및 사업지원계획 시달
2) 지자체: 시·군·구 해당 사업부서에서는 사업 홍보 및 사업자 선정 공고를 실시
   - 공고문에 온라인 사용방법을 안내
   - 신청자격, 지원조건, 지원내용, 신청기간, 신청방법, 대상자 선정절차 등

3) 사업신청자: 사업신청자는 신청서를 작성하여 시·군의 해당 사업부서로 제출
- 신청서: 목재산업시설 현대화사업 지원 신청서
- 제출서류: 목재생산업 등록증, 사업자 등록증(또는 공장등록증), 건물 또는 토지 소유권을 증명하는 서류, 법인 재무제표 확인서, 최근 3년간 국산원목 매입실적 증명서, 일반현황, 사업계획서, 최근 3년간 수출 증명서류

① 대상자 선정절차는 지자체에서 진행한다.
② 지원대상에 해당하는 업체는 모두 신청 가능하다.
③ 최근 3년간 국산원목 매입 실적과 최근 3년간 수출 능력이 지원에 영향을 줄 수 있다.
④ 목탄제조 시설에 컨베어벨트 교체 시 지원받을 수 있다.
⑤ 지원금 중 지방비 비중이 가장 낮다.

[26~27] 다음은 [전략작물직불]에 관한 자료이다. 자료를 보고 물음에 답하시오.

○ 목적

식량자급률 증진, 쌀 수급 안정 및 논 이용률 제고

○ 사업내용

논에서 전략작물을 재배하는 농업인 등에 직불금 지원

○ 지원 자격 및 요건

1) 농업경영체로 등록된 농업인, 농업법인 및 식량작물공동경영체

2) 연간 농산물 판매금액이 900만 원 이상인 농업인 또는 4,500만 원 이상인 농업법인이며 아래 요건을 충족하는 자

- 농지소재지와 주거지 주소가 같은 경우: 신청연도의 직전 1년 이상 주소 또는 주된 사무소를 해당 시·구에 두고 해당 시·구에 소재한 1,000m^2 이상의 논농업 또는 밭농업에 이용하는 농지를 직전 1년 이상 경작한 자
- 농지소재지와 주거지 주소가 다른 경우: 같은 시·군·구에 소재하는 10,000m^2 이상의 농지를 경작하는 농업인 또는 같은 시·군·구에 소재하는 50,000m^2 이상의 농지를 경작하는 농업법인

○ 지원 제외 지역

- 녹지지역(보전녹지지역, 생산녹지지역, 자연녹지지역)
- 자치구 중 수도권이 아닌 곳에 속한 경우 동지역 중 농촌지역

○ 대상 품목

- 동계작물: 밀, 보리(겉보리, 쌀보리, 맥주보리 등), 호밀, 귀리, 조사료
- 하계작물: 가루쌀, 두류, 옥수수, 조사료

○ 지원단가

- 동계작물: 50원/m^2
- 하계작물: 가루쌀·두류 200원/m^2, 조사료 430원/m^2, 옥수수 100원/m^2

※ 동계 밀·조사료+하계 두류·가루쌀 이모작 시 100원/m^2 추가 지급

○ 지급금액

지급단가(원/m^2)×지급대상 농지면적(m^2)

○ 사업 신청

- 장소: 농지 소재지 읍·면·동사무소에 등록
- 등록기간: 동계작물 '24. 2. 1.~3. 31., 하계작물 '24. 2. 1.~5. 31.

○ 지급 절차

신청서 등록(2~5월) → 전략작물직불금위원회(4월, 7월) → 이행점검(4~6월, 7~10월) → 지급대상자 검증(7월, 10월) → 지급대상자 확정(7월, 11월) → 직불금 지급(8월, 12월)

○ 유의사항
1) 한 필지 내에 2개 이상의 대상품목을 섞어 재배하는 경우
- 대상품목 재배면적이 기준 미만이더라도 총 재배면적이 기준 초과인 경우 각 대상품목의 지급금액을 모두 지급
2) 한 필지 내에 대상품목과 비대상품목을 섞어 재배하는 경우
- 대상품목 재배면적만을 지급대상 면적으로 산정하며, 비대상품목 재배면적은 제외
3) 한 필지 내에 일부는 대상품목을 식재하고, 일부는 휴경할 경우
- 대상품목 재배면적만을 지급대상 면적으로 산정하며, 휴경면적은 제외
4) 이모작 인센티브 지급액은 동·하계작물 식재면적 중 적은 면적에 적용하고 각각 1,000m^2 미만인 경우는 각각 직불금 지급대상에서 제외

26 **위 자료에 대한 설명으로 옳지 않은 것은?**

① 생산녹지지역에 대상품목을 재배하더라도 지원받을 수 없다.
② 한 필지 내에 다양한 품목을 섞어서 재배하는 경우 대상 품목에 한하여 직불금을 지급한다.
③ H시 A군에 거주하는 농업인이 H시 B군 소재의 5,000m^2 농지에 대상 품목을 재배하는 경우 직불금을 지원받을 수 있다.
④ 거주지와 밭 소재지가 동일한 경우 하계작물 재배 시 최소로 지급받는 직불금은 10만 원이다.
⑤ 이모작의 경우 직불금을 2회에 나눠서 지급받는다.

27 **다음 [상황]의 A와 B가 지급받는 직불금의 합은? (단, 제시되지 않은 조건은 고려하지 않는다)**

[상황]
- A: 동계에 맥주보리를 5,000m^{2}를 재배하고, 하계에 옥수수를 6,000m^{2}를 재배했다.
- B: 하계에 한 필지 내에 가루쌀 500m^2, 조사료 5,000m^{2}를 재배했다.

① 3,450,000원 ② 3,600,000원 ③ 3,850,000원
④ 3,950,000원 ⑤ 4,100,000원

기출복원 제1회 제2회 제3회

28 다음 자료에 근거할 때 우선공급받는 가구로 가장 적절한 것은? (단, 입주 자격은 모두 충족한다)

○ 입주 자격

공고일 현재 세대구성원 전원이 무주택자이며 아래의 소득 및 자산 보유 기준에 해당되는 공급신청자격자

○ 소득기준

[표 1] 전년도 가구원수별 도시근로자 가구당 월평균 소득

가구원수	가구당 월평균 소득
3인 이하	4,816,665원
4인	5,393,154원
5인 이상	5,475,403원

[표 2] 공급규모별 소득기준

전용 $50m^2$ 미만	전용 $50m^2$ 이상~ 전용 $60m^2$ 이하	전용 $60m^2$ 초과
전년도 도시근로자 가구당 월평균 소득의 70% 이하 (1인 가구를 제외한 50% 이하에 우선공급)	전년도 도시근로자 가구당 월평균 소득의 70% 이하 (당해지역 거주자에 우선공급)	전년도 도시근로자 가구당 월평균 소득의 100% 이하

	가구주 (가구원수, 거주지)	가구원 1인당 월평균 소득	공급규모	공급지 지역
①	갑(4인, 인천)	1,835,886원	전용 $84m^2$	인천
②	을(3인, 서울)	966,535원	전용 $56m^2$	경기
③	병(1인, 서울)	900,336원	전용 $27m^2$	서울
④	정(2인, 부산)	1,356,322원	전용 $56m^2$	부산
⑤	무(5인, 대구)	1,833,965원	전용 $123m^2$	대전

29 **다음은 [꾸러미사업지원]에 관한 자료이다. 지원자금의 사용용도 예시로 옳지 않은 것은?**

> 1. 사업대상자
> 꾸러미 사업을 희망하거나 추진 중인 마을공동체를 형성하고 있는 단체 10개소
>
> 2. 지원자격 및 요건
> – 지원자격: 농축수산물, 지역특산물을 직접 생산·가공하는 단체인 농업회사법인, 영농조합법인으로 꾸러미 제품을 기획하여 사업을 추진코자 하는 법인(또는 추진하고 있는 법인)
> ※ 농업회사법인은 「농어업경영체 육성 및 지원에 관한 법률」에 의해 설립된 법인이어야 함
> ※ 사업대상자는 「농어업경영체 육성 및 지원에 관한 법률」에 의거 농업경영체 등록을 하고 사업 기간 내 그 기간이 유효해야 함
> ※ 부부, 직계존비속, 형제 간에는 중복 신청이 불가함
> – 선정우선순위: 사회적경제기업 및 마을기업 대상 선정 시 가점 부여
>
> 3. 지원대상
> 꾸러미 제품 기획·홍보·판매 등에 소요되는 비용(단, 자산 구입 및 인건비는 지원 불가 항목임)
>
> 4. 지원자금의 사용용도
> – 온·오프라인 판매 관련 및 농식품 관련 교육비 지원
> – 꾸러미 제품 상품화 지원
> – 온·오프라인 판매 홍보·마케팅 비용 지원
> – 꾸러미 제품 온·오프라인 판매에 따른 물류 지원
>
> 5. 지원형태 및 사업범위
> 국비 100%, 자부담 없음
> ※ 사업기간 내 소속농가의 농식품을 수매하여 꾸러미 제품을 기획하고 온·오프라인으로 판매 개시 의무
>
> 6. 지원한도액 기준 및 범위
> 1개소당 18백만 원 한도

① 오프라인 박람회 참가 비용 지원

② 농식품 유통 및 마케팅 관련 온라인 교육비 지원

③ 택배 발송비 등 물류 비용 지원

④ 외부 패키지 디자인 외주 비용 지원

⑤ 상세페이지 제작 비용 지원

30 **다음은 [가상자산 불공정거래 및 투자사기 신고]에 관한 자료이다. [보기]의 A~D 중 금융감독원이 직접 조사 및 조치하는 사건을 모두 고르면?**

○ 이용안내

1) '신고센터'에서는 가상자산과 연계한 불공정거래 제보 및 기타 투자사기에 대한 신고를 접수받고 있습니다.

※ 불공정거래행위가 아닌 일반 투자사기의 경우, 금융감독원이 직접 조사 및 조치할 권한이 없어 조속한 수사 진행을 원하시거나 피해구제가 필요하시면 검찰·경찰 등 수사기관으로 신고하실 수 있음을 안내드립니다.

2) 신고하실 때에는 사실 확인을 위하여 신고자의 성명, 생년월일, 주소, 전화번호 및 신고내용을 정확하게 기입하여 주십시오.

3) 정확한 조사를 위해 제보·신고내용은 육하원칙에 의하여 자세하게 기재하여 주시고, 관련 증거자료 등이 있는 경우 이를 제출하여 주시기 바랍니다.

4) 신고된 내용은 소관부서로 이관되거나, 수사기관에 통보될 수 있습니다.

5) 신고내용에 대한 처리결과는 신고내역 메뉴에서 조회할 수 있으나 신고인에게 별도로 통보되지 아니합니다.

6) 다음의 경우에는 별도 처리 없이 자체 종결될 수 있으니 양지하시기 바랍니다.

- 신고자의 신원을 확인할 수 없거나 소재불명 등으로 연락이 두절된 경우
- 신고내용이 명백히 허위인 경우
- 동일한 사항에 대하여 조사가 진행 중이거나 종료된 경우
- 공시자료, 언론보도 등에 의하여 널리 알려진 사실이나 풍문을 바탕으로 신고한 경우로서 새로운 사실이나 증거가 없는 경우
- 신고내용이 위법행위의 단서로서 가치가 없다고 판단되는 경우
- 기타 신고내용 및 신고자에 대한 확인결과 조사의 실익이 없다고 판단되는 경우

○ 가상자산 불공정거래 행위 금지

1) 미공개중요정보 이용행위: 가상자산사업자, 가상자산을 발행하는 자 및 임직원이나 대리인, 주요주주, 가상자산사업자와 계약을 체결하거나 교섭하는 자 등이 미공개 중요정보(이용자의 투자판단에 중대한 영향을 미칠 수 있는 정보로서 불특정 다수인이 알 수 있도록 공개되기 전의 것)를 해당 가상자산의 매매, 그 밖의 거래에 이용하거나 타인에게 이용하게 하는 행위

2) 시세조종행위: 가상자산의 매매에 관하여 그 매매가 성황을 이루고 있는 듯이 잘못 알게 하거나, 그 밖에 타인에게 그릇된 판단을 하게 할 목적으로 가장매매와 통정매매, 현실거래에 의한 시세조종행위, 시세를 고정 및 변동시키는 행위

3) 부정거래행위: 가상자산의 매매, 그 밖의 거래와 관련하여 부정한 수단, 계획, 기교를 이용한 행위, 중요사항의 거짓 기재나 누락 등 행위, 거짓의 시세를 이용하는 행위

4) 자기발행 가상자산 매매행위: 가상자산사업자가 자기 또는 특수관계자가 발행한 가상자산의 매매, 그 밖의 거래를 하는 행위

| 보기 |

ㄱ. A는 비상장 가상자산을 곧 상장 예정인 가상자산으로 속여 저렴한 금액으로 개인 거래를 요청하여 원래 금액보다 비싸게 매매하였다.
ㄴ. B는 유명 운동선수와 관련있는 가상자산으로 허위 광고를 통해 투자를 권유하여 투자를 유도하였다.
ㄷ. C는 가상자산 상장 전 리딩방에서 투자자를 모집한 뒤 가상자산 상장 후 대량 매도로 가격을 하락하게 하여 투자손실을 발생하게 하였다.
ㄹ. D는 가상자산사업가로 활동하고 있으며, 소수 인원에게만 공유하는 정보라는 거짓으로 자신이 발행한 가상자산을 매매하였다.

① ㄱ, ㄴ
② ㄴ, ㄹ
③ ㄱ, ㄴ, ㄷ
④ ㄴ, ㄷ, ㄹ
⑤ ㄱ, ㄴ, ㄷ, ㄹ

[31~32] 다음은 T사 영업팀이 1박 2일로 워크숍을 가기 위해 숙소를 예약하고자 정리한 자료이다. 이어지는 물음에 답하시오.

[표] 숙소별 1박 기준 금액

구분	A숙소	B숙소	C숙소
4인실 숙박비	120,000원	100,000원	110,000원
1인 식사비	8,000원	10,000원	10,000원
비고	10인 이상 숙박 시 전원 1식 무료	결제 금액 50만 원 이상 시 7만 원 할인	15% 할인

31 **다음 [상황]의 영업팀이 워크숍을 가기 위해 지불해야 하는 금액은 총 얼마인가?**

> [상황]
>
> 영업팀 10명의 인원은 F지역으로 1박 2일 동안 워크숍을 가려고 한다. 영업팀 인원들은 숙소에서 판매하는 저녁 식사와 다음 날 아침 식사를 할 계획이며, A~C숙소 중 가장 저렴한 숙소를 예약하려고 한다.

① 430,000원 ② 440,000원 ③ 445,500원
④ 450,000원 ⑤ 450,500원

32 **영업팀은 렌터카를 이용하여 워크숍 장소로 이동하기로 했다. 영업팀이 다음과 같은 일정으로 워크숍을 간다고 할 때, 영업팀이 지불해야 하는 유류비를 포함한 렌트 비용은 얼마인가?**

[업체별 1일 기준 렌트 비용]

구분	A업체	B업체
5인승 차 렌트비	80,000원	85,000원
연비	10km/1리터	15km/1리터

※ 각 업체의 렌터카는 경유차이며, 경유 1리터당 가격은 1,850원임

영업팀이 예약한 숙소는 사무실과 50km 거리이고, 숙소에 짐을 풀고 숙소에서 10km 떨어진 유원지에서 준비한 워크숍 일정을 진행하려고 한다. 영업팀은 유원지에서 다시 숙소로 이동하여 숙박한 후 다음 날 사무실로 이동할 계획이다. 영업팀은 A업체와 B업체 중 유류비를 포함한 렌트 비용이 더 저렴한 업체에서 렌트하고자 한다.

① 364,400원 ② 365,700원 ③ 367,000원
④ 368,300원 ⑤ 369,600원

[33~34] 다음은 [친환경농업 기반구축]에 관한 자료이다. 자료를 보고 물음에 답하시오.

1. 사업대상자

생산자단체: 영농조합법인, 농업회사법인, 농협, 협동조합 및 사회적협동조합

2. 지원자격 및 요건

친환경농업 집적지구(친환경농지 간 집적도를 높인 생산거점으로, 사업주체가 안정적 판로를 바탕으로 농가와 계약재배 등을 통해 관리하는 지역)

1) 사업규모

구분		사업신청 요건		
		예비지구	기초지구	선도지구
쌀	사업면적	50ha	100ha	150ha
	인증면적	사업면적의 50% 이상(인증면적 중 20% 이상 연접)		
	취급액	10억 원	15억 원	20억 원
원예 (쌀을 제외한 식량 작물 포함)	사업면적	20ha	40ha	60ha
	인증면적	사업면적의 50% 이상		
	취급액	15억 원	30억 원	45억 원
가공	사업면적	20ha	40ha	60ha
	인증면적	사업면적의 50% 이상		
	취급액	30억 원	60억 원	90억 원

※ 예비, 기초, 선도 사업단계를 고려해서 예산 차등 지원 가능

2) 참여주체별 역할

- 농가: 사업주체와의 계약에 따라 전속출하(출하량의 80% 이상) 이행
- 사업주체: 농가와의 계약물량을 책임지고 판매, 지속적으로 신규시장을 개척하여 지구 내 일반농가의 친환경 전환 견인, 농가 생산관리를 위해 생산 매뉴얼 운영, 농가 기술교육, 농산물 품질 및 인증관리, 공동농작업 등 지원

3) 집적지구 소재 마을에 농업환경보전프로그램을 추진하도록 하고 서류평가 시 가점 부여

4) 지구 내 친환경인증농가 전원 친환경 농산물 의무자조금 납부 필수

3. 사업유형별 지원대상

1) 지원가능 H/W 분야

- 생산: 친환경농산물 생산에 필요한 시설·장비, 유기농업자재 생산 및 활용 관련 시설·장비
- 가공: 집하, 예냉, 선별, 가공, 제조, 포장에 필요한 시설·장비
- 유통: 저온 저장고, 지게차, 저온 운반차량(3.5톤 이하) 등
- 교육·체험: 친환경 농업 및 상품 관련 교육·체험 시설·장비
- 소비: 친환경 농산물 및 가공품 등 판매시설
- 기타: 건축물 설치에 따른 감리비 등

2) 지원가능 S/W 분야
- 역량강화: 재배·경영관리 및 생산자단체 조직화 역량 강화 관련 교육·컨설팅
- 교육: 공동영농 및 농가조직화를 위한 인식전환, 계약재배, 작부체계 전환, 농기계 조작·관리, 친환경 인증 취득, 선진지 견학 등
- 컨설팅: 경영체 조직관리 및 운영체계 수립(제도·규약 마련, 사업전략 등), 경영개선(사업여건에 따른 적정 취급량 및 운영활성화, 보유 농기계의 효율적 운영, 향토자원 활용, 농가소득증대 방안 등), 생산역량혁신 계획수립(작목 및 품종선택, 재배방법, 영농기술, 작부체계, 농기계공동운영, 생산비 절감 등)
- 상품개발: 친환경농산물 및 가공품 생산기술 개발, 상품개발 기술 관련 교육·컨설팅
- 판로확대: 디자인 및 브랜드 개발, 상품 특허 및 지적재산권 등록 등

3) 공통 지원제외 대상
- 부지: 부지매입비, 부지 및 건물 임차비, 사업부지 기반조성비
- 시설: 음식점 및 숙박시설 설치비
- 자재: 개별농가단위 생산관련 자재 구입비(비료, 미생물제재, 종자 등)
- 운영: 인건비, 개별농가 홍보·마케팅 관련 비용
- 기타: 설계비

※ 시설·장비의 경우 공동이용 목적으로 구매하는 것만 지원 가능

※ 신규 및 보완 사업 공통 지원제외 대상

4. 지원한도액 기준 및 범위
1) 지원한도: 20억 원
2) 지원비중 및 사업기간: 국비 30%, 지방비 50%, 자부담 20%, 사업기간은 3년 이내
3) 지구 내 농지의 임대차 허용

33 위 자료에 대한 설명으로 옳지 않은 것은?

① 지원 중에 친환경농업 집적지구의 농지 임대가 가능하다.

② 인건비와 마케팅 비용은 지원받을 수 없다.

③ 디자인 및 브랜드 개발과 지적재산권 등록에 대해 지원받을 수 있다.

④ 친환경 농산물 의무자조금을 납부하지 않은 친환경인증농가가 있는 경우 지원받을 수 없다.

⑤ 개인용으로 사용할 2톤 저온 운반차량 구매 시 지원받을 수 있다.

34 친환경농업 기반구축에 대한 설명으로 옳은 것을 [보기]에서 모두 고르면?

| 보기 |

ㄱ. 쌀 재배의 경우 예비지구의 최소 인증면적은 원예 재배의 예비지구 최소 인증면적의 2.5배이다.
ㄴ. 지원금을 최대로 받는 경우 자기 부담금액은 4억 원이다.
ㄷ. 비료 구입비 지원과 재배방법의 컨설팅을 받을 수 있다.

① ㄱ ② ㄴ ③ ㄷ ④ ㄱ, ㄴ ⑤ ㄴ, ㄷ

35 A는 로봇청소기 성능을 [표]와 같이 정리하였다. [조건]을 토대로 A가 구매할 로봇청소기는?

[표] 로봇청소기 성능

구분	가	나	다	라	마
흡입력	4,500PA	5,000PA	4,000PA	5,500PA	5,400PA
물걸레 기능	진동형	회전형	회전형	회전형	진동형
배터리 용량	5,200mAh	4,500mAh	5,500mAh	4,000mAh	6,000mAh
가격	650,000원	700,000원	680,000원	750,000원	720,000원

[조건]

- 흡입력, 배터리 용량은 각각 높을수록 5점부터 1점까지 차등으로 점수를 부여한다.
- 가격은 낮을수록 5점부터 1점까지 차등으로 점수를 부여한다.
- 흡입력, 배터리 용량, 가격은 각각 30%, 20%, 50%의 가중치를 적용한다.
- 물걸레 기능이 회전형인 경우 총점에 1점의 점수를 부여한다.
- A는 총점이 가장 높은 로봇청소기를 구매한다.

① 가 ② 나 ③ 다 ④ 라 ⑤ 마

[36~37] 다음은 개정된 육아휴직 정책에 관한 자료이다. 이어지는 물음에 답하시오.

[육아휴직 정책 비교]

• 일반 근로자 육아휴직급여 지급기준

구분	현행	개편
1~3개월	통상임금의 80% (상한 월 150만 원)	통상임금의 80% (상한 월 150만 원)
4~12개월	통상임금의 50% (상한 월 120만 원)	

• 한부모 근로자 육아휴직급여 지급기준

구분	현행	개편
1~3개월	통상임금의 100% (상한 월 250만 원)	통상임금의 100% (상한 월 250만 원)
4~6개월	통상임금의 80% (상한 월 150만 원)	통상임금의 80% (상한 월 150만 원)
7~12개월	통상임금의 50% (상한 월 120만 원)	통상임금의 80% (상한 월 150만 원)

• 3+3 부모 육아휴직제도 신설

자녀의 출생 후 12개월이 될 때까지 부모 모두가 육아휴직을 하는 경우에 해당하며, 다음과 같이 지급한다.

육아휴직 사용기간	1인당 지원금액
부모 각각 1개월	통상임금 100%(상한 월 200만 원)
부모 각각 2개월	• 첫 번째 달: 통상임금 100%(상한 월 200만 원) • 두 번째 달: 통상임금 100%(상한 월 250만 원)
부모 각각 3개월	• 첫 번째 달: 통상임금 100%(상한 월 200만 원) • 두 번째 달: 통상임금 100%(상한 월 250만 원) • 세 번째 달: 통상임금 100%(상한 월 300만 원)
부모 각각 4개월 이상	• 첫 번째 달: 통상임금 100%(상한 월 200만 원) • 두 번째 달: 통상임금 100%(상한 월 250만 원) • 세 번째 달: 통상임금 100%(상한 월 300만 원) • 네 번째 달부터 종료 시까지: 통상임금 80%(상한 월 150만 원, 하한 70만 원)

36 다음 [상황]의 A와 B가 각각 지급받는 총 육아휴직급여는?

[상황]

- A: 일반 근로자인 A는 월 통상임금이 350만 원이고, 출산 후 육아휴직을 신청하였다. A는 회사 업무상 육아휴직을 6개월만 사용하였으며, 육아휴직 정책 개편 후이다.
- B: 한부모 근로자인 B는 월 통상임금이 270만 원이고, 출산 후 육아휴직을 신청하였다. B는 육아휴직을 12개월 사용하였고, 육아휴직 정책 개편 전이다.

	A	B
①	810만 원	1,920만 원
②	810만 원	1,950만 원
③	900만 원	1,920만 원
④	900만 원	1,950만 원
⑤	900만 원	1,980만 원

37 다음 [상황]의 가족이 지급받을 수 있는 총 육아휴직급여는?

[상황]

C와 D는 최근 쌍둥이 아이를 출산한 부모이다. 두 사람 모두 육아를 위해 육아휴직을 8개월 동안 사용할 예정이다. C의 통상임금은 월 400만 원이고, D의 통상임금은 월 380만 원이다.

① 1,500만 원 ② 1,800만 원 ③ 2,200만 원
④ 2,400만 원 ⑤ 3,000만 원

[38~39] 다음 [표]는 2018~2023년 국내 주요 은행별 카드 이용 실적에 관한 자료이다. [표]를 보고 물음에 답하시오.

[표] 2018~2023년 국내 주요 은행별 카드 이용 실적

(단위: 백만 원)

구분		2018년	2019년	2020년	2021년	2022년	2023년
A은행	이용 실적	1,072,154	1,084,927	985,456	1,135,054	1,156,346	1,212,969
	신용카드	675,159	678,984	599,720	671,530	732,217	786,172
	직불카드	392,773	401,730	375,381	398,388	416,602	421,769
	선불카드	4,222	4,213	10,355	65,136	7,527	5,028
B은행	이용 실적	917,291	976,468	1,487,775	1,282,131	1,269,751	1,208,274
	신용카드	556,615	571,660	534,291	572,318	621,740	633,646
	직불카드	359,791	374,333	434,407	500,594	490,102	474,722
	선불카드	885	30,475	519,077	209,219	157,909	99,906
C은행	이용 실적	1,683,935	1,694,633	1,681,064	1,982,807	1,890,110	2,125,377
	신용카드	951,570	970,324	888,909	952,668	1,025,331	1,085,242
	직불카드	729,207	721,667	709,485	734,836	798,793	799,688
	선불카드	3,158	2,642	82,670	295,303	65,986	240,447
D은행	이용 실적	1,758,543	1,809,049	1,664,135	1,841,626	1,859,041	1,981,562
	신용카드	1,143,597	1,193,586	1,066,113	1,096,976	1,166,127	1,238,496
	직불카드	613,597	614,346	596,817	627,208	685,506	735,964
	선불카드	1,349	1,117	1,205	117,442	7,408	7,102
E은행	이용 실적	629,946	615,697	601,163	662,998	638,125	603,897
	신용카드	494,432	477,320	448,813	428,094	383,249	386,806
	직불카드	135,140	138,016	148,970	193,454	232,736	209,213
	선불카드	374	361	3,380	41,450	22,140	7,878
F은행	이용 실적	24,707,929	26,275,080	25,523,904	29,346,837	32,479,000	32,911,398
	신용카드	13,333,789	14,350,111	13,875,498	15,559,488	17,269,446	17,768,082
	직불카드	11,314,397	11,850,968	11,520,654	13,335,241	14,972,182	14,970,245
	선불카드	59,743	74,001	127,752	452,108	237,372	173,071
G은행	이용 실적	385,426	507,023	531,442	574,945	669,275	643,915
	신용카드	211,581	248,699	263,319	293,551	364,198	330,983
	직불카드	173,423	257,746	267,518	280,562	304,415	312,223
	선불카드	422	578	605	832	662	709

H은행	이용 실적	10,342,438	11,048,689	10,305,519	11,031,622	11,977,762	12,221,017
	신용카드	6,623,942	6,978,837	6,255,887	6,910,846	7,555,186	7,661,611
	직불카드	3,702,539	4,055,519	4,032,749	4,105,061	4,406,994	4,541,640
	선불카드	15,957	14,333	16,883	15,715	15,582	17,766

※ 카드는 신용카드, 직불카드, 선불카드로 구성됨

38 **위 [표]에 대한 설명으로 옳지 않은 것은?**

① 조사 대상 은행 중 2018년 대비 2023년의 선불카드 이용 실적 증가율이 가장 높은 곳은 B은행이다.

② A~G은행 중 2019~2023년 동안 신용카드 이용 실적의 전년 대비 증감 방향이 H은행과 동일한 곳은 5곳이다.

③ 조사 기간 동안 C은행의 전체 카드 이용 실적 중 선불카드 이용 실적의 비중이 5% 이상이었던 해는 3개년이다.

④ 조사 대상 은행 중 조사 기간 내내 신용카드 이용 실적이 직불카드와 선불카드 이용 실적의 합보다 컸던 은행은 5곳이다.

⑤ 2021년에 조사 대상 은행 중 직불카드 이용 실적이 가장 큰 은행과 가장 작은 은행의 신용카드 이용 실적 차이는 15조 원 이상이다.

39 **위 [표]에 따를 때 다음 [대화]의 ㉠~㉢ 각각에 모두 들어갈 수 있는 은행을 옳게 나열한 것은?**

[대화]

- 김 과장: 이 대리님, 은행별 카드 이용 실적에 관한 자료를 살펴보셨지요? 2018~2023년 동안 카드 총 이용 실적이 2조 원 이상이었던 해가 한 번도 없었던 은행들은 어디였나요?
- 이 대리: 네, 말씀하신 조건에 해당하는 은행들은 (㉠)입니다.
- 김 과장: 그렇군요. 2023년에 카드 총 이용 실적에서 신용카드와 직불카드 이용 실적을 제외한 나머지 실적의 비중이 1% 미만이었던 은행들도 있었나요?
- 이 대리: 네, (㉡)이 있습니다.
- 김 과장: 2020년에 비해 2023년의 신용카드, 직불카드, 선불카드 이용 실적 변화는 어떠하던가요?
- 이 대리: 신용카드, 직불카드, 선불카드 이용 실적이 각각 모두 증가한 은행으로 (㉢) 이 있다는 점을 눈여겨볼 만합니다.

① A은행, D은행　② A은행, E은행　③ B은행, F은행
④ C은행, H은행　⑤ D은행, G은행

40 **다음 [표]는 2022년 전라남도 지역의 친환경 쌀 출하지역별 유통방식에 관한 자료이다. [표]의 빈 칸 가, 나에 해당하는 값을 바르게 나열한 것은?**

[표] 친환경 쌀 출하지역별 유통비용

(단위: %, 원/kg)

구분		전라남도			
		A생산자	B생산자	C생산자	D생산자
생산자 수취율(%)		39.2	47.7	33.8	28.8
유통비용률(%)		60.8	52.3	66.3	71.2
	직접비	6.6 (140.0)	7.5 (141.9)	7.9 (314.3)	15.0 (가)
	간접비	34.2 (725.7)	19.9 (376.6)	22.2 (883.1)	20.0 (512.6)
	이윤	20.0 (424.4)	24.8 (나)	36.1 (1,436.1)	36.3 (930.4)
가격	생산자 수취가	1,368.0	1,727.6	2,025.0	1,035.9
	소비자가격	3,490.0	3,620.0	6,000.0	3,600.0

1) 전라남도의 친환경 쌀 출하지역은 A, B, C, D뿐임
2) 생산자 수취가=소비자가격−유통비용
3) 생산자 수취율(%)=생산자 수취가/소비자가격×100
4) 유통비용률(%)=유통비용/소비자가격×100

	가	나
①	384.6	376.6
②	540.0	469.3
③	384.6	469.3
④	540.0	376.6
⑤	384.6	141.9

41 **다음 [표 1]은 농산물 유통표준코드 식별자 사용을 위한 Company Free 인증에 필요한 비용에 관한 자료이다. [표 2]의 A~E를 인증에 필요한 비용이 높은 순부터 순서대로 나열하면?**

[표 1] Company Free

(단위: 억 원, 원)

등급	전년도 매출 규모	과실류 판매 비중	입회비	연회비
1	5,000억 원 이상	80% 이상	150,000	1,000,000
2	1,000억 원 이상 5,000억 원 미만	75% 이상	150,000	800,000
3	500억 원 이상 1,000억 원 미만	70% 이상	150,000	600,000
4	100억 원 이상 500억 원 미만	65% 이상	150,000	400,000
5	50억 원 이상 100억 원 미만	60% 이상	150,000	300,000
6	20억 원 이상 50억 원 미만	50% 이상	150,000	200,000

1) 업체는 매출 규모와 과실류 판매 비중을 모두 충족하는 등급의 입회비와 연회비를 지출함
예 K업체의 매출 규모가 560억 원이고, 과실류 판매 비중이 55%라면, 6등급에 해당하는 입회비와 연회비를 지출
2) 단, 전년도 등급 대비 2등급 이상 낮아지는 경우에는 금년도 연회비의 50%만 지출함

[표 2] 업체별 매출 규모 및 과실류 판매 비중

업체명	전년도 매출 규모	과실류 판매 비중	전년도 등급
A	450억 원	91%	3등급
B	3,300억 원	85%	4등급
C	8,900억 원	74%	2등급
D	1,800억 원	68%	1등급
E	830억 원	90%	1등급

① B > C > A > D > E
② B > C > A > E > D
③ C > B > A > D > E
④ C > B > D > A > E
⑤ E > C > B > A > D

42 다음 [표]는 OECD와 2022년 OECD 내 농업보조금 Top 8 국가의 2021, 2022년 농업 총생산액, 농업보조금, 고정직불금에 관한 자료이다. 이에 대한 설명으로 옳은 것을 [보기]에서 모두 고르면?

[표] OECD 및 국가별 농업 총생산액, 농업보조금, 고정직불금

(단위: 백만 달러)

국가명	2021년			2022년		
	농업 총생산액	농업보조금	고정직불금	농업 총생산액	농업보조금	고정직불금
OECD	1,417,426	162,353	57,334	1,524,583	142,332	46,006
미국	459,266	50,797	8,998	528,897	38,425	2,528
일본	80,521	7,602	3,118	67,639	8,281	3,142
영국	37,485	5,702	3,964	39,379	4,748	3,051
스위스	9,695	3,925	1,210	9,745	3,757	1,144
캐나다	61,602	4,750	367	67,926	3,753	360
멕시코	63,731	2,867	564	69,902	3,342	658
호주	65,873	3,057	321	62,414	2,824	297
한국	51,743	3,309	2,045	48,284	2,772	1,784

※ 위 자료는 2022년 OECD 국가의 농업보조금 순임

| 보기 |

ㄱ. 2022년의 농업총생산액 대비 농업보조금 비율은 미국에 비해 한국이 작다.
ㄴ. OECD 내 농업보조금 순위는 2021년과 2022년이 같다.
ㄷ. 2021년의 농업총생산액 대비 고정직불금 비율은 일본이 한국에 비해 크다.
ㄹ. 2022년 OECD 국가는 35개국 이상이다.

① ㄱ, ㄴ ② ㄱ, ㄷ ③ ㄱ, ㄹ
④ ㄴ, ㄷ ⑤ ㄴ, ㄹ

43 **다음 [표]는 코로나19 이전 대비 이후의 식재료 소비지출 변화에 관한 자료이다. 이에 대한 설명으로 옳은 것만을 [보기]에서 모두 고르면?**

[표] 코로나19 이전 대비 이후의 식재료 소비지출 변화

(단위: %)

구분	일반 가구			취약 계층		
	감소	비슷	증가	감소	비슷	증가
곡류	11.5	65.7	22.8	14.8	58.6	26.6
축산물류	13.7	47.4	38.9	19.1	39.4	41.5
과일류	24.7	46.3	29.0	29.9	40.6	29.5
채소류	15.8	52.3	31.9	24.3	44.6	31.1
어패류	32.8	53.0	14.2	45.1	40.7	14.2
가공식품류	24.6	37.2	38.2	29.9	35.9	34.2

| 보기 |

ㄱ. 코로나19 이전 대비 이후의 곡류 소비지출은 일반 가구 중 감소한 가구의 비중에 비해 취약 계층 중 감소한 가구의 비중이 크다.

ㄴ. 코로나19 이전 대비 이후의 어패류 소비지출이 감소한 일반가구의 가구 수와 취약 계층의 가구 수는 같다.

ㄷ. 일반 가구의 경우, 코로나19 이전 대비 이후의 식재료 소비지출이 비슷한 가구의 비중이 클수록 증가한 비중이 작다.

① ㄱ ② ㄴ ③ ㄱ, ㄴ

④ ㄱ, ㄷ ⑤ ㄴ, ㄷ

44 **다음 [실업급여 지급액 산정 방식]에 따를 때, [표]의 실업급여 대상자 A~D 중에서 실업급여 지급액이 가장 많은 사람과 세 번째로 많은 사람을 옳게 짝지은 것은?**

[실업급여 지급액 산정 방식]

1. 실업급여 지급액: 실업급여 지급액은 다음의 산식에 따라 산정한다.

실업급여 지급액＝기준액×소정급여일수

2. 기준액: 퇴직 전 평균일급의 60%로 한다. 단, 퇴사일에 따라 다음과 같이 상한액과 하한액을 둔다.

퇴사일	상한액	하한액
2017년 3월 이전	45,000원	43,000원
2017년 4~12월	50,000원	46,000원
2018년	60,000원	54,000원
2019년 1월 이후	66,000원	60,000원

3. 소정급여일수: 고용보험 가입기간 및 연령, 장애 여부에 따라 다음과 같이 지급한다. 단, 연령은 퇴사 당시 만 나이를 기준으로 한다.

가입기간 / 연령	1년 미만	1년 이상 3년 미만	3년 이상 5년 미만	5년 이상 10년 미만	10년 이상
만 50세 미만	120일	150일	180일	210일	240일
만 50세 이상 및 장애인	120일	180일	210일	240일	270일

[표]

구분	생년월일	장애 여부	퇴직 전 평균일급	퇴사일	고용보험 가입기간
A	1965. 12. 13.	비장애인	100,000원	2017. 04. 30.	24년 3개월
B	1987. 07. 09.	비장애인	150,000원	2020. 08. 31.	8년 9개월
C	1978. 04. 17.	장애인	70,000원	2017. 01. 15.	5년 7개월
D	1992. 10. 28.	비장애인	105,000원	2019. 06. 16.	4년 4개월

	가장 많은 사람	세 번째로 많은 사람
①	A	B
②	A	C
③	B	A
④	B	D
⑤	C	D

45 **다음 [표]는 로봇산업 사업체 수와 매출액에 관한 자료이다. [표]에 대한 설명으로 옳지 않은 것은?**

[표 1] 로봇산업 사업체 수

(단위: 개)

구분	2019년	2020년	2021년	2022년
합계	4,310	4,340	4,471	4,505
제조업용 로봇	525	558	565	568
전문서비스용 로봇	244	331	355	362
개인서비스용 로봇	106	127	161	161
로봇부품 및 소프트웨어	1,360	1,411	1,419	1,420
로봇 시스템	742	612	644	649
로봇 임베디드	158	164	171	179
로봇 서비스	1,175	1,137	1,156	1,168

[표 2] 로봇산업 매출액

(단위: 백만 원)

구분	2019년	2020년	2021년	2022년
합계	9,060,220	9,184,507	9,558,677	10,089,067
제조업용 로봇	2,944,282	2,865,786	2,873,996	2,974,665
전문서비스용 로봇	319,926	461,124	509,117	541,675
개인서비스용 로봇	315,893	396,583	398,548	440,642
로봇부품 및 소프트웨어	1,754,959	1,750,099	1,826,621	1,936,332
로봇 시스템	1,444,229	1,556,946	1,559,051	1,600,765
로봇 임베디드	320,633	360,672	344,889	372,763
로봇 서비스	1,960,298	1,793,297	2,046,455	2,222,225

① 2022년 로봇산업 총 매출액 중 로봇 서비스 비중은 2019년 대비 증가했다.

② 조사기간 동안의 로봇 서비스의 평균 사업체 수는 전문서비스용 로봇의 평균 사업체 수보다 836개 많다.

③ 2021년 로봇산업 매출액의 전년 대비 증가율이 가장 높은 산업은 전문서비스용 로봇이다.

④ 2020년 로봇산업 사업체 1개당 매출액이 가장 높은 산업은 가장 낮은 산업의 4배 이상이다.

⑤ 2022년 로봇산업 매출액의 2019년 대비 증가율은 로봇산업 사업체 수 증가율의 2배 이상이다.

46 **다음은 십진분류표에 관한 자료이다. 이에 근거하여 판단할 때, [대화]의 (가)에 대한 설명으로 옳지 않은 것을 [보기]에서 고르면?**

도서관에 책이 처음 들어오면 사서는 분류법(보통 십진분류법)에 따라 주제를 분류하고 그 위치를 정한다. 그 위치를 나타내는 것이 청구기호로서, 라벨 형태로 붙은 숫자이다. 청구기호는 책의 위치를 알려주는 번호를 의미한다. 청구기호는 ① 별치기호, ② 분류기호, ③ 도서기호, ④ 권차기호, ⑤ 복본기호로 구분되며, 예를 들면 [①R②199.5③김211아④v.1⑤c.2]의 형태로 나타나는 번호를 의미한다.

이 중 분류기호와 도서기호를 알면 책을 찾는 데는 지장이 없다.

[분류기호]

000 총류	100 철학	200 종교	300 사회과학	400 순수과학
010 도서·서지학 020 문헌정보학 030 백과사전 040 강연집 050 연속간행물 060 학회, 단체 070 신문, 언론 080 총서 090 향토자료	110 형이상학 120 130 철학의 세계 140 경학 150 아시아철학 160 서양철학 170 논리학 180 심리학 190 윤리학	210 비교종교 220 불교 230 기독교 240 도교 250 천도교 260 신도 270 바라문, 인도교 280 회교 290 기타 제종교	310 통계학 320 경제학 330 사회학 340 정치학 350 행정학 360 법학 370 교육학 380 풍속, 민속학 390 국방, 군사학	410 수학 420 물리학 430 화학 440 천문학 450 지학 460 광물학 470 생명과학 480 식물학 490 동물학
500 기술과학	**600 예술**	**700 언어**	**800 문학**	**900 역사**
510 의학 520 농학 530 공학 540 건축공학 550 기계공학 560 전기전자공학 570 화학공학 580 제조업 590 가정학	610 건축술 620 조각 630 공예·장식미술 640 서예 650 채화, 도화 660 사진술 670 음악 680 연극 690 오락, 운동	710 한국어 720 중국어 730 일본어 740 영어 750 독일어 760 프랑스어 770 스페인어 780 이탈리아어 790 기타 제어	810 한국문학 820 중국문학 830 일본문학 840 영미문학 850 독일문학 860 프랑스문학 870 스페인문학 880 이태리문학 890 기타 제문학	910 아시아 920 유럽 930 아프리카 940 북아메리카 950 남아메리카 960 오세아니아 970 양극지방 980 지리 990 전기

[대화]

A: 안녕하세요, 혹시 영국의 판타지 소설 '그린고블린'은 어디에 있나요?
B: 영국의 판타지 소설이면, (가)
A: 혹시 책장 배치 기준이 어떻게 되나요?
B: 각 대분류(예: 총류 000)는 하나의 책장을 차지하고, 모든 책장은 일렬로 오름차순 정렬되어 있습니다.
A: 열람실이 1층과 2층으로 구분되어 있지 않나요?
B: 네, 총류부터 순수과학까지는 1층에서 열람하실 수 있고, 기술과학부터 나머지는 2층에서 열람하실 수 있습니다.
A: 감사합니다.

| 보기 |

ㄱ. 2층에서 열람할 수 있다.
ㄴ. 사회과학이 있는 책장의 바로 오른쪽에 진열되어 있다.
ㄷ. 예술 책장보다 뒤편에 있다.
ㄹ. 논리학이 있는 열람실에서 열람할 수 있다 .

① ㄱ, ㄴ ② ㄱ, ㄷ ③ ㄱ, ㄹ
④ ㄴ, ㄷ ⑤ ㄴ, ㄹ

[47~48] 다음 글을 읽고 물음에 답하시오.

각 차마다 고유의 차대번호가 있으며 이는 17자리 문자로 구성되어 있다.

1	2	3	4	5	6	7	8
제조국 1자리	제조사 1자리	차량구분 1자리	차의 특성 5자리	보안코드 1자리	생산년도 1자리	생산공장 1자리	생산번호 6자리

1. 제조국: A~H는 아프리카, J~R은 아시아, S~Z는 유럽, 1~5는 북미, 6, 7은 오세아니아, 8, 9, 0은 남미를 나타낸다. 참고로 한국은 K, 일본은 J, 미국은 I, 독일은 W, 인도는 M이다.
2. 제조사: 제조사 문자는 1자리로 구성되며, 주요 제조사로는 폭스바겐(V), 아우디(A), BMW(B), 벤츠(D), 포드(F), 현대(M), 기아(N) 등이 있다.
   ※ 폭스바겐·아우디·BMW·벤츠의 제조국은 독일, 포드의 제조국은 미국, 현대·기아의 제조국은 한국이다.
3. 차량구분: 차량에 따라 구분하여 1자리 문자로 나타내며, 승용은 H, 승합은 J, 화물은 F, 특장은 C, 트레일러는 B이다.
4. 차의 특성: 총 5자리로 항목에 따라 각각 문자를 부여해 ①②③④⑤ 순으로 구성
   ① 차종: 차종에 따라 크게 7가지로 구분해 A~G로 나타내며, 순서대로 경차, 중소형차, 소형차, 준중형차, 중형차, 준대형차, 대형차이다.
   ② 세부 차종: 사양에 따라 구분하며 L 기본사양, M 고급사양, N 최고급사양이다. 그 밖에도 A 카고, B 덤프, H 믹서를 나타낸다.
   ③ 차체형상: 리무진은 1, 쿠페는 6, 웨건은 8, 픽업은 0, 그 외는 door 수의 따라 2~5로 나타낸다.
   ④ 안전장치: 장치가 없을 경우 1, 수동안전띠 2, 자동안전띠 3, 에어백 4로 나타낸다.
   ⑤ 배기량: 배기량에 따라 1,800~1,999cc는 A, 2,000~2,499cc는 B, 2,500cc이상은 C로 구분한다.
5. 보안코드: 총 1자리로 LHD는 P, RHD는 R, 미국은 0~9로 구분하여 적는다.
6. 생산년도: 생산년도에 따라 숫자 또는 문자로 나타낸다. 2001부터 2009년까지는 순서대로 1~9로 부여하고, 2010년부터는 알파벳 순서대로 부여한다. 참고로 2020년은 K이다.
7. 생산공장: 주요 공장으로 한국공장 K, 중국공장 C, 인도공장 M, 일본공장 J, 베트남공장 B, 미국공장 A, 유럽공장 U가 있다.
   ※ 폭스바겐, 아우디, BMW, 벤츠, 포드는 한국에 생산공장을 두지 않고 있다.
8. 생산번호: 총 6자리로 구성되며 생산 순서에 따라 000001부터 999999로 구분한다.

47 **영업부서에 근무하고 있는 강 대리는 업무용 차량 지출결의서를 작성하던 중 차량의 차대번호를 적어 놓은 종이를 분실하였다. 강 대리가 기억하는 보안코드와 차량에 대한 정보가 다음과 같을 때, 지출결의서에 들어가야 할 차대번호로 옳은 것은?**

> • 2015년 첫 번째로 현대자동차 한국공장에서 생산된 중형 승용차로 기본사양에 에어백이 장착되어 있다. 배기량은 2,200이고 door는 4개이다.
> • 보안코드 R

① KHHEL44BRFK000000
② KHHEL44BRFK000001
③ KMHEL44BREK000001
④ KMHEL44BRFK000000
⑤ KMHEL44BRFK000001

48 **다음 [차대번호]의 문자 중 사용이 가장 어색하지 않은 것을 고르면?**

> [차대번호]
>
> <u>K</u> <u>B</u> H FN44B R <u>K</u> <u>K</u> <u>000000</u>
> ① ② ③ ④ ⑤

49 다음은 한국특허청에서 규정하고 있는 지식재산권의 출원번호 및 등록번호 원리에 관한 자료이다. 다음 중 번호와 의미가 잘못 짝지어진 것은?

> 한국특허청에 특허, 실용신안, 디자인, 상표 등의 지식재산권 출원·등록을 하면 13자리 숫자의 출원·등록번호가 생성된다. 이 출원·등록번호는 일정한 규칙을 지니고 있기 때문에, 규칙만 파악해도 번호의 의미를 이해할 수 있다. 출원은 등록을 받기 위한 자격을 획득한 것이기 때문에, 권리가 발생하는 것은 아니고, 특허청에 서류를 제출함으로써 성립된다. 이러한 출원 후, 심사를 거쳐 거절이유 없이 등록결정에 대해 등록료를 납부하면 '등록'이 되고, 해당 지식재산권에 대한 법적 권리를 인정받는다.
>
> ○ 출원번호의 의미: 출원번호는 2자리 – 4자리 – 7자리 숫자로 구성된다. 처음 2자리는 '권리구분'에 대한 번호이고, 두 번째 2자리는 '출원 연도', 마지막 7자리는 '일련번호'를 가리킨다. '권리구분'은 '특허'에 대하여 10, '실용신안'에 대하여 20, '디자인'에 대하여 30, '상표'에 대하여 40을 부여하고, '출원 연도'는 연도 4자리를 모두 가리킨다. '일련번호'는 단순 순서이기 때문에 1,000번째 출원 건은 일련번호 0001000이 주어진다.
>
> ○ 상표권의 분류: 상표권의 '권리구분' 출원번호는 40이다. 하지만, 상표권은 상표, 서비스표, 업무표장 등 영업상 사용되는 다양한 표지를 구분해 보호하고, 갱신이 필요한 권리이기 때문에, '권리구분' 출원번호를 좀 더 구체적으로 살펴봐야 한다.
> 2자리 숫자 중 앞의 숫자는 '출원종류'로서, 상표권을 가리키지만, 갱신, 갱신분할, 지정상품추가 등에 따라 2자리 숫자 중 앞의 숫자가 달라진다. 처음 출원 시에는 4로 시작하고, 갱신이면 5, 갱신분할이면 6, 지정상품추가면 7로 시작한다. 또한, 2자리 숫자 중 뒤의 숫자는 그 종류에 따라 다음과 같이 분류된다. 0은 '상표', 1은 '서비스표', 2는 '업무표장', 3은 '단체표장', 4는 '지리적표시단체표장', 5는 '상표서비스표', 6은 '상품분류전환', 7은 '증명표장'을 가리킨다.
>
> ○ 등록번호의 의미: 지식재산권은 등록료를 지불한 후에 '등록'이 되고, '등록번호'가 발생한다. 등록번호는 2자리 – 7자리 – 4자리로 구성된다. 앞의 2자리는 출원번호와 동일하게 10~47까지 권리가 구분되고, 가운데 7자리는 등록료를 지불하면 부여되는 일련번호이다. 마지막 4자리는 일반적으로 숫자 '0000'이 들어가고, 이때는 생략도 가능하다.

	번호	의미
①	30–2003–0037601	2003년 출원한 디자인
②	10–2009–0049673	2009년에 출원한 특허
③	47–2013–0002014	2014년에 출원한 증명표장
④	20–1234567–0000	등록된 실용신안
⑤	41–2013013–0000	등록된 서비스표

50 **다음은 사업자등록번호 부여 체계에 관한 글이다. 다음 중 사업자등록번호와 그 의미가 바르게 짝지어진 것은? (단, 검증번호상의 오류는 없는 것으로 간주한다)**

> 사업자등록번호는 ① ABC - ② DE - ③ FGHIJ 총 10자리의 숫자로 구성된다.
>
> ○ 일련번호 코드 3자리
> 신규개업자가 사용할 수 있는 번호 101~999를 순차적으로 부여한다.
>
> ○ 개인·법인 구분코드 2자리
> 1) 개인구분 코드
> - 개인과세과업자에게는 특정 동 구별 없이 01~79를 부여
> - 개인면세사업자에게는 산업 구분 없이 90~99를 부여
> - 법인이 아닌 종교단체에게는 89를 부여
> - 다단계판매원에게는 80을 부여
>
> 2) 법인성격 코드
> - 영리법인의 본점 81, 86, 87, 88
> - 비영리법인의 본점 및 지점 82
> - 국가, 지방자치단체, 지방자치단체조합 83
> - 외국법인의 본·지점 및 연락사무소 84
> - 영리법인의 지점 85
>
> ○ 일련번호 코드 4자리
> 과세사업자(일반과세자·간이과세자), 면세사업자, 법인사업자별로 등록 또는 지정일자 순으로 사용 가능한 번호 0001~9999를 부여
>
> ○ 검증번호 1자리
> 전산시스템을 통해 사업자등록번호의 오류를 검증하기 위한 1자리의 검증번호 부여

	번호	의미
①	107-20-59931	개인면세사업자
②	214-88-13306	영리법인의 지점
③	740-84-00770	다단계판매원
④	303-85-21255	영리법인의 지점
⑤	100-89-11277	법인이 아닌 종교단체

직무상식평가

01 **국제협동조합연맹(ICA)의 원칙이 아닌 것은?**

① 조합원의 경제성 보장
② 조합원에 의한 민주적 운영
③ 자율과 독립
④ 협동조합 간 협동
⑤ 지역사회에 대한 기여

02 **협동조합과 주식회사의 공통점 및 차이점을 설명한 내용으로 적절하지 않은 것을 [보기]에서 모두 고르면?**

| 보기 |

ㄱ. 주식회사가 투자자(주주) 소유기업이라면, 협동조합은 사업 이용자들이 출자·소유하는 이용자 소유기업이다.
ㄴ. 주식회사는 1인 1표의 의결권을 가지지만, 협동조합은 1주 1표의 의결권을 갖는다.
ㄷ. 일반적으로 주식회사와 협동조합 모두 다수에 의한 평등한 지배가 가능하다.
ㄹ. 사업을 통해 이익이 발생하면 주식회사는 출자배당을 우선하지만 협동조합은 이용배당을 우선한다.

① ㄱ, ㄴ
② ㄱ, ㄷ
③ ㄱ, ㄹ
④ ㄴ, ㄷ
⑤ ㄴ, ㄹ

03 **농업협동조합법에 대한 설명으로 옳지 않은 것은?**

① 농업협동조합법에 따라 중앙회를 법인으로 하고 조합은 중앙회의 지사무소로 간주한다.
② 조합등, 중앙회 및 이 법에 따라 설립된 농협경제지주회사등의 업무와 재산에 대하여는 국가와 지방자치단체의 조세 외의 부과금을 면제한다.
③ 국가와 공공단체는 조합등과 중앙회의 자율성을 침해하여서는 아니 된다.
④ 국가와 공공단체는 조합등과 중앙회의 사업에 대하여 적극적으로 협력하여야 한다. 이 경우 국가나 공공단체는 필요한 경비를 보조하거나 융자할 수 있다.
⑤ 조합과 중앙회는 설립취지에 반하여 영리나 투기를 목적으로 하는 업무를 하여서는 아니 된다.

04 **다음 [기사]의 빈칸에 공통으로 들어갈 용어로 가장 적절한 것은?**

[기사 1]

2019-12-12

NH농협은행은 '디지털 트랜스포메이션' 가속화의 일환으로 39개 업무에 로봇 120대 규모의 (   )를 도입하는 고도화 사업을 완료했다고 밝혔다.

(   ) 적용 업무 유형도 △기업여신 금리 승인 △수입신용장 인수금리 승인 △관심기업 모니터링 등 여·수신, 외환, 카드, 마케팅, 리스크 관리 등 본부 업무 전방위로 확대돼 연간 약 20만 시간의 업무량 절감 효과를 예상하고 있다.

자료출처: 보안뉴스

[기사 2]

2023-11-10

NH농협은행은 지난 9일 서울 서초구 NH디지털R&D센터에서 '2023년 (   ) 빅리그' 폐막식을 개최했다고 10일 밝혔다.

현장 중심의 (   ) 과제 발굴과 업무 자동화 확산을 위한 아이디어 제안부터 개발까지 전 과정에 직원들이 직접 참여하는 경진대회다.

이번 대회에는 총 40개 팀이 참여해 뜨거운 경쟁을 펼쳐 총 50개 혁신 과제가 발굴됐으며, ▲개선효과 ▲창의성 ▲혁신성 등을 종합적으로 평가해 1개 팀이 최우수, 9개 팀이 우수 팀으로 선정됐다.

자료출처: 뉴스핌

① AMR(Autonomous Mobile Robot)
② AGV(Automated Guided Vehicle)
③ Cobots
④ Humanoid
⑤ RPA(Robotics Process Automation)

05 다음 [보기] 중 블록체인 기술의 구성요소로 적절한 것을 모두 고르면?

| 보기 |

ㄱ. P2E
ㄴ. P2P 네트워크
ㄷ. Web 3.0
ㄹ. 스마트 계약
ㅁ. 해시함수
ㅅ. 합의 알고리즘

① ㄱ, ㄴ, ㄷ, ㅁ
② ㄱ, ㄷ, ㅁ, ㅅ
③ ㄱ, ㄹ, ㅁ, ㅅ
④ ㄴ, ㄷ, ㄹ, ㅁ
⑤ ㄴ, ㄹ, ㅁ, ㅅ

06 빅데이터에 대한 설명으로 옳지 않은 것은?

① 빅데이터란 디지털 환경에서 생성되는 모든 유형의 데이터들을 의미한다.
② 경제협력개발기구(OECD)에서는 크기(Volume), 속도(Velocity), 다양성(Variety), 가변성(Variability)을 빅데이터의 공통적 속성으로 정의하고 있다.
③ 정형 데이터(Structured Data)는 스키마(Schmema) 형식에 맞게 데이터베이스로 저장되는 데이터이다.
④ 반정형 데이터(Semi-Structured Data)는 정형 데이터와 같이 데이터베이스의 고정된 필드에 저장되지 않는다.
⑤ 비정형 데이터(Unstructured Data)는 SNS, 사진, 음원 등과 같이 고정된 필드에 저장된 형태가 아닌 데이터를 의미한다.

07 다음 글이 설명하는 IT용어는 무엇인가?

> 물리적 공간과 디지털 공간을 의미하는 단어의 합성어로 디지털을 활용해 오프라인 공간에서 경험을 확대하고, 지점에서는 디지털뱅킹을 지원한다.

① phygital ② physical digital ③ synchronization
④ smart digital ⑤ ubiquitous

08 스왑에 대한 설명으로 옳지 않은 것을 [보기]에서 모두 고르면?

| 보기 |

ㄱ. 스왑 거래자들은 자신이 노출된 리스크 구조에 따라 새로운 현금흐름을 만들어 낼 수 있다.
ㄴ. 교환원금은 같은 자산으로 일치시켜야 한다.
ㄷ. 대개의 경우 원금의 교환은 스왑을 시작할 때와 끝날 때 한 번씩 발생한다.
ㄹ. 노출된 리스크 구조를 변경할 수 없으나 새로운 현금흐름 구조를 만들어 낼 수 있다는 장점이 있다.
ㅁ. 특정 기초자산을 거래상대방과 한 번 이상 교환하는 구조이다.

① ㄱ, ㄴ ② ㄱ, ㄹ ③ ㄴ, ㄷ
④ ㄴ, ㄹ ⑤ ㄷ, ㅁ

09 보험약관상의 보험계약에 대한 설명으로 옳지 않은 것은?

① 보험계약자는 보험증권을 받은 날로부터 15일 이내에 청약을 철회할 수 있다.
② 보험회사로부터 약관 및 계약자 보관용 청약서를 전달받지 못한 경우에 계약자는 계약 성립일로부터 30일 이내에 계약을 취소할 수 있다.
③ 보험금 지급사유가 발생하기 전 보험수익자를 변경할 때에는 피보험자의 동의를 얻어야 한다.
④ 보험회사가 제1회 보험료를 받고, 청약을 승낙한 경우, 제1회 보험료를 받은 때부터 책임진다.
⑤ 계약이 해지되었으나 해약환급금을 받지 않은 경우 보험계약자는 해약된 날로부터 3년 이내에 절차에 따라 계약의 부활을 청구할 수 있다.

10 단일지표모형에 대한 설명으로 옳지 않은 것은?

① 마코위츠의 기술적 문제점을 해결하고 현실적으로 쉽게 적용할 수 있는 효율적인 투자 방법을 강구하기 위해서 등장하였다.
② 개별자산과 시장의 움직임을 대표하는 단일시장지표와의 공분산만을 고려한 단순한 모형이다.
③ 주식의 수익률과 시장수익률은 일정한 비례관계를 갖는다.
④ 단일지표모형에 의할 경우 잘 분산된 포트폴리오일지라도 비체계적인 위험은 제거할 수 없다.
⑤ 시장수익률에 대해 동일한 민감도를 가진 주식들 중에도 높은 알파값을 가진 주식은 더 높은 기대수익률을 제공한다.

11 **ABS(Asset Backed Securities, 자산유동화증권)에 대한 설명으로 옳지 않은 것은?**

① 기업의 자산을 바탕으로 발행한 증권이다.
② 일반적으로 SPC를 통해 발행된다.
③ 기업의 유동성을 확보할 수 있게 해 준다.
④ 재무지표를 개선할 수 있게 해 준다.
⑤ 일괄적으로 하나의 신용등급으로 평가되는 것이 원칙이다.

12 **채권의 위험에 대한 설명으로 옳지 않은 것은?**

① 듀레이션위험은 투자수익률이 하락할 가능성이 있는 시장위험, 이자율위험, 금리변동위험 등으로 불린다.
② 부도위험, 신용등급하락위험, 신용스프레드위험은 신용위험에 해당한다.
③ 적절한 매수가가 나타나지 않아 적정가격으로 매도하지 못하는 위험은 유동성위험이다.
④ 풋옵션부채권의 경우 투자자의 측면에서 중도상환의 위험이 있다.
⑤ 콜옵션부채권의 경우에는 투자자의 측면에서 중도상환의 위험이 있다.

13 다음 ㉠, ㉡에 들어갈 불공정거래 유형을 옳게 짝지은 것은?

> 1988년 4월 우리나라 증시가 개장한 이래 최초로 대주주 등이 연루된 불공정거래 행위가 적발되었는데, 이것이 바로 '광덕물산' 사건이었다. 다음은 당시 증권감독원(현 금융감독원)이 광덕물산 사건에 대한 조사결과 조치안 일부를 발췌한 것이다.
>
> 광덕물산 대표이사 김○○은 1986년 5월 21일부터 1988년 1월 9일까지 사이에 18개 증권회사, 28개 점포에 78개의 실명·차명계좌를 개설하고 26,840백만 원(매수 12,923백만 원, 매도 13,917백만 원) 상당의 자사 주식을 대량매매하면서 아래와 같이 증권거래법을 위반한 혐의가 있다.
>
> (1) (㉠)의 제한 위반: 1986년 10월 31일 실시한 무상증자 및 1987년 10월 14일 실시한 유상증자와 관련하여 일반에게 공표되지 않은 정보를 이용하여, 무상증자 또는 유상증자에 대한 내부 검토가 시작된 시점부터 이를 공시하기 전까지 차명계좌를 이용하여 자사 주식을 매수(2,590,100주)하고 공시지점을 전후하여 보유주식 전체를 매도하여 증권거래법 제188조 제2항에서 규정한 단기매매차익 2억 31백만 원을 취득하였다.
>
> (2) (㉡) 등 불공정거래: 증권시장에서 투자자의 매매거래를 유인할 목적으로 1986년 6월부터 11월까지 제일증권 이사 박○○과 공모하여, 1986년 11월부터 1987년 10월까지는 김○○ 단독으로 광덕물산 주식의 매매거래가 성황을 이루고 있는 듯이 오인케 하거나 동 주식의 시세를 상승시키기 위하여, 고가매수주문, 가장매매주문 등 총 225회의 주문을 제출한 혐의가 있다.
>
> (이하 생략)

	㉠	㉡
①	시세조정	공시의무위반
②	시세조정	주식소유·대량보유 보고의무위반
③	내부자거래	시세조정
④	내부자거래	시장질서 교란행위
⑤	부정거래행위	단기매매 차익거래

14 **가격차별에 대한 설명으로 옳지 않은 것은?**

① 제1급 가격차별은 모든 소비자에게 동일한 가격을 부과하여 총이윤을 극대화하는 방법이다.
② 제2급 가격차별은 구매량에 따라 단위당 가격을 다르게 설정하는 방식이다.
③ 제3급 가격차별은 소비자 그룹을 나누어 각 그룹에 다른 가격을 부과하는 것이다.
④ 가격차별은 기업이 소비자들의 가격 민감도에 따라 가격을 다르게 설정할 수 있을 때 가능하다.
⑤ 가격차별은 기업이 시장에서의 독점적 지위를 이용하여 소비자 잉여를 이윤으로 전환하는 방법 중 하나이다.

15 **다음 [거시경제모형]에 근거할 때 국민균형소득(Y)은 얼마인가? (단, Y＝총소득, C＝소비, I＝투자, G＝정부지출, T＝조세이다)**

[거시경제모형]

- Y＝C＋I＋G
- C＝0.5(Y－T)＋200
- I＝0.3Y＋200
- G＝200
- T＝0.5Y

① 1,000　② 1,200　③ 1,333
④ 1,555　⑤ 1,666

16 다음 [그림]은 두 개의 수요곡선 D_1과 D_2를 나타내고 있으며, 각각의 수요곡선은 서로 다른 상품의 수요이다. 이에 대한 설명으로 옳은 것은?

[그림]

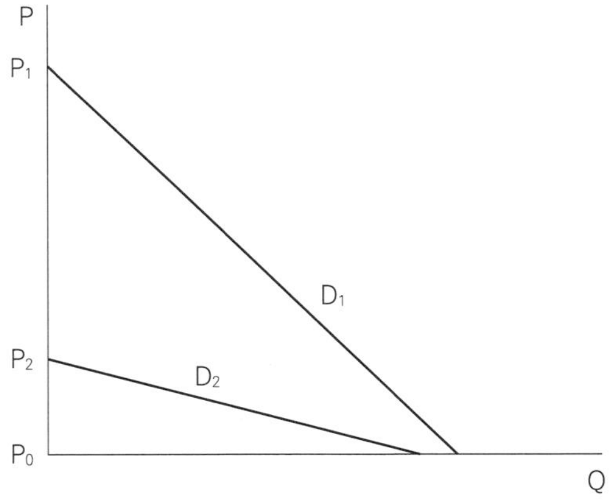

① 수요곡선 D_1은 D_2보다 가격 탄력성이 크다.

② 가격이 P_0에서 P_1로 상승할 때, 수요곡선 D_2의 수요량 감소는 D_1보다 작다.

③ 주어진 가격에서 수요곡선 D_1의 수요량은 D_2보다 작다.

④ 수요곡선 D_2는 주어진 가격에서 수요량이 D_1보다 더 민감하게 반응한다.

⑤ 두 수요곡선은 동일한 가격 변화에 대해 동일한 수요량 변화를 보인다.

17 A국과 B국에서 재화 1단위 생산에 필요한 노동량은 다음과 같다. 리카도의 비교우위론 관점에서 설명으로 옳은 것은?

국가	재화 X	재화 Y
A국	10	5
B국	4	4

① A국은 재화 Y 생산에서 비교우위를 가지고 있다.

② B국은 재화 X 생산에서 비교우위를 가지고 있다.

③ B국은 두 재화에서 모두 절대우위를 가지고 있다.

④ A국은 재화 X를 1단위 생산하는 데 재화 Y 2단위를 포기해야 한다.

⑤ B국의 재화 Y의 기회비용은 재화 X 1단위이다.

18 **새케인즈학파 이론에 대한 설명으로 옳지 않은 것은?**

① 완전한 가격 및 임금 유연성이 존재한다고 가정한다.
② 경기 침체 시 정부의 적극적인 개입을 지지한다.
③ 실질임금의 경직성이 노동시장 불균형을 초래한다고 본다.
④ 경기 변동의 원인으로 비합리적인 기대와 정보의 비대칭성을 강조한다.
⑤ 기업들이 가격을 쉽게 조정하지 못하는 이유로 메뉴 비용 이론을 제시한다.

19 **다음 [표]는 한 기업이 노동(L)을 투입하여 상품을 생산하는 생산 함수를 나타낸다. 해당 함수에 대한 설명으로 옳은 것을 [보기]에서 모두 고르면?**

[표]

노동(L)	0	1	2	3	4	5	6
총생산(TP)	0	10	25	45	60	70	65

| 보기 |

ㄱ. 평균생산이 최대가 되는 노동 투입량은 5이다.
ㄴ. 노동 투입량이 4에서 5로 증가할 때, 한계생산은 10이 된다.
ㄷ. 한계생산이 음수가 되는 노동 투입량은 없다.
ㄹ. 한계생산이 최대가 되는 노동 투입량은 3이다.
ㅁ. 노동 투입량이 6일 때, 총생산은 최대가 된다.

① ㄱ, ㄴ ② ㄱ, ㄷ ③ ㄴ, ㄷ
④ ㄴ, ㄹ ⑤ ㄹ, ㅁ

20 소비자는 두 재화 X와 Y를 소비한다고 가정하며, 효용 함수는 U(X, Y)=XY이다. 소비자의 예산 제약은 $I=P_XX+P_YY$로 이다. 여기서 $P_X=2$, $P_Y=4$, 그리고 소비자의 소득 I=100이다. 다음 중 소비자가 효용을 극대화할 때 X와 Y의 최적 소비량은?

① X=20, Y=15
② X=10, Y=15
③ X=25, Y=12.5
④ X=15, Y=10
⑤ X=20, Y=10

21 소비함수이론에 대한 설명으로 옳지 않은 것은?

① 절대소득가설은 소득이 증가함에 따라 한계소비성향이 감소하는 경향이 있다고 주장한다.
② 쿠즈네츠의 실증분석은 장기적으로 평균소비성향이 일정하다는 것을 발견하였다.
③ 상대소득가설에서 전시효과와 톱니효과는 소비자의 비합리적 소비 행동을 설명하는 데 사용되는 개념들이다.
④ 항상소득가설은 소비자들이 미래 소득의 변동성을 고려하여 현재 소비를 조정한다고 주장한다.
⑤ 생애주기가설에 따르면, 일시적인 조세정책은 소비에 큰 영향을 미친다.

22 솔로우(Solow) 성장모형에 대한 설명으로 옳은 것은?

① 감가상각률이 높아질수록 자본의 축적 속도가 빨라진다.
② 저축률이 높아지면 장기적으로 경제 성장률이 증가한다.
③ 인구 증가율이 낮아지면 반드시 경제 성장률이 높아진다.
④ 기술진보가 없을 경우 경제는 결국 정체 상태에 도달한다.
⑤ 정부의 재정정책이 장기적인 경제 성장률에 영향을 미친다고 주장한다.

23 **애로우의 불가능성 정리에서 요구하는 조건 중 옳지 않은 것은?**

① 비독재성: 단 한 명의 개인의 선호가 집단의 선호를 항상 결정하지 않아야 한다.
② 파레토 원칙: 모든 개인이 A를 B보다 선호할 때, 집단의 선호도 A를 B보다 선호해야 한다.
③ 보편성: 모든 가능한 개인 선호의 조합이 허용된다
④ 일관성: 집단의 선호가 항상 일관되게 유지되어야 한다.
⑤ 독립성: 두 대안 간의 집단 선호는 다른 대안의 변화에 영향을 받아서는 안 된다.

24 **역선택 문제의 발생 원인과 해결 방안에 대한 설명으로 옳은 것은?**

① 역선택 문제를 해결하기 위해서는 시장에서 저품질 제품의 가격을 높이는 것이 필요하다.
② 역선택 문제를 해결하기 위해서는 판매자가 모든 고객에게 동일한 가격을 제시하는 것이 중요하다.
③ 신호발송은 정보 비대칭을 줄이기 위해 고품질 판매자가 자신의 품질을 소비자에게 알리는 방법이다.
④ 정부의 개입은 역선택 문제를 심화시키는 경향이 있다.
⑤ 역선택 문제는 고품질 제품만 시장에 남게 되는 현상을 말한다.

25 **유동성함정구간에 대한 설명으로 옳은 것은?**

① 화폐 수요의 금리 탄력성이 매우 낮을 때 발생한다.
② 통화 공급이 늘어나면 인플레이션이 즉각적으로 발생한다.
③ 중앙은행의 금리 인상 정책이 경제 회복을 촉진하는 주요 도구로 작용한다.
④ 정부 지출 증가가 구축효과를 초래하지 않는다.
⑤ 정부의 통화정책이 재정정책보다 더 효과적이다.

26 조르겐슨(Jorgenson) 모형을 포함한 여러 투자 함수 이론에 대한 설명으로 옳지 않은 것은?

① 이자율이 하락하면 자본의 사용자비용이 하락해 투자가 증가한다.

② 자본의 한계생산물 가치와 사용자비용이 동일한 수준에서 기업의 적정 자본량이 결정된다.

③ 감가상각비 존재 시 자기자본 비용이 증가한다.

④ 유휴설비 존재 시 가속효과가 줄어든다.

⑤ 투자옵션모형에서는 불확실성이 증가할 경우 투자가 증가한다고 봤다.

27 정부 지출 증가로 인해 총수요 곡선이 다음과 같이 이동하였다. 아래의 총수요-총공급모형의 각 균형점 대한 설명으로 옳지 않은 것은? (단, SRAS는 단기총공급곡선, LRAS는 장기총공급곡선, AD는 총수요곡선이다)

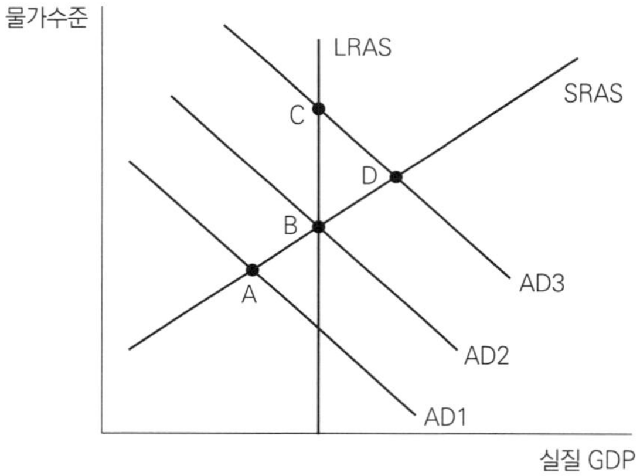

① A는 총수요가 낮은 상태로 경기침체 상태이다.

② 단기적으로 물가와 산출량 모두 상승하여 새로운 균형점 B를 형성한다.

③ C는 장기균형 상태를 나타내며, 추가적인 수요증가가 필요하지 않다.

④ D는 경제가 과열 상태에 있으며, 정부는 긴축 정책을 통해 총수요를 줄여야 한다.

⑤ 장기균형점 C에서는 경제가 잠재 GDP 수준으로 돌아가며, 물가 수준이 초기보다 낮아진다.

28 **케인즈의 승수효과에 관한 설명으로 옳은 것을 [보기]에서 모두 고르면?**

| 보기 |

ㄱ. 승수효과의 크기는 한계소비성향이 높을수록 커진다.
ㄴ. 승수효과는 재정정책이 총수요에 미치는 영향을 확대시킬 수 있다.
ㄷ. 세금 감면이 승수효과를 일으키는 주된 이유는 소비자들이 추가로 얻은 소득을 저축하기 때문이다.
ㄹ. 승수효과는 경제가 완전 고용 상태일 때도 항상 동일하게 작용한다.
ㅁ. 한계소비성향이 같은 경우, 정부 지출과 세금 감면의 승수효과는 동일하다.

① ㄱ, ㄴ
② ㄱ, ㄷ
③ ㄱ, ㄴ, ㄷ
④ ㄱ, ㄴ, ㄹ
⑤ ㄱ, ㄴ, ㅁ

29 **필립스 곡선에 대한 설명으로 옳은 것은?**

① 장기 필립스 곡선은 실업률이 높을수록 인플레이션율이 낮아지는 경향을 보여준다.
② 예상 인플레이션이 상승하면 단기적으로도 실업률이 증가할 수 있다.
③ 단기 필립스 곡선에 따르면, 실업률이 낮아지면 인플레이션율도 낮아진다.
④ 자연실업률 가설은 필립스 곡선의 단기적 관계를 부정한다.
⑤ 장기적으로 중앙은행의 통화정책이 실업률을 낮추는 데 효과적이다.

30 **후방굴절형 노동공급곡선에 대한 설명으로 옳지 않은 것은?**

① 노동자가 여가와 노동 사이에서 선택을 해야 하는 상황을 반영한다.
② 임금이 일정 수준을 넘어서면 소득효과가 대체효과보다 강해진다.
③ 주로 저소득 노동자들에게 관찰된다.
④ 낮은 임금 수준에서는 노동공급이 임금 상승에 따라 증가한다.
⑤ 노동자가 여가를 정상재로 간주할 때 후방굴절형 노동공급곡선이 나타날 수 있다.

제3회 실전모의고사

시험시간: 직무능력평가 70분, 직무상식평가 25분

직무능력평가

[01~02] 다음 글을 읽고 물음에 답하시오.

최근 은행권에서는 간단한 음성 안내나 챗봇(chatbot) 서비스를 넘어 금융상담 등과 같이 은행원이 담당하던 핵심 서비스에까지 AI를 본격적으로 활용하기 시작했다. AI 서비스의 고도화가 은행권의 전반적인 트렌드로 자리매김한 주요 요인은 바로 비대면 금융의 활성화이다. 5대 시중은행 중 내점 고객 비율이 높은 A은행의 비대면 상품 판매 비중이 2023년 60.1%를 기록했다. 같은 해 B은행은 신용대출 중 비대면 거래 비중이 79.5%에 달했고, 적립식 예금과 거치식 예금의 비대면 거래 비중은 각각 92.2%, 84.4%로 나타났다. 그해 C은행도 신용대출 비대면 거래 비중이 94.5%를 기록했고, 담보대출 비대면 거래 비중은 2022년 66.0%에서 2023년 74.2%로 증가했다.

5대 시중은행의 주요 AI 활용 현황을 살펴보면, 먼저 A은행은 전국 1,103개 모든 영업점에 AI 행원을 배치해 주목을 받고 있다. 생성형 AI가 본격화되면서 은행들이 영업점 현장에 AI 행원을 적용해 나가고 있는데, 전국 모든 영업점에 AI 행원 배치를 완료한 것은 국내 은행 중 A은행이 최초이다. AI 행원은 30대 과장인 '이로운'과 20대 계장인 '정이든'으로, 이들의 주된 업무는 금융상품 판매를 위한 필수적인 상품 설명을 보조하고, 카드 비대면 발급 등을 처리하는 것이다. A은행 관계자는 AI 행원의 업무를 확대해 영업점뿐만 아니라 모바일이나 디지털 데스크 등 타 채널에 투입하는 것도 검토 중이라고 밝혔다.

B은행은 최근 생성형 AI 시스템을 기반으로 금융상담을 제공하는 AI 뱅커 서비스를 선보였다. AI 뱅커는 B은행 뱅킹 앱의 챗봇 화면에서 이용할 수 있으며, 고객이 상담 내용을 입력하면 실시간으로 대화형 답변을 제공하는 방식으로 운영된다. 은행 창구에서 진행되는 방대한 양의 대화를 학습시켰기 때문에 고객의 예상 질문까지 파악할 수 있는 것이 특징이다. 이러한 과정을 통해 AI 뱅커는 우대 금리, 세금 우대 혜택 등에 따라 고객별 상황에 적합한 예적금 상품을 추천하고 가입을 권유한다. 고객이 상품 가입에 동의하면 AI 뱅커는 가입 화면으로 연결하고 원금과 세후 이자 확인까지 돕는다.

한편, C은행은 AI 해외송금 예측 서비스를 시작했다. 빅데이터를 통해 해외송금에 영향을 주는 다양한 요인을 분석해 AI 알고리즘을 만들고, 이를 서비스에 적용한 것이다. UETR 번호(송금 고유 식별번호), 송금은행, 송금통화, 송금금액의 네 가지 정보만 알고 있으면 해외송금의 시작부터 도착까지 전 과정의 진행 상황을 조회해 볼 수 있다. 이를 통해 수출입 기업들은 은행 방문 없이도 해외 수입업자가 보낸 물품 대금의 진행 상태를 편리하게 파악할 수 있다. 해외송금 거래가 완료되기까지 송금 지연이 자주 발생했던 케이스에 대해서는 지연 사유를 안내해 주는 기능까지 제공하고 있다.

D은행은 AI 기술을 활용해 각 고객에게 맞춤형 상품을 제안하는 AI 스튜디오를 구축했다. 본점에서부터 시작된 이 서비스는 일부 영업점에서 시범 운영을 하다가 현재는 전 영업점에 확대 도입된 상태이다. AI 스튜디오는 고객 행동을 분석하고 특정 상품이나 서비스를 필요로 하는 고객을 예측하는 플랫폼으로, 행원들은 이에 기반해 효율적으로 의사결정을 할 수 있다. 예를 들어, 행원이 개인형 IRP 상품을 필요로 하는 고객을 예측하고 싶은 경우 '개인형 IRP 신규' 모델을 선택한 후 해당 모델에서 정한 몇 가지 조건을 입력하면 AI가 데이터베이스에서 개인형 IRP 상품 가입을 필요로 하는 잠재 고객을 추천하는 식이다. AI나 코딩 관련 지식이 없는 행원들도 손쉽게 데이터를 추출할 수 있다는 것이 AI 스튜디오의 장점이다.

마지막으로, E은행은 부동산 빅데이터 센터를 신설한 후 아파트 AVM(Automated Valuation Model)을 구축하여 AI를 활용해 부동산 시세를 산출하고 있다. E은행에서 축적해 온 장기 시계열 데이터에 시세 산출 노하우를 적용해 AI가 전국 아파트의 시세를 뽑아내고 있는 것이다. 지역별 특성과 단지 규모 등을 반영해 최적의 시세 산출 모델을 만든 결과, 수도권 아파트에 대해 산출한 AI 시세와 실거래가의 오차율은 단 4~5%에 불과했다.

은행권의 AI 활용은 향후 금융권 전반으로까지 확대될 전망이다. 금융당국이 AI 활용과 관련하여 다양한 의견을 수렴하며 AI에 도입에 적극 나서고 있기 때문이다. 금융감독원은 2022년 '금융분야 AI 활용 활성화 및 신뢰확보 방안'을 발표한 후, 2023년 'AI 기반 신용평가모형 검증체계' 및 '금융분야 AI 보안 가이드라인'을 발표하는 등 AI 활용에 속도를 높이고 있다. 한편, 일각에서는 금융권의 AI 도입에 따른 리스크 관리와 금융사고 예방 등에도 대비해야 한다며, 관련 전문인력 채용을 통해 허점이 생기지 않도록 주의할 필요가 있다는 목소리도 나오고 있다.

01 **위 글에 따를 때 옳은 것을 [보기]에서 모두 고르면?**

| 보기 |

ㄱ. A은행은 국내 은행 중 처음으로 AI 행원을 영업점에 배치하기 시작하였다.
ㄴ. D은행의 AI 스튜디오 플랫폼은 개인형 IRP 상품을 필요로 하는 고객을 추천하는 데 특화되어 있다.
ㄷ. 금융감독원은 2023년에 'AI 기반 신용평가모형 검증체계'와 '금융분야 AI 보안 가이드라인'을 발표하였다.
ㄹ. 2023년 C은행의 비대면 거래 비중의 전년 대비 증가율은 신용대출의 경우가 담보대출의 경우보다 높다.

① ㄱ
② ㄷ
③ ㄱ, ㄹ
④ ㄴ, ㄹ
⑤ ㄱ, ㄴ, ㄷ

02 **위 글을 읽고 P은행의 디지털 전략 부서에서 근무하는 갑은 A~E은행의 AI 활용 현황을 다음 [표]와 같이 정리하였다. [표]의 ㉠~㉣ 중 옳지 않은 것을 모두 고르면?**

[표] A~E은행의 AI 활용 현황

은행	AI 서비스/시스템	내용
A은행	AI 행원 이로운, 정이든	• 금융상품 판매를 위한 필수적인 상품 설명을 보조하고, 카드 비대면 발급 등을 처리하는 것이 주요 업무 • ㉠ 영업점뿐만 아니라 모바일이나 디지털 데스크 등 타 채널에서도 활용 중
B은행	AI 뱅커	• 은행 창구에서 진행되는 방대한 양의 대화를 학습하여 고객의 예상 질문을 파악할 수 있음 • ㉡ 고객별 상황에 맞춰 예적금 상품의 우대 금리, 세금 우대 혜택 등을 조정
C은행	AI 해외송금 예측 서비스	• ㉢ UETR 번호(송금 고유식별번호), 송금은행, 송금통화, 송금금액을 알지 못해도 해외송금 전 과정의 진행 상황 조회 가능 • 송금 지연이 자주 발생했던 케이스에 대해 지연 사유 안내
D은행	AI 스튜디오	• 고객 행동을 분석하고 특정 상품이나 서비스를 필요로 하는 고객을 예측하는 플랫폼 • ㉣ AI나 코딩 관련 지식이 없는 행원들도 손쉽게 데이터 추출 가능
E은행	아파트 AVM	• AI를 활용해 전국 아파트의 시세를 산출하는 시스템 • AI가 산출한 수도권 아파트의 시세와 실제 거래가의 오차율은 단 4~5%에 불과했음

① ㉠　　② ㉠, ㉢　　③ ㉡, ㉣
④ ㉠, ㉡, ㉢　　⑤ ㉡, ㉢, ㉣

[03~04] 다음 글을 읽고 물음에 답하시오.

그동안 새로운 기술을 개발하거나 기술 기반의 창업 과정에서 발생하는 금융수요에 비해 금융공급은 부족한 실정이었다. 이러한 상황은 수차례의 금융위기 발생과 세계적인 저성장 기조 등의 영향으로 금융기관들이 위험관리 측면에서 주로 안전한 담보자산 대출에 치중한 결과라 할 수 있다. 이에 따라 국내에서 금융산업이 지속적인 경제성장에 필수적인 혁신산업에 대한 금융중개기능을 충분히 수행하지 못하고 있다는 문제점이 지속적으로 제기되어 왔다.

그러나 금융산업에서 빅데이터, 클라우드, 블록체인 기술 등의 도입 확대는 금융 소비자들의 선택권을 넓히고, 정교한 맞춤형의 서비스를 제공할 것으로 전망되고 있다. 핀테크로 요약될 수 있는 새로운 기술의 도입은 금융기관의 위험 평가 및 관리 능력을 제고시켜 다품종·소량의 고객 맞춤형 상품 개발을 촉진할 것으로 예측된다. 또한 적정한 위험 프리미엄을 받으면서 해당 위험을 부담할 의사가 있는 다수의 소액 투자자를 유치하는 것도 용이해짐에 따라 혁신적인 금융상품 제공이 가능해지고, 기술기반 기업의 성장단계별 지원과 창업 생태계의 선순환 구조가 구축될 것으로 기대되고 있다.

● 해외: 프로그레시브와 크라우드 큐브의 맞춤형 서비스

미국의 자동차 보험회사 프로그레시브(Progressive)는 보험 가입자가 차량에 장착한 차량 운행 기록 장치인 '스냅샷(Snapshot)'을 통해 자동차의 주행거리는 물론 주행속도, 급가속·급제동 여부 등 운전자의 운전 성향에 관한 모든 정보를 수집한다. 이 과정에서 빅데이터 기술을 통해 수집된 정보를 분석하고 개별 가입자의 위험에 따라 차별적인 보험료를 책정함으로써 보험가입자의 만족과 보험사의 수익성 제고를 동시에 달성하고 있다.

한편, 자본조달 시장에서도 맞춤형 금융서비스가 활성화되고 있다. 크라우드 큐브(CrowdCube)는 투자형 크라우드펀딩이 발전한 영국에서 업계 선두를 달리고 있는 기업으로, 투자기간, 지분비율, 보상조건 등을 투자자가 원하는 방식으로 다양하게 설계할 수 있는 맞춤형 크라우드펀딩 서비스를 제공하고 있다. 이러한 맞춤형 자금조달을 통해 2016년 말까지 누적 투자금액이 2억 파운드(약 3,000억 원)를 돌파했으며, 현재 30만 명 이상의 회원을 보유하고 있다. 특히 최근 1년 동안에만 7,000만 파운드(약 1,000억 원)의 투자를 중개하는 등 가파른 상승세를 나타내고 있다.

● 국내: 레드벨벳벤처스와 아이지넷의 보험상품 비교

국내에서도 보험설계사를 중심으로 한 기존의 보험가입 방식에서 온라인을 통해 개인이 원하는 수준의 보장을 손쉽게 조절할 수 있는 방식으로 보험가입 방식이 서서히 바뀌고 있다. 보험 핀테크 기업 레드벨벳벤처스는 비즈니스 정보 제공 전문기업인 쿠콘(Coocon)과의 기술 협력을 통해 통합 보험관리 어플리케이션 '보맵(Bomapp)'을 출시했다. 보맵은 스크래핑 기술을 활용하여 휴대전화 인증 한 번으로 가입 고객의 보험 정보를 쉽게 확인할 수 있도록 해 주며, 보험금 청구, 담당 설계사 도움 요청, 자동차 사고 시 긴급 출동서비스 등 고객 맞춤형 서비스를 제공하고 있다. 또한 보험설계사용 어플리케이션에서는 고객들이 어떤 보험에 가입했는지 실시간으로 확인할 수 있어 체계적인 고객 관리가 가능해졌다.

또 다른 스타트업인 아이지넷은 온·오프라인 연계(O2O) 서비스 '마이리얼플랜(Myrealplan)'을 제공하고 있다. 마이리얼플랜은 보험 가입을 원하지만 정보가 부족한 고객과 신규 고객 확보를 원하는 보험설계사를 이어 주는 보험중개 서비스이다. 다수의 보험설계사가 제출한 가입 설계서가 보험 분석 시스템을 거쳐 고객에게 전달되고, 고객이 생년월일, 성별, 소득수준, 보장수준, 보장기간, 기타 요구사항 등의 정보를 입력하면 알고리즘 분석을 통해 자신에게 맞는 보험상품을 추천받을 수 있다.

03 **위 글을 읽고 적절한 발언을 한 행원을 [보기]에서 모두 고른 것은?**

| 보기 |

- 행원 A: 글로벌 금융위기와 저성장 추세가 금융수요와 금융공급의 불균형에 영향을 끼쳤군.
- 행원 B: 위험 프리미엄을 감수하려는 소액 투자자들이 감소하면서 창업 생태계가 안정화될 것으로 전망되고 있군.
- 행원 C: 금융산업이 혁신산업에 대한 금융중개기능을 제대로 수행하지 못한다면 지속적인 경제성장을 기대할 수 없겠군.
- 행원 D: 빅데이터, 클라우드, 블록체인 등의 핀테크 기술 도입에 따라 금융기관에서는 소품종·대량의 금융상품을 개발할 수 있게 되었군.

① A, B ② A, C ③ B, C ④ B, D ⑤ C, D

04 **농협은행의 김 행원이 위 글을 읽고 해외와 국내의 맞춤형 금융서비스에 관하여 다음 [보고서]와 같이 정리하였을 때, ㉠~㉣ 중 옳지 않은 것을 모두 고른 것은?**

> [보고서]
>
> 1. 맞춤형 금융서비스의 해외 사례
>   (1) 프로그레시브(Progressive)
>   - 차량 운행기록 장치인 스냅샷(Snapshot)을 통해 운전자의 운전 성향에 관한 정보 수집
>   - 개별 가입자의 위험에 따라 차별적인 보험료 책정
>   - ㉠ 보험사의 수익성은 하락했지만 보험가입자의 만족도는 큰 폭으로 상승
>   (2) 크라우드 큐브(CrowdCube)
>   - 투자자가 원하는 방식으로 투자기간, 지분비율 등을 설계할 수 있는 크라우드펀딩 서비스 제공
>   - 맞춤형 자금조달에 따라 누적 투자금액과 보유 회원 수 증가
> 2. 맞춤형 금융서비스의 국내 사례
>   (1) 레드벨벳벤처스
>   - ㉡ 비즈니스 정보 제공 전문기업으로서, 독자적 기술을 활용하여 보험관리 어플리케이션인 보맵(Bomapp) 출시
>   - 고객은 보맵을 통해 자신의 보험 정보를 쉽게 확인하고 맞춤형 서비스를 제공받을 수 있음
>   - 보험설계사는 보험설계사용 어플리케이션을 통해 체계적으로 고객을 관리할 수 있음
>   (2) 아이지넷
>   - ㉢ 온라인 전용 서비스인 마이리얼플랜(Myrealplan) 제공
>   - 보험설계사가 제출한 가입 설계서는 마이리얼플랜 보험 분석 시스템을 거쳐 고객에게 전달됨
>   - ㉣ 고객은 마이리얼플랜에 신상정보 및 요구사항을 입력한 후 자신에게 맞는 보험 상품을 추천받을 수 있음

① ㉠, ㉡ ② ㉡, ㉢ ③ ㉡, ㉣ ④ ㉠, ㉡, ㉢ ⑤ ㉡, ㉢, ㉣

[05~06] 다음 글을 읽고 물음에 답하시오.

정보 통신 기술의 발달로 개인에 대한 정보가 데이터베이스화되면서 개인정보 유출로 인한 피해가 증가하고 있다. 이에 따라 최근 개인정보를 보호해야 한다는 사회적 인식이 커지고 있다. 개인은 자신에 관한 정보가 언제, 누구에게, 어느 범위까지 알려지고 이용될 것인지를 스스로 결정할 수 있는 권리를 가지는데, 이러한 권리를 '개인정보자기결정권'이라고 한다. 이는 타인에 의해 개인정보가 함부로 공개되지 않도록 보장받을 권리와 개인정보에 대해 열람, 삭제, 정정 등의 행위를 요구할 수 있는 권리 등을 포함한다. 우리나라는 헌법 제17조에 명시된 사생활의 비밀과 자유가 보장되어야 한다는 내용을 주된 근거로 개인정보자기결정권이 기본권 중 하나임을 인정하고 있다.

이러한 개인정보자기결정권을 보호하기 위해 제정된 법률이 개인정보보호법이다. 개인정보보호법에서 규정하는 개인정보는 살아 있는 개인에 관한 정보이다. 사망자에 관한 정보나 단체 혹은 법인에 관한 정보는 개인정보에 포함되지 않는다. 또한 성명, 주민등록번호, 사진이나 동영상 등과 같이 개인을 알아볼 수 있는 정보여야 한다. 그리고 주어진 정보만으로 특정 개인을 알아볼 수 없더라도 다른 정보와 쉽게 결합하여 알아볼 수 있다면 이 역시 법적 보호 대상으로서의 개인정보에 포함된다. 가령 휴대전화번호의 뒷자리 숫자를 집 전화번호와 같은 다른 정보와 결합하여 사용자를 식별할 수 있다면 개인정보에 해당한다. 개인정보보호법에 따른 사전 동의 제도는 정보 주체인 개인이 개인정보에 대한 자기 결정을 표현할 수 있다는 점에서 개인정보자기결정권을 보호하는 중요한 수단이다. 개인정보를 처리하는 개인이나 단체를 의미하는 개인정보 처리자는, 정보 주체의 동의를 구할 때 정보 수집 · 이용의 목적, 수집 항목, 보유 및 이용 기간 등을 고지해야 한다. 또한 동의를 거부할 권리가 있다는 사실과, 동의 거부에 따른 불이익이 있는 경우 그 불이익의 내용 역시 알려야 한다.

수집·이용하려는 개인정보 중 고유식별정보와 민감정보는 별도로 동의를 받아야 한다. 고유식별정보는 여권 번호와 같이 개인을 고유하게 구별하기 위해 부여된 정보이며, 민감정보는 건강 정보나 정치적 견해와 같이 주체의 사생활을 현저히 침해할 우려가 있는 정보이다. 이때 정보 주체가 알아보기 쉽도록 수집하려는 고유식별정보와 민감정보의 항목을 밑줄이나 큰 글씨로 강조해야 한다.

개인정보보호법에서는 개인이 수집 · 이용에 동의했더라도 개인정보가 무분별하게 이용되어 개인의 권리가 침해되는 것을 막기 위해 수집 목적을 달성할 수 있는 한에서 개인정보를 익명 정보로 처리하여 보존하거나 이용하도록 하고 있다. 익명 정보란 다른 정보를 사용하더라도 더 이상 개인을 알아볼 수 없는 정보를 의미한다. 익명 정보는 시간이나 비용, 현재의 기술 수준이나 충분히 예견될 수 있는 기술의 발전 등을 고려했을 때 원래의 개인정보로 복원되는 것이 불가능하다고 판단되는 정보로, 익명 처리를 마친 정보는 수집 목적 이외의 분야에서 활용하기 어렵다는 제약이 있다.

최근 정보 활용의 중요성이 커지면서 개인정보 활용의 유연성을 높여야 한다는 주장이 대두되었다. 이에 개인정보보호법에서는 개인정보를 익명 정보가 아닌 가명 정보로 가공하여 활용할 수 있도록 하는 방안을 마련하였다. 가명 정보는 개인정보의 일부를 삭제 혹은 대체한 것으로, 추가 정보와 비교적 쉽게 결합하여 개인을 식별할 수 있으므로 개인정보보호법의 보호 대상이 된다. 가명 정보는 통계 작성, 과학적 연구, 공익적 기록 보존 등을 위해 정보 주체의 동의 없이 이용·제공될 수 있다. 단, 가명 정보는 익명 정보와 달리 개인정보와 일대일 대응이 가능하기 때문에 가명 정보를 제3자에게 제공하는 경우 특정 개인을 알아보는 데 사용될 수 있는 정보를 포함해서는 안 된다.

05 위 글의 내용과 일치하지 않는 것은?

① 개인정보보호법은 개인정보자기결정권을 보호하기 위해 제정된 법률이다.
② 우리나라는 헌법을 근거로 개인정보자기결정권이 기본권 중 하나임을 인정하고 있다.
③ 개인정보보호법에서 규정하는 개인정보에는 사망자의 성명, 주민등록번호, 사진이나 동영상 등이 포함된다.
④ 익명 정보는 추가 정보와 결합하더라도 더 이상 개인을 식별할 수 없는 정보이기 때문에 개인정보보호법의 보호 대상이 아니다.
⑤ 가명 정보는 개인정보의 일부를 삭제 혹은 대체하였지만 개인정보와 일대일 대응이 가능하다.

06 위 글을 바탕으로 다음 자료의 ㉠~㉤을 이해한 내용으로 적절하지 않은 것은?

[개인정보 수집·이용·제공 동의서]

본인은 ㉠ 주식회사 ○○에 이력서를 제출함에 따라 개인정보보호법 제15조 및 제17조에 따라 아래의 내용으로 개인정보를 수집, 이용 및 제공하는 데 동의합니다.

□ 개인정보의 수집 및 이용에 관한 사항
수집하는 개인정보 항목(이력서 양식 내용 일체): 성명, 주민등록번호, 전화번호, 주소, 이메일, 가족관계, 학력사항, 경력사항, 자격사항 등과 그 外 이력서 기재 내용 일체

□ ㉡ 본인은 개인정보 수집 및 이용에 대하여 [□ 동의합니다 □ 부동의합니다]

[㉢ 주민등록번호 수집 동의서]

□ 수집항목: ㉣ 주민등록번호

□ 수집목적: 인사 관련 업무 용도

□ 폐기시기: 근로기준법 제41조 및 제42조에 따라 해당일로부터 3년간 보관

□ 본인은 주민등록번호 수집에 [□ 동의합니다 □ 부동의합니다]

※ 귀하는 개인정보 및 주민등록번호 수집에 대한 동의를 거부할 권리가 있습니다. ㉤ 단, 부동의 시 채용심사 및 4대 보험 가입과 세금 관련 업무로 불이익을 받을 수 있습니다.

① ㉠: 개인정보 처리자이다.
② ㉡: 개인정보자기결정권을 보호하는 중요한 수단이다.
③ ㉢: 정보 주체의 사생활을 현저히 침해할 우려가 있는 민감정보이므로 별도로 동의를 받고 있다.
④ ㉣: 정보 주체가 알아보기 쉽도록 수집하려는 정보의 항목을 큰 글씨로 강조하였다.
⑤ ㉤: 동의 거부에 따른 불이익이 있다는 사실을 알리고 있다.

[07~08] 다음 글을 읽고 물음에 답하시오.

농가의 경제활동 성과지표인 농가소득은 농업소득, 농외소득, 이전소득으로 구성돼 있다. 종합 지표인 농가소득은 지난 2005년 3,000만 원대에 진입한 이후 완만하게 증가해 왔으며, 2018년에 4,207만 원으로 10여 년 만에 4,000만 원대에 진입했다. 이같이 도·농 간 소득격차는 크게 줄지 않았고, 고령영세농의 소득문제가 상존하고 있지만 농가소득이 완만하게나마 늘어 온 것은 긍정적이다.

그렇다면 농가의 영농활동 성과를 나타내는 지표인 농업소득은 어떨까? 농가소득의 완만한 증가추세와 달리 농업소득은 1994년에 1,000만 원대에 진입한 이후 등락을 반복하면서 정체돼 있다. 그 결과 농업소득의존도(=농업소득/농가소득×100)는 2005년 38.7%에서 2019년 24.9%로 13.8%포인트 감소했다. 농촌사회의 사회·경제적 여건 변화로 농외소득 활동 혹은 이전소득 비중이 높아진 점도 농업소득의존도를 낮추는 요인으로 작용했을 것이다. 그럼에도 농업소득에 관심을 가져야 하는 이유는 농외소득과 이전소득은 지속적으로 증가했는데 왜 농업소득만은 여전히 정체 상태로 횡보하고 있는지, 이러한 현상에서 벗어나려면 어떻게 해야 하는지에 대한 고민과 방안 모색이 필요하기 때문이다.

장기간 지속되고 있는 농업소득 정체 현상에서 벗어나기 위해서는 일시적 가격등락 대응과 같은 단기적·대증적 접근만으로는 한계가 있으며, 생산·유통·경영안정 등 다차원적 측면에서 검토와 개선이 필요하다. 먼저 소비자의 농산물 수요변화에 부응하지 못하는 농업은 존재할 수 없다는 점을 재인식해야 한다. 소비자의 농산물 수요는 안전성과 고품질 방향으로 변화하고 있다. 이러한 변화에 대응하기 위해서는 고투입·다수확 방식의 관행적 농법으로부터 환경친화적 농법으로의 전환이 필요하다. 이를 통해 농산물의 시장가치를 높이고, 경영비를 절감하는 노력을 기울여야 한다.

다음으로 농산물 시장에서 농업인의 적극적 역할이 필요하다. 지금까지 농업인은 농산물 생산에 전념하고, 정부는 농산물 유통구조 개선을 통해 제값을 받게 하라는 것이 기본 접근방식이었다. 그러나 도매시장, 직거래, 온라인 거래 등 다양한 시도에도 불구하고, 농업인의 입장을 우선으로 하는 농산물 유통방식은 마련되지 못했다. 여전히 농산물가격은 불안정하고, 농가는 제값을 받지 못하고 있다는 볼멘소리만 반복되고 있다. 이제부터는 농업인들이 자조금조직 혹은 산지유통조직과 같은 자발적 생산자조직에 적극적으로 참여해 농산물 시장에서 가격 결정에 영향력을 행사할 수 있도록 해야 한다.

마지막으로 농가가 안정적으로 영농에 종사할 수 있도록 경영안정지원제도를 확충해야 한다. 이상기후로 인한 병해충과 자연재해가 빈발하며, 농작업의 기계화에 따른 농업인의 안전재해 노출도 확대되고 있다. 또한 농산물 가격 변동성이 심화되는 등 농가가 직면하는 농업경영위험은 다양화되고 광범위해졌다. 따라서 농업 현장의 경영위험을 모니터링하고, 효과적으로 관리할 수 있도록 제도를 확충해 농가가 안심하고 영농에 종사할 수 있는 여건을 조성해야 한다.

농업소득 제고를 위해서는 특정 부문이 아닌 다차원적 접근이 필요하다. 농산물 소비패턴 변화에 적극적으로 대응하여 부가가치를 높이고, 농산물 시장에서 생산자 역할을 확대하며, 농업경영위험을 체계적 관리해 안심하고 영농에 종사할 수 있는 기반이 마련돼야 한다.

07 **농협은행의 김 행원은 위 글을 읽고 이 부장에게 다음과 같이 보고하였다. [보고 내용]의 (가)~(다)에 들어갈 말을 [보기]에서 찾아 옳게 짝지은 것을 고르면?**

[보고 내용]

지난 몇 년간 농가의 경제활동 및 영농활동 성과지표를 살펴본 결과, (가)은/는 증가하는 추세였던 것과 달리 (나)은/는 증가와 감소를 반복하며 전반적으로 정체 현상을 보여 왔고, 이에 따라 (다)은/는 감소하는 추세였던 것으로 나타났습니다.

| 보기 |

ㄱ. 농가소득
ㄴ. 농업소득
ㄷ. 농외소득
ㄹ. 이전소득
ㅁ. 농업소득의존도

	(가)	(나)	(다)
①	ㄱ	ㄷ, ㄹ, ㅁ	ㄴ
②	ㄱ, ㄴ	ㄷ, ㄹ	ㅁ
③	ㄴ, ㄷ	ㄹ	ㄱ, ㅁ
④	ㄴ, ㅁ	ㄱ	ㄷ, ㄹ
⑤	ㄱ, ㄷ, ㄹ	ㄴ	ㅁ

08 **농협 직원 A~D는 농업소득을 확대할 수 있는 방안에 관해 논의하고 있다. 위 글에 따를 때 적절하지 않은 방안을 내놓은 사람을 [보기]에서 모두 고른 것은?**

| 보기 |

- A: 친환경농법 개발을 위해 관심 있는 농업인을 대상으로 무료 교육을 실시합시다.
- B: 직거래보다는 도매시장 거래가 활성화될 수 있도록 도매시장 유통 체계 모니터링을 실시합시다.
- C: 노후화되어 안전상의 문제가 있는 농기계에 대한 수리비를 일정 부분 지원해 주는 제도를 시행합시다.
- D: 농업인들이 고품질의 농산물 생산에 집중할 수 있도록 유통·영업·홍보는 정부 및 지자체에서 담당하는 시스템을 마련합시다.

① A, B　② A, C　③ B, C　④ B, D　⑤ C, D

[09~10] 다음 규정을 읽고 물음에 답하시오.

제00조(목적) 이 규정은 「금융소비자 보호에 관한 법률」 및 관련 법규에서 정한 바에 따라, 금융소비자보호를 위한 N은행(이하 "당행"이라 한다)의 내부통제기준, 영업에 관한 준수사항, 기타 금융소비자 권익 보호를 위한 제반 사항을 규정함으로써 금융소비자보호의 실효성을 높이고, 금융소비자의 신뢰를 제고하는 것을 목적으로 한다.

제00조(금융소비자보호 총괄기관의 설치 및 운영) ① 당행은 금융소비자보호에 관한 내부통제업무를 금융상품 개발·판매 업무로부터 독립하여 수행할 수 있도록 금융소비자보호업무 총괄기관인 소비자보호부를 은행장 직속으로 설치한다.

② 당행은 금융소비자보호 업무수행에 필요한 인력을 갖춰야 하며, 제3항 각 호에 따른 업무를 원활히 수행할 수 있는 직원을 금융소비자보호 담당직원으로 선발·운영하여야 한다.

③ 소비자보호부는 다음 각 호의 업무를 수행한다.

1. 금융소비자보호에 관한 경영 방향 수립
2. 금융소비자보호 관련 교육의 기획·운영
3. 금융소비자보호 관련 제도 개선
4. 금융상품의 개발, 판매 및 사후관리에 관한 금융소비자보호 측면에서의 모니터링 및 조치
5. 민원·분쟁의 현황 및 조치 결과에 대한 관리
6. 임직원의 성과보상체계에 대한 금융소비자보호 측면에서의 평가
7. 위원회의 운영(제1호부터 제6호까지의 사항을 위원회에 보고하는 업무 포함)

제00조(금융소비자보호 담당직원) ① 당행은 금융소비자보호 업무수행의 전문성 및 신뢰도 제고를 위해 당행의 특성과 사정을 고려하여 소비자보호부의 업무를 수행하는 금융소비자보호 담당직원을 임명할 수 있다.

② 제1항에 따른 금융소비자보호 담당직원의 자격요건 및 근무기간은 다음 각 호에 따른다.

1. 자격요건: 입사 후 3년 이상 경력자로서 상품개발·영업·법무·시스템·통계·감사 등 분야에서 2년 이상 근무한 사람 및 이와 동일한 수준의 전문지식과 실무경험을 갖추었다고 금융소비자보호 담당임원이 인정하는 사람
2. 근무기간: 금융소비자보호 업무의 특성 및 전문성을 고려하여 특별한 경우를 제외하고 3년 이상 금융소비자보호 업무를 전담하여야 함(다만, 금융소비자보호 담당임원의 승인 시에는 예외로 할 수 있음)

③ 당행은 금융소비자보호 담당직원에 대한 근무평가 시, 징계 등 특별한 경우를 제외하고는 소비자보호 관련 실적이 우수한 담당직원에게 인사상 가점 등을 부여하여야 한다.

④ 당행은 금융소비자보호 담당직원에 대하여 금융소비자보호와 관련한 교육 참여, 자격증 취득 등 직무향상의 기회를 제공하여야 하고, 금융소비자보호 우수직원에 대한 포상 제도를 마련하여야 한다.

제00조(성과보상체계의 수립절차 및 평가) ① 소비자보호부는 민원의 발생 또는 예방을 포함하여 각 부서 및 임직원이 업무를 수행함에 있어 소비자보호에 충실하였는지를 조직 및 개인 성과평가에 반영하는 평가도구를 마련하여야 하며, 금융소비자보호 담당임원은 평가도구에 기반한 점검 및 실제 평가를 총괄한다.
② 당행에서 성과보상체계를 설정하는 부서는 매년 금융상품 판매 관련 성과보상체계를 수립하기 전에 소비자보호부의 의견을 확인하여야 한다.
③ 소비자보호부는 제2항에 따른 의견 확인 시 금융소비자보호 관점에서 평가 및 보상구조가 적절히 설계되어 있는지를 검토하여야 한다.
④ 소비자보호부는 성과보상체계 설정 부서, 성과평가 부서, 상품 개발·영업 관련 부서, 준법감시 부서 등과 불완전판매 등 관련 정보를 수집·공유하고 정기적으로 협의하며, 금융소비자보호의 관점에서 평가 및 보상구조가 적절히 설계되어 있는지를 정기적으로 검토하여야 한다.
⑤ 금융소비자보호 담당임원은 제3항 및 제4항의 검토 결과를 은행장 및 금융소비자보호 내부통제위원회에 보고하여야 하며, 필요한 경우 금융상품 판매 관련 업무를 수행하는 임직원에 대한 성과평가지표(KPI) 조정을 포함한 평가·보상체계의 개선을 건의할 수 있다.
⑥ 제3항 및 제4항의 검토 결과 등 관련 기록은 소비자보호부에서 보관하고, 이를 감사·준법감시부서 등에 공유하여 참고하도록 하여야 한다.

09 **위 규정에 따를 때 N은행에 대한 설명으로 옳지 않은 것을 [보기]에서 모두 고르면?**

| 보기 |

ㄱ. 소비자보호부는 금융소비자보호 관련 교육의 기획·운영에 관한 사항을 위원회에 보고하는 업무를 수행한다.
ㄴ. 근무평가 시 징계 등 특별한 경우를 제외하고는 금융소비자보호 담당직원에게 인사상 가점 등을 부여하여야 한다.
ㄷ. 금융소비자보호 담당직원이 금융소비자보호 담당임원의 승인을 얻은 경우에는 예외적으로 3년 이상 금융소비자보호 업무를 전담할 수 있다.
ㄹ. 금융소비자보호 담당직원으로 선발되기 위해서는 임직원의 성과보상체계에 대한 금융소비자보호 측면에서의 평가를 원활히 수행할 수 있어야 한다.
ㅁ. 입사한 지 2년 10개월이 되었고, 입사 후 영업 분야에서 6개월, 상품개발 분야에서 2년 4개월간 근무한 직원은 금융소비자보호 담당직원의 자격요건을 충족한다.

① ㄴ ② ㄱ, ㄴ ③ ㄷ, ㄹ
④ ㄴ, ㄷ, ㅁ ⑤ ㄷ, ㄹ, ㅁ

10 **위 규정에 따를 때 N은행의 성과보상체계에 대하여 적절하지 않은 발언을 한 사람을 [보기]에서 모두 고르면?**

| 보기 |

- 갑: 소비자보호부는 각 부서 및 임직원이 업무를 수행하면서 소비자보호에 충실하였는지를 평가하여야 합니다.
- 을: 소비자보호부는 금융상품 판매와 관련한 성과보상체계를 수립하기 전에 성과보상체계를 설정하는 부서의 의견을 확인해야 합니다.
- 병: 금융소비자보호 담당임원은 필요한 경우 금융상품 판매 관련 업무를 수행하는 임직원에 대한 성과평가지표(KPI)를 조정할 수 있습니다.
- 정: 금융소비자보호 내부통제위원회는 소비자보호부가 금융소비자보호의 관점에서 평가 및 보상구조가 적절히 설계되어 있는지 정기적으로 검토한 결과를 은행장에게 보고하여야 합니다.

① 갑 ② 갑, 을 ③ 을, 정
④ 을, 병, 정 ⑤ 갑, 을, 병, 정

11 **다음은 [농식품 벤처창업 인턴제 사업]에 관한 자료이다. 이에 대한 설명으로 옳지 않은 것은?**

1. 사업대상자: 농·식품 분야 예비창업자 및 창업 기업

2. 지원자격 및 요건
   1) 인턴
      - 농·식품 분야 창업 아이템을 보유 또는 발굴 의지를 지닌 만 19세 이상 39세 이하의 예비창업자
      - 인턴 기간(2~3개월) 동안 현장실습 경험이 가능한 자
   2) 기업
      - 상시근로자 3인 이상(신청일 기준), 매출액 1억 원 이상(전년도 또는 공고일 기준 1년 전)의 농·식품 분야 기업
        ※ 창업 1년 미만 기업의 경우 증빙된 매출을 1년으로 환산
      - 유망 청년 창업자의 성공적인 창업활동 지원을 위해 현장 인턴 기회 제공이 가능한 농·식품 분야 기업
      - 정부 창업지원사업 시행 중 본인의 귀책사유로 협약 해약, 지원 중단 등에 해당하는 평가를 받은 이력이 있는 기업은 제외

3. 지원대상: 인턴활동 및 기업 멘토링 지원금

4. 지원자금의 사용용도
   - 인턴: 참여 기업에서의 인턴 실습에 대한 지원금 지급(2~3개월, 주 40시간)
   - 기업: 참여 인턴에게 멘토링 제공에 대한 기업 지원금 지급(주 1회 4시간 이상)

5. 지원형태 및 사업범위
   - 자금재원: 농어촌구조개선특별회계
   - 지원기준: 국비 100%
   - 사업범위: 인턴활동지원, 기업멘토링, 후속 연계 프로그램 지원 등

① 지원 시 자기부담금은 없다.

② 상시근로자가 5명이고, 창업 4개월 차의 식품 분야 기업의 매출액이 3,320만 원인 경우 지원 자격에 해당한다.

③ 한 달을 4주로 가정하면 최대 480시간의 인턴 실습 지원금을 지원받을 수 있다.

④ 정부 창업지원사업 중 기업의 과실로 인해 지원 중단에 해당하는 평가를 받은 경우 지원받을 수 없다.

⑤ 최대 3개월 동안 기업으로 출퇴근이 가능한 자에 한하여 인턴 실습을 할 수 있다.

[12~13] 다음 보도자료를 읽고 이어지는 물음에 답하시오.

'24. 5. 2.(목)부터 한도제한 계좌의 1일 거래한도가 30만 원에서 100만 원으로 상향된다. 한도제한 계좌란 금융거래 목적 확인*에 필요한 객관적 증빙서류를 제출할 수 없어 입출금 통장 개설이 곤란했던 은행이용자를 위해 '16년에 도입된 계좌이다.

* 대포통장 근절을 위해 입출금 통장 개설 시 금융거래 목적을 확인하도록 하는 제도('12년 시행)

'23. 8. 국무조정실 규제심판부는 한도제한 계좌 제도를 유지하면서도 국민의 편의를 제고하기 위하여 이를 합리적으로 개선할 것을 권고하였다. 이에 따라 금융위·금감원·은행권 공동으로 마련한 한도제한 계좌 개선방안의 주요 내용은 다음과 같다.

첫째, 한도제한 계좌의 1일 거래 한도가 상향된다. 한도제한 계좌를 보유한 고객은 하루에 ▲ 인터넷뱅킹 100만 원 ▲ ATM 100만 원 ▲ 창구거래 300만 원까지 거래할 수 있게 된다. 상향 한도는 고객이 별도로 신청할 필요 없이 기존의 한도제한 계좌에도 적용되고, 일괄 상향에 동의하지 않는 고객은 거래 은행에 별도로 신청하여 기존 한도를 유지할 수 있다.

'16년 한도제한 계좌가 도입된 이후 국민경제 규모의 성장에도 불구하고, 거래한도는 현재까지도 변함이 없어 국민들이 8년 전에 설정된 한도 내에서 거래해야 하는 불편함이 있었다. 이에 따라 은행권은 소득수준 증가, 해외 사례와의 비교, 입출금 통장 1일 평균 인출·이체액 등을 종합적으로 고려하여 국민 불편을 최소화하면서도 대포통장 근절 취지를 유지하는 범위 내에서 상향 한도를 결정하였다. 한도제한 계좌의 거래한도가 늘어나면서 한도제한 계좌를 이용하는 국민들이 일상적인 금융거래 시 겪었던 불편함이 크게 해소될 것으로 기대된다.

둘째, 은행 창구 및 인터넷 홈페이지 등에 게시된 안내장을 통하여 금융거래 목적별 대표 증빙서류가 명확히 안내된다. 입출금 통장 개설 또는 한도제한 계좌의 한도 해제 시 금융거래 목적 확인을 위한 증빙서류 확인이 필요함에도, 그동안 관련 증빙서류가 사전에 제대로 안내되지 않아 국민들이 은행 창구에 여러 번 방문해야 하는 불편함이 있었다. 앞으로는 동 안내장을 통해 금융거래 목적별로 요구되는 증빙서류를 미리 준비할 수 있으므로, 국민들의 예측가능성이 크게 제고될 것으로 기대된다. 다만 금융거래 목적 증빙에 다양한 사례가 발생할 수 있는 만큼, 고객은 안내장에 제시된 대표 증빙서류 이외의 다른 증빙자료를 준비할 수 있으며, 은행은 확인에 필요한 추가 증빙서류를 고객에게 요청할 수 있다. 또한 은행별 영업 특성 등에 따라 필요 증빙서류가 다를 수 있으므로, 고객은 은행 인터넷 홈페이지 등에 게시된 안내장을 미리 확인할 것을 당부드린다.

셋째, 국민들이 금융거래 목적 확인에 필요한 실물서류를 제출할 때의 불편을 완화하기 위해 은행이 공공 마이데이터 등을 활용하여 절차를 간소화한다. 그동안 국민들이 입출금 통장 개설 또는 한도제한 계좌의 한도 해제 시 금융거래 목적 확인을 위한 실물 서류를 직접 갖추어 제출함에 따라, 필요 서류 중 일부를 누락했을 때에는 관공서·은행 창구를 여러 번 방문해야 하는 등 번거로움이 있었다. 앞으로는 고객이 희망하는 경우 간단한 동의 절차를 거쳐 은행이 고객의 금융거래 목적 확인에 필요한 정보(예 직장정보)를 자동으로 수집 가능해지므로, 실물 서류를 직접 제출해야 하는 경우가 최소화될 것으로 기대된다.

마지막으로, 사기이용계좌에 대한 제재는 강화하여 대포통장 근절을 위한 노력을 계속한다. 이는 한도제한 계좌 제도가 완화되는 만큼, 그에 비례하여 보이스피싱 피해 방지대책을 강화하기 위한 방안이다. 사기이용계좌로 사용된 통장이 사기이용계좌로 재사용되는 것을 막기 위해 지급정지가 해제된 후에도 해당 통장의 인출·이체한도가 축소된다. 이 경우 인출·이체한도는 종전의 금융거래 한도(▲ 인터넷뱅킹 30만 원 ▲ ATM 30만 원 ▲ 창구거래 100만 원)로 적용된다.

※ 금융위원회

12 위 보도자료의 내용과 일치하지 않는 것은?

① '16년 이후 '24. 5. 1.까지 한도제한 계좌의 1일 거래 한도는 한 번도 바뀌지 않았다.
② '12년부터 대포통장 근절을 위해 입출금 통장 개설 시 금융거래 목적을 확인하고 있다.
③ 한도제한 계좌 개선방안에 따라 금융거래 목적별 대표 증빙서류가 명확히 안내된다.
④ 한도제한 계좌의 한도 해제 시 고객이 동의할 경우 은행이 금융거래 목적 확인에 필요한 정보를 수집할 수 있다.
⑤ 한도제한 계좌 개선방안에 따라 사기이용계좌로 사용된 통장의 지급정지가 해제될 경우, 해당 통장의 인출·이체한도는 한도제한 계좌 개선방안 시행 전의 한도보다 더 축소된다.

13 위 보도자료를 바탕으로 다음 [상황]에 대해 바르게 이해하지 못한 것은?

[상황]

지방에 거주하는 전업주부 A씨는 '16년부터 한도제한 계좌를 사용 중이다. A씨의 자녀가 작년에 서울 소재 대학교에 진학하여 자취하게 되면서 A씨는 인터넷뱅킹으로 매달 월세 70만 원씩을 보내 주고 있다.

① 5. 2.(목)부터 A씨는 은행 창구를 통해서는 300만 원까지 거래가 가능해지겠군.
② A씨가 한도제한 계좌의 한도를 상향하려면 거래 은행에 별도의 신청을 해야 해.
③ 5. 2.(목)부터 A씨는 인터넷뱅킹을 통해 자녀에게 한 번에 월세를 송금할 수 있게 되었어.
④ 5. 1.(수)까지 A씨는 인터넷뱅킹으로 3일에 걸쳐 자녀의 월세를 송금해야 해서 매우 불편했겠군.
⑤ 한도제한 계좌를 사용 중인 것으로 보아, A씨는 금융거래 목적 확인을 위한 객관적 증빙서류 제출이 어려운 상황이었겠군.

[14~15] 다음 [농지 등 취득에 대한 세금 경감 특례]를 읽고 물음에 답하시오.

[농지 등 취득에 대한 세금 경감 특례]

■ 부동산 취득 시 세금 부담

부동산을 취득하면 취득한 날부터 60일 이내에 해당 시·군·구청에 취득세를 자진 신고·납부하여야 한다(취득한 날의 다음 날을 1일째로 간주한다).

※ 취득이란 매매, 교환, 상속, 증여, 기부, 현물출자, 건축 등 원시취득과 승계취득, 유·무상을 불문한 일체의 취득을 말함

※ 유상취득이란 대가를 치르고 권리나 물건을 얻는 일을 말함

■ 자경농민 농지 취득 시 세금 경감

자경농민이 직접 경작할 목적으로 취득하는 농지(논, 밭, 과수원 및 목장용지를 뜻함. 임야에 경우 2년 이내 지목변경할 경우 가능)에 대하여 취득세를 50% 경감한다.

■ '자경농민'의 범위

- 자경농민이란 본인 또는 배우자(동일한 세대별 주민등록표에 기재되어 있는 경우에 한함) 중 1명이 농지취득일 현재 다음의 요건을 모두 갖춘 자를 말한다.
  ① 농지소재지에 주민등록이 되어 있고 사실상 거주할 것
  ② 직접 2년 이상 농업에 종사(임차농의 경우 포함)할 것
  ③ 직전연도 농업 외의 종합소득금액이 3,700만 원 미만일 것
  ※ 농지 취득자의 배우자(동일한 세대별 주민등록등본에 기재되어 있는 배우자에 한함)가 자경농민과 동일한 자격을 충족하는 경우에 농지 취득자가 2년 이상 농업에 종사한 것으로 인정됨
- 후계농업경영인이 직접 경작할 농지를 취득하는 경우에는 위의 거주 요건과 영농 요건, 소득 요건을 충족하지 못하더라도 자경농민으로 인정된다.

■ 경감받은 세액의 추징

① 농지 취득 후 2년 이상 경작하지 않고 매각·증여하거나 다른 용도로 사용

② 농지 취득일부터 2년 내에 직접 경작하지 않은 경우

③ 임야 취득일부터 2년 내에 농지의 조성을 시작하지 않은 경우

14 **위 글의 내용에 부합하는 것은?**

① 부동산 취득세를 자진 신고·납부하였다면 취득세를 경감받게 된다.
② 부동산을 유상이 아닌 무상으로 취득한 경우에도 취득세를 경감받을 수 있다.
③ 후계농업경영인이 상속을 통해 부동산을 취득한 경우에는 취득세를 경감받게 된다.
④ 2024년 7월 1일에 부동산을 취득하였다면 2024년 8월 31일 이내에 취득세를 신고·납부하여야 한다.
⑤ 농지 취득세를 경감받은 사람이 농지를 취득한 해에 경작을 시작하지 않았다면 경감받은 세액이 추징된다.

15 **위 글에 따를 때, [보기]의 A~D 중 자경농민으로 인정되어 취득세를 경감받게 되는 사람을 모두 고른 것은? (단, 경감받은 세액을 추징당하는 경우, 취득세를 경감받지 않은 것으로 본다)**

| 보기 |

- 후계농업경영인으로 선발된 A는 농사를 짓기 위해 농지를 취득하였으며, 회사를 정년퇴직한 A의 부모도 A를 도와 함께 농사를 지을 예정이다.
- 후계농업경영인 B는 농사를 짓기 위해 2020년 4월 1일 농지를 취득하였다. 하지만 개인사정으로 농사를 시작하지 못하고 2022년 2월 1일에 다른 후계농업경영인에게 농지를 매각하였다.
- 2년 전부터 강화군에 실거주하면서 농사를 짓고 있는 C는 강화군에 있는 농지를 취득하였다. C의 주민등록상 거주지는 김포시이며, 직전연도 농업 외 소득은 2,700만 원, 농업소득은 2,400만 원이다.
- 3년 전부터 강화군으로 귀농하여 임차농을 하고 있는 배우자를 위해 회사원인 D는 강화군 소재의 농지를 취득하였다. 작년 농업 외 소득은 D가 3,000만 원, 배우자가 3,800만 원이고, 현재 D는 서울에, 배우자는 강화군에 전입신고가 되어 있는 상황이다.

① A　② B　③ A, C
④ B, D　⑤ A, C, D

[16~17] 다음은 [농업인안전보험 및 농기계종합보험]에 관한 자료이다. 자료를 보고 물음에 답하시오.

□ 목적

농업인이 농작업 중 발생한 피해 등을 보상받기 위해 가입하는 정책보험의 보험료 지원을 통해 농업인의 안전 영농 도모

□ 사업내용

1) 농업인안전보험: 농작업에 따른 재해(부상, 질병, 장해, 사망)에 대비하기 위해 가입하는 농업인안전보험 주계약 보험료의 50%를 국고지원

※ 영세농업인(기초수급자 및 차상위계층)이 피보험자인 경우 보험료의 70% 지원

2) 농기계종합보험: 농기계 사고로 인한 재해 피해에 대비하기 위해 가입하는 농기계종합보험 보험료의 50%를 국고지원

- 대인배상, 대물배상, 자기신체사고, 적재농산물: 보험료의 50% 지원

※ 단, 항공방제기는 대인배상, 대물배상 보험료의 50% 지원

- 농기계손해: 가입금액 1억 원 이하 보험료의 50%를 지원하되, 할증요율 120% 이내에 한함

※ 영세농업인(기초수급자 및 차상위계층)이 피보험자인 경우 보험료의 70% 지원

□ 지원 자격 및 요건

○ 농업인안전보험

1) 농업인안전보험: 농업경영체에 등록된 만 15~87세로 영농에 종사하는 농업인 또는 농업경영체에 등록된 만 15~87세로 영농에 종사하는 농업인을 피보험자로 하여 보험 계약을 체결한 경영주인 농업인(경영주 외 농업인)

※ 일반1형·일반2형·일반3형·산재근로자전용은 만 15~87세, 산재형은 만 15~84세

※ 최근 2년 이내에 보험 관련 보험사기행위로 형사처벌을 받은 사람은 제외

2) 농작업근로자안전보험: 만 15~87세의 농업인을 90일 미만 고용하고 해당 농업인을 피보험자로 보험 계약을 체결한 농업경영체에 등록된 농업 경영주

○ 농기계종합보험: 보험대상 농기계를 소유 또는 관리하며 농업경영체에 등록된 만 19세 이상의 농업인 또는 농업법인

※ 단, 농업경영체에 등록되지 않은 경우라도 농기계임대사업에 참여하고 있는 지역 농·축협은 보험료 지원 가능

※ 대상 농기계: 경운기, 트랙터, 콤바인, SS분무기, 승용관리기, 승용이앙기, 항공방제기(드론 포함), 광역방제기, 베일러, 농용굴삭기, 농용동력운반차, 농용로우더

□ 지원내용 및 기준

1) 지원 내용: 농업인안전보험 주계약 보험료 50%, 농기계종합보험 보험료 50%(담보와 할증에 따른 제한이 있음)

※ 영세농업인(기초수급자 및 차상위계층)이 피보험자인 경우 주계약 보험료의 70% 지원

2) 지원 기준: 국비 50%, 70%(영세농업인)

16 **위 자료에 대한 설명으로 옳지 않은 것을 [보기]에서 모두 고르면?**

| 보기 |

ㄱ. 농기계손해보험의 경우 가입금액에 제한이 있다.
ㄴ. 농기계종합보험의 경우 담보에 따라 지원 금액이 다를 수 있다.
ㄷ. 차상위계층을 피보험자로 하여 보험 계약 시 일반 농가 피보험자의 지원 금액이 더 크다.

① ㄱ ② ㄷ ③ ㄱ, ㄴ ④ ㄴ, ㄷ ⑤ ㄱ, ㄴ, ㄷ

17 **다음 [보기]의 A~E 중 보험료를 지원받을 수 있는 사람은?**

| 보기 |

- 만 65세 농업인 T를 고용한 농업경영체에 등록된 농업 경영주 A는 100일간 종사한 농업인 T를 피보험자로 하여 농작업근로자안전보험에 가입하였다.
- 항공방제기를 소유하고 있지만 농업경영체 미등록 중인 만 24세 B는 농기계종합보험에 가입하였다.
- 경영주인 농업인 C는 농업경영체에 등록되었으며 영농에 종사하는 만 86세 농업인 S를 피보험자로 하여 농업인안전보험 산재형에 가입하였다.
- 경영주 외 농업인 D는 농업경영체에 등록되었으며 영농에 종사하는 농업인 R을 피보험자로 하여 농업인안전보험 산재근로자전용형에 가입하였다. 농업인 R은 만 55세이며, 3년 전 보험사기행위로 형사처벌을 받았다.
- 농업경영체에 등록되지 않은 농업법인 E는 농기계임대사업에 참여하고 있는 농·축협은 아니지만 농기계종합보험에 가입하였다.

① A ② B ③ C ④ D ⑤ E

기출복원
제1회
제2회
제3회

[18~19] 다음은 [신용카드 불법 모집 신고]에 관한 자료이다. 자료를 보고 물음에 답하시오.

○ 신고대상

- 길거리모집: 공원, 역, 여객자동차터미널, 놀이동산, 상가, 전시관, 운동장, 등 공공시설 또는 장소 내에서 다수인이 통행하는 통로에서 모집하는 행위
- 과다경품제공: 신용카드 연회비의 100%를 초과하는 경품 제공
- 타사카드모집: 자신이 소속된 카드사 이외의 카드사의 회원을 모집하는 행위
- 미등록모집: 모집인 등록을 하지 않고 신용카드를 모집하는 행위
- 종합카드모집: 모집인 등록을 하지 않고 별도 모집인을 고용하여 복수의 신용카드 모집, 수수료 수익을 취하는 행위

○ 신고 방법: 불법 모집 사실이 발생한 날로부터 60일 이내에 여신금융협회 홈페이지를 통해 신고

※ 불법모집 정황(사진, 동영상, 녹취록, 제공받은 경품 등)과 모집인의 인적사항(모집인 등록번호가 기재된 가입신청 사본, 명함 등)을 객관적으로 확인할 수 있는 증거자료 필수

○ 포상금

구분	종합카드모집	미등록모집	타사카드모집	길거리모집	과다경품제공
1회 포상금액	200만 원	100만 원	100만 원	50만 원	50만 원
연간 한도	1,000만 원	신고인 1인당 연간 100만 원 이내			

※ 제세공과금 22% 제외함

○ 포상금지급

1) 지급시기: 신청일 날부터 60일 이내(단, 신고인이 포상금 지급 사유가 발생한 날로부터 1년 이내 신청하지 않은 경우 포상금은 지급되지 않음)

2) 지급방법: 계좌이체

3) 포상금 지급 제외

- 포상금 지급심의 결과 포상금 지급대상으로 불인정된 건
- 신고인이 모집인과 사전접촉을 통해 금품을 요구한 경우나, 과도한 유인 등의 방법으로 불법모집을 신고한 경우
- 신고인이 고의적으로 모집인에게 먼저 접근하여 카드발급 의사 없이 과다경품제공, 타사카드모집 등을 언급하여 불법 모집을 유도 후 신고한 경우
- 취하된 신고 건의 경우
- 동일 모집인에 대한 최초 신고 접수 건이 아닌 경우(동일 모집인에 대해 여러 건의 신고가 접수되었을 경우 최초 신고 접수 건만 포상금 지급)

4) 포상금 지급감액(50%)

- 신고인이 모집인에게 과다경품을 제공받고 신고인 명의로 카드를 발급받지 않는 경우
- 신고인이 모집인에게 타사 카드 발급 여부를 문의하고 과다경품을 제공받은 후 타사 카드를 발급받지 않은 경우
- 신고인과 카드발급 신청인이 상이한 경우

18 **위 자료에 대한 설명으로 옳지 않은 것은?**

① 불법 모집 신고는 인터넷으로 하고, 포상금은 계좌로 입금된다.
② 타사카드모집 신고의 경우 연간 1회에 한하여 포상금을 지급한다.
③ 신고 시 제공받은 경품과 같은 증거를 필수로 제출해야 한다.
④ 종합카드모집을 1회 신고한 경우 계좌로 이체되는 포상금은 최대 156만 원이다.
⑤ 포상금은 신청일로부터 60일 이내에 지급된다.

19 **신용카드 불법 모집 신고한 A가 포상금을 지급받는 경우는?**

① 지인의 카드 발급을 진행한 모집인이 모집인 등록이 되어 있지 않은 것을 확인 후 신고한 경우
② 전시관 통로에서 카드 모집 중인 모집인을 전시관 관계자가 신고한 후에 신고한 경우
③ 신고인이 모집인과 사전접촉을 통해 금품을 요구한 뒤 불법 모집으로 신고한 경우
④ A사 카드 모집인이 B사 카드 등록을 하는 경우를 확인 후 15개월 뒤 신고한 경우
⑤ 연회비가 20,000원인 카드 발급 시 18,000원 쿠폰을 지급한 카드 발급인을 신고한 경우

20 다음 글에 근거할 때, [국가별 평가점수]의 ⓐ~ⓔ와 [보기]의 연결로 적절한 것은?

멜버른-머서 글로벌 연금지수(MMGPI)는 은퇴 후 지급하는 연금액의 적정성, 연금 시스템을 장기적으로 유지할 수 있는 지속가능성 및 연금제도가 효율적으로 운영될 수 있는 운영 요건의 완전성을 종합 평가하여 산출한 지수이다.

- 적정성은 연금지급액이 만족스러운 수준인지 보여 주는 속성으로 평균소득 대비 최소연금 수준, 연금의 소득대체율(퇴직 전 평균 임금 대비 연금 수급액의 비중), 저축률 등을 평가하여 측정하고 최종 점수에 40%를 반영한다.
- 지속가능성은 정부 재정을 감안하여 연금지급이 지속적으로 이루어질 수 있는지를 보여 주는 속성으로 총인구 대비 근로인구비율, 연금자산이 국내총생산(GDP)에서 차지하는 비율, 근로소득 대비 현재 연금 부담비율, 정부부채비율, 출산율 등을 평가하여 측정하고 최종 점수에 35%를 반영한다.
- 완전성은 연금제도를 보완하는 제도적 장치와 규제의 정도를 보여 주는 속성으로 연금정책이 정부의 규제와 감시를 받고 있는지, 연금자산은 고용주와 분리된 법적 실체를 가지고 운영되는지 등을 평가하여 최종 점수에 25%를 반영한다.

최종 점수별 연금지수 등급은 다음과 같다.

[연금지수 등급]

최종 점수	연금지수 등급
81점 이상	A
65점 이상~81점 미만	B
50점 이상~65점 미만	C
35점 이상~50점 미만	D
34점 미만	E

[국가별 평가점수]

국가	적정성	지속가능성	완전성
ⓐ	80	85	85
ⓑ	75	80	90
ⓒ	60	50	70
ⓓ	55	50	40
ⓔ	60	40	60

| 보기 |

ㄱ. 甲국은 높은 저축률, 적절한 연금제도 및 안정적인 연금지급 등 모든 평가기준에서 높은 점수를 받아 A등급을 받았다.
ㄴ. 乙국은 C등급을 받았으며, 최종 점수에 반영된 지속가능성 점수와 완전성 점수가 일치하였다.
ㄷ. 丙국은 효율적인 연금제도로 높은 점수를 받았으나, 소득대체율 등에서 개선할 여지가 있어 B등급을 받았다.
ㄹ. 丁국은 개인의 사적연금에 대한 준비도 및 투자 성과 모니터링의 부족 등이 지적되어 D등급을 받았다.
ㅁ. 戊국은 C등급을 받았으며, 고령화와 출산율 저하로 미래 세대의 연금 부담이 갈수록 늘어나고 있어 지속가능성에서 5개국 중 최하 점수를 받았다.

	ⓐ	ⓑ	ⓒ	ⓓ	ⓔ
①	ㄱ	ㄷ	ㄴ	ㄹ	ㅁ
②	ㄷ	ㄱ	ㄹ	ㅁ	ㄴ
③	ㄱ	ㄷ	ㄴ	ㅁ	ㄹ
④	ㄷ	ㄱ	ㄴ	ㄹ	ㅁ
⑤	ㄱ	ㄷ	ㅁ	ㄹ	ㄴ

[21~22] 다음은 [과수분야스마트팜확산]에 관한 자료이다. 자료를 보고 물음에 답하시오.

1. 사업대상자: ICT 융복합 시설 적용이 가능한 과수재배 농업경영체[사과, 배, 감귤 등의 작물이 식재되어 있고 관수 등이 가능한 과수원(시설·노지)]
   ※ 10,000m²를 기본단위로 규모별로 적용하여 지원(최소 1,000m² 이상)

2. 지원자격 및 요건
   1) 농업경영정보를 등록한 농업경영체(농가)
      ※ 조직단위로 신청한 농가, 수출 농가, 친환경·GAP·재해보험·계약재배 농가, 지역단위 푸드플랜에 참여(또는 참여약정)하고 있는 농가, 산지유통혁신조직 시범사업(또는 참여약정), 생산유통통합조직에 참여하고 있는 농가 등 가점 부여
      ※ 푸드플랜 패키지 지원 대상(먹거리계획 협약을 맺은 지자체)으로 선정된 지자체의 사업에 대하여는 사업량 범위 내에서 사업성 및 요건 등 필수 사항만 검토하여 이상이 없을 경우 사업대상자로 선정·지원
   2) 지원제외 대상자
      - 열대·아열대 과수 재배 경영체
      - 과수(품목과 무관)를 가온시설에서 재배하는 경영체
      ※ 가온시설은 재해예방 목적이 아닌 수확기 조정을 위한 난방시설로, 사업 지원 이후 5년간 자부담 등을 통한 가온시설 설치도 금지

3. 지원대상
   1) 과수분야의 ICT 융복합 시설장비 및 정보시스템(시설 내 ICT 융복합 시설장비 정보시스템 포함)
      - 온도/습도, 풍속, 강우, 토양수분 등과 병해충 예찰정보 모니터링을 위한 센서장비 및 영상 모니터링 장비 등
      - 관수, 시비, 농약살포 등의 제어를 위한 ICT 융복합 통합 제어장비 등
      - 과수원의 센싱·제어정보의 모니터링, 제어 및 분석 등을 위한 정보시스템 등
      ※ 시설현대화 등의 농림사업에서 지원받은 동일 지역의 동류 시설장비의 경우 중복지원 불가능하며, 효율성을 증대하기 위한 시스템 연계비용 등에 대해서는 제한적으로 가능함
   2) ICT 연계를 위해 필요한 시설·장비
      관정, 관수관비시설, 무인방제시설, 서리피해방지, 양액시설, 자동개폐기, 환풍기 등 사업자 선정평가 결과 ICT장비 연계를 위해 필요하다고 인정한 시설·장비
      ※ 상기 장비 등은 ICT장비와의 연계 없이 단독으로 지원 불가(단, 노지를 시설로 바꾸기 위한 비가림시설, 비가림하우스는 지원 제외)

4. 지원자금의 사용용도: 농업경영체별 사업계획 확정결과에 따라 기존 소요액을 지원
   ※ 농가별 사업계획은 사업자 선정평가 결과를 반영하여야 하며, ICT 융복합 시설업체에서는 농식품부의 규격 및 서비스 기준을 충족하고, 한국농기계조합의 품질보증을 득해야 함

5. 지원형태 및 사업 의무량(지원조건)
   1) 국고재원: 자유무역협정이행지원기금(FTA기금)
   2) 지원비율: 국고보조 20%, 이차보전 30%, 지방비 30%, 자부담 20%

- 이차보전: 고정 2.0%, 변동(시중금리－2.0%p), 3년 거치 7년 균분상환
  ※ 시중금리: N은행에서 가장 많이 대출된 자금(가계대출) 중 담보대출 평균금리
- 농가단위 피해율 30% 이상 50% 미만: 상환연기 1년, 이자감면 1년
- 농가단위 피해율 50% 이상: 상환연기 2년, 이자감면 2년

※ 상환연기, 이자감면은 1회에 한함

3) 사업주관기관: 시장·군수·자치구청장

6. 지원한도액 기준 및 범위
   1) 표준사업비: 노지(20백만 원/ha), 시설(복합환경관리 20백만 원/0.33ha, 단순환경관리 7백만 원/0.33ha)
   2) 사업비 상한액 기준 : 200백만 원

   ※ ICT 연계를 위해 필요한 사업비는 상기 표준사업비 및 사업비 상한액 기준에 제외되며, ICT 연계를 위해 필요한 사업비 기준 및 집행 등은 과수고품질시설현대화·원예시설현대화사업 지침 준용

21 위 자료에 대한 설명으로 옳지 않은 것은?

① 모든 지원자는 규모에 비례하여 지원한도액이 높아진다.
② 시설현대화 사업으로 시설장비를 지원받은 농가의 경우 동일한 시설장비에 대해 중복지원 불가능하다.
③ 농가단위 피해율이 40%인 농가는 11년 뒤에 상환 완료할 수 있다.
④ 2024년에 지원받은 농가는 2029년까지 가온시설 설치가 금지된다.
⑤ N은행의 가장 많이 대출된 가계대출 중 담보대출의 평균금리가 4.3%인 경우 변동금리는 2.3%에 해당한다.

22 다음 [보기]의 A~E 중 지원 가능한 사람은? (단, 제시되지 않은 조건은 고려하지 않는다)

| 보기 |

- A: 생산유통통합조직에 참여하고 있는 농가로 농약살포를 위한 ICT 융복합 통합 제어장비를 구매하고자 함
- B: 가온시설에 과실을 재배하는 농업경영체로 모니터링 장비를 구매하고자 함
- C: 농업경영정보를 등록하고 산지유통혁신조직 시범사업에 참여약정한 농가로 모니터링을 위한 센서장비를 구매하고자 함
- D: 열대 과수를 재배하는 농업경영체로 ICT 연계를 위해 필요한 자동개패기를 설치하고자 함
- E: 농업경영정보를 등록한 농가로 노지를 시설로 바꾸기 위한 비가림시설을 설치하고자 함

① A　　② B　　③ C　　④ D　　⑤ E

23 다음은 [농축산물 할인 지원]에 관한 자료이다. 이에 대한 설명으로 옳지 않은 것은?

1. 사업대상자
온·오프라인 유통업체
※ 대기업·계열회사, 체인 본부·가맹점포 등은 1개 업체가 대표하여 참여 신청하고 대표업체가 계열 및 가맹점에 대해 사업 관리

2. 지원자격 및 요건
- 온라인: 민간업체·공공기관·지자체 등에서 운영하는 온라인몰
- 오프라인: 대형·중소형 마트, 친환경·로컬푸드 직매장, 전통시장 등
※ 일반 소비자를 대상으로 차별 없이 국산 농축산물을 판매하며 행사주기별 1인당 할인 한도를 설정할 수 있어야 함(특정 카드 사용 시 할인 금지 및 유·무료 회원 간 차별 등 소비자 차별 금지)

3. 지원대상
소비자의 국산 농축산물 구입 시 할인 비용 지원

4. 지원자금의 사용용도
소비자가 농식품부 지정의 할인대상 국산 농축산물 구매 시 구매금액의 20~30%를 1인당 한도금액 내에서 할인(단, 전통시장에서 구매 건에 한하여 30% 지원)

5. 지원형태 및 사업범위
- 유통업체 할인행사 후 사후정산을 통해 해당 사업비 지급
- 사업 종료 후 사업자는 지원내용 등에 따라 집행된 비용에 대하여 적격증빙서류를 제출하여야 함
- 사업자 적격증빙서류에 대하여 내·외부 기관 협조 등을 통한 검토 및 정산금액 확정
- 보조금 교부는 국고보조금통합관리시스템(e나라도움)을 통해 진행
- 원활한 사업 추진을 위하여 사업자 요청 시 선금 지급 가능
※ 선금 지급 규모는 추후 협의 등을 통해 진행

6. 지원한도액 기준 및 범위
유통업체 할인행사별(1주일) 1인 1만 원 한도 20% 할인 지원(전통시장 외: 명절·김장철 2만 원 한도, 전통시장: 평시 2만 원 한도, 명절·김장철 3만 원 한도)

① 신청 시 지원금을 선지급 받을 수 있다.
② 전통시장에서 판매하는 중국산 도라지 구매 시 할인을 받을 수 없다.
③ 추가 카드 할인은 불가하다.
④ 할인 지원을 받고자하는 유통업체는 사업 종료 후 적격증빙서류를 제출해야 한다.
⑤ A 대형마트는 김장철을 맞이하여 3주간 행사를 진행한다고 할 때, 3주 동안 매주 1인당 30만 원 이상 구매 시 최대 할인을 받을 수 있다.

[24~25] 다음은 [전문농업경영체 육성지원]에 관한 자료이다. 자료를 보고 물음에 답하시오.

1. 목적

현장실습교육을 통한 농고·농대생, 후계농 등 청년농업인과 농업인의 선진 영농기술 습득 및 영농 취·창업 역량강화와 소득증대

2. 사업대상자

1) 교육운영: 현장실습교육장 총 120개소(학교·기관 10, 농업인 110)

- 농업인 실습교육장: 품목재배기술의 노하우 전수를 위한 강의역량과 교육장을 갖춘 농가 단위의 실습장
- 학교·기관 실습장교육장: 농업계 대학교, 농업 분야 교육기관 등 교육시설과 전문인력을 갖추고 상시 교육운영이 가능한 실습장

2) 교육대상

① 농업인(청년농업인 포함), ② 예비농업인(농고·농대 등), ③ 농고교사

※ 청년농업인: 만18세 이상~40세 미만의 농산업 창업희망자 또는 청년창업형 후계농업경영인 선정 후 5년 이내인 자

※ 비(非) 농업계 학교 학생의 경우 개별적으로 교육신청·참여 가능

※ 농고교사의 경우 직무연수과정 및 농고 과정 인솔교사 수료기준 충족 시 수료 가능

3. 지원내용

- 직접교육비: 강사비, 강사여비, 숙박비, 실습재료비, 식비, 다과비
- 간접교육비: 교육기관운영경비, 실습보조강사비, 임차비, 교재비, 원고료, 보험료

4. 유의사항

- 비대면 또는 집합 – 비대면 혼합교육 개설·운영 가능
- 교육인원은 5~20명으로 구성·운영 가능
  ※ 단, 15명 이상 교육은 농고·농대생에 한해 운영 가능
- 취약계층 자부담 경감 신청 시 대상자 증빙서류를 실행계획서와 함께 제출
  ※ 실행계획서를 제출하지 않은 경우, 사업 변경을 통해 교부결정금액 변경 후 차액 교부

5. 현장실습교육장 운영 관리

1) 지정취소

- 현장교수의 교육운영이 어려워 자발적으로 지정 취소하는 경우
- 현장교수의 고령화로 인한 교육 포기 및 사망 등으로 인한 경우
- 현장교수 사망 등 자격상실·부대시설 소실 등 지정요건이 상실된 경우
- 교육과정 인증심사 신청서를 제출하지 않거나, 승인받지 않은 실습장(4년 주기)
- 종합평가(4년 주기) 시 교육평가 결과 D등급 이하 실습장
- 안전·보건관리 불량 실습장
- 보조금법 위반, 교육 중 사고로 인한 민·형사상의 소송 발생

- 폭행, 성범죄, 음주운전 등 민·형사상 및 도덕적 문제 발생으로 인해 교육이 어렵다고 판단되는 경우
- 불시 현장 점검 시 2회 이상 부정행위 적발 시 지정취소 및 보조금 환수
- 지정 후 해당 사업 교육실적이 없는 경우

2) 소명기회 부여
- 지정연도 다음 해부터 2년간의 교육실적이 없는 경우
- 교육운영 성과평가 2년간 연속 D등급일 경우
- 교육생의 교육만족도 종합점수가 3.0 미만의 경우
- 당해연도 교육만족도 3.0 미만인 경우
- 당해연도 교육을 수강한 교육생의 불만 신고가 3회 이상 발생한 경우

※ 지정취소된 실습장은 취소된 다음 해부터 5년간 재신청 불가

24 위 자료에 대한 설명으로 옳은 것은? (단, 올해는 2024년이다)

① 2024년 1월부터 2024년 5월까지 교육생의 불만 신고가 4회인 경우 2029년까지 재신청 불가하다.

② 교육인원이 20명인 경우 농업인과 농고교사는 교육받을 수 없다.

③ 교육 중 다과와 교육 자료 원고료는 지원되지 않는다.

④ 2018년에 청년창업형 후계농업경영인에 선정된 A는 올해 교육대상자이다.

⑤ 교육 중 사고로 인해 민사 소송 중인 경우 소명 후 재교육 가능하다.

25 **다음 [평가 결과]에 따를 때 [표]의 빈칸 ㉠에 들어갈 수치의 최댓값은?**

[평가 결과]

A 교육장은 현장실습교육장 운영 관리에 대한 소명기회를 부여받았으므로 00월 00일까지 농림수산식품교육문화정보원으로 방문하여 현장실습교육장 운영 관리 실태에 대해 소명하시기 바랍니다.

[표] 2023년, 2024년 A 교육장 교육운영 성과평가 결과

구분	평가항목	배점	2023년	2024년
교육성과	교육만족도	15	7	8
	현업적용도	15	5	5
	역량향상도	15	10	(㉠)
	교육수료율	15	6	7
	우수사례	20	2	5
교육관리	안전관리	5	1	3
	농업교육포털 등록	10	6	7
	사업비 집행률	5	2	3

※ 평가등급은 S등급(90점 이상), A등급(80점 이상 90점 미만), B등급(65점 이상 80점 미만), C등급(50점 이상 65점 미만), D등급(50점 미만)으로 구분함

① 8점 ② 10점 ③ 11점 ④ 13점 ⑤ 15점

[26~27] 다음은 [채소류출하조절시설지원]에 관한 자료이다. 자료를 보고 물음에 답하시오.

1. 사업대상자
   1) 사업시행주체: 영농조합법인, 농업회사법인, 농업협동조합, 조합공동사업법인, 김치가공업체 등(컨소시엄 가능)
      ※ 단, 농업회사법인의 경우 생산자 및 생산자단체의 지분이 50% 이상 점유하여야 하며, 사후관리기간(저온시설: 10년) 동안에도 충족해야 함
   2) 사업주관기관: 지방자치단체

2. 지원자격 및 요건
   1) 대상 품목: 노지채소류 중 주요 생산 및 가격 변동이 심해 출하조절을 통한 수급안정이 필요하다고 인정되는 품목(배추, 무, 건고추, 마늘, 양파)
      ※ 저장시설 유휴기간에 사업신청 품목 이외의 품목을 저장할 경우에는 농식품부 사전 승인 필요
      - 배추, 무: 계약재배사업에 참여하고 전년도 취급물량이 5천 톤 이상이면서 향후 3년 이내에 10천 톤 이상 취급을 확대할 계획이 있는 법인(공모)
      - 건고추: 계약재배사업에 참여하고 전년도 취급물량이 3백 톤 이상이면서 향후 3년 이내에 6백 톤 이상 취급을 확대할 계획이 있는 법인(공모)
      - 마늘, 양파: 계약재배사업에 참여하고 전년도 취급물량이 마늘 1천 톤, 양파 3천 톤 이상이면서 향후 3년 이내에 마늘 2천 톤, 양파 5천 톤 이상 취급을 확대할 계획이 있는 법인(공모)
      ※ 저온유통체계 구축사업으로 추진하는 모든 시설 및 장비는 에너지 절감을 위해 「저탄소녹색성장기본법」에 의한 녹색인증, 「에너지이용합리화법」에 의한 고효율에너지인증을 받은 장치 또는 장비의 우선 설비를 권장함
   2) 출하조절시설 지원·관리 또는 출하조절시설 운영계획을 지자체 원예산업발전계획에 포함하거나 연도 내 포함할 계획이 있는 지자체
   3) 의무자조금 가입대상 품목의 경우 거출금 납부를 하지 아니한 업체는 사업대상에서 제외

3. 지원대상

   저온저장시설, 예냉·예건시설, 가공시설 및 장비, 위생설비 및 장비, 선별시설, 포장장비 등

   ※ 원예농산물 저온유통시설 설치 시 ICT융복합을 위한 입출고관리, 재고관리 등 스마트 관리기반 포함 가능

4. 지원자금의 사용용도

   저온저장시설 및 예냉·예건시설, 가공시설, 위생설비 및 장비 등 출하조절시설 설치 및 운영에 필요한 비용(부지매입비 제외)

   ※ 저온저장고 운영에 필요한 운반장비(지게차, 운반차량, 운반구, 파레트 등), 저온저장고 운영 관련 컨설팅(3천만 원 이하), 설계, 감리, 성능검사 및 감사 비용 등 포함

5. 지원형태

국고보조 40%, 지방비 30%, 자부담 30%(연차별 50% 지원)

※ 지원사업자는 공급 불안에 따른 정부의 출하조절 명령 시 비축물량을 가락시장 등에 우선적으로 상장하는 등 출하조절 의무를 성실히 이행하여야 함

※ 출하조절시설: 주요 채소류(배추, 무, 건고추, 마늘, 양파) 연간 월별 비축의무량을 상시 비축하여 정부의 출하명령을 이행하는 시설

6. 공개발표 평가

1) 전문평가단이 평가기준에 따라 총괄평가
- 평가단 구성: 7명 내외
- 공개발표 방법: 사업시행주체(시·도 및 시·군·구) 또는 사업주체 측에서 사업계획 발표 후 질의·응답
- 주요 평가내용: 사업계획 내용 정밀 확인 및 여건 확보 여부 등

2) 평가결과 조치
- 전체 평가항목 합계가 80점 미만의 사업계획은 선정 제외
- 평가항목별로 하나의 항목이라도 0점을 받은 사업계획은 선정 제외

26 **위 자료에 대한 설명으로 옳지 않은 것은? (단, 올해는 2024년이다)**

① 3천만 원 이하의 저온저장고 운영 관련 컨설팅을 지원받을 수 있다.

② 김장철 배추 공급 불안으로 정부의 출하조절 명령 시 지원사업자는 비축물량을 시장에 우선적으로 상장해야 한다.

③ 2023년 마늘 취급물량이 1.5천 톤인 법인이 2027년 이내 취급물량을 40% 이상 증가시킬 계획이 있는 경우 지원받을 수 있다.

④ 건고추를 사업신청 품목으로 신청한 법인이 평가단 승인 시 저장시설 유휴기간에 마늘을 저장할 수 있다.

⑤ 저온저장시설 설치를 위한 부지매입을 위한 비용은 지원받을 수 없다.

27 다음 [평가 항목]에 따를 때, A가 선정 제외되지 않기 위하여 평가받지 않은 세 항목의 점수 구성으로 가능한 것은 모두 몇 가지인가?

[평가 항목]

종합계획과의 연계성	• 있음: 5점 • 없음 0점
지자체 육성품목 여부	• 있음: 5점 • 없음 0점
시설부지 확보 계획	• 부지를 기 확보(법인 또는 조합 명의 등기)하고 규제사항 없음: 12점 • 부지는 기 확보(개인 명의)하였으나 예정 부지 및 시설에 근저당 기설정, 관련법 저촉 및 개발제한에 저촉 등 규제사항 없음: 6점
자금운용 및 조달계획	• 자기자본이 사업비 자부담금의 90% 이상 확보: 10점 • 자기자본이 사업비 자부담금의 70% 이상 90% 미만 확보: 8점 • 자기자본이 사업비 자부담금의 60% 이상 70% 미만 확보: 6점 • 자기자본이 사업비 자부담금의 60% 미만 확보: 2점 ※ 생산자 및 생산자단체의 출자비율이 50% 미만인 경우 지원대상에서 제외
원물 확보 여건 및 방안	14점, 10점, 6점, 2점
사업규모 적정성	10점, 8점, 6점, 2점
연중 시설운영 가능 여부	6점, 4점, 2점, 0점
조직화 계획	2점, 1점, 0점
농산물우수관리인증(GAP)/ 식품안전관리인증기준(HACCP) 운영	• GAP 또는 HACCP 인증을 받았으며 전담인력을 확보: 6점 • GAP 또는 HACCP 인증은 받았으나 전담인력 미확보: 4점 • GAP 또는 HACCP 미인증: 0점
지자체 추천순위	• 1순위: 10점 • 2순위: 7점 • 3순위: 4점 • 4순위: 2점 • 5순위: 1점 ※ 6순위 미만은 농식품부 평가에서 제외
출하조절물량 운영 계획	• 매우 우수: 10점 • 우수: 8점 • 보통: 6점 • 미흡: 2점
사업 계획 수립의 적정성	10점, 8점, 6점, 2점

[A 평가 결과]

항목	구분
종합계획과의 연계성	있음
지자체 육성품목 여부	있음
시설부지 확보 계획	부지는 기 확보하였으나 예정 부지 및 시설에 근저당 기 설정, 관련법 저촉 및 개발제한에 저촉 등 규제사항 없음
자금운용 및 조달계획	(　　)
원물 확보 여건 및 방안	(　　)
사업규모 적정성	(　　)
연중 시설운영 가능 여부	4점
조직화 계획	2점
농산물우수관리인증 (GAP)/ 식품안전관리인증기준(HACCP) 운영	HACCP 인증은 받았으나 전담인력 미확보
지자체 추천순위	3순위
출하조절물량 운영 계획	매우 우수
사업 계획 수립의 적정성	8점

① 0가지　② 1가지　③ 2가지　④ 3가지　⑤ 4가지

28 다음은 신속채무조정 특례에 관한 자료이다. [보기]의 A~E 중 신속채무조정 특례에 대해 이해한 내용으로 옳지 않은 것은?

○ 신속채무조정 특례: 고금리 시기에 대출상환이 어려워진 취약차주가 금융채무불이행자로 전락하는 것을 방지하기 위해 지원 특례

○ 신청대상

1. 아래 요건 중 하나를 충족시키는 자
   1) 연체 30일 이하 단기연체자(1~30일)
   2) 연체 위기자(연체 없음)
      (1) 개인신용평점 하위 10% 이하
      (2) 개인신용평점 하위 20% 이하이면서 아래 중 하나에 해당
         - 연소득 4,500만 원 이하
         - 만 34세 이하
   3) 최근 6개월 이내 실업자, 무급휴직자, 폐업자
   4) 신청 전 1개월 이내에 3개월 이상 입원치료가 필요한 질병을 진단받은 자
   5) 최근 6개월 이내 5일 이상 연체횟수가 3회 이상인 자
   6) 「재난 및 안전관리 기본법」에서 정한 "재난" 또는 이에 준하는 긴급 상황으로 신속하게 지원할 필요가 있다고 신용회복위원회 위원장이 인정하는 자
2. 채권금융회사 총채무액 15억 원(무담보채무 5억 원 이하, 담보채무 10억 원 이하) 이하
3. 재산평가액이 무담보채무 총액 이하
4. 최근 6개월 내 신규 발생 채무원금이 총 채무원금의 30% 미만
5. 그 외 신용회복지원협약 제4조 제5항에 따른 신청 제외대상에 해당하지 않는 자

○ 지원내용

1. 채무과중도에 따라 대출약정이율의 30~70% 인하(단, 인하 후 이율은 최저 3.25%)
   ※ 기초생활수급자, 장애의 정도가 심한 장애인 및 70세 이상 경우에 한하여 약정이자율의 50~70% 인하
2. 최장 10년 범위 내 상환기간 연장 및 원리금분할상환
3. 원리금 분할 상환 전 상환유예 지원
   ※ 단, 연 3.25% 유예이자율 적용하며, 원리금 상환 전 6개월 포함하여 총 3년 유예 가능
4. 연체이자 감면

| 보기 |

- A: 만 36세의 개인신용평점이 하위 15%이고 연소득이 4,000만 원인 경우 신속채무조정 특례를 신청할 수 있다.
- B: 기초생활수급자의 대출약정이율이 8.3%인 경우 대출약정이율은 최소 3.25%이다.
- C: 무담보채무가 6억 원, 담보채무가 8억 원인 경우 신속채무조정 특례를 신청할 수 있다.
- D: 신청 10일 전 4개월 동안 통원치료가 필요한 질병을 진단받은 경우 특례를 신청할 수 없다.
- E: 최대 3년간 상환유예 가능하다.

① A ② B ③ C ④ D ⑤ E

[29~30] 다음 글을 읽고 물음에 답하시오.

○○은행에서 근무하고 있는 홍길동은 얼마 전 대리에서 과장으로 승진하였다. 홍길동은 평소 직장 생활을 하는 데 많은 도움을 주었던 같은 팀 직원 김 과장, 박 대리, 이 주임에게 만년필을 선물하려고 한다. 이에 세 명의 직원에게 어떤 만년필을 선호하는지 물어보았더니 다음과 같이 대답하였다.

- 김 과장: 저는 만년필에 꼭 제 이름이 각인되어 있으면 좋겠어요. 예전에 카트리지로 잉크를 주입하는 만년필을 사용해 봤는데 저에게는 너무 불편하더라고요. 그래서 앞으로는 다른 방식으로 잉크를 주입하는 만년필만 쓸 생각이에요.
- 박 대리: 제가 딱히 도움을 드린 것도 없는데 만년필까지 선물해 주신다니 감사해요. 하지만 정가 5만 원 이상의 만년필은 너무 부담스러워서 받을 수가 없어요. 그 대신 저는 펜촉 굵기가 0.8mm 이상인 만년필만 사용한다는 점을 기억해 주세요.
- 이 주임: 저의 요즘 취미가 만년필을 수집하는 것인데 정말 기쁜 소식이군요. 저는 일본에서 만들어진 만년필 두 자루, 중국에서 만들어진 만년필 세 자루, 독일에서 만들어진 만년필 다섯 자루, 영국에서 만들어진 만년필 일곱 자루를 소장하고 있어요. 이번에는 이 외에 다른 나라에서 만들어진 만년필을 선물로 받고 싶네요. 소장 가치를 위해 이왕이면 정가가 비싼 것이 좋겠고요.

홍길동은 각 직원이 말한 선호를 모두 만족시키는 선에서 선물 구입을 위해 지출하여야 하는 금액을 최소화하려고 한다. 만년필은 모두 ★★ 만년필 숍에서만 구입할 계획이며, 이 매장이 구비하고 있는 상품 리스트는 다음과 같다.

[★★ 만년필 숍 상품 리스트]

상품명	제조국	잉크 주입 방식	펜촉 굵기	각인 서비스 (각인 비용)	정가
A	독일	카트리지	0.1mm, 0.2mm, 0.4mm, 0.6mm	가능 (무료)	80,000원
B	미국	피스톤 컨버터	0.3mm, 0.4mm, 0.5mm, 0.6mm	불가능	51,000원
C	이탈리아	스퀴즈 컨버터	0.2mm, 0.4mm, 0.5mm, 0.6mm	가능 (무료)	79,000원
D	독일	카트리지	0.5mm, 0.7mm, 0.8mm, 1.1mm	가능 (5,000원)	120,000원
E	영국	카트리지	0.4mm, 0.5mm, 0.6mm, 0.9mm	불가능	47,000원
F	일본	피스톤 컨버터	0.3mm, 0.4mm, 0.5mm, 0.7mm	가능 (10,000원)	38,000원

※ 1) 상품명마다 기재된 펜촉 굵기에 해당하는 상품이 각각 10자루씩 구비되어 있음
2) 정가는 각인 비용을 제외한 금액이며, ★★ 만년필 숍에서 각인 비용을 포함하여 총 20만 원 이상을 구매할 경우에는 각인 비용을 포함한 구입 총액에서 10% 할인이 적용됨

29 **위 글에 따를 때 홍길동이 세 명의 직원에게 선물한 만년필의 상품명을 옳게 짝지은 것은?**

	김 과장	박 대리	이 주임
①	A	E	B
②	C	F	C
③	C	E	D
④	F	F	B
⑤	F	E	C

30 **위 글과 다음 [상황]에 따를 때 홍길동이 네 명의 직원에게 만년필을 선물하기 위하여 지출할 금액은 얼마인가?**

[상황]

김 과장, 박 대리, 이 주임에게 선물할 만년필을 구입하러 ★★ 만년필 숍에 가고 있던 홍길동은 같은 팀 직원 최 대리에게도 만년필을 선물해야겠다고 마음먹었다. 이에 최 대리에게 전화하여 어떤 만년필을 선호하는지 물어보았더니 최 대리는 "저는 펜촉 굵기가 0.3mm 이하인 만년필만 사용합니다. 잉크는 카트리지로 주입하는 것이 좋겠고요. 만년필에 제 좌우명인 'carpe diem'도 꼭 각인해 주세요."라고 대답하였다. 홍길동은 최 대리의 선호까지 모두 반영하여 만년필을 구입하려고 하며, 만년필을 모두 ★★ 만년필 숍에서만 구입하겠다는 계획과 지출 금액을 최소화하겠다는 생각에는 변함이 없다.

① 199,800원 ② 219,600원 ③ 228,600원
④ 254,000원 ⑤ 269,100원

[31~32] 다음은 [송아지 생산안정 지원사업]에 관한 자료이다. 자료를 보고 물음에 답하시오.

1. 목적: 한우 번식 농가의 송아지 재생산, 적정사육두수 유지 및 경영안정 유도
2. 사업내용: 가축시장에서 거래되는 송아지 평균거래가격이 보전금 지급 기준에 따라 정한 안정기준가격 보다 떨어질 경우, 그 차액을 보전
3. 지원 자격 및 요건: 송아지 생산안정 사업 참여를 희망하는 한우 암소 사육 농가(법인 포함)
   ※ 축산업 허가를 받지 않거나 가축사육업 미등록 농가, 국가기관, 지자체, 정부 투자기관 및 그 소속 법인과 상호출자 제한기업집단에 속하는 기업은 제외
4. 지원내용
   1) 지원내용: 송아지 평균 거래가격이 기준가격보다 내려가면 보전금 지원
   2) 지원기준
      - 보전금: 6~7개월령 송아지 평균 거래가격이 기준가격(185만 원) 이하로 내려가면, 직전 연도 말 가입 암소 사육두수에 따라 지원
      - 단계별 가입 암소 사육두수 및 최대보전액

전년 말 가입 암소 사육두수	90만 마리 미만	90만 마리 이상 100만 마리 미만	100만 마리 이상 110만 마리 미만	110만 마리 이상
1마리당 보전액	40만 원	30만 원	10만 원	0원

      - 사업관리비: 관리수수료, 전산비용 등은 100% 국비 지원
5. 사업 신청
   1) 장소: 사업 시행기관(지역농협 등)이 정한 장소
   2) 기간: 농협경제지주에서 별도 공지
   3) 방법: 송아지 생산안정 지원사업 계약(신청)서를 작성·신청
      ※ 단, 전년도 사업에 참여하였던 계약 암소가 계약일 현재 보전금을 받지 않고, 소유권의 변동이 없는 경우 자동 재계약된 것으로 봄
   4) 준비: 계약자부담금(마리당 1만 원), 주민등록증(법인은 사업자등록증), 도장, 본인 명의 통장, 계약하고자 하는 암소 송아지의 귀표번호 12자리와 생년월일
6. 대상자 선정: 축산물 이력제 시스템에서 농가와 귀표번호를 확인 후 정상 등록된 때에만 계약 체결
7. 보전금의 지급 중지·회수
   - 계약 암소 및 계약생산 송아지의 귀표를 조작했거나 다른 것과 교체한 경우
   - 각종 조사표 및 기타 각종 신고(서) 등을 거짓으로 한 경우
   - 계약자의 귀책 사유로 송아지 생산 신고를 기간 내에 하지 않았거나 포기한 경우
   - 계약 송아지에 바코드 귀표 부착이 이루어지기 이전에 계약 암소 또는 계약 송아지 소유권 등이 변동된 경우(단, 계약 암소가 폐사하더라도 수의사의 검안서 또는 귀표 번호를 확인할 수 있는 사체 사진 등 증거자료가 있는 경우에는 보전금을 지급할 수 있음)

31 위 자료에 대한 설명으로 옳지 않은 것은?

① 사육두수가 50마리인 농가의 경우 자기부담금이 50만 원이다.
② 암소가 폐사한 뒤 해당 암소 귀표를 수소에 교체 부착한 경우 보전금 반환 사유에 해당한다.
③ 귀표번호가 002547112224인 암소는 보전금 신청을 할 수 있다.
④ 축산업 허가를 받지 않고 한우 암소를 사육 중인 농가의 경우 보전금 신청이 불가하다.
⑤ 계약 암소가 폐사한 농가의 경우 수의사 검안서가 있다면 보전금을 지급받을 수 있다.

32 다음 [상황]의 ㉠에 들어갈 숫자는? (단, 올해는 2024년이다)

[상황]

지난 3년간 송아지 평균 거래가격은 매년 감소하는 추세로 매년 한우 농가와 사육두수도 감소하고 있습니다. 2022년 가임 암소 사육두수는 100만 마리였으나 2023년에 전년 대비 10% 감소, 올해에는 전년 대비 5% 감소하였습니다. 하지만, 올해는 예년과 다르게 6~7개월령 송아지 평균 거래가격은 2022년 대비 10만 원 상승, 전년 대비 8% 상승하여 189만 원에 거래되고 있습니다. A시의 축산 농가인 B씨의 인터뷰 내용입니다.

B씨: 2022년부터 올해까지 매년 한우 암소 사육두수가 200마리였습니다. 사료 비용은 계속 오르고 송아지 가격은 계속 하락해서 너무 힘들었는데 2022년과 2023년에 송아지 생산안정 지원사업을 신청하고 총 (㉠)만 원을 지원받았습니다. 이렇게 지원을 해주니 우리 같은 한우 암소 농가가 살 수 있습니다.

① 6,500 ② 7,400 ③ 8,000 ④ 8,200 ⑤ 8,600

33 다음은 A~E 주차장 요금을 나타내는 자료이다. [상황]의 T가 이용할 주차장은?

[표] A~E 주차장 요금

구분	기본요금 (최초 30분)	추가요금 (10분마다)	비고
A	3,500원	350원	8시 이전 출차 시 기본요금 500원 할인
B	4,000원	400원	K백화점 이용 시 기본요금 10% 할인
C	2,800원	600원	—
D	4,200원	450원	Y시네마 이용 시 최초 2시간 무료
E	3,600원	300원	—

[상황]

T는 친구와 Y시네마에서 오후 3시에 시작하여 2시간 30분 동안 상영하는 영화를 보기로 약속했다. T는 친구와 영화를 보고 K백화점에서 1시간 동안 밥을 먹고 2시간 동안 쇼핑을 하려고 한다. T는 친구와 영화 시작 30분 전에 만났으며, A~E주차장 중 요금이 가장 저렴한 주차장에 주차를 하려고 한다.

① A ② B ③ C ④ D ⑤ E

34 **다음은 배터리 종류별 특징을 정리한 자료이다. [상황]의 A사가 사용할 배터리 종류는?**

[표] 배터리 종류별 특징

구분	정격전압	에너지밀도	사용횟수	안전성	자체방전율
리튬이온	3.6V	180Wh/kg	1,000회 미만	보통	1% 미만
리튬폴리머	3.7V	170Wh/kg	1,000회 미만	보통	1% 미만
리튬인산철	3.2V	130Wh/kg	2,000회 미만	양호	3% 미만
리튬티탄산	2.3V	80Wh/kg	10,000회 미만	양호	1% 미만
니켈카드뮴	1.2V	40Wh/kg	1,000회 미만	양호	5% 미만

※ 정격전압: 정상적인 동작을 유지시키기 위해 공급해 주어야 하는 기준 전압으로 표시된 정격전압에서 ±10%에서 사용 가능하다.

※ 에너지밀도: 단위 부피당 가지고 있는 에너지의 양으로 에너지밀도가 높을수록 부피를 작게 만들 수 있다.

[상황]

A사는 신제품에 포함할 배터리를 선정하려고 한다. 신제품에 공급해 주어야 하는 기준전압은 3.5V이다. 신제품에 사용 가능한 배터리 중 부피를 가장 작게 만들 수 있는 배터리에 1점, 사용횟수가 가장 높은 배터리에 1점, 자체방전율이 낮은 배터리에 1점, 안전성이 양호인 배터리에 1점의 점수를 부가한다. A사는 점수가 가장 많은 배터리를 선정하고자 한다. 만약 점수가 동일한 배터리가 있는 경우 정격전압이 더 높은 배터리를 선택한다.

① 리튬이온 ② 리튬폴리머 ③ 리튬인산철
④ 리튬티탄산 ⑤ 니켈카드뮴

[35~36] S사는 매년 마지막 평일에 희망하는 직원 참석하에 호텔에서 송별회를 진행하고 있다. 다음 [상황]과 [호텔별 정보]를 보고 물음에 답하시오.

[상황]

- 대표를 포함한 전 직원 65명 중 80%만 송별회에 참석하기로 하였다.
- 송별회 당일 회사 대표는 미팅이 끝난 오후 6시 30분에 미팅장소(L)에서 송별회 장소로 출발하기로 하였고, 그 외 다른 송별회 참석 직원들은 오후 6시 퇴근 후 함께 이동하기로 하였다.
- 송별회는 회사 대표와 송별회 참석 직원들이 모두 도착한 후 2시간 동안 진행되었다.
- 송별회 예산은 2,600,000원이다.

[호텔별 정보]

호텔명	최대 수용인원	L로부터의 이동소요시간	회사로부터의 이동소요시간	대여가능시간	1인당 금액
A	100명	40분	50분	오후 7:00~9:30	50,000원
B	60명	80분	40분	오후 8:00~10:30	48,000원
C	80명	90분	70분	오후 7:00~9:30	52,000원
D	70명	20분	60분	오후 6:30~8:30	45,000원
E	50명	30분	40분	오후 7:00~10:00	51,000원

※ 회사 대표 또는 직원들 중 늦게 도착한 시간 기준으로 그 이후 대여한다(도착 즉시 대여하지 않아도 됨).

35 다음 중 송별회를 진행할 수 있는 호텔을 모두 나열한 것은?

① A, B ② A, C ③ A, E

④ B, D ⑤ D, E

36 **S사 대표와 호텔과의 시간조율 결과 모든 호텔에서 2시간 대여가 가능하게 되었고, 회사 대표를 포함한 전 직원과 회사 주요 거래업체 4곳의 대표 1인씩 모두 송별회에 참석하기로 하였다. 대표, 전 직원, 거래업체의 [호텔 선호도]가 다음과 같다고 할 때, [선정방법]에 따라 호텔을 선정한다면 예산을 얼마나 증액해야겠는가?**

[호텔 선호도]

(단위: 점)

구분	A	B	C	D	E
대표	1	5	3	4	2
직원	4	1	5	3	2
거래업체	3	2	1	4	5

※ 5점부터 1점까지 차등 부여한다.

[선정방법]

참석인원 전원 수용가능한 곳 중 '(대표점수)+3×(직원 점수)+2×(거래업체 점수)'가 가장 높은 호텔로 선정한다. 단, 회사로부터의 이동소요시간이 1시간을 초과하는 곳은 제외한다.

① 150,500원 ② 225,000원 ③ 505,000원
④ 2,600,000원 ⑤ 3,105,000원

37 **N사에 근무하는 김 대리가 A~C사에 방문하여 회의를 진행하려고 한다. 이에 대한 설명으로 옳지 않은 것을 [보기]에서 모두 고르면?**

[A~C 회의 가능 시간 및 회의 시간]

구분	회의 가능 시간	회의 시간
A사	09:00~18:00	2시간
B사	9:30~19:00	3시간
C사	12:00~15:00	1시간 30분

[각 회사별 이동 시간]

A사 ↔ B사	30분
B사 ↔ C사	1시간
C사 ↔ A사	50분

| 보기 |

ㄱ. C사에서 가장 먼저 회의를 진행할 수 있다.
ㄴ. 가장 빠르게 모든 회의가 종료되는 시각은 17시 20분이다.
ㄷ. B사 회의 가능 시간이 1시간 연장된다면, 두 번째로 A사에 방문 가능하다.

① ㄱ　② ㄴ　③ ㄷ　④ ㄱ, ㄴ　⑤ ㄴ, ㄷ

38 **다음 [표]는 방울토마토의 팰릿 출하 시 물류비 절감 효과에 관한 자료이다. 5kg 박스 출하에 대한 포장비와 운송비가 물류비 합계에서 차지하는 비중은 얼마인가? (단, 계산 시 소수 둘째 자리에서 반올림한다)**

[표] 방울토마토의 팰릿 출하 시 물류비 절감 효과

(단위: 박스, 원)

구분	5kg 박스 출하(A)	5kg 박스 팰릿 출하(B)	B－A	비고
적재박스 수	1,540	1,400	－140	• A＝5kg×1,540박스 • B＝5kg×100박스×14팰릿
포장비	(가)	969,900	－74,990	• A＝kg당 135.7원×5kg×1,540개 • B＝kg당 135.7원×5kg×1,400개 ＋랩핑(20,000원)
팰릿 임차비	0	18,900	18,900	B＝1,350원(자부담)×14팰릿
운송비	(나)	592,900	(다)	• A＝kg당 100원×5kg×1,540개 • B＝A의 23% 절감
하차비	174,020	98,000	－76,020	• A＝수작업 하역비 kg당 22.6원×5kg×1,540 • B＝지게차 하역비 팰릿당 7,000원 적용×14개
물류비 합계	1,988,910	1,679,700	－309,210	－
도매시장지원비	0	－56,000	－56,000	팰릿당 4,000원×14개
정산합계	1,988,910	1,623,700	－365,210	－
박스당 물류비	1,292	1,160	－132	－
톤당 물류비	258,300	231,957	－26,343	－

① 91.3% ② 92.2% ③ 93.4% ④ 94.5% ⑤ 95.1%

39 다음은 A시의 채소류 생산현황에 관한 자료이다. 이에 대한 설명으로 옳은 것만을 [보기]에서 모두 고르면?

[표] A시 채소류 생산현황

(단위: 천t, %)

구분 \ 연도		2019	2020	2021	2022	2023
채소 생산량		89,418	90,488	102,033	94,930	106,123
노지채소 생산량		77,444	(　　)	(　　)	84,458	84,850
	마늘	39,920	44,188	50,123	52,538	44,490
	양파	28,003	31,523	33,480	29,304	31,174
	고추	9,522	4,472	644	2,616	9,186
기타 채소		11,974	10,305	17,786	10,472	21,273
마늘 비중(%)		44.6	48.8	49.1	(　　)	(　　)

※ 1) 생산량＝노지채소＋기타 채소

2) 노지채소＝마늘＋양파＋고추(생산량)

3) $\text{마늘 비중(\%)} = \frac{\text{마늘 생산량}}{\text{채소 생산량}} \times 100$

[그림] A시 마늘 품종별 생산현황

(단위: 천t)

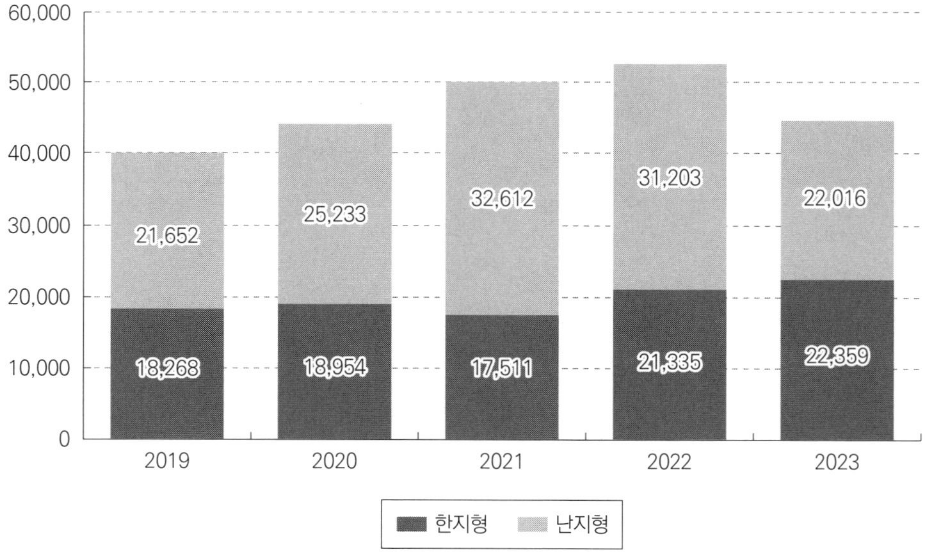

※ 마늘 품종은 한지형과 난지형으로만 구분됨

| 보기 |

ㄱ. 2021년에 마늘 비중은 50%를 하회한다.
ㄴ. 마늘 비중은 2019년부터 2021년까지 매년 증가하나 이후에는 감소한다.
ㄷ. 전체 마늘 생산량 중 난지형 마늘 생산량의 비중이 가장 높은 해는 2021년이다.
ㄹ. 노지채소 생산량은 매년 증가한다.

① ㄱ, ㄴ　② ㄱ, ㄷ　② ㄴ, ㄷ
④ ㄱ, ㄷ, ㄹ　⑤ ㄴ, ㄷ, ㄹ

40 **다음 [표]는 청장년층 5,000명을 대상으로 농업인 정의 최신화에 대한 설문조사 중 찬성이라 응답한 비율에 관한 자료이다. 이에 대한 설명으로 옳은 것만을 [보기]에서 모두 고르면?**

[표] 농업인 정의 최신화 설문조사 결과

청년	장년	전체
25%	75%	60%

| 보기 |

ㄱ. 청년응답자는 1,500명이고, 장년응답자는 그 2배 이상이다.
ㄴ. 각 응답층의 찬성률은 불변이고, 청년의 수가 500명 더 증가(그에 따른 전체 인원 증가)하면, 전체 찬성률은 55% 이하이다.
ㄷ. 해당 설문에 반대하는 장년응답자 1,000명이 추가되면, 전체 찬성률은 50% 이하이다.

① ㄱ　② ㄴ　③ ㄱ, ㄴ
④ ㄱ, ㄷ　⑤ ㄱ, ㄴ, ㄷ

41 **다음은 A농가의 수확 업무 인력 활용 계획과 근로자별 비용에 관한 자료이다. 이에 대한 설명으로 옳은 것만을 [보기]에서 모두 고르면?**

[표 1] 근로자별 비용

구분	숙련 근로자	일반 근로자	아르바이트생
일당(원/일)	250,000	180,000	80,000
식비(원/일)	20,000	15,000	12,000
수확량(kg/일)	100kg	90kg	80kg

[표 2] A농가의 수확 업무 인력 활용 계획

구분	내용
필요 수확량	7,200kg
가용 기간	4일
예산 총액	1,800만 원

※ 가능한 인력은 최소한으로 고용하려고 노력한다.

| 보기 |

ㄱ. 숙련 근로자만으로 A농가 수확 업무를 진행할 수 있다.
ㄴ. 일반 근로자만으로 A농가 수확 업무를 진행할 수 있다.
ㄷ. 숙련 근로자를 10명 고용하면, 일반 근로자는 9명 고용해야 한다.
ㄹ. 숙련 근로자를 12명 고용하면, 아르바이트생은 10명 이상을 고용해야 한다.

① ㄱ, ㄴ　② ㄱ, ㄷ　② ㄱ, ㄹ
④ ㄴ, ㄷ　⑤ ㄴ, ㄹ

42 다음 [표]는 미국 선물시장 품목별 가격 동향에 관한 자료이다. 이에 대한 설명으로 옳은 것은?

[표] 미국 선물시장 품목별 가격 동향

(단위: $/t, %)

구분	'23년			'24년 5월 평균	'24. 6. 24.~6. 28.					
	평균	최고	최저		6. 24.	6. 25.	6. 26.	6. 27.	6. 28.	평균
밀(HRW)	285	337	217	253	214	212	213	218	216	215
밀(SRW)	237	291	196	241	203	199	199	206	203	202
옥수수	222	270	177	179	171	168	165	163	156	165
대두	520	574	460	447	432	427	427	423	423	426
대두박	482	565	400	407	411	403	398	398	397	401
쌀	375	434	339	409	408	410	392	369	374	391
원당	531	616	418	415	418	417	415	416	418	417

① 옥수수는 '24년 5월 중 한 번도 '23년의 평균 가격을 넘어선 적이 없다.
② '23년 동안 대두의 가격은 574$/t이었던 적이 460$/t이었던 적보다 많다.
③ '24년 5월 동안 품목별 최고 가격이 가장 높았던 곡물은 대두이다.
④ '24. 6. 27.의 전일 대비 가격 감소율이 가장 큰 곡물은 쌀이다.
⑤ '24. 6. 24.의 각 곡물 가격은 대두 가격의 절반 이상이다.

43 **다음 [표]는 Z국 농산물소매점포와 월평균 지역별 배달 건수에 관한 자료이다. 이에 대한 설명으로 옳은 것만을 [보기]에서 모두 고르면?**

[표 1] Z국 업체별 농산물소매점포 수

(단위: 개소)

연도 / 업체명	2014	2016	2018	2020	2022	2024
갑	1,432	1,834	1,963	1,976	1,877	2,013
을	1,358	1,694	1,481	2,133	1,877	2,234
병	933	748	810	764	777	816
전체	3,723	4,276	4,254	4,873	4,531	5,063

[표 2] Z국 지역별 월평균 농산물소매점포 배달 건수

(단위: 천 건)

연도 / 지역	2014	2016	2018	2020	2022	2024
A	631	750	688	706	664	713
B	463	625	538	600	546	651
C	647	771	658	794	745	768
D	757	532	765	859	842	872
E	138	257	233	317	290	270
F	367	512	578	534	495	539
G	535	630	541	749	651	762
H	42	83	59	89	61	101
I	143	116	194	225	237	387

※ Z국의 지역은 A, B, C, D, E, F, G, H, I 지역으로만 구분됨

| 보기 |

ㄱ. 월평균 농산물소매점포 배달 건수의 조사기간 간 증감방향은 모든 지역마다 일치한다.
ㄴ. 전체 농산물소매점포 수에서 갑 업체가 차지하는 비중은 2020년까지 꾸준히 증가한다.
ㄷ. 매년 을 업체의 농산물소매점포 수가 Z국 각 지에 동일한 수로 분포되어 있다면, 을 업체의 D 지역 각 농산물소매점포의 월평균 배달 건수는 2014년에 비해 2020년에 감소한다.
ㄹ. 2022년 대비 2024년의 Z국 지역별 월평균 농산물소매점포 배달 건수 증가율이 2024년 대비 2026년의 증가율과 동일하게 유지된다면, 2026년의 월평균 배달 건수가 가장 많은 지역은 G지역이다.

① ㄱ ② ㄴ ③ ㄷ ④ ㄱ, ㄹ ⑤ ㄷ, ㄹ

44 **다음 [표]는 한 결제업체의 포인트 기준이다. 이를 토대로 [상황]의 데이트 과정에서 쌓였을 포인트를 계산하면 몇 점인가?**

[표] 포인트 적립기준

(단위: 점)

업체명	현금 결제	카드 결제	비고
H커피	20	20	—
S면세점	5	5	—
T레스토랑	5	5	세트메뉴 주문 시 적립 불가
B햄버거	10	10	—
F마트	10	10	—
E주유소	3	3	30,000원 이상 주유 시 적립
W면세점	10	5	—
M영화관	20	20	—
C영화관	15	15	20,000원 이상 결제 시 적립
S피시방	20	20	1,000원 이상 결제 시 적립

※ 구매금액 1,000원당 포인트 1점이 적립됨

[상황]

갑은 여자친구와 오후 2시에 H커피 앞에서 만나 4,500원짜리 카페라떼 2잔을 이벤트 쿠폰과 교환하였다. 이후 M영화관에서 티켓 한 장당 9,000원인 영화를 함께 보았다. 오후 5시에 영화관을 나와 W면세점에서 50,000원짜리 향수 한 개를 여자친구에게 선물로 사 주었다. 오후 6시에는 T레스토랑에서 55,000원짜리 커플세트 메뉴 하나를 먹었다. 그리고 집에 돌아오는 길에 E주유소에서 휘발유 70,000원치를 자동차에 주유했다. 모든 비용은 갑이 부담하였으며, 결제 시 M영화관과 W면세점에서는 현금으로, 다른 곳에서는 카드로 결제하였다.

① 950점 ② 1,000점 ③ 1,070점
④ 1,250점 ⑤ 1,525점

[45~46] 다음은 우리나라 자동차 등록 번호와 번호판에 관한 자료이다. 이어지는 물음에 답하시오.

우리나라 자동차 등록 번호판의 기본 규격인 직사각형 형태는 1921년에 정해졌고 이후 자동차 등록 번호판의 형태는 4차례 개정되며 변화하였습니다. 1973년부터는 차량의 등록지, 차종, 용도, 일련번호 등이 자동차 등록 번호판에 표기되었습니다. 이후 자동차가 늘어나면서 자동차 등록 번호판이 부족해지자, 1996년부터 차종 기호를 한 자리에서 두 자리 숫자로 늘린 번호판이 등장했습니다.

그리고 2004년부터는 지역감정을 해소한다는 취지에서 자가용 자동차에 한하여 지역명(등록지역)이 사라진 '전국 단일 번호판 체계'가 도입되었습니다. 이후 2007년에는 번호판의 디자인을 가로로 길어진 형태인 '유럽식 1열 식'으로 바뀌고 색상도 초록색 바탕에 흰색 글씨에서 흰색 바탕에 검은색 글씨로 바뀌었습니다.

[표 1] 자동차 등록 번호의 의미

① 01 ② 가 ③ 0000

① 숫자: 차종 의미	② 문자: 용도 의미	③ 숫자: 고유번호
• 01~69: 승용차 • 70~79: 승합차 • 80~97: 화물차 • 98~99: 특수차*	• 비사업용(+관용): 가, 나, 다 외 • 일반 영업용: 아, 바, 사, 차 • 택배: 배 • 렌터카: 하, 허, 호	4자리 고유 숫자

* 특수차: 다른 자동차를 견인하거나 구난작업 또는 특수한 작업을 수행하기에 적합하게 제작된 자동차로서 승용자동차·승합자동차 또는 화물자동차가 아닌 차량

[표 2] 자동차 등록 번호판의 의미

일반용	외교용	택배·운수용	친환경	중장비
하얀색 바탕	남색 바탕	노란색 바탕	연한 청색 바탕	주황색 바탕
검정 글씨	흰색 글씨	검정 글씨	검정 글씨 및 태극문양 홀로그램	흰색 글씨

45 위 자료를 읽고 자동차 등록 번호에 대해 이해한 내용으로 옳지 않은 것은?

① 67 가 1031: 비사업용 승용차
② 75 허 9928: 렌터카 승합차
③ 80 배 1187: 택배용 승용차
④ 33 아 3373: 일반 영업용 승용차
⑤ 99 구 9999: 관용 특수차

46 다음 [상황]의 갑이 본 번호판이 아닌 것은?

[상황]

갑은 농협에 들를 일이 있어 점심시간을 활용하여 외출을 하였다. 지나가는 길에 국가 행사가 있었는지, 대한민국 외교부 승용차 무리가 줄을 지어 지나갔고, 그 뒤로 일반 승용차 네 대가 지나갔다. 농협의 주차장에는 농협의 일반 영업용 승합차 다섯 대가 주차 중이었고, 마침 도착한 하늘색 택배용 화물차 역시 주차되어 있었다. 돌아가는 길에는 근처 공사장에서 출차 중인 검정색 크레인을 보았다.

① 노란색 바탕의 81 배 3838
② 하얀색 바탕의 77 아 1991
③ 남색 바탕의 17 가 1717
④ 연한 청색 바탕의 80 배 5672
⑤ 주황색 바탕의 99 차 7657

[47~48] 다음 자료를 보고 물음에 답하시오.

1. ISBN 부여 방식

[ISBN 구조]

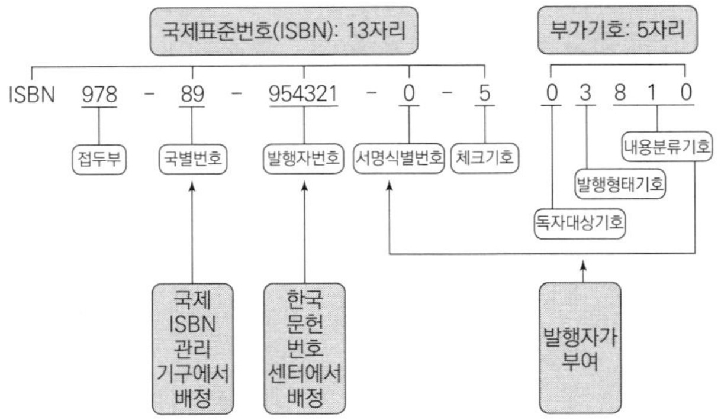

2. 국제표준도서번호 (ISBN): 13자리
   1) 맨 앞 3자리(접두부, 978과 979), 그다음 2자리(국별번호, 한국은 89)는 모든 책에 동일하게 부여받는다.
   2) 발행자 번호: 6자리로 구성되는 출판사의 고유식별번호이며, 한국문헌정보센터에 신청하여 부여받는다.
   3) 서명식별번호: 1자리로 구성되며, 발행자가 선택 가능하다. 처음으로 책을 내게 되면 0, 그 이후 1, 2, 3 … 9까지 사용한다. 10으로 넘어가면 바로 앞으로 발행자 번호를 다시 신청해서 받아야 한다. 이때 발행자번호는 5자리가 되고, 서명식별번호는 2자리가 된다. 즉, 계속 책의 발행수가 늘어감에 따라 발행자 번호 자릿수는 줄어간다.
   4) 체크기호: 13자리 ISBN 체크기호의 숫자는 왼쪽에서부터

(홀수 번째 숫자의 합)+(짝수 번째 숫자의 합)×3+x=10의 배수

예 ISBN: 978-89-954411-1-x

9	7	8	-	8	9	-	9	5	4	4	1	1	-	1	-	x
×	×	×		×	×		×	×	×	×	×	×		×		
1	3	1		3	1		3	1	3	1	3	1		3		

$(9+8+9+5+4+1)+(7+8+9+4+1+1)\times 3+x=36+90+x=126+x$

'126+x'가 10의 배수가 되어야 하므로 체크기호 x는 '4'가 된다.

3. 부가기호: 5자리

부가기호는 ISBN의 뒤에 붙여 한국도서번호를 구성한다. 부가기호는 발행자가 전적으로 책임지고 선택한다.

   1) 독자대상기호: 단행본(교양)은 0, 실용서는 1, 여성도서는 2, 청소년도서는 3, 학습서는 5 또는 6, 아동도서는 7, 전문 학술서는 9를 선택한다.
   2) 발행형태기호: 책의 형태를 기준으로 발행하는 번호이다. 단행본은 3, 사전은 1, 전집이나 총서는 4, 그림만화책은 7을 선택한다.

3) 내용분류기호: 책의 주제를 기준으로 발행하는 번호이다. 총류 0□□, 철학·심리학·윤리학 1□□, 종교 2□□, 사회과학 3□□, 자연과학 4□□, 기술과학 5□□, 예술 6□□, 언어 7□□, 문학 8□□, 역사·지리·관광 9□□를 선택한다.

47 **위 자료와 [상황]에 따를 때, [보기] 중 옳은 것을 모두 고르면?**

[상황]

○ 도서명: 『멈추면, 비로소 보이는 것들』

○ ISBN 및 부가기호

1) ISBN: 978-89-65700-60-x

2) 부가기호: 03810

| 보기 |

ㄱ. 『멈추면, 비로소 보이는 것들』을 발행한 출판사는 여섯 번째로 책을 출간하였다.

ㄴ. 이 책의 체크기호(x)는 9이다.

ㄷ. 이 책은 전자책 형태로 발간되었다.

ㄹ. 이 책은 주제가 문학이다.

① ㄱ, ㄴ ② ㄱ, ㄷ ③ ㄴ, ㄷ ④ ㄴ, ㄹ ⑤ ㄷ, ㄹ

48 **다음은 S출판사의 직원 A, B가 나눈 [대화]이다. 위 자료와 [대화]에 따를 때 S출판사에서 발행한 이번 신간의 ISBN과 부가기호로 옳은 것은?**

[대화]

- A: 이번 신간은 우리 출판사에서 발행되는 100번째 책이네요.
- B: 맞습니다. 며칠 전에 ISBN 발급 신청을 했는데, 앞의 5자리는 종전처럼 '978-89'이고, 새로 발급받은 발행자번호는 '3724'입니다.
- A: 수고하셨습니다. 이번 신간은 우리 출판사에서 1번째로 출간하는 아동도서라는 점에서 기대가 큽니다.
- B: 네, 역사라는 어려운 주제를 담고 있지만 그림만화책으로 표현해 냈으니 아동들로부터 긍정적인 반응이 있을 것으로 예상됩니다.

① 978 - 89 - 100 - 3724 - 8 90077

② 978 - 89 - 3721 - 001 - 3 77910

③ 978 - 89 - 3724 - 100 - 0 77909

④ 978 - 89 - 3724 - 10 - 10 90077

⑤ 978 - 89 - 3724 - 001 - 0 91077

49 다음은 신용카드 일련번호 발급 규칙에 관한 자료이다. 이를 근거로 판단할 때, 유효하지 않은 카드 번호는?

신용카드 일련번호, 즉 카드 번호(Primary Account Number, PAN)는 여러 가지 정보가 포함된 고유 식별자로, 국제적으로 통용되는 표준에 따라 생성된다. 이 번호는 보통 16자리로 구성되지만, 카드 발급 기관에 따라 13자리에서 19자리까지 다양할 수 있다. 신용카드 번호는 단순한 숫자 조합이 아니라, 특정 규칙과 알고리즘을 따른다.

먼저 발급자 식별번호는 카드 번호의 첫 6자리로, 카드 발급 은행이나 기관을 식별하며, 첫 번째 자리는 카드 발급 은행마다 고유값으로 이루어지고, 나머지 5자리는 카드의 고유번호로 구성된다.

카드 발급 은행명	식별번호
A	1
B	2, 3
C	4, 5
D	6, 7, 8, 9

두 번째는 개인계좌 식별 번호이다. 이는 각 카드 소유자의 고유한 번호로 구성된다. 세 번째는 체크 디지트이다. 마지막 한 자리로 구성되며, 이는 유효성을 검사하는 데 사용되는 자리이다.

유효성을 검사하는 알고리즘은 Luhn 알고리즘이라고 하며, 절차는 다음과 같다.

1. 카드 번호의 오른쪽에서 왼쪽으로 숫자를 차례대로 읽는다.
2. 짝수 자리는 그대로 두고, 홀수 자리 숫자는 두 배로 만든다.
3. 두 배로 만든 숫자가 10 이상인 경우, 각 자리 숫자를 더하여 한 자리 숫자로 만든다. 예를 들어, 14는 1+4=5로 만든다.
4. 모든 자리 숫자를 더한다.
5. 총합이 10으로 나누어 떨어지면 카드 번호는 유효하다.

① 1234 5678 9012 3432
② 3456 7890 2234 6682
③ 7678 9012 5456 8884
④ 8890 2214 5638 9016
⑤ 3011 3616 4330 3274

50 **다음 글은 갑 업체의 [품목번호 부여 방식]이다. 2022년 5월 17일에 제6공장에서 생산한 기계 물품에 부여된 품목번호로 가장 적절한 것은?**

[품목번호 부여 방식]

① 0000 – ② 0000 –③ 00000 – ④ 0000

① 생산연월(연도 2자리, 월 2자리)

② 공장번호

공장	공장번호	공장	공장번호
제1공장	A101	제4공장	D404
제2공장	B202	제5공장	E505
제3공장	C303	제6공장	F606

③ 물품번호

물품	물품번호	물품	물품번호
식품	00000 ~ 19999	기계	40000 ~ 59999
의류	20000 ~ 29999	의약품	60000 ~ 79999
서적	30000 ~ 39999	잡화	80000 ~ 99999

④ 고유번호

생산된 순서에 따라 0001부터 9999까지 부여

① 2205 – F606 – 50158 – 0192

② 0517 – D404 – 44487 – 9999

③ 2217 – F606 – 52148 – 2147

④ 2205 – F606 – 56874 – 0000

⑤ 2205 – A101 – 41547 – 5314

직무상식평가

01 **농업협동조합중앙회 정관에 대한 설명으로 옳지 않은 것은?**

① 농업협동조합중앙회는 비영리 법인으로 한다.

② 농업협동조합중앙회는 농업협동조합, 농협, nonghyup, NH 등의 명칭을 사용하는 모든 법인에 대하여 매출액의 1000분의 25 범위에서 명칭 사용에 대한 대가인 농업지원사업비를 부과한다.

③ 농업협동조합중앙회는 회원의 균형발전과 사업활성화를 위한 조합상호지원자금을 무이자로 운용한다.

④ 지원자금의 조성 및 운용계획안, 지원대상 및 지원규모는 심의회의 의결을 얻어야 하며, 의결 즉시 그 결과를 회원에게 공개하여야 한다.

⑤ 농업협동조합중앙회는 지역조합, 품목조합 및 품목조합연합회를 회원으로 한다.

02 **'비전 2030'에 나타난 NH농협의 혁신전략으로 적절하지 않은 것은?**

① 농업인·국민과 함께 「농사같이(農四價値)운동」 전개

② 중앙회 지배구조 혁신과 지원체계 고도화로 「농축협 중심」의 농협 구현

③ 기후변화 대응 「지속가능한 농업」 실현

④ 「금융부문 혁신」과 「디지털 경쟁력」을 통해 농축협 성장 지원

⑤ 「미래 경영」과 「조직문화 혁신」을 통해 새로운 농협으로 도약

03 **협동조합의 역사에 대한 설명으로 옳은 것을 [보기]에서 모두 고르면?**

| 보기 |

ㄱ. 세계 최초의 근대적인 협동조합으로 인정받는 것은 영국의 로버트 오웬(Robert Owen)의 뉴하모니 공동체 운동 실험이다.
ㄴ. 1884년 프랑스와 영국의 협동조합운동가들이 국제적인 협동조합 교류를 제안한 후 11년 만인 1895년 런던에서 국제협동조합연맹(ICA) 1차 대회가 열렸다.
ㄷ. 1945년 이후 미국에서는 조합원이 물량을 내는 만큼 출자금을 매년 조절하고 조절된 출자금에 비례하여 의결권을 행사하는 협동조합과 주식회사를 반쯤 섞은 듯한 신세대 협동조합이 출현했다.
ㄹ. 우리나라는 1961년 농협법과 수협법, 중소기업협동조합법이 한꺼번에 만들어졌다.

① ㄱ, ㄴ ② ㄴ, ㄷ ③ ㄷ, ㄹ
④ ㄱ, ㄴ, ㄷ ⑤ ㄴ, ㄷ, ㄹ

04 다음 [기사]의 빈칸 A에 공통적으로 들어갈 수 있는 용어로 가장 적절한 것은?

[기사 1]

2019-10-13

은행들의 '오픈뱅킹' 고객 쟁탈전이 치열하다. 하나의 앱(응용프로그램)에서 모든 은행 계좌를 조회·이체할 수 있게 되면서다. '주거래 앱'으로 선택받아야 은행이 주도권을 쥘 수 있다. 은행들은 폐쇄적이었던 기존 앱을 오픈뱅킹 편의성을 높이는 쪽으로 개편하고 있다. 다양한 경품 이벤트를 여는 등 (　　　A　　　) 잡기에 총력전을 펼칠 전망이다.

자료출처: 한경

[기사 2]

2019-12-12

치솟은 금리에 (　　　A　　　)의 발걸음이 분주해졌다. 공시이율이 2% 후반에 머물고 있는 저축성보험 대신 4%대로 뛴 예금에 대기 자금을 빠르게 옮기고 있다. 대환대출 인프라를 이용해 0.1%p라도 낮은 대출로 갈아타기 위한 움직임도 이어지는 가운데 한 푼이라도 아끼기 위해서 개인종합자산관리계좌(ISA), 개인형 퇴직연금(IRP) 등 절세 계좌에 관심을 쏟는 사회초년생도 부쩍 늘었다.

자료출처: 파이낸셜뉴스

① 금융 노마드(Financial Nomad)
② 디지털 디바이드(Digital Divide)
③ 리루터(Returoo)
④ 어반 그래니(Urban Granny)
⑤ 체리피커(Cherry Picker)

05 **다음 [보기] 중 디지털 트윈(Digital twin)을 구성하는 다섯 가지 기술에 해당하는 것을 모두 고르면?**

| 보기 |

ㄱ. IoT (사물 인터넷)
ㄴ. NFT (대체불가능한 토큰)
ㄷ. AI (인공지능)
ㄹ. 5G
ㅁ. Life Logging (라이프로깅)
ㅅ. AR (증강현실)/VR (가상현실)
ㅇ. CAE (Computer Aided Engineering)

① ㄱ, ㄴ, ㄷ, ㄹ, ㅅ
② ㄱ, ㄴ, ㄹ, ㅁ, ㅅ
③ ㄱ, ㄷ, ㄹ, ㅅ, ㅇ
④ ㄴ, ㄷ, ㄹ, ㅅ, ㅇ
⑤ ㄴ, ㄹ, ㅁ, ㅅ, ㅇ

06 **클라우드 컴퓨팅을 구현하기 위한 서버 가상화(virtualization) 기술에 대한 설명으로 옳지 않은 것은?**

① 가상화 기술을 이용하면 1대의 물리적인 서버 컴퓨터로 여러 대의 서버를 이용하고 있는 것처럼 작동시킬 수 있다.
② 하이퍼바이저(Hypervisor) 기반의 가상화 방식은 하나의 서버를 여러 사용자가 공유할 수 있도록 물리적으로 공간을 격리하는 방식이다.
③ 컨테이너 기반의 가상화 방식은 프로세스를 격리하여 모듈화된 프로그램 패키지로써 작업을 수행한다.
④ 도커(Docker)는 컨테이너를 관리하는 오픈소스 플랫폼이다.
⑤ 쿠버네티스(Kubernetes)는 다중 컨테이너에 대한 효율적인 관리를 수행하고 클러스터링(Clustering)을 한다.

07 다음 글이 설명하는 용어는 무엇인가?

> 인구 밀집 지역인 대도시에 은행의 주요 업무담당 대규모 점포를 설치하고, 인구 밀도가 낮은 지역에는 소규모 점포를 분리 개설하는 전략이다.

① 무인 점포　② Core and Satellite　③ 콜라보 점포
④ 투게더 그룹　⑤ Hub and Spoke

08 한국 국채선물에 대한 내용으로 옳은 것을 [보기]에서 모두 고르면?

| 보기 |

ㄱ. 거래단위는 액면가 1억 원이다.
ㄴ. 최종결제방법은 현금결제방식이다.
ㄷ. 최소 변동금액은 10,000원이다.
ㄹ. 선물가격은 액면 100원을 기준으로 표시한다.
ㅁ. 기초자산은 표면금리 5%, 6개월 이자지급 방식의 3, 5, 10년 만기 국고채이다.

① ㄱ, ㄴ, ㄷ　② ㄱ, ㄷ, ㄹ　③ ㄴ, ㄷ, ㄹ
④ ㄴ, ㄹ, ㅁ　⑤ ㄱ, ㄴ, ㄷ, ㄹ

09 **차익거래가격결정이론(APT: Arbitrage Pricing Theory)에 대한 설명으로 옳지 않은 것은?**

① 다양한 공통요인을 받아들여 단일요인모형인 자본자산가격결정모형(CAPM)이 설명하지 못한 자산수익률의 변동 부분에 대해 설명한다.
② 다양한 공통요인에 대한 추가적인 추정치를 필요로 하는데, 이 추정치가 정확하지 않으면 정확성이 떨어질 수 있다.
③ 시장 균형상태에서 자산의 기대수익률은 공통요인에 대한 베타계수의 선형함수로 표시된다.
④ 차익거래 기회가 발생하는 시장에서 균형수익률과 위험의 관계를 표시한다.
⑤ 체계적인 위험과 기대수익률 간의 선형관계를 설명한다.

10 **투자성과의 평가지표에 대한 설명으로 옳지 않은 것은?**

① 샤프지수는 투자 포트폴리오의 총위험(베타) 1단위에 대한 초과수익의 정도를 나타낸다.
② 샤프지수는 동일한 유형의 펀드 간에 동일한 운용기간을 대상으로 비교해야 한다.
③ 트레이너지수는 투자규모가 크고 광범위한 분산투자를 하는 연기금에 적합하다.
④ 트레이너지수는 체계적 위험 1단위당 무위험 초과수익을 나타내는 지표이다.
⑤ 젠센의 알파는 개별 펀드매니저의 증권선택 능력을 측정할 때 활용한다.

11 **유통시장 공시에 해당하는 기업공시제도로 옳은 것은?**

① 증권신고서 제도
② 발행시장 공시
③ 투자설명서 제도
④ 사업보고서
⑤ 증권발행 실적보고 제도

12 전환사채에 대한 설명으로 옳지 않은 것은?

① 회사채로 발행 후 소정의 이자가 지급되고, 발행 시 일정기간이 지난 후 발행자가 주식으로 전환할 수 있는 채권이다.
② 일반채권에 비해 보장금리가 낮다.
③ 청구권 행사 시 신주 발행 물량부담이 커서 주가 상승이 어렵다.
④ 자금조달이 어려운 기업에 의해 발행된다.
⑤ 주가가 하락해도 부도가 나지 않는 한 보유하고 있는 채권의 원리금을 상환받을 수 있다.

13 다음 글의 빈칸 ㉠에 들어갈 경제 현상으로 옳은 것은?

(㉠)은/는 동일한 맥락을 가진 제품 집합(set)을 뜻하는 용어로, 소비자가 특정 제품을 소비함으로써 해당 제품을 소비할 것으로 예상되는 계층이나 집단에 속할 수 있다고 기대하게 되는 현상을 말한다. 이는 고가 화장품이나 외제차 등을 소비해 자신의 권력, 지위 등을 적극적으로 과시하고 싶은 욕구를 가리킨다.

① 밴드왜건 효과
② 스놉 효과
③ 베블런 효과
④ 저축의 역설
⑤ 파노플리 효과

14 구축효과에 대한 설명으로 옳지 않은 것은?

① 케인즈 학파는 화폐 수요의 이자율 탄력성은 크고 화폐 수요의 소득탄력성과 투자의 이자율 탄력성은 크지 않다고 본다.
② 확대 재정정책으로 인한 국민소득 증대로 화폐 수요가 증가해 이자가 상승하면 민간투자는 감소한다.
③ 통화주의학파는 화폐 수요의 이자율 탄력성은 크고 화폐 수요의 소득탄력성과 투자의 이자율 탄력성은 작다고 본다.
④ 화폐 수요의 소득탄력성이 높을수록, 투자의 이자율 탄력성이 클수록 구축효과가 커진다.
⑤ 투자의 이자율 탄력성이 높을 때 이자가 높아지면 민간투자는 감소한다.

15 **IS-LM 모형에서 점 A, B, C, D는 각각 다른 경제 상황을 나타낸다. 각 점에 대한 설명으로 옳은 것은?**

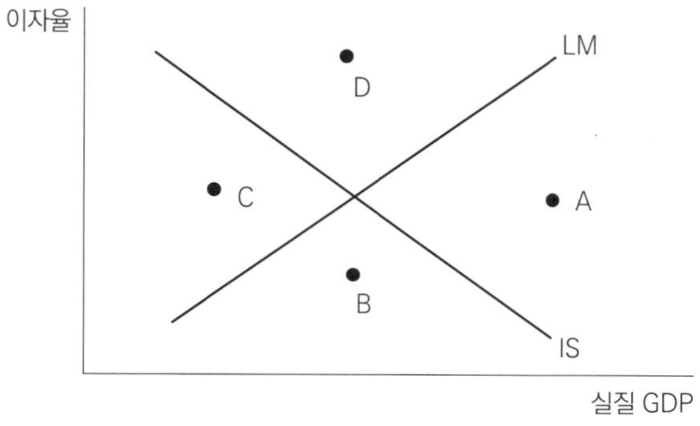

① 점 A에서는 재화시장과 화폐시장 모두 초과수요 상태에 있다.

② 점 B에서는 재화시장은 초과수요, 화폐시장은 초과공급 상태에 있다.

③ 점 C에서는 재화시장과 화폐시장 모두 초과공급 상태에 있다.

④ 점 D에서는 재화시장은 초과공급, 화폐시장은 초과수요 상태에 있다.

⑤ 점 A에서는 재화시장은 초과공급, 화폐시장은 초과수요 상태에 있다.

16 **경기가 과열되었을 때 중앙은행이 경제를 안정시키기 위해 취할 수 있는 금융정책수단으로 빈칸에 들어갈 내용으로 옳은 것은?**

• (ㄱ)을/를 통해 시중의 통화량을 줄여 인플레이션 압력을 완화할 수 있다.
• (ㄴ)을/를 통해 시중의 대출 여력을 줄이고 경제 활동을 억제할 수 있다.
• (ㄷ)을/를 통해 시중은행의 대출 비용을 높여 통화량을 감소시킬 수 있다.

	ㄱ	ㄴ	ㄷ
①	국공채 매도	지급준비율 인상	재할인율 인상
②	국공채 매입	지급준비율 인상	재할인율 인하
③	국공채 매도	지급준비율 인하	재할인율 인상
④	국공채 매입	지급준비율 인상	재할인율 인상
⑤	재할인율 인상	국공채 매도	지급준비율 인상

17 공공재에 대한 설명으로 옳은 것은?

① 공공재는 비배제성을 가지기 때문에 특정 개인이나 그룹이 이를 사용하는 것을 제한할 수 있다.
② 공공재는 시장에서 자연스럽게 제공되기 때문에 정부의 개입이 불필요하다.
③ 무임승차 문제는 공공재의 비배제성으로 인해 발생한다.
④ 공공재는 사용자의 수가 증가함에 따라 개인당 소비량이 감소한다.
⑤ 공공재의 수요는 개별 수요곡선의 수평적 합으로 계산된다.

18 과점시장의 독자적 행동모형에 대한 설명으로 옳은 것은?

① 꾸르노 모형에서는 각 기업이 상대방의 생산량을 고정된 것으로 보고 자신의 최적 생산량을 결정한다.
② 슈타켈버그 모형에서는 각 기업이 가격을 고정된 것으로 보고 자신의 최적 생산량을 결정한다.
③ 베르뜨랑 모형에서는 각 기업이 상대방의 생산량을 고정된 것으로 보고 자신의 최적 가격을 결정한다.
④ 굴절수요곡선 모형에서는 기업이 경쟁기업의 반응을 고려하지 않고 자신의 최적 가격을 결정한다.
⑤ 모든 독자적 행동모형에서는 기업들이 협력하여 가격과 생산량을 결정한다.

19 다음 [그림]은 국제무역 이전과 이후의 시장 상황을 나타낸다. Pd는 국내시장에서의 가격, Pw는 세계시장 가격이다. 국제무역 후 소비자잉여, 생산자잉여, 총잉여는?

[그림]

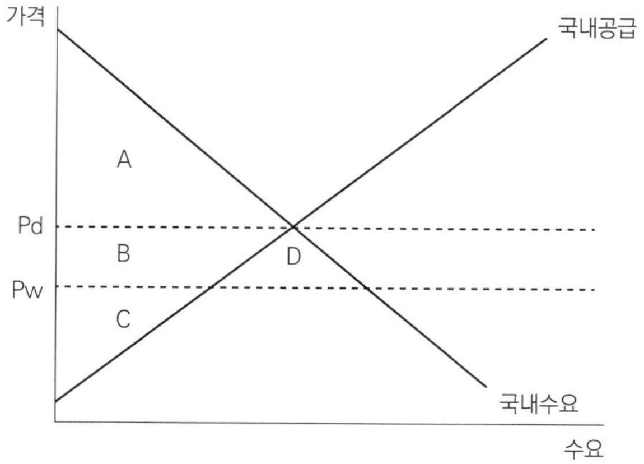

	소비자잉여	생산자잉여	총잉여
①	A+B+D	C	A+B+C+D
②	A+B	C+D	A+B+C+D
③	A+B+C	D	A+B+C+D
④	A+D	B+C	A+B+C+D
⑤	A+C+D	B	A+B+C+D

20 한 기업의 생산 함수는 $Q=L^{0.5}k^{0.5}$이다. 노동의 임금률 w=10원, 자본의 임대료 r=20원일 때, 기업이 이윤을 극대화하기 위한 노동과 자본은? (단, Q는 총생산량, L은 노동투입량, K는 자본투입량이다)

	노동	자본
①	16	4
②	25	25
③	20	10
④	10	20
⑤	4	16

21 기펜재(Giffen goods)에 대한 설명으로 옳은 것은?

① 기펜재는 가격이 하락할 때 소득효과와 대체효과 모두 수요를 증가시킨다.

② 기펜재는 열등재이지만 가격이 상승할 때 수요가 증가하는 특성을 지닌다.

③ 기펜재는 대체재의 가격이 상승할 때 수요가 증가한다.

④ 기펜재는 일반적으로 고가의 사치품에서 발견된다.

⑤ 기펜재는 일반적인 수요 법칙과 반대로 작용하며, 가격이 상승할 때 수요가 감소한다.

22 다음 [표]는 생산량에 대해 발생하는 총비용을 나타낸다. [표]에 나타난 비용함수에 대한 설명으로 옳은 것은?

[표]

생산량	0	1	2	3	4	5
총비용	100	130	160	190	220	280

① 생산량이 1단위에서 2단위로 증가할 때, 평균비용은 75이다.

② 생산량이 2단위에서 3단위로 증가할 때, 한계비용은 40이다.

③ 생산량이 2단위에서 3단위로 증가할 때, 평균비용은 증가한다.

④ 고정비용은 100이 발생한다.

⑤ 생산량이 4단위에서 5단위로 증가할 때, 규모의 경제가 발생한다.

23 X재화의 수요곡선은 Q=50−2P이고 공급곡선은 Q=3P−10인 시장에서 정부가 단위당 5원의 세금을 부과할 때, 새로운 균형가격과 거래량은? (단, Q는 수량, P는 가격이다)

	균형가격	거래량
①	15	20
②	16	18
③	17	19
④	18	21
⑤	20	25

24 **소비자물가지수(CPI)와 GDP 디플레이터의 특징에 대한 설명으로 옳은 것은?**

① CPI는 모든 소비재와 자본재를 포함하며, GDP 디플레이터는 소비재만을 포함한다.
② CPI는 소비자가 직접 구매하는 상품과 서비스의 가격 변동을 측정하며, GDP 디플레이터는 국내에서 생산된 모든 최종 재화와 서비스의 가격 변동을 측정한다.
③ CPI는 수입품 가격 변동을 반영하지 않으며, GDP 디플레이터는 수입품 가격 변동을 반영한다.
④ CPI와 GDP 디플레이터 모두 동일한 가중치를 사용하여 물가 변동을 측정한다.
⑤ CPI와 GDP 디플레이터 모두 라스파이레스 방식을 사용하여 작성된다.

25 **실물경기변동(Real Business Cycle) 이론에 대한 설명으로 옳은 것은?**

① 경기 변동의 주요 원인으로 통화량 변동을 강조한다.
② 경제가 균형 상태에서 벗어날 때, 정부의 적극적인 개입이 필요하다고 주장한다.
③ 노동시장의 유연성이 낮다고 가정한다.
④ 건설기간을 고려하지 않고 단기적인 충격만을 강조한다.
⑤ 노동자들이 기술적 충격에 따라 노동 시간을 조정함으로써 자발적 실업이 발생할 수 있다고 본다.

26 **절대소득가설에 따른 한계소비성향(MPC)과 평균소비성향(APC)에 대한 설명으로 옳은 것은?**

① 소득이 증가할수록 한계소비성향은 증가한다.
② 소득이 증가할수록 평균소비성향은 일정하게 유지된다.
③ 한계소비성향이 평균소비성향보다 항상 크다.
④ 평균저축성향은 소득이 증가할수록 증가한다.
⑤ 평균소비성향이 평균저축성향보다 항상 크다.

27 절약의 역설(Paradox of thrift)에 대한 설명으로 옳은 것을 [보기]에서 모두 고르면?

| 보기 |

ㄱ. 모든 개인이 저축을 늘리면 총저축이 증가해 경제 성장에 긍정적인 영향을 미친다.
ㄴ. 고전 경제학의 관점과 상충된다.
ㄷ. 단기적으로만 발생하며, 장기적으로는 저축 증가가 경제 성장에 긍정적인 영향을 미친다.
ㄹ. 소비 성향이 낮을수록 더 강하게 나타난다.
ㅁ. 저축이 증가할 때 유발투자가 늘어나 경제를 활성화시킨다.

① ㄱ, ㄴ ② ㄴ, ㄷ ③ ㄴ, ㄹ
④ ㄷ, ㄹ ⑤ ㄹ, ㅁ

28 정부 경제정책의 시차에 대한 설명으로 옳은 것은?

① 통화정책의 실행시차는 재정정책의 실행시차보다 일반적으로 짧다.
② 정책의 시차란 정부의 정책이 시행된 후 즉시 경제에 영향을 미치는 시간을 의미한다.
③ 통화주의학파는 정책의 시차 문제 때문에 경제는 자동적으로 안정화된다고 주장한다.
④ 정책의 시차 문제는 정부의 경제 개입이 항상 긍정적인 결과를 초래한다는 것을 의미한다.
⑤ 정책의 시차 문제는 통화정책에만 해당되며, 재정정책에는 적용되지 않는다.

29 **파레토 효율성에 대한 설명으로 옳은 것은?**

① 파레토 개선은 한 사람의 효용을 증가시키기 위해 반드시 다른 사람의 효용을 감소시켜야 함을 의미한다.

② 파레토 효율성은 모든 자원이 고르게 분배된 상태를 의미한다.

③ 파레토 효율성에 도달한 상태에서는 자원의 재배분을 통해 모두의 효용을 증가시킬 수 있다.

④ 파레토 효율성을 달성한 상태에서는 한 사람의 효용을 증가시키기 위해 다른 사람의 효용을 감소시킬 필요가 없다.

⑤ 파레토 효율성은 경제적 효율성을 평가하는 데 중요한 기준이지만, 사회적 형평성 문제는 다루지 않는다.

30 **효용함수가 U=min[X, 4Y]인 사람이 있다. P_X는 X재의 가격, P_Y는 Y재의 가격, M은 예산일 때 P_X=3, P_Y=8, M=200에서 효용극대화를 위한 X와 Y의 소비량으로 옳은 것은?**

① X=10, Y=40

② X=20, Y=20

③ X=20, Y=40

④ X=40, Y=20

⑤ X=40, Y=10

정답 및 해설

[정답 및 해설] PDF 제공

수험생들의 편리하고 스마트한 학습을 위해 교재 내 [정답 및 해설]을 PDF 파일로도 무료 제공해 드립니다.

다운로드 바로가기

혼JOB 홈페이지
(honjob.co.kr)
→ 자료실
→ 학습자료실

혼JOB
농협은행 5급
기출복원+실전모의고사

나만의 성장 엔진, 혼JOB | www.honjob.co.kr

기출복원 모의고사

제1회 실전모의고사

제2회 실전모의고사

제3회 실전모의고사

기출복원 모의고사

직무능력평가									
01	02	03	04	05	06	07	08	09	10
③	④	①	③	①	⑤	③	②	③	④
11	12	13	14	15	16	17	18	19	20
②	⑤	④	①	⑤	④	③	③	④	①
21	22	23	24	25	26	27	28	29	30
③	①	④	②	②	④	①	③	③	⑤
31	32	33	34	35	36	37	38	39	40
③	⑤	③	②	③	④	②	①	③	④
41	42	43	44	45	46	47	48	49	50
⑤	⑤	③	⑤	⑤	⑤	①	⑤	②	②

직무상식평가									
01	02	03	04	05	06	07	08	09	10
④	②	④	①	⑤	⑤	②	①	①	⑤
11	12	13	14	15	16	17	18	19	20
①	②	③	④	①	②	③	⑤	②	①
21	22	23	24	25	26	27	28	29	30
①	③	④	②	③	④	③	②	③	⑤

직무능력평가

01

정답 ③

① (○) [기사 작성 원칙]의 1에서 "제목은 기사의 핵심 내용으로 간략하게 작성한다."라고 하였다. [기사문]의 핵심 내용은 대환대출 플랫폼의 미비로 금융소비자가 불편하다는 것이 아니라, 이 불편함을 해소하기 위해 대환대출 플랫폼을 내년 5월에 구축한다는 것이다. 따라서 기존 제목인 "대환대출 플랫폼 미비로 금융소비자 불편함 여전"을 "온라인 원스톱 대환대출 플랫폼, 내년 5월 개시 예정"으로 수정하는 것은 적절하다.

② (○) [기사 작성 원칙]의 2에서 "부제목에서는 제목에 넣지 못한 중요한 내용을 요약한다."라고 하였다. 따라서 제목을 위 ①과 같이 수정한 뒤, 여기에 미처 포함하지 못한 대환대출 플랫폼 구축의 주체와 해당 플랫폼의 이점을 부제목으로 구성하는 것은 적절하다.

③ (×) [기사 작성 원칙]의 3에서 "기사의 첫 문단인 리드(lead)에서는 기사 전체 내용을 간추린다."라고 하였다. [기사문]의 첫 번째 문단은 기사의 전체적인 내용을 잘 요약하고 있으므로, 두 번째 문단과 순서를 바꾸는 것은 적절하지 않다.

④ (○) [기사 작성 원칙]의 4에서 "독자에게 신뢰를 줄 수 있는 객관적인 정보를 담는다."라고 하였다. 따라서 신뢰할 수 있는 전문가의 인터뷰를 마지막 부분에 추가하되, 객관적인 입장에서 기대 효과와 한계점에 관한 내용을 모두 싣는 것은 적절하다.

⑤ (○) [기사 작성 원칙]의 5에서 "독자가 쉽게 읽을 수 있도록 한 문장을 너무 길지 않게 작성한다."라고 하였다. 따라서 한 문장으로 구성된 마지막 문단을 두 문장으로 나누는 것은 적절하다.

02

정답 ④

① (○) 2문단에서 CBDC에 대해 "실시간으로 파악할 수 있는 화폐 이동을 데이터로 활용하여 금융·통화·재정 정책을 포함한 경제정책 운영에 유용하게 활용할 수 있다."라고 설명하고 있으므로 옳다.

② (○) 1문단에서 "CBDC는 각국의 중앙은행이 자체적으로 발행하는 디지털 화폐"라고 정의하고 있으므로, 중앙은행이 아닌 민간기업 페이스북이 발행하려고 한 리브라는 CBDC로 볼 수 없다.

③ (○) 4문단을 통해 e-크로나는 스웨덴 중앙은행이 개발하고 있는 CBDC임을 확인할 수 있는데, 1문단에서 CBDC에 대해 "중앙은행이 보증한다는 점에서 민간 암호화폐보다 안정성, 신뢰성이 높다는 것이 특징이다."라고 설명하고 있으므로 옳다.

④ (×) 4문단의 전반적인 내용으로 볼 때, 중국의 CBDC는 유통 테스트가 진행되고 있는 단계이므로 옳지 않다. 중국 스마트폰 이용자의 80%가 이용하고 있는 것은 CBDC가 아닌 모바일 결제이다.

⑤ (○) 2문단에서 CBDC의 단점으로 "시중은행의 자금중개 기능과 신용배분 기능이 대폭 축소되는 부작용이 발생한다."라는 점을 들고 있으므로 옳다.

03

정답 ①

㉠ 이번 프로젝트에는 기획팀, 디자인팀, 제작팀, 마케팅팀, 경영지원팀 총 5개 팀이 참여한다. 마케팅 전략 수립과 판매 모두 마케팅팀에서 담당한다는 점에 유의한다.

㉡ 기획팀의 업무는 2월 말에 마무리되는데, 이전에 업무에 투입되는 팀은 2월 초에 업무를 시작하는 디자인팀이다.

㉢ 팀별로 프로젝트에 투입되는 기간을 살펴보면, 기획팀 2개월, 디자인팀 2개월, 제작팀 7개월, 마케팅팀 8개월, 경영지원팀 3개월이므로, 마케팅팀이 가장 많은 기간 동안 투입된다.

04

정답 ③

㉠ (×) [표 1]의 '대출 한도'에 따르면, 상품 A를 이용해 주택금융공사의 보증으로 전세자금을 대출받는 경우 무주택이든 1주택이든 구분 없이 최대 2억 2,200만 원을 대출받을 수 있다. 직원의 답변 내용은 서울보증보험의 보증으로 대출받는 경우에 해당한다.

㉡ (×) [표 1]의 '대출 금리'에 따르면, 상품 A의 우대금리 항목 중 'N은행 거래실적우대금리'는 신청일 기준 최근 3개월을 기준으로 한다. 이 중 카드이용실적은 3개월간 '월 이용액'이 아니라 '총 이용액'이 기준이다. 고객 을의 3개월간 N은행 체크카드 총 이용액은 20만 원 × 3개월 = 60만 원이므로, 0.10%p의 우대금리를 적용받을 수 있다.

㉢ (○) [표 2]의 '상품 특징'에 따르면, 상품 B의 경우 기존 주택을 담보로 신규 주택을 구입하는 목적으로는 신청이 불가하다.

㉣ (○) [표 3]의 '대출 한도'에 따르면, 상품 C의 경우 보증금대출은 임차보증금의 90% 이내에서 최대 2억 원까지 가능하므로, 고객 정은 보증금을 5,000만 원 × 90% = 4,500만 원까지 대출받을 수 있다. 또한 고객 정은 보증금과 월세를 동시에 대출하는 경우이므로, 월세는 월 25만 원, 최대 600만 원까지 대출받을 수 있다.

05

정답 ①

① (×) 상품 A를 이용하여 전세자금을 대출받기 위해서는 본인과 배우자의 합산한 주택 보유 수가 무주택 또는 1주택이어야 한다. 즉, 진달래 아파트를 처분하지 않았더라도 보유한 주택이 진달래 아파트뿐이라면 대출 대상 요건을 충족한다.

② (○) 상품 A를 이용하여 전세자금을 대출받기 위해서는 2020년 7월 10일 이후 본인과 배우자가 투기지역 및 투기과열지구(서울 서초구, 강남구, 송파구, 용산구)의 취득가격 3억 원 초과의 아파트를 취득하지 않았어야 한다. 이몽룡은 2021년 7월 9일 서울 용산구 소재 아파트를 취득하였으므로, 취득가격이 3억 원 이하여야만 대출 대상 요건을 충족한다.

③ (○) 상품 B를 이용하여 생활안정자금을 대출받기 위해서는 임차인이 없는 본인 소유(부부 공동명의 포함)의 아파트를 담보로 제공하여야 한다. 따라서 진달래 아파트를 계속 소유하고 있지만 임차인은 없는 상태, 즉 임대하지는 않은 상태일 것이다.

④ (○) 상품 C를 이용하여 전세자금을 대출받기 위해서는 무주택자여야 하고, 본인과 배우자의 합산한 연 소득이 7,000만 원 이하여야 한다. 따라서 소유하고 있던 진달래 아파트는 처분한 상태이고, 본인의 연 소득은 7,000만 원 이하일 것이다(배우자가 없으므로 본인의 소득만 따짐).

⑤ (○) 상품 C를 이용하여 전세자금을 대출받기 위해서는 임차보증금이 7억 원 이하여야 하는데, 수도권 외 지역일 경우에는 5억 원 이하여야 한다. 따라서 전세보증금이 6억 원인 개나리 아파트는 수도권에 소재하고 있을 것이다.

06 정답 ⑤

㉠ (○) 2문단에서 "N쇼핑에서 N페이로 상품을 결제함으로써 구매 이후 배송 현황, 반품 · 교환, 포인트 적립 같은 구매 관련 전 과정을 한 번에 관리할 수 있어 이용자 입장에서는 매우 편리하다는 특징이 있다."라고 설명하고 있으며, 이 점은 강점에 해당한다.

㉡ (×) 2문단에서 "N쇼핑, N엔터테인먼트, N클라우드 등 자사의 다른 비금융 서비스와도 연계돼 최대 9%의 포인트를 적립해 준다는 점도 이용자들의 이목을 사로잡고 있다." 라고 설명하고 있다. 따라서 포인트 지급과 관련된 내용은 "자사의 다른 비금융 서비스와도 연계되어 높은 비율의 포인트를 지급함" 정도로 정리한 후, 강점 항목으로 옮기는 것이 적절하다.

㉢ (×) 2문단에서 "이에 N페이는 최근 B카드사와 제휴를 맺고, 오프라인 결제 서비스를 시작한 상태이다."라고 설명하고 있다. 따라서 "자사의 오프라인 쇼핑 사업 부문과 연계하여"를 "타 카드사와 제휴하여"로 수정하는 것이 적절하다.

㉣ (×) 4문단의 전반적인 내용을 볼 때, 기존 간편결제 기능에 확장성, 보안성, 범용성을 더한 간편결제서비스를 출시한 곳은 N페이가 아니라 전통 금융사인 M카드사임을 확인할 수 있다. 따라서 맨 앞에 "전통 금융사에서"를 추가한 후 위협 항목으로 옮겨야 한다.

07 정답 ③

제시문의 2~4문단과 보고서의 내용을 비교해 보면 된다.

① (×) A카드의 페이스 페이는 안면인증을 활용한 생체인증 시스템이므로 ㉠은 수정할 필요가 없다.

② (×) ㉡은 B카드의 핸드 페이에 해당하는 내용이므로 B카드의 시행 현황 항목으로 옮겨야 한다.

③ (○) B카드의 핸드 페이는 정맥인증을 활용한 생체인증 시스템이므로 ㉢을 '정맥인증'으로 수정해야 한다.

④ (×) 기계를 이용하는 방법을 정확히 알 수 있도록 ㉣ 앞에 이용 방식과 관련된 내용을 추가하는 것은 적절한 수정이지만, 이를 위해서는 '손목을 결제 단말기에 올려놓으면'이 아닌 '손바닥을 결제 단말기에 올려놓으면'이 추가되어야 한다.

⑤ (×) C카드의 보이스 페이는 국내 최초로 목소리를 결제 인증에 사용하는 서비스라고 했을 뿐 세계 최초인지는 알 수 없으므로 ㉤은 그대로 두어야 한다.

08 정답 ②

가장 먼저 김 행원이 생체인증 시스템을 상용화하기 위해서는 구축 비용이 저렴해야 한다고 말하고 있다. 이에 따라 하드웨어 구성이 복잡하기 때문에 많은 비용이 든다고 언급된 정맥인증이 제외된다. 다음으로 박 행원의 의견에 따라 홍채인증이 제외되고, 소음이 발생하는 환경에서 이용하기 어려운 음성인증 역시 제외된다. 이어서 이 과장의 의견에 따라 기계에 지문을 접촉해야 하는 지문인증이 제외된다. 따라서 ㉠에 들어갈 생체인증 시스템은 안면인증이 된다.

09 정답 ③

제시문은 오픈뱅킹에 관하여 설명하고 있는 기사문으로 총 7문단으로 구성되어 있는데, 각 문단을 [보고서]의 해당 부분과 연결해 보면 다음과 같다.

- 1문단: 오픈뱅킹의 개념 및 국내 도입 → [보고서] 1, 2
- 2~3문단: 금융소비자 측면에서의 오픈뱅킹의 장점 → [보고서] 3-(1)
- 4~5문단: 은행 측면에서의 오픈뱅킹의 장점 → [보고서] 3-(2)
- 6문단: 핀테크 기업 측면에서의 오픈뱅킹의 장점 → [보고서] 3-(3)
- 7문단: 오픈뱅킹의 단점 → [보고서] 4

① (×) 1의 하위 항목에서는 오픈뱅킹이 무엇인지에 대해 설명하고 있으므로, ㉠은 '오픈뱅킹의 개념' 정도로 수정하는 것이 적절하다.

② (×) 2019년 10월 30일부터 대형 은행 10곳에서 오픈뱅킹 시범 운영을 시작했고, 2019년 12월 18일부터 은행 16곳, 핀테크 기업 31곳에서 오픈뱅킹이 정식 운영됐으므로, ㉡은 '시범 운영', ㉢은 '정식 운영'으로 수정되어야 한다.

③ (○) 카드사의 결제정보를 연동하면 사용처와 내역을 일일이 모바일 가계부에 입력하지 않고도 편리하게 반영할 수 있으며, 이를 기반으로 재무상황과 소비경향을 한눈에 파악할 수 있다고 하였으므로, 카드사 결제정보와의 연동이 전제되어야 함을 추론할 수 있다. 따라서 ㉣은 '카드사와의 연동을 통해'로 수정하는 것이 적절하다.

④ (×) 은행권에 의존하지 않고 저렴한 비용으로 서비스 제공이 가능하다는 점은 핀테크 기업 측면에서의 장점이므로, ㉤은 삭제하지 않고 그대로 두는 것이 적절하다. 해당 내용이 금융산업 전반으로 볼 때에는 장점으로 판단하기 어렵다는 내용도 적절하지 않다.

⑤ (×) 은행 창구 등 오프라인 채널에서는 오픈뱅킹 서비스를 이용할 수 없기 때문에 모바일 뱅킹에 취약한 고령층 등 금

융 소외계층에게는 오픈뱅킹 서비스가 여전히 '그림의 떡'이라고 설명하고 있는 반면, 젊은 고객층의 모바일 선호도와 최근의 비대면 서비스 추세에 관한 내용은 제시문에서 찾아볼 수 없다. 따라서 ㉥은 현재 위치에 그대로 두는 것이 적절하다.

10

정답 ④

① (○) 농협은행 오픈뱅킹 앱을 사용하면서 주거래 은행을 농협은행으로 옮긴 고객에게 상품을 증정하는 이벤트는 4문단에서 설명하는 바와 같이 오픈뱅킹 앱을 고객 획득·유지를 위한 마케팅 수단으로 사용하고 있는 좋은 예이다.

② (○) 7문단에서는 고객들의 금융정보가 오픈뱅킹이라는 공유 플랫폼에 공개됨에 따라 금융사고가 일어날 수 있다는 점을 지적하고 있다. 따라서 오픈뱅킹 앱의 정보 보안과 안정성 확보에 주력하자는 것은 적절한 논의이다.

③ (○) 7문단에서는 모바일 뱅킹에 취약한 고령층 등 금융 소외계층에게는 오픈뱅킹 서비스가 여전히 '그림의 떡'이라고 지적하고 있다. 따라서 이들을 위해 오픈뱅킹 앱을 직관적이고 단순하게 구성하자는 것은 적절한 논의이다.

④ (×) 4문단에서는 시중은행들이 타행 계좌를 자행 오픈뱅킹에 등록하거나 자행 오픈뱅킹을 통해 타행 계좌에서 자행 계좌로 이체하는 고객을 대상으로 대대적인 이벤트를 진행하고 있다고 설명하고 있다. 즉, 농협은행 오픈뱅킹 앱을 설치한 고객들이 해당 앱에 타행 계좌를 등록하여 타행 계좌에서 자행 계좌로 이체하게끔 유도하는 것이 농협은행 입장에서 고객을 획득·유지할 수 있는 전략이다. 따라서 농협은행 오픈뱅킹 앱에 타행 계좌를 등록하지 않은 고객에게 혜택을 주자는 것은 적절한 논의가 아니다.

⑤ (○) 3문단에서 개인의 금융상태에 맞는 신용카드, 대출, 보험상품을 추천해 주는 서비스도 늘어나고 있어 소비자들이 받는 혜택은 점점 늘어나고 있다고 설명하고 있다. 따라서 재테크에 관심이 많은 고객에게 이 점을 홍보하자는 것은 적절한 논의이다.

11

정답 ②

① (×) 대출 기간은 10년, 15년, 20년, 30년 중에서만 선택할 수 있다. 즉, 25년으로 설정하는 것은 불가능하다.

② (○) 부부 모두 만 30세 이하인 경우가 아니므로 담보주택 평가액이 500백만 원(5억 원) 이하이면 대출 신청이 가능하다. 하지만 담보주택 평가액이 3억 원을 초과하므로 모기지신용보증에 가입할 수 없고, 서울보증보험에는 담보주택 평가액과 관계없이 가입할 수 없다.

③ (×) 결혼식 날짜와 관계없이 혼인신고를 한 지 5년 이내이거나 3개월 이내에 혼인신고를 할 예정이어야 한다. 하지만 이 부부는 약 4개월 후에 혼인신고를 할 예정이므로 대출 신청이 불가능하다.

④ (×) 이 부부는 혼인신고를 한 지 약 4년 5개월이 되었으므로, 요건이 '혼인신고를 한 지 7년 이내인 신혼부부'로 바뀌기 전인 현재 시점에서도 대출 신청이 가능하다.

⑤ (×) 부부 합산 연소득이 20백만 원(2천만 원) 이하이고 대출 기간이 10년이므로 기준 금리는 연 1.70%이고, 3자녀를 두고 있으므로 0.70%p의 우대 금리를 적용받아 대출 금리는 연 1.70－0.70＝연 1.00%로 계산된다. 하지만 우대 금리 적용 후 최종 대출 금리가 1.20% 미만인 경우에는 1.20%를 적용한다고 하였다.

12

정답 ⑤

① (×) 1문단에서 "전통적 산업 시대의 기업은 대체로 인사이드 아웃 방식을 통해 R&D 발달, 원가 절감, 품질 향상 등을 이루어 냈고, 이를 통한 결과를 고객에게 전달하였다."라고 하였다. 즉, 인사이드 아웃 방식을 통해서 원가 절감을 이루어 내는 것은 가능하다.

② (×) 3문단에서 아마존은 아웃사이드 인의 대표적 사례로 언급되고 있으며, "고객에서부터 시작하고, 거기서부터 거꾸로 일하라."라는 역행의 원칙 역시 아웃사이드 인과 부합한다. 2문단에서 아웃사이드 인에 대해 "누가 우리의 고객인가, 그들이 필요로 하는 것은 무엇인가라는 물음에서 출발하여, 이를 진행할 수 있는 기술이나 역량을 갖고 있든 그렇지 않든 새로운 역량을 확보하면서 비즈니스를 수행해 나가는 것이다."라고 하였으므로, 역행의 원칙을 따를 경우 기업은 현재 그 역량을 갖추고 있지 않더라도 새롭게 확보해 나가면서 비즈니스를 수행할 수 있다.

③ (×) 4문단에서 당근마켓은 아웃사이드 인 추세에 따라 활성화된 C2C의 사례로 제시되었다. 1문단의 내용에 따를 때, 공급자 중심의 역량 강화는 인사이드 아웃과 관련이 있다. 즉, 당근마켓을 공급자 중심의 역량 강화에 관한 사례로 보기는 어렵다.

④ (×) 1문단에서 인사이드 아웃에 대해 "기업이 우리는 무엇을 잘하고, 어떤 역량을 가지고 있으며, 이것으로 매출을 어떻게 올릴 것인가를 고민하는 것"이라고 하였으므로 기업이 가지고 있는 역량으로 어떠한 제품을 생산할 수 있는지를 판단하는 것은 아웃사이드 인이 아니라 인사이드 아웃과 관련이 있다.

⑤ (○) 2문단에서 아웃사이드 인에 대해 "누가 우리의 고객인가, 그들이 필요로 하는 것은 무엇인가라는 물음에서 출발하여, 이를 진행할 수 있는 기술이나 역량을 갖고 있든 그렇지 않든 새로운 역량을 확보하면서 비즈니스를 수행해 나가는 것이다."라고 하였으므로, 고객을 먼저 정하고 다른 기업과의 협업을 통해 새로운 역량을 확보하는 것은 아웃사이드 인에 가깝다고 볼 수 있다.

13

정답 ④

① (○) 3문단에서 "재해보험을 운영하는 주요국들은 가입자별 재해 리스크에 비례하는 보험료율을 부과하고 있다."라고 하면서 그 구체적인 예로 미국의 지진보험인 CEA(California Earthquake Authority)의 차등 보험료율 체계를 소개하고 있다.

② (○) 2문단에서 "프랑스는 재산보험(Property Insurance)에 반드시 자연재해보험 특약을 포함하는 방식으로 재해보험의 의무 가입을 간접적으로 실시하고 있다."라고 설명하고 있다.

③ (○) 2문단에서 "미국의 홍수보험인 NFIP(National Flood Insurance Program)는 특별홍수위험지역(SFHA: Special Flood Hazard Area)에 거주하는 모든 가구에 대해 의무 가입 원칙을 적용하고 있다."라고 설명하고 있다.

④ (X) 4문단에서 "프랑스의 재해보험인 Cat.Nat (Catastrophes Naturelles)은 지역별 피해저감조치 실시 여부를 기준으로 재해 사고 발생 시 가입자의 자기부담금을 차등 부과하는 방식을 적용하고 있다."라고 설명하고 있다. 즉, 지역별 피해저감조치 실시 여부를 기준으로 자기부담금이 차등 부과된다는 것만 알 수 있을 뿐 국가의 보조 여부는 파악할 수 없다.

⑤ (○) 3문단에서 "미국의 NFIP에서는 보험 가입 건축물의 건축 연도 및 층수, 지역별 홍수 위험도 등을 고려하여 보험료율을 결정하며"라고 하였다. 즉, 건축 연도 및 층수 외에 지역별 홍수 위험도 등도 고려 사항이므로, 보험 가입 건축물의 건축 연도 및 층수가 동일하다고 하더라도 적용되는 보험료율이 다를 수 있다.

14

정답 ①

- 갑: (○) 제시문의 3문단에서 "가입자의 위험을 보험료율에 반영하지 않고 모든 가입자에게 획일적으로 동일한 보험료율을 책정할 경우 보험 운영에 소요되는 보험사 및 정부의 부담이 증가할 수밖에 없기 때문이다."라고 말하고 있다. 즉, 현재 미국의 CEA는 재해 리스크에 따른 차등 보험료율 체계를 갖추고 있지만, 만약 그렇지 않았더라면 보험사 및 정부의 부담이 증가하였을 것이다. 정부 부담의 구체적인 내용은 [자료]에 나와 있는 것과 같이 대출, 채권 발행 등으로 보험금 지급을 보장하여야 하는 부담이다.
- 을: (X) 제시문에서는 터키가 모든 가구에 대해 TCIP 가입 의무화 정책을 추진하고 있는 이유를 설명하고 있지 않으며, 그 이유를 정부의 국가 재보험 제도 방식 전환으로 해석하는 것은 더욱 근거가 없는 부적절한 추론이다.
- 병: (X) 제시문의 3문단에 따를 때 미국의 NFIP는 가입 건축물의 재해 리스크에 따라 보험료율을 결정하는 방식으로 보험 운영에 소요되는 보험사 및 정부의 부담을 줄이고 있다. 하지만 NFIP에 대해 명시적인 국가 재보험 제도가 갖춰지는 경우 모든 가입 건축물에 동일한 보험료율을 적용할 것이라는 발언은 근거가 없는 부적절한 추론이다.
- 정: (X) 명시적인 국가 재보험 제도 여부를 국가의 재정건전성과 관련짓는 것은 근거가 없는 부적절한 추론이다.

15

정답 ⑤

회의 진행이 가능한 요일은 월~금요일이므로, 토요일과 일요일의 일정은 고려하지 않아도 된다. 월~금요일 중 회의 참석이 불가능한 날을 정리해 보면 다음과 같다.

월	화	수	목	금
			1 이 대리 × 최 주임 ×	2 김 과장 × 박 과장 × 정 대리 ×
5 박 과장 × 이 대리 ×	6 정 대리 ×	7 김 과장 × 박 과장 × 이 대리 ×	8 정 대리 ×	9 김 과장 × 이 대리 ×
12 박 과장 × 정 대리 ×	13 이 대리 ×	14 김 과장 × 정 대리 ×	15 박 과장 × 이 대리 ×	16 김 과장 × 정 대리 ×
19 이 대리 ×	20 박 과장 × 정 대리 ×	21 김 과장 × 박 과장 × 이 대리 ×	22 박 과장 × 정 대리 ×	23 김 과장 × 박 과장 × 이 대리 ×
26 박 과장 × 정 대리 ×	27 박 과장 × 이 대리 ×	28 김 과장 × 박 과장 × 정 대리 ×	29 박 과장 × 이 대리 ×	30 김 과장 × 정 대리 × 최 주임 ×

금융상품 회의를 진행할 수 있는 날은 6, 8, 9, 13, 16일 이렇게 총 5일로, 1일 이상이 더 확보되어야만 회의를 개최할 수 있다. 모바일 오픈뱅킹 회의를 진행할 수 있는 날은 19, 20, 22, 26, 29일 이렇게 총 5일로, 역시 1일 이상이 더 확보되어

야만 회의를 개최할 수 있다.

① (○) 김 과장의 2일 출장을 취소하면 2일에도 회의를 진행할 수 있으므로, 금융상품 회의 개최가 가능하다.

② (○) 박 과장의 23일 외근을 취소하면 23일에도 회의를 진행할 수 있으므로, 모바일 오픈뱅킹 회의 개최가 가능하다.

③ (○) 이 대리의 27일 교육을 28일로 미루면 27일에도 회의를 진행할 수 있으므로, 모바일 오픈뱅킹 회의 개최가 가능하다.

④ (○) 정 대리의 14일 교육을 7일로 당기면 14일에도 회의를 진행할 수 있으므로, 금융상품 회의 개최가 가능하다.

⑤ (×) 최 주임의 1일 휴가를 8일로 미루면 1일에는 회의 진행이 가능해지지만, 8일에는 회의 진행이 불가능해진다. 따라서 회의를 진행할 수 있는 날은 여전히 5일이므로, 금융상품 회의 개최는 불가능하다.

16

정답 ④

[상황]에서 교육, 결산 회의, 건강검진이 있는 날이나 창립기념일에는 회의를 진행하지 않는다고 하였으므로 9월 6일, 7일, 8일, 9일, 14일에는 회의를 진행할 수 없다. 9월 5일에는 B팀 필수 참석 인원인 조 대리가 휴가이므로 회의를 진행할 수 없다. 9월 12일에는 A팀 필수 참석 인원인 오 팀장이 외근이므로 회의를 진행할 수 없다. 9월 13일에 휴가를 가는 B팀 권 대리는 필수 참석 인원이 아니므로 9월 13일에 회의를 진행할 수 있다. 9월 15일에 C팀 필수 참석 인원인 국 사원이 출장이므로 회의를 진행할 수 없다. 9월 16일은 C팀 필수 참석 인원인 강 사원이 출장이므로 회의를 진행할 수 없다. 따라서 회의 가능한 날은 9월 13일이다.

17

정답 ③

[상황]에서 교육, 결산 회의, 건강검진이 있는 날이나 창립기념일에는 회의를 진행하지 않는다고 하였으므로 9월 6일, 7일, 8일, 9일, 14일에는 회의를 진행할 수 없다. 9월 5일에 B팀 필수 참석 인원인 조 대리가 휴가이고 대체 인원인 B팀 장 사원도 휴가이므로 회의를 진행할 수 없다. 9월 12일에는 A팀 필수 참석 인원인 오 팀장이 외근이므로 회의를 진행할 수 없다. 9월 13일에 C팀 권 대리는 필수 참석 인원이지만 B팀 권 대리는 필수 참석 인원이 아니므로 회의를 진행할 수 있다. 9월 15일은 C팀 필수 참석 인원 국 사원과 대체 인원인 오 사원이 출장이지만 대체 인원인 C팀 임 대리가 참석 가능하므로 회의를 진행할 수 있다. 9월 16일은 C팀 필수 참석 인원인 강 사원이 출장이지만 C팀 대체 인원인 임 대리 또는 오 사원이 대체 참석 가능하므로 회의를 진행할 수 있다. 따라서 회의가 가능한 날은 9월 13일, 15일, 16일로 3일이다.

18

정답 ③

① (×) 추가 적립을 포함한 포인트 적립률이 결제금액의 0.8%를 초과할 경우에는 기본 적립률에 따라 포인트가 적립된다고 하였다. Great X의 포인트 기본 적립률은 결제금액의 0.6%인데, 여기에 온라인 배달앱 추가 적립률 0.3%를 더하면 0.9%가 되어 0.8%를 초과한다. 따라서 이 경우 기본 적립률인 0.6%만 적립된다.

② (×) Great 시리즈 카드로 아파트 관리비를 납부하는 경우에는 포인트가 적립되지만, 국민건강보험, 국민연금, 고용보험, 산재보험 등의 사회보험을 납부하는 경우에는 포인트가 적립되지 않는다.

③ (○) Great X의 기본 포인트 적립률은 결제금액의 0.6%인데, 여기에 서점 결제 추가 적립률 0.2%를 더하면 0.8%가 된다. 한편, Great Check W의 기본 포인트 적립률은 결제금액의 0.8%인데 여기에 서점 결제 추가 적립률 0.2%를 더하면 1.0%가 되어 0.8%를 초과한다. 따라서 이 경우 기본 적립률 0.8%만 적립되므로, Great X와 Great Check W의 적립 혜택이 동일해진다.

④ (×) Great Check W의 포인트 적립률은 0.8%이므로, 결제금액 60만 원에 대한 적립 포인트를 계산해 보면, $600{,}000 \times 0.008 = 4{,}800$점이 된다. 하지만 체크카드의 월 적립 한도는 4,000점이므로, 4,800점이 적립될 수는 없다.

⑤ (×) Great Check Y는 체크카드이므로 결제금액에 대한 포인트는 이번 주 금요일 다음 2영업일인 다음 주 화요일(공휴일이 아닌 경우에 한함)에 적립되고, Great Z는 신용카드이므로 다음 1영업일인 다음 주 월요일에 적립된다.

19

정답 ④

① (○) Great X는 누적 포인트가 5,000점 미만이므로 사용할 수 없고, Great Check W는 누적 포인트가 3,000점 미만인 데다가 전월 사용 실적이 30만 원 미만이므로 사용할 수 없다. Great Check Y와 Great Z는 누적 포인트와 전월 사용 실적 요건을 모두 충족하므로 포인트를 사용할 수 있다.

② (○) 현재 Great Z의 누적 포인트 6,000점은 모두 사용할 수 있으므로, 이 포인트로 지방세 5,500원 전액을 납부할 수 있다.

③ (○) A가 2020년 3월에 Great X로 총 40만 원을 결제했다면 적립되는 포인트와 상관없이, 2020년 4월을 기준으

로 전월 사용 실적이 50만 원에 미치지 못하기 때문에 해당 월에 Great X의 누적 포인트를 사용할 수 없다.

④ (X) A가 2020년 3월 3일에 Great Check W로 30만 원을 결제하여 2020년 3월 5일에 최소 2,400점의 포인트가 적립된다면 누적 포인트는 3,400점이 되어 체크카드 포인트 사용 기준인 3,000점 이상은 충족하게 된다. 그러나 3월 5일 시점에서는 여전히 전월 사용 실적을 충족하지 못한다. 따라서 2020년 3월 5일에는 Great Check W의 누적 포인트를 사용할 수 없다.

⑤ (O) A가 2020년 3월에 Great Check Y로 식료품을 구입하는 데만 총 50만 원을 결제했다면, 해당 50만 원은 모두 포인트 적립 대상이 되고, 추가 적립이 없다고 하더라도 $500,000 \times 0.004 = 2,000$점이 적립된다. 따라서 2020년 4월 Great Check Y의 누적 포인트는 최소 7,000점이 된다.

20

정답 ①

A가 해외여행 중 손해를 입은 휴대품은 다음과 같다.

(1) 원화 10만 원

(2) 정가 40만 원의 카메라

(3) 정가 3만 원의 콘택트렌즈

(4) 정가 17만 원의 외투

(5) 정가 2만 원의 화장품

이 중 (1)은 제1조 제2항 제1호에 의해, (3)은 제1조 제2항 제6호에 의해 보험의 목적에서 제외된다. 또한 (4)는 제3조 제5호에 의해, (5)는 제3조 제2호에 의해 보상되는 손해에 해당하지 않는다. 따라서 남은 것은 (2)인데, 제4조 제1항에서 품목당 보상액은 20만 원을 넘을 수 없다고 하였으므로, 정가 40만 원이 아닌 20만 원이 보상액이 되고, 제4조 제2항에 의해 여기서 자기부담금 1만 원을 공제한 19만 원이 A가 받을 수 있는 최대 보험금이 된다.

21

정답 ③

'NH외국인우대통장'에 가입할 수 있는 사람을 묻고 있으므로, 제시문의 '2. 가입 대상'에 따라 [표]의 각 항목을 살펴본 후, 부합하는 것이 2개 이상인지를 따져 보면 된다.

- A: (X) '최근 1년 환전 실적'의 1개 항목만 요건을 충족하므로 가입할 수 없다.
- B: (O) '거래외국환은행, 최근 1년 송금 실적, NH-Onepass 카드 발급 여부'의 3개 항목에서 요건을 충족하므로 가입할 수 있다.
- C: (O) '최근 1년 환전 실적, NH외국인우대적금 전월 납입 실적'의 2개 항목에서 요건을 충족하므로 가입할 수 있다.
- D: (X) '거래외국환은행'의 1개 항목만 요건을 충족하므로 가입할 수 없다.

22

정답 ①

A~C면접관의 일정을 한국 시간으로 변환하면 다음과 같다.

- 중국에 있는 A면접관

10:00~11:00	오전 미팅
13:00~14:00	점심 식사
18:00~19:00	바이어와 미팅

- 러시아에 있는 B면접관

17:20~20:00	모스크바 오찬
21:00~22:00	신규 사업관련 회의
24:00~26:00	저녁 만찬

- 인도에 있는 C면접관

12:00~15:00	불교 행사 참석
18:00~19:00	힌두교 행사 참석
19:00~20:00	저녁 예배

따라서 면접이 이루어질 수 있는 시간은 08:00~09:00이다.

23

정답 ④

① (X) TDF는 고객의 은퇴 예상 시점에 따른 생애주기에 맞춰 주식과 채권 등 자산 비중을 조절해 투자금을 운용하는 노후 준비용 펀드이므로 적절하지 않은 진술이다.

② (X) 은퇴 잔여기간이 15년이므로 TDF 2035를 추천하는 것이 좋다.

③ (X) 은퇴 잔여기간이 25년이므로 TDF 2045를 추천하는 것이 좋다.

④ (O) 은퇴 잔여기간이 15년인 경우의 위험자산 투자 비중은 66%이고, 은퇴 잔여기간이 20년 이상인 경우의 위험자산 투자 비중은 76% 이상이다. 따라서 TDF를 통해 위험자산에 75% 이상 투자하고 있는 고객은 은퇴가 20년 이상 남았을 것으로 추론할 수 있다.

⑤ (X) TDF는 자산을 불려 나가야 할 젊은 시기에는 주식형 펀드 등 위험자산에 더 많이 투자를 했다가, 은퇴 시기가 다가오면 채권형 펀드 등 안전자산의 비중을 늘리는 연금 상품이다.

24

정답 ②

월 급여액 산정 자료를 [甲기업 급여 지급 규정]에 적용하여 계산하면 다음과 같다.

(단위: 만 원)

구분	기본급여	직급수당	초과근무수당	가족수당	월 급여액
A	200	—	50시간×2 =100	10+ (15×3) =55	200+100 +55=355
B	300	60	—	—	300+60 =360
C	260	10	30시간×2 =60	10	260+10 +60+10 =340
D	260	20	22시간×2 =44	10	260+20 +44+10 =334

따라서 월 급여를 두 번째로 많이 받는 사람은 A이고, 가장 적게 받는 사람은 D이다.

25

정답 ②

구분	출장수당	교통비	출장여비
출장1	30,000+30,000 +20,000 =80,000원	20,000+15,000 =35,000	115,000원
출장2	20,000원	—	20,000원
출장3	20,000+30,000 =50,000원	80,000+50,000 =130,000	180,000원

따라서 A과장이 받게 되는 2월 출장여비 총액은 115,000+20,000+180,000=315,000원이다.

26

정답 ④

① (X) '제3조(신규등록) 제1항'에서 동아리 회원이 4인 이상인 경우에만 신규등록이 가능하다고 하였다.

② (X) '제5조(동아리 지원) 제2항'에서 활동 보고서와 동아리 실시목적에 따른 활동비용의 카드 영수증을 첨부한 경우 지급한다고 하였다.

③ (X) '제2조(회원자격)'에서 동아리의 회원은 당사에 재직 중인 임직원으로 한다고 하였다.

④ (O) '제5조(동아리 지원) 제1항'에서 동아리는 사내 회의실을 동아리실로 사용 가능하다.

⑤ (X) '제3조(신규등록) 제2항'에서 사행성 · 오락성을 목적으로 하는 동아리는 신규등록이 불가능하다고 하였다.

27

정답 ①

① (O) '맹견의 기준'에서 도사견과 그 잡종견은 맹견에 해당한다고 하였다.

② (X) '보상 기준'에서 맹견으로 인해 부상을 입은 경우 피해자 1인당 1,500만 원을 보상한다고 하였다.

③ (X) 본문에서 맹견 책임보험을 가입하지 않은 경우 3차 위반 시 300만 원의 과태료를 납부해야 한다고 하였다.

④ (X) 본문에서 맹견이 3개월 이하인 경우 3개월이 되었을 때 가입해야 한다고 하였다.

⑤ (X) 본문에서 기존에 맹견을 소유한 소유자의 경우 2021년 2월 12일까지 보험에 가입해야 한다고 하였다.

28

정답 ③

고객 A와 고객 B가 지불해야 할 보험료는 다음과 같다.

- 고객 A: 견종이 치와와이므로 가입해야 하는 보험 종류는 A형이다. 보상을 최대한으로 받을 수 있는 보험을 가입한다고 하였으므로 70% 보상인 보험을 가입하며, 지불해야 하는 보험료는 31,200원이다.
- 고객 B: 견종은 아메리칸 핏불테리어와 그 잡종견이므로 맹견에 해당하며 가입해야 하는 보험 종류는 C형이다. 보험료를 최대한 적게 지불하고 싶다고 하였으므로 50% 보상인 보험을 가입하며, 지불해야 하는 보험료는 41,100×3=123,300원이지만 기존 반려견 보험 가입자는 15,000원의 추가금을 지불해야 하므로 지불해야 하는 보험료는 123,300+15,000=138,300원이다.

29

정답 ③

ㄱ. (X) 제1조에서 전화를 이용하여 가입할 때 일정요건이 충족되면 자필서명을 생략할 수 있다고 규정하고 있다. 따라서 일정요건이 충족되지 않는다면 자필서명을 생략할 수 없다.

ㄴ. (O) 제4조에서 계약자는 보험증권을 받은 날부터 15일 이내에 그 청약을 철회할 수 있다고 규정하고 있지만, 제

4조 제2호에서 진단계약인 경우는 예외로 두면서 청약을 철회할 수 없다고 하고 있다.

ㄷ. (○) 제7조에서 계약자가 제2회 이후 보험료를 납입기일까지 납입하지 않은 경우 회사는 60일을 납입최고기간으로 정하여 보험료의 납입을 최고하지만, 납입최고기간의 마지막 날이 영업일이 아닌 때에는 최고기간은 그다음 영업일까지로 한다고 규정하고 있다. 따라서 60일째 날이 영업일이 아니라면 최고기간은 60일을 초과하게 된다.

ㄹ. (×) 제5조에서 계약자가 청약할 때 약관의 중요한 내용을 설명받지 못한 경우에는 계약자는 계약이 성립한 날부터 3개월 이내에 계약을 취소할 수 있다고 규정하고 있다. 즉, 계약을 무효로 할 수 있는 것이 아니라 취소할 수 있는 것이다.

30

정답 ⑤

ㄱ. (×) 제5조에서 계약자가 청약할 때 약관과 계약자 보관용 청약서를 전달받지 못한 경우에는 계약자는 계약이 성립한 날부터 3개월 이내에 계약을 취소할 수 있다고 규정하고 있다. 따라서 취소 사유가 될 뿐이지 무효 사유로는 볼 수 없다.

ㄴ, ㄷ. (○) 제3조 제2항에서 만 15세 미만자, 심신상실자 또는 심신박약자를 피보험자로 하여 사망을 보험금 지급사유로 한 계약의 경우를 무효 사유로 들고 있으므로, 해당 계약은 무효가 된다.

ㄹ. (○) 제3조 제1항에서 타인의 사망을 보험금 지급사유로 하는 계약에서 계약을 체결할 때까지 피보험자의 서면에 의한 동의를 얻지 않은 경우를 무효 사유로 들고 있으므로, 해당 계약은 무효가 된다. A는 개인적 필요에 의해 계약을 체결한 것이므로, 본 조항의 단서에서 말하는 '단체가 규약에 따라 구성원의 전부 또는 일부를 피보험자로 하는 계약'에 해당하지는 않는다.

31

정답 ③

2021년 3월 22일~4월 16일 이외의 날짜에 구매 신청을 한 A, D의 신청 내역은 승인을 받지 못했으므로, 조건 1에 의해 A, D를 제외한 B, C, E의 신청 내역에 대해서만 구매를 진행하면 된다. 이때 조건 2에 의해 신청 기기 및 수량, 별도 요청 사항을 모두 충족해야 하므로, C와 E에서 구매를 신청한 프린터를 판매하고 있지 않은 '갑'은 판매업체에서 제외된다. 또한 B의 별도 요청 사항을 충족해야 하므로, 무선 키보드를 판매하고 있지 않은 '정'도 제외된다. E의 별도 요청 사항도 충족해야 하므로, 스캔이 불가능한 프린터를 판매하고 있는 '병'도 제외된다. 따라서 조건 3에 의해 J는 '을'에서 사무기기 구매를 진행해야 한다. 이제 조건 4에 따라 모든 사항을 충족할 수 있는 선에서 가장 저렴한 비용으로 구매를 진행해 보면 다음과 같다.

팀	사무기기별 금액	합계
B	• 모니터(24인치): 270,000원×2대=540,000원 • 키보드(무선): 30,000원×1대=30,000원 • 마우스(유선): 19,000원×1대=19,000원	589,000원
C	• 마우스(무선): 21,000원×5대=105,000원 • 프린터: 510,000원×1대=510,000원	615,000원
E	프린터: 510,000원×2대=1,020,000원	1,020,000원

따라서 총무팀 J가 사무기기 구매에 지불하게 될 금액은 589,000+615,000+1,020,000=2,224,000원이다.

32

정답 ⑤

① (×) 최종결재권자는 전결을 위임받은 본부장이어야 하는데 팀장으로 잘못되어 있다.

② (×) 최종결재권자가 팀장으로 잘못되어 있고, 협조란에 서명해야 하는 사람은 법무팀 팀장인데 과장으로 잘못되어 있다.

③ (×) 모든 결재가 1월 6일까지 완료되어야 하는데, 본부장과 법무팀 팀장의 결재일이 1월 8일이다.

④ (×) 협조란에 서명해야 하는 사람은 법무팀 팀장인데 과장으로 잘못되어 있다.

33

정답 ③

① (○) DB형은 '퇴직 직전 3개월 평균급여×근속연수'로 정해진 금액을 퇴직연금으로 받지만, DC형은 근로자가 직접 적립금을 운용한 결과에 따라 퇴직연금을 받는다. 따라서 자산운용 능력이 뛰어난 근로자는 액수가 고정된 DB형보다는 운용 능력에 따라 차등된 금액을 받을 수 있는 DC형이 유리하다.

② (○) 정년보장형은 정년을 보장하는 것을 전제로 정년 이전 특정 시점부터 임금수준을 낮추는 형태이고, 정년연장

형은 정년을 연장하는 조건으로 정년 이전 특정 시점부터 임금수준을 낮추는 형태이며, 고용연장형은 정년퇴직자를 촉탁직 등 계약직으로 재고용하고 임금수준을 낮추는 형태이다. 즉, 세 유형 모두 일정 시점부터 임금을 감액하는 제도이다.

③ (X), ④ (O) 임금피크제에 진입한 근로자는 DB형으로 퇴직연금을 받을 경우 오히려 임금피크제 진입 직전에 퇴직하는 것보다 적은 금액을 받을 수도 있다. 예를 들어, 퇴직 직전 3개월 평균급여가 400만 원, 근속연수가 25년인 근로자가 당장 퇴직할 경우 400만 원×25년=1억 원을 받게 되지만, 임금피크제로 고용기간은 5년 연장된 대신 퇴직 직전 3개월 평균급여가 200만 원으로 감액됐다면 퇴직 시 200만 원×30년=6,000만 원을 받게 된다. 따라서 임금피크제에 진입한 근로자는 DC형을 선택하는 것이 유리한 측면이 있다.

⑤ (O) 400만 원×30년=1억 2,000만 원이다.

34

정답 ②

제시문에서 제2차 재해보상금의 대상은 제1차 재해보상금을 받지 않은 피해 농가에 한한다고 하였으므로, 제1차 보상을 받은 농가 B는 대상에서 제외된다. 따라서 농가 A, C, D의 보상금액을 구한 뒤 더하면 된다. 이때, 농가 A, D는 농작물재해보험에 가입되어 있고, C는 가입되어 있지 않다는 점에 유의한다.

- A: 2,000×3,500×80%=5,600,000원
- C: 3,000×3,000×50%=4,500,000원
- D: 10,000×2,500×80%=20,000,000원

따라서 농가 A~D가 받게 되는 보상금액의 합은 5,600,000+4,500,000+20,000,000=30,100,000원이다.

35

정답 ③

① (X) 천지연폭포 → 성산일출봉 → 만장굴 → 함덕해수욕장: 49+23+13=85km

② (X) 한라산 → 걸매생태공원 → 항몽유적지 → 협재동굴: 21+43+21=85km

③ (O) 항몽유적지 → 곽지해수욕장 → 새별오름 → 한라산: 12+15+36=63km

④ (X) 곶자왈도립공원 → 쇠소깍 → 안덕계곡 → 항몽유적지: 38+28+27=93km

⑤ (X) 안덕계곡 → 항몽유적지 → 걸매생태공원 → 한라산: 27+43+21=91km

36

정답 ④

지불한 택시비는 다음과 같다.

- 곽지해수욕장 → 새별오름(15km): 20,000원
- 새별오름 → 한라산(36km): 40,000원
- 한라산 → 하늬오름(34km): 40,000원
- 하늬오름 → 곶자왈도립공원(13km): 20,000원

식비는 2인 기준 비용이므로 (21,000+33,000+45,000+10,000)×2=218,000원이다.

따라서 지불한 총비용은 20,000+40,000+40,000+20,000+218,000=338,000원이다.

37

정답 ②

'1. 과실비율 인정기준의 적용' (1)~(3)에 의하면 A와 B의 과실비율은 기본과실비율에 수정요소를 적용한 값이다.

- 기본과실: [상황]의 도표 상단에 'A0 B100'이라고 표기되어 있으므로, A의 기본과실은 0%, B의 기본과실은 100%이다.
- 수정요소: A의 수정요소를 살펴보면, 전방주시의무의 현저한 위반(현저한 과실), 운전 중 휴대전화 사용(현저한 과실), 제한속도 20km 초과(중과실)이 있는데, '1. 과실비율 인정기준의 적용'의 (5)에 따라 중과실의 수정요소만 적용된다. 따라서 A는 20%를 가산하여 20%, B는 20%를 감산하여 80%가 된다. B의 수정요소를 살펴보면, 무면허 운전(중과실)이 있으므로, B는 10%를 가산하여 90%, A는 10%를 감산하여 10%가 된다.

따라서 차량 접촉사고에 의한 A와 B의 과실비율은 각각 10%, 90%이다.

38

정답 ①

A~E사 중 CPU 사양이 i5 이상인 회사는 A사, B사, C사, E사이고, RAM이 16GB 이상인 회사는 A사, B사, C사, D사, E사이다. 저장용량이 256GB 이상인 회사는 A사, C사, D사, E사이고 속도가 2.1GHz 이상인 회사는 A사, C사, D사, E사이다. K팀은 3대의 컴퓨터를 350만 원의 예산으로 구매한다고 하였다. 사양을 모두 만족하는 A사, C사, E사의 컴퓨터 3대 구입 시 가격을 비교해 보면 A사는 135×3=405만 원으로 예산

을 초과하지만, A사는 행사 중으로 20% 할인하고 있으므로 405×0.8=324만 원이다. C사는 120×3=360만 원이므로 예산을 초과한다. E사는 115×3=345만 원이다. 2개 회사가 선정될 경우 가격이 더 저렴한 것을 선택한다고 하였으므로 A사를 선정한다.

39

정답 ③

먼저 [조건] 3에 따라 10월 4일에 시드니는 서울보다 2시간이 빠르다는 점을 파악해야 한다. 다음으로 [조건] 2를 보면 서울지사에서는 사원 1명과 대리 1명, 시드니지사에서는 과장 1명이 참여해야 하므로, 서울지사의 B대리는 회의에 반드시 참여해야 한다. 따라서 B대리의 일정을 기준으로 회의 가능 시간을 살펴보면, [조건] 1에서 회의 시간이 2시간이라고 하였으므로, 10:00~12:00, 13:00~15:00, 16:00~18:00 세 개가 된다.

(1) 10:00~12:00에 화상회의를 하는 경우
서울지사 C사원은 11:00~12:00에 시장조사가 있어 참여할 수 없지만, D사원은 참여할 수 있다. 한편, 시드니 시간으로는 12:00~14:00인데, E과장은 12:00~13:00에 점심식사가 있고, F과장은 12:00~13:00에 점심식사, 13:00~14:00에 시장조사가 있어 두 사람 모두 참여할 수 없다. 따라서 해당 시간은 불가능하다.

(2) 13:00~15:00에 화상회의를 하는 경우
서울지사 D사원은 14:00~15:00에 기획안 작성이 있어 참여할 수 없지만, C사원은 참여할 수 있다. 한편, 시드니 시간으로는 15:00~17:00인데, E과장은 15:00~16:00에 고객 응대가 있어 참여할 수 없지만, F과장은 참여할 수 있다. 따라서 서울지사에서 사원 1명과 대리 1명, 시드니 지사에서 과장 1명이 모두 참여할 수 있으므로 해당 시간은 가능하다.

(3) 16:00~18:00에 화상회의를 하는 경우
서울지사 C사원은 17:00~18:00에 보고서 작성이 있어 참여할 수 없지만, D사원은 참여할 수 있다. 한편, 시드니 시간으로는 18:00~20:00으로 근무 외 시간이므로, E과장과 F과장 모두 참여할 수 없다. 따라서 해당 시간은 불가능하다.

따라서 화상회의 시간은 13:00~15:00이다.

40

정답 ④

① (○) 핀테크업체의 경우 환전 수수료 우대율이 100%인 경우가 대부분이고, 은행의 경우 핀테크업체에 비해 평균적으로 낮기는 하지만 100%에 근접한 우대율을 보이고 있다. 따라서 농협은행에서도 환전 수수료 우대율을 100%로 상향하는 것이 경쟁력 측면에서 유리하다.

② (○) 은행 A는 해외여행자보험 무료 가입, 은행 B는 면세점 할인권 지급의 혜택을 제공하고 있다. 이용자들은 대체로 해외여행을 위해 환전을 하는 경우가 많으므로, 은행 A, B와 같이 이용자에게 해외여행과 관련된 혜택을 제공하는 것은 적절한 개선책이다.

③ (○) 핀테크업체의 경우 환전 당일 수령이 가능하고, 해외 현지에서 출금이 가능하다는 특징을 보이고 있다. 따라서 핀테크업체와 제휴하여 이와 같이 편리한 환전 시스템을 구축하는 것은 적절한 개선책이다.

④ (×) 은행 A, B, C와 핀테크업체 F는 유로 통화의 환전 수수료 우대율이 달러 통화보다 낮은데, 오히려 유로 통화의 우대율을 달러 통화 수준으로 끌어올리는 것이 유로 환전 이용자를 공략할 수 있는 전략이 된다.

⑤ (○) 은행은 환전 이용 실적에 따라 우대가 불가능한 경우도 있고, 우대 횟수가 한정된 경우도 있는 반면, 핀테크업체는 대체로 이러한 제한이 없다. 이와 같이 이용자에게 불리한 제한을 없애는 것은 적절한 개선책이다.

41

정답 ⑤

[대화]에서 조 팀장은 회의가 2시간 동안 진행될 예정이라고 하였고, [회의실 대여 방법]에서 테이블 정리 및 다과 세팅으로 회의 전 1시간, 회의 후 1시간 정리 시간이 필요하다고 하였으므로 대여 시간은 4시간 이상이어야 하고, 가능한 회의실은 크리스털, 루비, 사파이어, 토파즈이다.

[회의실 대여 방법]에서 최대 수용 인원은 회의실 준비 인원과 확인 인원을 포함한 인원이라고 하였으므로 크리스털, 루비, 사파이어, 토파즈의 회의 참석 가능 인원은 다음과 같다.

- 크리스털: 59－{59/10(≒6)}－2≒51명
- 루비: 60－{60/10(=6)}－2=52명
- 사파이어: 58－{58/10(≒6)}－2≒50명
- 토파즈: 62－{62/10(≒7)}－2≒53명

참석 예정자는 52명이므로 루비와 토파즈가 예약 가능하다. 두 곳 이상이 해당하는 경우 30분 이상 더 이용 가능한 회의실로 예약하라고 하였으므로 루비와 토파즈 중 대여 시간이 4시간 30분 이상인 토파즈를 예약한다.

42

정답 ⑤

김 대리가 예약하는 회의실은 토파즈이고, 대여 시간은 5시간이며, 12시부터 13시까지는 예약을 피해야 하므로 회의실 대여 시간은 13:00~18:00이다. [회의실 대여 방법]에서 테이블 정리 및 다과 세팅을 위해 회의 전 1시간이 필요하다고 하였으므로 회의 시작 시간은 14:00이다.

43

정답 ③

① (○) TV 선호도가 높은 50대 이상이 TV를 선호하지 않는 연령보다 TV 구매율이 높을 것으로 예상되므로 주요 고객층으로 설정해야 한다.

② (○) 50대 이상은 일반 TV 선호도가 높은 반면 스마트 TV 선호도가 낮으므로 스마트 TV와 일반 TV의 차이점을 설명하여 스마트 TV 선호도를 높혀야 한다.

③ (×) 20대는 스마트 TV 선호율이 가장 높은 반면 TV 선호도가 가장 낮으므로 주력 판매 연령이 아님을 알 수 있다.

④ (○) 스마트 TV 선호도가 낮은 연령대를 위한 스마트 TV 이용 방법 안내 책자를 제공한다면 스마트 TV 선호도를 높일 수 있다.

⑤ (○) TV 시청시간이 높은 연령대를 위해 스마트 TV에서 사용할 수 있는 OTT 이용권을 제공한다면 스마트 TV 선호도를 높일 수 있다.

44

정답 ⑤

ㄱ. (○) [표]를 보면 무농약농산물 중 채소류 출하량의 전년 대비 증감률은 -11.0%로 나타나 있으므로, 2018년의 출하량 90,442톤에서 $1-0.11=0.89$를 나누어 주면 된다. 계산의 편의를 위해 어림수 90,000에서 0.9를 나누면, $\frac{90,000}{0.9}=100,000$톤이 되는데, 실제로 분자는 90,000보다 크고 분모는 0.9보다 작으므로, 100,000톤보다 큰 값임을 알 수 있다.

ㄴ. (○) [표]를 보면 2018년 친환경농산물 전체 출하량은 450,886톤으로 나타나 있는데, 이 중 무농약농산물의 출하량은 345,811톤이다. 따라서 그 비중을 어림수로 계산해 보면, $(\frac{345}{450})\times 100=$약 76.7%이므로, 80% 미만임을 알 수 있다.

ㄷ. (×) [표]를 보면 2018년 유기농산물과 무농약농산물의 출하량은 각각 105,072톤(약 105천 톤), 345,811톤(약 345천 톤)으로 나타나 있고, [그림]을 보면 같은 해 유기농산물과 무농약농산물의 시장규모는 각각 3.8천(3,800)억 원, 9.1천(9,100)억 원으로 나타나 있다. 출하량 대비 시장규모를 어림수로 계산해 보면, 유기농산물은 $\frac{3,800}{105}=$약 36이고, 무농약농산물은 $\frac{9,100}{346}=$약 26이다. 따라서 유기농산물의 출하량 대비 시장규모가 무농약농산물에 비해 크다.

ㄹ. (×) [그림]을 보면 유기농산물의 시장규모가 가장 컸던 연도는 4.3천억 원이었던 2017년이고, 무농약농산물의 시장규모가 가장 컸던 연도는 17.2천억 원이었던 2012년으로, 일치하지 않음을 확인할 수 있다.

45

정답 ⑤

① (×) 암호를 구성하는 문자가 총 13자이므로, 암호는 총 8자 이상 12자 이하여야 한다는 두 번째 규칙에 위배된다.

② (×) '210'은 오른쪽에서 왼쪽 방향으로 순서대로 인접하는 숫자이므로, 오른쪽 방향이나 왼쪽 방향으로 순서대로 인접하는 숫자를 3자리 이상 사용할 수 없다는 다섯 번째 규칙에 위배된다.

③ (×) 특수문자와 알파벳 대문자가 포함되어 있지 않으므로, 3개 종류의 문자가 모두 포함되어야 한다는 첫 번째 규칙과 알파벳은 대문자와 소문자가 각각 포함되어야 한다는 세 번째 규칙에 위배된다.

④ (×) '#'은 숫자 '2' 키에 적힌 특수문자이므로, 숫자 '2', '3', '4' 키에 적힌 특수문자는 사용할 수 없다는 네 번째 규칙에 위배된다.

⑤ (○) 주어진 5개 규칙을 모두 충족하므로 암호로 설정할 수 있다.

46

정답 ⑤

① (○) 지역코드는 대전이므로 25, 종별코드는 안과의원이므로 31, 진료과목코드는 안과이므로 12, 보험자구분코드는 건강보험 피부양자이므로 4이다. 종합하면 2531-12-4가 된다.

② (○) 지역코드는 서울이므로 11, 종별코드는 상급종합병원이므로 01, 진료과목코드는 정형외과이므로 05, 보험자구분코드는 의료급여 수급자이므로 5이다. 종합하면 1101-05-5가 된다.

③ (○) 지역코드는 강원이므로 32, 종별코드는 보건진료소이므로 73, 진료과목코드는 보건기관의 치과이므로 43, 보험자구분코드는 무료진료 대상자이므로 9이다. 종합하면 3273-43-9가 된다.

④ (○) 지역코드는 의료기관이 위치한 서울이므로 11, 종별코드는 내과병원이므로 21, 진료과목코드는 내과이므로

01, 보험자구분코드는 직장건강보험 가입자이므로 4이다. 종합하면 1121-01-4가 된다.

⑤ (X) 지역코드는 부산이므로 21, 종별코드는 일반종합병원이므로 11, 진료과목코드는 신경외과로 전과되었으므로 06, 보험자구분코드는 직장건강보험 가입자이므로 4이다. 종합하면 2111-06-4가 된다.

47

정답 ①

㉠ 'TS_second이다.'를 UTF-8로 인코딩하면 알파벳·기호·공백 10자, 한글 2자로 (10×1)+(2×3)=16byte이고, UTF-16으로 인코딩하면 총 12자로 12×2=24byte이므로, UTF-8로 인코딩할 때가 UTF-16으로 인코딩할 때보다 8byte 작다. 'T computer였습니다.'는 UTF-8로 인코딩하면 알파벳·기호·공백 11자, 한글 4자로 (11×1)+(4×3)=23byte이고, UTF-16으로 인코딩하면 총 15자로 15×2=30byte이므로, UTF-8로 인코딩할 때가 UTF-16으로 인코딩할 때보다 7byte 작다. 'asmr_computer이다!'는 UTF-8로 인코딩하면 알파벳·기호·공백 14자, 한글 2자로 (14×1)+(2×3)=20byte이고, UTF-16으로 인코딩하면 총 16자로 16×2=32byte이므로, UTF-8로 인코딩할 때가 UTF-16으로 인코딩할 때보다 12byte 작다.

㉡ 'ASMR second입니까?'를 UTF-16으로 인코딩하면 15×2=30byte, 'TS_computer였습니다.'는 16×2=32byte, 'asmr_computer이다!'는 16×2=32byte, 'ASMR second입니다.'는 15×2=30byte, 'TS second입니다.'는 13×2=26byte이다.

위의 내용을 정리해 보면, ㉠에 들어갈 수 있는 문자열을 표기한 선택지는 ①, ②이고, ㉡에 들어갈 수 있는 문자열을 표기한 선택지는 ①, ④이다. 따라서 ㉠, ㉡을 옳게 짝지은 것은 ①이다.

48

정답 ⑤

① (X) 해당 시·도의 인증종류별로 인증서의 발급순서가 10번째, 20번째, 30번째 등인 경우에는 인증번호의 마지막 자리가 0이 될 수 있다.

② (X) 친환경농축산물 인증번호는 시·도별 지정번호 2자리, 인증종류별 번호 1자리, 인증서의 발급순번 5자리로 구성되므로 8자리로만 이루어진다.

③ (X) 친환경농축산물 인증번호의 첫 번째 자리에 올 수 있는 숫자는 0, 1, 9로 총 3가지이다.

④ (X) 친환경농축산물 인증번호가 17801XXX라면, 시·도별 지정번호는 17로 경상남도에 해당하고, 인증종류별 번호는 8로 유기가공식품에 해당한다. 인증서의 발급순번은 01XXX로, 경상남도에서 유기가공식품에 대해 1천회 이상 친환경농축산물 인증서가 발급된 것을 의미한다.

⑤ (O) 세종특별자치시에서 무농약원료가공식품에 대해 다섯 번째로 인증서를 발급받았다면, 친환경농축산물 인증번호는 13700005이다. 인증번호 각 자리의 숫자를 모두 더하면 1+3+7+5=16이다.

49

정답 ②

김 과장이 추천하려고 하는 친환경농축산물은 다음과 같이 두 종류이다.

- 제주특별자치도의 무농약농산물 → 앞자리 183
- 강원특별자치도의 유기축산물 → 앞자리 112

따라서 앞자리가 183 또는 112인 인증번호의 제품을 추천할 수 있는데, ㄱ은 앞자리가 183이기는 하지만 총 7자리이므로 친환경농축산물 인증번호의 형태에 부합하지 않는다. 따라서 김 과장이 추천할 수 있는 친환경농축산물의 인증번호로 가능한 것은 ㄹ, ㅂ이다.

50

정답 ②

한국도서번호를 구성하고 있는 국제표준도서번호(ISBN)와 부가기호 중 부가기호만을 살펴보면 된다.

ㄱ. (C) 첫 번째 자리는 '5'로 중·고등학생을 대상으로 한 학습참고서, 두 번째 자리는 '3'으로 단행본, 세 번째 자리는 '7'로 언어를 주제로 한 도서임을 알 수 있다. 따라서 A~C 중 C '수능 영어영역 어휘 문제집'의 한국도서번호임을 알 수 있다.

ㄴ. (B) 첫 번째 자리는 '4'로 중·고등학생을 대상으로 한 학습참고서 외 도서, 두 번째 자리는 '3'으로 단행본, 세 번째 자리는 '9'로 역사·지리·관광을 주제로 한 도서임을 알 수 있다. 따라서 A~C 중 B '중학생을 위한 한국사 교양서'의 한국도서번호임을 알 수 있다.

ㄷ. (A) 첫 번째 자리는 '7'로 영유아·초등학생을 대상으로 한 학습참고서 외 도서, 두 번째 자리는 '4'로 전집·총서·다권본·시리즈, 세 번째 자리는 '4'로 자연과학을 주제로 한 도서임을 알 수 있다. 따라서 A~C 중 A '초등학생을 위한 우주과학 백과사전 20권 중 제10권'의 한국도서번호임을 알 수 있다.

직무상식평가

01

정답 ④

④ (X) 기획재정부장관은 협동조합에 관한 정책을 총괄하고 협동조합의 자율적인 활동을 촉진하기 위한 기본계획을 3년마다 수립하여야 한다. 기본계획에는 협동조합등 및 협동조합연합회등을 활성화하기 위한 기본방향, 협동조합등 및 협동조합연합회등을 활성화하기 위한 관련 법령과 제도의 개선, 협동조합등 및 협동조합연합회등의 발전 전략 및 기반 조성에 관한 사항 등이 포함되어야 한다.

02

정답 ②

농협은 2020년에 시대적 패러다임 변화와 농업 · 농촌, 그리고 농협을 둘러싼 환경변화에 적극적으로 대응해 농업 · 농촌 · 농협의 지속가능한 성장을 실현하고, 더 나은 미래를 열어가기 위해 '비전 2025'를 수립했다. 농협은 비전 달성을 위해 5대 핵심가치를 다음과 같이 제시하였다.

- 농업인과 소비자가 함께 웃는 유통 대변화: 소비자에게 합리적인 가격으로 더 안전한 먹거리를, 농업인에게 더 많은 소득을 제공하는 유통개혁 실현
- 미래 성장동력을 창출하는 디지털 혁신: 4차 산업혁명 시대에 부응하는 디지털 혁신으로 농업, 농촌, 농협의 미래 성장동력 창출
- 경쟁력 있는 농협, 잘사는 농업인: 농업인 영농지원 강화 등을 통한 농업경쟁력 제고로 농업인 소득 증대 및 삶의 질 향상
- 지역과 함께 만드는 살고 싶은 농촌: 지역사회의 구심체로서 지역사회와 협력하여 살고 싶은 농촌 구현 및 지역경제 활성화에 기여
- 정체성이 살아있는 든든한 농협: 농협의 정체성 확립과 농업인 실익 지원 역량 확충을 통해 농업인과 국민에게 신뢰받는 농협 구현

03

정답 ④

① (X) 출자금 액수가 아닌, 1인 1표의 권한을 행사한다.

② (X) 영국의 로치데일 공정선구자조합으로 알려져 있다.

③ (X) 2020년 우리나라에서 열릴 예정이던 ICA 세계협동조합대회는 코로나19 유행 등의 영향으로 2021년 12월로 연기되어 개최되었다.

④ (O) 「협동조합 기본법」 제45조 제3항에 따르면 "「통계법」 제22조 제1항에 따라 통계청장이 고시하는 한국표준산업분류에 의한 금융 및 보험업을 영위할 수 없다."라고 나와 있다.

⑤ (X) 주된 목적은 조합원의 권익 향상 및 지역사회 공헌으로 봐야 한다.

04

정답 ①

ㄱ. 증강현실(AR: Augmented Reality): 투명한 창을 통해 현실 세계를 바라보며 그 위에 가상 요소를 덧입히는 기술을 활용한 것으로, 현실과 가장 가깝다. 자동차 앞 유리창에 속도나 내비게이션 정보를 표시해주는 HUD(헤드업디스플레이)도 AR의 한 종류이다.

ㄴ. 가상현실(VR: Virtual Reality): 헤드셋 형태의 기기를 쓰고 주변의 시야를 완전히 차단한 채 3D로 구성된 가상 세계에 완전히 몰입하는 경험을 하도록 만든다. 손에 쥔 컨트롤러를 이용해 가상세계 속 사물과 상호작용 할 수 있다는 것도 특징이다. 다만 정해진 공간 안에서 제한적으로 움직일 수 있을 뿐 물리적 이동은 불가능하다.

ㄷ. 혼합현실(MR: Mixed Reality): VR과 AR의 장점을 혼합한 기술이다. 반투명 렌즈를 통해 현실과 충분히 소통하면서 물리적 이동도 가능하고, 손을 뻗어 그 안의 가상 요소들과 상호작용도 가능한 기술이 대표적인 예이다. 가상 세계와 현실 세계를 혼합하다는 정의만 놓고 보면 AR과 같은 개념 같고 실제로도 엄밀한 구분 없이 섞어서 쓰는 경우가 많다.

ㄹ. 확장현실(XR: eXtended Reality): VR, AR, MR 등 현실을 확장하는 모든 기술을 통칭하는 가장 큰 범주의 단어이다. 비슷한 표현으로 몰입형 경험(Immersive Experience) 혹은 이머시브(Immersive)이 있다.

05

정답 ⑤

⑤ (X) 인터넷은 정보통신기술의 발전과 더불어 소개된 개념으로 3차 산업혁명에 가깝다.

06

정답 ⑤

스마트도시는 기후변화, 환경오염, 산업화 · 도시화에 따른 비효율 등에 대응하기 위해 자연친화적 기술과 ICT 기술을 융복합한 도시로, 미래 지속가능한 도시를 의미한다.

① (O) ICT(Information and Communication Technologies): 보통 '정보통신기술'이라고 부르며, 용어에서 알 수 있듯이 스마트시티의 핵심 요소라 할 수 있다.

② (O) IoT(Internet of Things): 사물인터넷의 줄임말이다. 사물인터넷이란 유형 혹은 무형의 객체들이 다양한 방식

으로 서로 연결되어 개별 객체들이 제공하지 못했던 새로운 서비스를 제공하는 것을 말한다. 농협은행에서는 '스마트팜'을 다룰 때 출제될 가능성이 높다.

③ (○) 스마트폰: 스마트폰은 스마트도시를 살아가는 구성원이 각종 정보나 데이터를 주고 받는 핵심 수단으로 자리 잡고 있다.

④ (○) 3D프린터: 3차원의 입체적 공간에 인쇄하는 장치이다. 의료, 건설, 소매, 식품, 의류산업 등에서 폭넓게 사용된다.

⑤ (X) 스푸핑(Spoofing): '속이기'라는 뜻으로, 주로 IP를 속여서 공격하는 기법을 의미한다.

07

정답 ②

① (X) 디지털포렌식은 PC, 휴대폰 등 각종 저장매체 또는 인터넷에 남아 있는 디지털 정보를 통해 범죄 단서를 찾는 일종의 수사기법이다.

③ (X) 스피어피싱은 특정인을 겨냥해 개인정보를 훔치는 기법이다.

④ (X) 워터링 홀은 특정 웹사이트를 감염시키고, 피해 대상이 그 웹사이트를 방문할 때까지 기다리는 기법이다. 웹사이트 방문자는 모두 감염되기 때문에, 전염성이 높다는 특징이 있다.

⑤ (X) 디지털트윈은 실제로 눈에 보이는 물리적인 사물에 컴퓨터 기법을 적용해 가상화한 것을 말한다. 이를 통한 모의실험으로 보다 정확한 정보를 얻을 수 있다.

08

정답 ①

ㄷ. (X) Platform as a Service의 줄임말이다.

ㄹ. (X) NH농협은행은 은행권 최초로 '퍼블릭 클라우드'를 도입했다. 이는 전문업체가 제공하는 IT인프라 자원을 별도의 구축 비용 없이, 사용한 만큼 이용료를 내고 활용하는 방식이다. NH농협은행은 네이버 금융클라우드와 제휴하였는데, 네이버는 국내 클라우드 기업 최초로 금융보안원의 안정성 평가를 충족한 것이 특징이다.

실수는 줄이고↓ 속도는 높이는↑ TIP

- IaaS(Infrastructure as a Service): CPU, 메모리 등 '하드웨어'적인 자원을 제공하는 서비스
- PaaS(Platform as a Service): IaaS 외에 운영체제, 데이터 분석 도구 등 '플랫폼'을 제공하는 서비스
- SaaS(Software as a Service): 별도의 설치 없이 클라우드 환경에서 '자체' 동작하는 서비스

09

정답 ①

① (○) 제시문은 J커브현상에 대해 설명하고 있다. 나머지 용어는 정답을 유도하기 위해 알파벳에 끼워 맞춘 수준에 불과하다.

실수는 줄이고↓ 속도는 높이는↑ TIP

추가로 알아 둘 용어로는 K자 회복이 있다. K자 회복은 코로나19발 경제 충격에서 회복하는 모양새가 마치 알파벳 K와 같이 양극화를 보인다는 데에서 유래했다.

10

정답 ⑤

① (○) 과점시장은 소수의 대형 기업이 시장의 대부분을 차지하는 구조이다. 이들은 시장 점유율이 높아, 각 기업의 결정이 시장 전체에 큰 영향을 미친다.

② (○) 기존 기업들이 강력한 시장 지배력을 가지고 있으며, 기술적 우위나 규모의 경제 등을 통해 새로운 기업들의 진입을 어렵게 만든다. 이는 진입 장벽을 높여 경쟁을 제한한다.

③ (○) 소수의 기업들이 시장을 지배하므로, 이들이 가격 담합을 통해 시장 가격을 인위적으로 조정할 가능성이 존재한다.

④ (○) 과점시장의 기업들은 경쟁력을 유지하고 시장에서 우위를 점하기 위해 기술혁신을 통해 제품 차별화를 시도한다. 이는 소비자들에게 다양한 선택지를 제공하며, 기업의 경쟁력을 강화한다.

⑤ (X) 과점시장의 기업들은 상호 의존적이기 때문에, 한 기업의 가격 결정이 다른 기업들에게 미치는 영향을 고려하여 가격을 설정한다. 이는 기업들이 서로의 행동을 면밀히 관찰하고 전략을 조정하게 만든다.

11

정답 ①

국제수지(표)는 크게 경상수지와 자본 · 금융계정으로 나뉜다. 이때 투자소득(이자, 배당금)은 본원소득수지에 해당한다는 점, 해외 직접투자 및 증권투자는 금융계정에 해당한다는 점을 기억해 두자.

① (X) 배당금은 본원소득수지에 해당한다.

실수는 줄이고↓ 속도는 높이는↑ TIP

경상수지와 자본 · 금융계정은 다음과 같이 구성되어 있다.

- 경상수지
  - 상품수지: 상품의 수출과 수입의 차이

- 서비스수지: 외국과의 서비스거래로 발생한 수입과 지급의 차이(가공서비스, 운송, 여행, 건설, 지식재산권사용료 등)
- 본원소득수지: 거주자와 비거주자 사이에 발생하는 급료 및 임금, 투자소득 차이
- 이전소득수지: 거주자와 비거주자 간에 대가 없이 이루어진 무상원조, 증여성 송금 등

• 자본 · 금융계정
- 자본수지: 자본이전, 비생산 · 비금융자산(브랜드네임, 상표 등의 마케팅자산)
- 금융계정: 직접투자, 증권투자, 파생금융상품, 기타투자 및 준비자산(거주자의 해외증권투자)

12

정답 ②

② (X) 장단기 금리차 역전은 경기 침체의 신호로 작용한다.

실수는 줄이고↓ 속도는 높이는↑ TIP

장단기금리차는 시장이 경제를 어떻게 바라보고 있는지를 판단하는 데 유용한 지표로 활용된다. 장단기 금리차가 줄어들고 있다면(정책금리는 한국은행이 결정하기 때문에 새로운 정책금리 결정이 나오기 전까지는 변함이 없는 반면 장기금리는 하락) 이는 경제성장률이 떨어지고 실업률이 상승하는 등 향후 경제가 더 나빠질 것으로 시장이 기대한다고 볼 수 있다. 특히 이런 상황에서 경기진작을 위해 한국은행이 정책금리를 인하할 것이라는 기대가 강화되는 경우에는 이런 현상이 더욱 두드러진다. 시장이 정책금리 인하를 극단적으로 기대하는 경우에는 3년 국고채금리가 한국은행 정책금리를 하회하는 현상도 발생한다. 이를 장단기금리 역전이라고 한다.

출처: 한국은행

13

정답 ③

① (O) 등량곡선의 기울기인 한계기술대체율(MRTS: Marginal Rate of Technical Substitution)이 체감하므로 등량곡선은 원점에 대해 볼록하다.

② (O) 동일 산출량을 유지할 때 노동 투입을 증가시키는 경우 자본이 감소해야 하므로 등량곡선이 우하향한다.

③ (X) 등량곡선이 원점에서 멀어질수록 더 많은 생산물을 산출하는 조합에 해당한다.

④ (O) 등량곡선의 기울기는 한계기술대체율(MRTS)을 의미한다.

⑤ (O) 등량곡선이 교차하면 투입물과 생산물의 비례적 관계에 대한 모순이 발생하므로 옳은 내용이다.

실수는 줄이고↓ 속도는 높이는↑ TIP

등량곡선은 같은 양의 재화 또는 서비스를 생산할 수 있는 자본(K)과 노동(L)의 조합을 연결한 곡선이다. 일반적인 등량곡선은 다음과 같다.

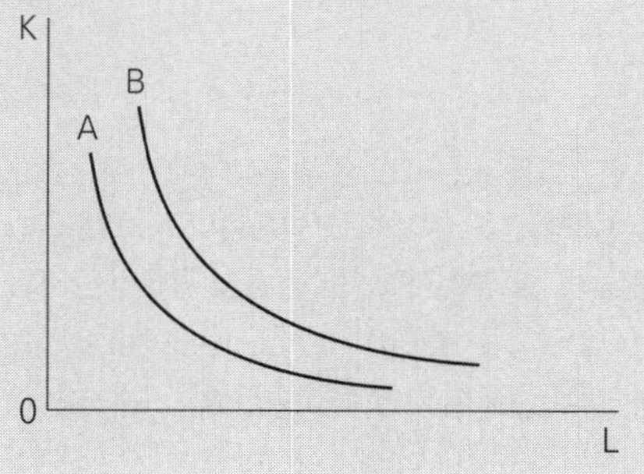

14

정답 ④

성장회계(growth accounting)는 자본 투입의 증가, 노동 투입의 증가, 기술 진보로 인해 경제가 성장한다고 보았다. 성장회계 방정식을 통해 경제성장에 각 요소들이 얼마나 기여했는지 분석할 수 있다.

경제성장률$=\frac{\Delta Y}{Y}$, 총요소생산성 기여도$=\frac{\Delta A}{A}$, 자본의 기여도$=\alpha\times\frac{\Delta K}{K}$, 노동의 기여도$=(1-\alpha)\times\frac{\Delta L}{L}$일 때 성장회계 방정식은 아래와 같다.

$$\frac{\Delta Y}{Y}=\frac{\Delta A}{A}+\alpha\times\frac{\Delta K}{K}+(1-\alpha)\times\frac{\Delta L}{L}$$

주어지지 않은 총요소생산성에 대한 자료를 제외하고 주어진 자료를 성장회계 방정식에 대입하면 아래와 같다.

$$5\%=0.4\times3\%+(1-\alpha)\times\frac{\Delta L}{L},\ (1-\alpha)\times\frac{\Delta L}{L}=3.8\%$$

따라서 노동이 경제성장에 기여한 크기는 3.8%이다.

15

정답 ①

① (O) 시장수요곡선은 각 개별 소비자의 수요곡선을 수평으로 더하여 얻는다. 이는 각 가격 수준에서의 모든 소비자의 총 수요량을 나타낸다.

② (X) 시장공급곡선은 개별 공급자들의 공급곡선을 수평으로 더하여 얻는다. 수평 합산을 통해 각 가격 수준에서의 총 공급량을 나타낸다.

③ (X) 일반적으로 시장수요곡선은 개별수요곡선보다 완만한 형태이다.

④ (X) 공공재의 경우 시장수요곡선은 개별 수요곡선을 수직

으로 합산하여 얻는다. 이는 공공재가 비경합성과 비배제성을 가지고 있기 때문이다.

⑤ (X) 개별공급곡선이 이동하면, 해당 변화는 시장공급곡선에 반영되어 시장공급곡선도 이동하게 된다.

16 정답 ②

실물적 경기변동이론(RBC)은 새고전학파가 주장한 이론으로 경기가 실물적인 요인에 의해 변동한다고 보았으며, 기술혁신, 기후변화, 원자재 가격변화 등 공급 측면의 충격이 경기변동을 일으킨다고 주장했다.

① (X) 수요충격으로 인해 경기가 변동한다고 주장한 학파는 케인즈 학파에 해당한다.

② (○) 기술혁신은 공급 측면의 충격에 해당하므로 실물적 경기변동이론에서 주장한 경기변동의 원인에 해당한다.

③ (X) 기업가의 기대에 따라 투자지출의 변동이 생겨 총수요가 변화해 경기변동이 발생한다고 주장한 학파는 케인즈 학파이다.

④ (X) 불완전한 정보 아래에서 예상치 못한 통화 충격으로 경기변동이 발생한다고 본 이론은 루카스 학파의 화폐적 경기변동이론이다.

⑤ (X) 통화당국의 자의적이고 불안정한 통화량 조정 때문에 경기가 변동한다고 주장한 학자는 통화주의 학파의 프리드만이다.

17 정답 ③

① (○) 장기생산함수에서는 모든 생산 요소가 가변적이다. 이는 기업이 생산 요소를 자유롭게 조정할 수 있는 기간을 의미한다.

② (○) 장기생산함수는 모든 생산 요소가 가변적이기 때문에 단기생산함수보다 더 많은 유연성을 가지고 있다.

③ (X) 규모에 대한 수익이 증가한다고 해서 항상 한계효용이 증가하는 것은 아니다. 규모의 수익은 생산과 관련된 개념이며, 한계효용은 소비와 관련된 개념이다. 두 개념은 직접적인 연관성이 없다.

④ (○) 생산 요소의 투입량에 따라 규모에 대한 수익이 일정할 수도, 증가할 수도, 감소할 수도 있다.

⑤ (○) 기술 혁신을 통해 생산 요소의 효율성이 향상될 수 있으며, 이는 생산량 증가로 이어질 수 있다.

18 정답 ⑤

① (○) 장기에는 고정요소가 없고 모든 요소가 신축적이므로 총비용이 모두 가변비용으로 구성된다. 하지만 주어진 [보기]의 총비용함수 식은 30이라는 상수항이 있어 고정비용이 존재하므로 단기 총비용함수이다.

② (○) $TC=3^2-6\times3+30=21$이므로 $Q=3$일 때 총비용은 21이다.

③ (○) 평균비용은 총비용을 수량으로 나눈 값이다. $Q=3$일 때 단위당 평균비용(AC)은 $21/3=7$이다.

④ (○) 한계비용은 생산량을 한 단위 증가시킬 때 증가하는 비용이다. 한계비용(MC)은 총비용을 수량으로 미분해 구할 수 있다. $MC=2Q-6=2\times3-6=0$이므로 $Q=3$일 때 한계비용(MC)은 0이다.

⑤ (X) 규모의 경제는 장기 총비용함수에서 기업의 생산량이 증가할 때 생산 한 단위당 평균비용이 감소하는 것을 의미한다. 규모의 경제는 장기평균비용이 우하향하는 구간에서 성립하므로 주어진 단기 총비용함수에서 구할 수 없다.

19 정답 ②

① (X) 총비용함수에서 고정비용은 225으로 주어져 있다. 고정비용은 제품 생산량 증대와 관계없이 일정하게 발생하므로 옳지 않은 설명이다.

② (○) 주어진 식은 총비용함수이므로 Q를 대입 후 5로 나눠주면 된다. $25-50+225$이므로 총비용은 200이며 평균비용은 40이다.

③ (X) 제품 5단위 생산까지는 총비용이 점차 감소하다가 다시 증가한다(이는 미분을 통해 $2Q-10$을 만족하는 Q값으로 알 수 있음).

④ (X) 규모의 불경제는 평균비용이 점차 증가할 때를 말한다. 평균비용 역시 감소하다가 다시 증가하므로 규모의 불경제가 존재한다.

⑤ (X) 제품 15개 생산 시 총비용은 300이며, 평균비용은 20이다.

20 정답 ①

정통 경제이론에서도 자주 출제되지 않는 영역이지만, 농협은행에서 출제되어 체감 난이도를 높인 문제이다. 보통 비교우위론이나 절대우위론, 또는 관세 부과 시 그 결과 등을 묻는데 그보다 한 단계 더 들어간 내용이라고 보면 된다. 반면 문제 자체는 이론의 가정 정도를 묻는 데 그쳤다.

② (X) 국가 간 노동생산성이 아닌, 요소부존도의 차이로 본다.

③ (X) 운송비는 존재하지 않는다고 가정한다.

④ (X) 생산요소의 이동은 불가능하다.

⑤ (X) 양국의 요소부존비율은 상이하다.

21

정답 ①

① (X) 실질환율은 명목환율과 물가 수준 변화를 동시에 고려하여 계산한다.

② (O) 실질환율이 상승하면 자국 상품의 해외 가격 경쟁력이 높아져 수출이 증가하고 수입이 감소하는 경향이 있다.

③ (O) 교역조건이 개선되면 자국 상품의 상대적 가격이 상승하여 실질환율이 상승할 가능성이 있다.

④ (O) 중앙은행이 금리를 인상하면 자국 통화의 가치가 상승할 수 있다. 또한, 중앙은행이 외환시장에 개입하여 외환을 매입하거나 매도하면 통화의 수요와 공급에 영향을 주어 명목환율에 변화를 초래할 수 있다.

⑤ (O) 명목환율이 상승하면 자국 통화의 가치가 상대적으로 하락하게 된다. 이는 수출이 증가하고 수입이 감소하는 경향을 초래할 수 있다.

22

정답 ③

아래 주어진 표에서 괄호 안 좌측 값은 가나전자의 투자 손익이고 우측 값은 다라전자의 투자 손익이다.

다라전자가 투자에 참여하는 경우 가나전자는 투자에 참여하지 않는 것(0원)이 투자에 참여하는 것(－10만 원)보다 유리하다. 다라전자가 투자에 참여하지 않는 경우 가나전자는 투자에 참여하는 것(20만 원)이 투자에 참여하지 않는 것(0원)보다 유리하다.

가나전자가 투자에 참여하는 경우 다라전자는 투자에 참여하는 것(10만 원)이 투자에 참여하지 않는 것(0원)보다 유리하다. 가나전자가 투자에 참여하지 않는 경우에도 다라전자는 투자에 참여하는 것(40만 원)이 투자에 참여하지 않는 것(0원)보다 유리하다.

다라전자는 투자에 참여하는 것이 항상 유리하므로 투자 참여가 우월전략이다. 다라전자가 투자에 참여하는 경우 가나전자는 투자에 참여하지 않는 것이 유리하므로 가나전자는 투자에 참여하지 않고 다라전자는 투자에 참여하는 것이 내쉬균형상태이다.

다라전자

		투자 참여 ○	투자 참여 ×
가나전자	투자 참여 ○	(－10만 원, 10만 원)	(20만 원, 0원)
	투자 참여 ×	(0원, 40만 원)	(0원, 0원)

23

정답 ④

① (X) 할인시장은 유동성이 높은 단기 금융 자산을 거래하는 시장이다.

② (X) 증권시장도 중앙은행의 통화정책 변화에 영향을 받으며, 특히 금리 변동은 주식과 채권 가격에 영향을 미친다.

③ (X) 장기대부시장은 주로 장기 채권과 부동산 담보 대출 등의 장기 자산이 거래되는 시장이다.

④ (O) 단기금융시장에서 거래되는 자산은 주로 신용도가 높은 예금증서, 상업어음, 국채와 같은 자산이다.

⑤ (X) 단기금융시장에는 거래소 실체가 없이 주로 은행과 금융기관 간의 직접 거래가 이루어진다.

24

정답 ②

② (X) ETF는 개별 주식 종목보다 가격 변동성이 낮다. 그만큼 안전하다는 뜻이다. 반면, 수익률도 주식보다 낮은 편이다.

실수는 줄이고↓ 속도는 높이는↑ TIP

ETF(상장지수펀드)는 기초지수의 성과를 추적하는 것이 목표인 인덱스펀드로(일종의 인덱스펀드를 증권화), 거래소에 상장되어 있어서 개별주식과 마찬가지로 기존의 주식계좌를 통해 거래할 수 있다. ETF는 1좌를 거래할 수 있는 최소한의 금액만으로 분산투자 효과를 누릴 수 있어 효율적인 투자수단이며, 펀드보다 운용보수가 낮고 주식에 적용되는 거래세도 붙지 않는다.

25

정답 ③

① (X) P2P는 기술 발전에 따라 개인 또는 기업이 전통적 금융기관(주로 은행)을 거치지 않고 모바일 플랫폼을 통해 자금을 주고받는 것을 말한다.

② (X) P2P금융은 영업이나 관리 조직 없이 거래가 이뤄지는 만큼 대출 금리는 더 낮은 편이다.

④ (X) P2P는 대출 심사가 덜 엄격해 소요 시간이 짧다는 게 장점이다.

⑤ (X) P2P 거래 시 수수료가 발생하는데, 플랫폼 업체의 중개수수료이다.

26

정답 ④

① (X) 예상하지 못한 디플레이션이 발생하면 채무자가 불리해진다. 반면 고정된 금액을 받아야 할 채권자는 그만큼 유리해진다.

② (X) 채무자가 고정금리로 대출을 받는다고 생각하자. '명목이자율＝실질이자율＋인플레이션율'임을 감안할 때, 디플레이션 발생은 인플레이션율을 음(－)으로 나타냄을 의미한다. 그러면 상대적으로 실질이자율이 높아진다. 채무자 입장에서는 실질이자율이 높아지므로 실질채무부담은 역시 증가한다.
③ (X) 장기적으로 물가 하락은 경제 전반에 부정적인 영향을 미치므로 옳지 않은 설명이다.
④ (O) 총공급곡선이 우측으로 이동하거나 총수요곡선이 좌측으로 이동하면 물가가 하락하므로 옳은 설명이다.
⑤ (X) 디플레이션은 일시적이 아닌, 지속적인 현상이다. 간단해 보이는 문장이지만 실제 시험장에서 빠르게 내용을 읽다 보면 이런 부분에서 놓칠 수 있다. 따라서 디플레이션 학습 시에는 '일시적, 지속적' 키워드도 구분하는 습관을 들이자.

27

정답 ③

③ (X) 일반적으로는 현물가격보다 선물가격이 높은 것이 정상적이다. 다만, 일시적인 공급부족 등 시장 불균형이 발생하거나 주가 하락 예상으로 선물의 매도물량이 지나치게 많아지는 경우에는 현물가격보다 선물가격이 낮아지는 경우가 발생하게 된다. 즉, 주가가 하락할 것으로 예상되는 경우 선물가격이 현물가격보다 낮은 '백워데이션' 현상이 나타나고, 주가가 상승할 것으로 예상되면 선물가격이 현물가격보다 높은 '콘탱고' 상태가 된다.

실수는 줄이고↓ 속도는 높이는↑ TIP

백워데이션이 발생되면 주식의 매수 시기를 늦추는 것이 좋고, 반대로 콘탱고에서는 프로그램 매수가 나타날 가능성이 높아 주식 매입의 적기라 할 수 있다. 백워데이션의 예로 여름철 난방유를 들 수 있다. 수요가 공급보다 적어서 선물가격이 현물가격보다 내려갈 수 있기 때문이다.

28

정답 ②

ㄱ. (X) 예금자보호제도의 개념은 맞게 설명했으나, 근거법이 옳지 않다. 예금자보호제도는 「예금자보호법」에 근거를 두고 있다.
ㄷ. (X) 계좌가 아닌, 금융기관당 5,000만 원이다. 종종 이자를 빼고 원금만 5,000만 원까지 보호해 준다는 지문이 출제되므로 주의하자.
ㄹ. (X) 우체국과 새마을금고 모두 「예금자보호법」에 따른 보호대상금융기관이 아니다. 단, 우체국은 「우체국예금 · 보험에 관한 법률」에 따라 정부가 지급을 보장하며 새마을금고 예금은 「새마을금고법」에 따라 보호된다.

29

정답 ③

① (O) 황금낙하산(Gold parachute)은 적대적 인수합병으로 인해 기업의 임원이 퇴사하는 경우 큰 금액의 퇴직금을 지급하도록 하여 경영권을 방어하는 전략이다.
② (O) 왕관의 보석은 기업 분리 등을 통해 기업의 핵심 자산을 처분해 적대적 M&A를 방어하는 전략이다.
③ (X) 공개매수제도(Takeover bid)는 인수대상 기업의 주식을 취득해 기업을 인수하는 방식이므로 적대적 인수합병의 방어전략에 해당하지 않는다.
④ (O) 자사주매입은 일반 주주로부터 주식을 매입해 적대적 인수합병을 방어하는 전략이다.
⑤ (O) 독소조항은 적대적 M&A 시도 시 기존 주주에 저가 신주 발행 등의 방법을 통해 인수기업이 많은 비용을 지불할 수 있도록 해 이를 방어하는 전략이다.

실수는 줄이고↓ 속도는 높이는↑ TIP

적대적 M&A는 우호적 M&A와 다르게 협상하지 않고 주식매수 등을 통해 피인수기업 또는 피합병기업의 반대를 무릅쓰고 인수합병을 추진하는 것이다.

30

정답 ⑤

① (X) 표면이자율은 채권 발행 시 액면가에 대해 정해진 이자율을 의미한다.
② (X) 채권 발행 시 액면이자율이 시장이자율보다 높은 경우 채권의 시장가가 액면가보다 큰 할증발행에 해당한다.
③ (X) 채권 발행 시 시장이자율과 액면이자율이 같은 경우 액면가와 채권의 시장가가 같은 액면발행에 해당한다.
④ (X) 보유기간 수익률은 채권 매입 시부터 중도 매각 시까지 채권을 보유할 때 얻을 수 있는 수익률 의미한다. 보유기간 수익률은 이자수익률과 자본이득률을 더해 구할 수 있다.
⑤ (O) 만기수익률은 채권의 미래 현금을 할인했을 때 현재 채권가격과 일치시키는 이자율을 의미한다.

제1회 실전모의고사

직무능력평가

01	02	03	04	05	06	07	08	09	10
③	④	③	⑤	④	③	④	③	④	⑤
11	**12**	**13**	**14**	**15**	**16**	**17**	**18**	**19**	**20**
③	①	④	①	③	⑤	④	①	①	②
21	**22**	**23**	**24**	**25**	**26**	**27**	**28**	**29**	**30**
⑤	③	⑤	⑤	③	②	③	②	④	②
31	**32**	**33**	**34**	**35**	**36**	**37**	**38**	**39**	**40**
④	①	②	③	①	①	②	③	①	⑤
41	**42**	**43**	**44**	**45**	**46**	**47**	**48**	**49**	**50**
④	③	③	③	②	③	②	⑤	②	①

직무상식평가

01	02	03	04	05	06	07	08	09	10
⑤	③	⑤	③	④	④	⑤	③	④	②
11	**12**	**13**	**14**	**15**	**16**	**17**	**18**	**19**	**20**
②	①	①	④	④	④	⑤	②	③	②
21	**22**	**23**	**24**	**25**	**26**	**27**	**28**	**29**	**30**
②	③	④	②	⑤	⑤	①	①	⑤	④

직무능력평가

01

정답 ③

① (○) 8문단에서 서민·자영업자의 어려움 해소를 위한 범정부적 지원대책이 발표·시행되고, 전반적인 부동산 PF 연착륙 과정 등을 고려하여 스트레스 DSR 2단계를 9월부터 시행하는 것이 동 제도의 연착륙에 필요하다고 판단하였다고 하였으므로 ㉠을 '시행 배경'으로 고치는 것이 적절하다.

② (○) '스트레스 DSR 2단계 운용에 관한 보고서'이므로 ㉡은 불필요한 내용에 해당한다.

③ (X) 2단계 시행에 따라 스트레스 금리가 스트레스 DSR 1단계보다 50% 상향된 것이 아니라, 기본 스트레스 금리에 적용되는 가중치가 25%에서 50%로 상향된 것이므로 고치지 않아도 된다.

④ (○) 4문단에서 스트레스 DSR 적용대상에 은행권 신용대출 및 제2금융권 주택담보대출이 추가된다고 하였으므로 '은행권 신용대출 및 제2금융권 주택담보대출이 추가됨.'으로 고치는 것이 적절하다.

⑤ (○) 8문단에서 스트레스 DSR은 특히 금리하락에 따른 대출한도 확대효과를 제어할 수 있는 '자동 제어장치'로서의 역할을 하는 만큼, 향후 금리 하락 시 그 의의가 더욱 커질 것이라고 하였다. 따라서 ㉤만으로는 내용이 충분히 전달되지 않으므로 수정하는 것이 적절하다.

02

정답 ④

① (○) 2문단에서 스트레스 DSR은 변동금리 대출 등을 이용하는 차주가 대출 이용기간 중 금리상승으로 인해 원리금 상환부담이 증가할 가능성 등을 감안하여 DSR 산정 시 일정수준의 가산금리(스트레스 금리)를 부과하여 대출한도를 산출하는 제도라고 언급한 것을 통해 확인할 수 있다.

② (○) 5문단에서 스트레스 DSR로 인해 실제 대출한도가 제약되는 高DSR 차주비중은 약 7~8% 수준이라고 언급한 것을 통해 확인할 수 있다.
③ (○) 4문단에서 스트레스 DSR 적용대상에 은행권 신용대출 및 제2금융권 주택담보대출이 추가되는데, 신용대출의 경우 신용대출 잔액이 1억 원을 초과하는 경우에 한해 스트레스 금리를 부과하여 DSR을 산정할 예정이라고 하였다, 따라서 신용대출 잔액이 1억 원 이하일 경우에는 스트레스 금리를 부과하여 DSR을 산정하지 않는다.
④ (×) 6문단에서 스트레스 DSR 3단계의 시행 시기에는 DSR이 적용되는 모든 가계대출에 대해 기본 스트레스 금리의 100%를 적용한다고 하였고, 3문단에서 기본 스트레스 금리는 1.5%라는 것을 알 수 있으므로 3단계의 스트레스 금리는 0.75%가 아니라 1.5%이다.
⑤ (○) 8문단에서 스트레스 DSR은 장기대출 이용에 따르는 금리변동 위험을 명확히 인식하게 하는 등 가계부채의 질적 개선에 기여한다는 데 의의가 있다고 하였다.

03

정답 ③

① (○) '제2조 제1호'에서 지원접수일 기준 휴학 등 과정 중단 없이 과정 종료 후 석사는 4년 이내 정년(만 65세)이 도래하는 자는 제외한다고 하였으므로, 57세의 A사 직원은 3년이 소요되는 석사학위 취득을 위해 학자금 지원을 받을 수 있다.
② (○) '제3조 제1항 제3호'에서 학자금 100만 원 이상은 등록금의 50%를 지원하되, 100만 원을 초과할 수 없다고 하였으므로, 학자금을 지원받는 A사 직원의 등록금이 300만 원일 때, 지원받는 학자금은 100만 원이다.
③ (×) '제3조 제2항'에서 학자금은 본인이 우선 납부한 후 교육주관부서에 교육비 납입 영수증, 재학증명서와 학자금 신청서, 서약서를 첨부하여 신청한다고 하였으므로 학자금을 납부 후 A사 학자금 지원에 신청해야 한다.
④ (○) '제7조 제2항'에서 학위취득 후 교육이수 결과 보고서를 인재원에 반드시 제출하여야 한다고 하였다.
⑤ (○) '제7조 제1항 제1호'에서 사망, 질병 등의 특별한 사유 없이 학위취득을 중도에 포기하는 경우 학자금을 환수한다고 하였다.

04

정답 ⑤

① (×) 4문단에서 농업수입보장보험의 품목이 한정되어 있다고 설명하고는 있지만, 해마다 줄어들고 있다는 내용은 나와 있지 않다. 오히려 2019년에 대상 품목이 늘어났다는 내용이 있다.
② (×) 1문단에서 "쌀농가 소득안정에 큰 역할을 해 온 변동직불제가 폐지됨에 따라 과잉생산에 대비한 정부의 시장개입 제도화 요구가 제기됐다."라고 하였다. 즉, 변동직불제 폐지로 쌀의 가격폭등이 아닌 과잉생산(이로 인한 가격폭락)에 대비한 대책이 필요해졌다.
③ (×) 2문단에서 "원예작물 가격 및 수급 안정사업은 계약재배와 출하조절, 비축 등 다양한 수단을 통해 시행됐지만, 소비자의 물가안정을 중심으로 이루어져 농가의 경영안정에는 미치지 못하고 있다."라고 하였다. 즉, 생산자인 농가에 오히려 혜택이 미치지 못하고 있다.
④ (×) 5문단에서 "재해발생 농가에서 사고 신고를 받아 현장실사를 통해 피해규모를 산출하는 재해보험과 달리 수입보장보험에서는 계약농지 대부분에 대해 수확량 변화를 조사해야 하기 때문이다."라고 하였다. 즉, 재해보험이 아닌 농업수입보장보험에 대한 내용이다.
⑤ (○) 3문단에서 농업수입보장보험에 대해 "생산량 변동과 가격하락에 동시 대처한다는 점에서 재해보험보다 한 걸음 더 나아간 정책이다."라고 하였다. 따라서 적절한 반응이다.

05

정답 ④

[대화]에서 신입사원 A, B는 농업의 가격위험에 대한 대책이 미흡한 실정과 농업수입보장보험이 확대되지 못하고 있는 상황에 관해 이야기를 나누고 있다. ㉠에는 농업수입보장보험의 확대 방안이 들어가야 하는데, 제시문의 6문단에서 "수입보장보험을 확대하기 위해서는 손해평가 방식이 바뀌어야 한다. 가장 바람직한 방안은 신뢰성 있는 기장거래제(농가의 거래 내역을 장부에 기록으로 남기는 제도)를 확립해 농가의 판매액을 직접 파악하는 것이다."라고 한 점을 통해 '기장거래제를 통해 농가의 수입을 직접 파악하는 방식으로 손해평가를 하는 것'을 넣는 것이 가장 적절함을 알 수 있다.

06

정답 ③

① (○) 3문단에서 조업도와 기업의 수익은 비례할 것이라 예측하기 쉽지만, 경우에 따라서는 비용이 추가로 지출될 수 있어 오히려 단위당 제조원가의 변화를 예측하기 어려울 수 있다고 언급한 것을 통해 확인할 수 있다.
② (○) 4문단에서 고정원가는 조업도의 변화와 상관없이 원가의 총액이 일정하게 발생하는 것으로, 기계 설비 대여비, 공장 임차료 등을 들 수 있다고 하였으므로 적절하다.

③ (X) 2문단에서 제조원가와 비제조원가의 합에 예상 수익을 더한 것이 판매 가격이 된다고 하였다. 따라서 제품의 판매 가격에서 제조원가를 제외하면 비제조원가와 예상 수익의 합이므로 적절하지 않다.

④ (○) 3문단에서 원가회계에서는 조업도의 변화에 따른 원가의 움직임을 유효하게 적용할 수 있는 조업도의 범위를 임의로 정하고, 그 범위 안의 원가행태를 분석한다고 하였으므로 적절하다.

⑤ (○) 1문단에서 기업은 원가를 항목별로 분류하여 집계하고 분석하기 위해 원가회계를 활용한다고 하였으므로 적절하다.

07

정답 ④

① (○) 비제조원가는 광고비나 운반비 등과 같이 생산된 제품을 판매하고 관리하는 활동에서 소요된 모든 비용이다. [상황]에서 비제조원가에 해당하는 것은 광고비이며 광고비는 매달 10만 원으로 동일하다.

② (○) 변동원가는 조업도의 변화에 따라 원가의 총액이 비례적으로 증가하거나 감소하는 것으로, 재료비가 대표적이다. [상황]에서 목재 1개당 가격이 3만 원이므로, 1월부터 3월까지 재료비는 90만 원, 120만 원, 210만 원으로 계속 증가하고 있다.

③ (○) 6문단에서 전기 요금으로 발생한 원가의 총액은 조업도의 증가에 따라 비례하여 증가하고, 단위당 전기 요금은 조업도가 증가할수록 감소한다고 하였다. [상황]에서 조업도는 생산량으로 나타낸다고 하였는데 생산량이 30개, 40개, 70개로 늘어남에 따라 전기요금도 10만 원씩 늘어나고 있다. 따라서 조업도 증가에 따라 단위당 전기 요금은 감소하고 있다는 것을 알 수 있다.

④ (X) 고정원가는 조업도의 변화와 상관없이 원가의 총액이 일정하게 발생하는 것으로, 기계 설비 대여비, 공장 임차료 등이며, 변동원가는 조업도의 변화에 따라 원가의 총액이 비례적으로 증가하거나 감소하는 것으로, 재료비가 대표적이다. [상황]에서 고정원가는 공장임차료와 기계 설비 대여비의 합인 150만 원이며, 변동원가는 1월에 90만 원, 2월에 120만 원이다. 따라서 1월과 2월에 발생한 고정원가의 비중이 변동원가의 비중보다 높다.

⑤ (○) 고정원가는 조업도의 변화와 상관없이 원가의 총액이 일정하게 발생하는 것으로 조업도가 증가할수록 단위당 고정원가는 오히려 감소한다. 판매 가격이 일정할 때 고정원가가 감소하면 제조원가가 감소하여 기업의 예상 수익이 늘어나므로 회사의 수익이 높아질 수 있다.

08

정답 ③

① (○) '제5조 제3항'에서 권리발생일로부터 2개월간 청구하지 않으면 소멸한다고 하였으므로 8월 5일에 결혼한 M사 사원은 10월 5일 이내에 청구하면 경조금으로 100만 원을 지급받는다.

② (○) '제6조 제2항'에서 유족에게 지급하는 경조금의 경우 대표이사가 인정한 자에게 지급한다고 하였으므로 M사 직원이 사망한 경우 대표이사가 인정한 사람에게 지급한다.

③ (X) '제7조'에서 1년 이상 근무한 여사원이 결혼으로 인하여 퇴직한 후 2개월 내에 결혼한 경우 축의금을 지급한다고 하였으므로 M사에 2년 근무한 여사원이 결혼으로 퇴직하고 퇴직 후 3개월 뒤에 결혼했다면 축의금을 지급받을 수 없다.

④ (○) '제5조 제1항'에서 경조금의 지급대상은 6개월 이상 근무한 사원 중 경조사유가 발생한 자라고 하였으므로 입사 5개월차 M사 사원은 경조금을 지급받을 수 없다.

⑤ (○) '제4조 제2항'에서 동일사유에 대한 경조금 지급대상이 2인 이상일 경우에는 지급대상 중 경조금이 더 많은 1인에게만 경조금을 지급한다고 하였다. M사 사원인 A와 B는 부녀지간으로 자녀인 B가 결혼한다면 B는 본인 결혼으로 100만 원이고, A는 자녀 결혼으로 50만 원이므로 경조금이 더 많은 B가 경조금을 지급받는다.

09

정답 ④

① (X) 1문단에서 "효율적 시장 가설은 2013년 노벨경제학상을 수상한 유진 파마(Eugene Fama)가 1960년대에 제기했던 이론"이라고 설명하고 있다. 즉, 유진 파마가 노벨경제학상을 수상한 시점보다 효율적 시장 가설을 제기한 시점이 먼저이다.

② (X) 5문단에서 효율적 시장 가설로는 명확하게 설명하기 어려운 사례로 블랙 먼데이 사건을 들고 있고, 이어서 "효율적 시장 가설은 시장 거품과 시장 붕괴, 투자자의 비합리적 행동, 정보의 불완전성 등을 설명하지 못한다는 비판에 직면해 있는 상황"이라고 설명하고 있다. 즉, 블랙 먼데이 사건이 아니라 효율적 시장 가설이 정보의 불완전성을 설명하지 못한다는 비판을 받고 있다.

③ (X) 1문단에서 "공개된 정보를 이용해 거래하는 투자자는 평균 이상의 수익을 얻을 수 없고, 공격적이고 위험한 투자를 감행하는 투자자만이 높은 수익률을 올릴 수 있다고 본다."라고 설명하고 있다. 즉, 평균 이상의 수익을 얻을 수 없는 투자는 공격적이고 위험한 투자가 아니라 공개된 정보를 이용해 거래하는 투자이다.

④ (○) "공표된 자료를 토대로 시장 가치의 변동을 분석하는 기법을 기본적 분석(fundamental analysis)이라고 하는데, 이 시장에서는 기본적 분석 결과를 통해서 정상 이윤을 얻을 수 있을 뿐 초과 이윤을 획득하는 것은 불가능하다."라고 설명하고 있다. 따라서 준강형 효율적 시장에서는 기본적 분석을 통해 정상 이윤을 획득하는 것이 가능하다.
⑤ (×) 4문단에서 "강형(strong form) 효율적 시장은 공표된 과거와 현재의 정보이든 공표되지 않은 미래의 정보이든 상관없이 모든 정보가 이미 시장 가치에 반영되어 있는 시장"이라고 설명하고 있다. 즉, 강형 효율적 시장은 시장 가치에 미래 정보뿐만 아니라 과거와 현재 정보도 반영되어 있다.

10

정답 ⑤

ㄱ. (×) 갑이 활동하는 약형 효율적 시장은 기술적 분석 결과를 사용하여 정상 이윤을 얻을 수 있을 뿐 초과 이윤을 획득하는 것은 불가능하다.
ㄴ. (×) 병이 활동하는 준강형 효율적 시장은 정보 비용을 지불하고 비공개된 미래 정보를 얻어야만 초과 이윤을 획득할 수 있다. 따라서 병은 미래 정보를 얻기 위해 정보 비용을 지불하였을 것이다.
ㄷ. (×) 병이 활동하는 준강형 효율적 시장이 시장 가치에 미래 정보가 반영되는 시장으로 바뀐다는 것은 강형 효율적 시장이 된다는 것이다. 강형 효율적 시장에서는 어떠한 정보를 사용하더라도 초과 이윤을 획득할 수 없다.
ㄹ. (×) 갑이 활동하는 약형 효율적 시장에서도 정보 비용을 지불하여 현재나 미래 정보를 얻는다면 초과 이윤을 획득할 수 있다.
ㅁ. (○) 을과 병이 활동하는 준강형 효율적 시장은 과거 정보에 더해 현재 정보까지 시장 가치에 모두 반영되어 있는데, 해당 정보의 구체적인 예로는 과거의 주가 자료, 기업이 보고한 회계 자료, 증권기관의 투자 자료와 공시 자료 등이 있다고 명시되어 있다.

11

정답 ③

① (○) 제시된 특례에 해당될 경우, 증여세액이 1억 원 이하라면 전액 감면받을 수 있다. 1억 원을 초과할 경우에는 초과분에 대해서 납부하여야 한다.
② (○) 증여세란 경제적 가치가 있는 재산을 타인에게 무상으로 증여하는 경우 그 재산을 증여받은 사람이 납부하는 세금이므로 유상 양도 시 해당되지 않는다.
③ (×) 원칙적으로 증여세가 부과되지만, 일정한 요건을 갖춘 경우에는 증여세를 감면받을 수 있는 예외 규정이 있는 것이다.
④ (○) 반드시 거주지가 농지소재지일 필요는 없으나, 농지 등이 소재하는 시·군·구, 그와 연접한 시·군·구 또는 해당 농지 등으로부터 직선거리 30km 이내의 지역에 거주하여야 특례를 적용받을 수 있다.
⑤ (○) 영농자녀의 요건 중 하나는 '증여세 신고기한까지 증여받은 농지 등의 소재지에 거주할 것'이고, 증여세 신고기한은 증여받은 날이 속하는 달의 말일부터 3개월 이내이므로, 증여일이 1월 5일일 경우 증여세 신고기한은 4월 30일이다.

12

정답 ①

① (○) 전액을 감면받을 수는 없지만, 1억 원 한도에서 증여세를 감면받을 수 있고, 1억 원을 초과하는 금액은 납부한다.
② (×) 제시된 감면 특례는 직계비속에만 해당되므로, 직계존속에 해당하는 부모는 적용받을 수 없다.
③ (×) E는 C의 직계비속에 해당되나, 만 18세 미만이므로 '농지 등을 물려받는 사람(영농자녀)의 요건'에 해당되지 않는다.
④ (×) 농작업의 1/2 이상, 즉 50% 이상을 자기의 노동력으로 수행하여야 하므로 30%를 자기의 노동력으로 수행하는 경우에는 특례를 적용받을 수 없다.
⑤ (×) 사업소득금액과 총급여액의 합계액이 3,700만 원 이상인 과세기간은 영농에 종사한 기간 계산 시 제외하므로, G는 물려주는 자의 요건에 해당되지 않는다.

13

정답 ④

① (○) 새나 짐승으로 인하여 발생하는 피해는 조수해를 말하는데, 조수해는 자연재해 중 하나로 적과 종료 이전에만 보상 대상에 포함되는 재해이다.
② (○) 최대순간풍속 14m/sec 이상의 바람은 태풍(강풍)에 해당하는데, 적과 종료 이후에 태풍(강풍)에 의해 떫은감이 입은 손해는 보장 내용에 포함된다.
③ (○) 기상청에 의해 호우주의보가 발령된 지역의 비는 집중호우에 해당하는데, 적과 종료 이후에 집중호우에 의해 단감이 입은 손해는 보장 내용에 포함된다.
④ (×) 적과 종료 이전뿐만 아니라 이후에도 화재에 의해 배가 입은 손해는 보장 내용에 포함된다.
⑤ (○) 적과 종료 이후에는 대상 재해에 조해(潮害)가 포함되

는 경우가 없다. 따라서 조해가 일어나 발생한 과실 손해에 대해 보상이 이루어졌다면, 해당 재해는 적과 종료 이전에 일어난 것이다.

14

정답 ①

ㄱ. (○) 2023년 6월 30일은 적과 종료 이전으로, 적과 종료 이전에는 조수해로 인해 사과가 입은 손해를 보장한다. 2023년 6월 30일은 해당 보장의 개시 시점과 종료 시점 사이이므로 보장을 받을 수 있다.

ㄴ. (×) 특별약관인 나무손해보장은 화재로 인해 사과나무가 입은 손해를 보장한다. 하지만 2023년 2월 1일은 해당 보장의 개시 시점(단서에 의해 2023년 2월 2일 24시) 전이므로 보장을 받을 수 없다.

ㄷ. (○) 2023년 11월 15일은 적과 종료 이후로, 적과 종료 이후에는 지진으로 인해 사과가 입은 손해를 보장한다. 2023년 11월 15일은 해당 보장의 개시 시점과 종료 시점 사이이므로 보장을 받을 수 있다.

ㄹ. (×) 2023년 11월 15일은 적과 종료 이후로, 적과 종료 이후에는 가을동상해로 인해 배가 입은 손해를 보장한다. 하지만 2023년 11월 15일은 해당 보장의 종료 시점(단서에 의해 2023년 11월 10일) 후이므로 보장을 받을 수 없다.

ㅁ. (×) 특별약관인 나무손해보장은 자연재해 중 하나인 설해(雪害)로 인해 배나무가 입은 손해를 보장한다. 하지만 2024년 2월 5일은 해당 보장의 종료 시점(2024년 1월 31일) 후이므로 보장을 받을 수 없다.

15

정답 ③

ㄱ. (○) 제20조 제5항에서 통지를 받은 날로부터 1개월 이내에 계약해지의 의사표시가 도달하지 않으면 거래처가 변경에 동의한 것으로 본다고 하였다.

ㄴ. (○) 제20조 제2항 제5호에서 현금자동지급기설치장소에 게시할 때는 큰 문자를 사용하고 알아보기 쉬운 위치에 게시해야 한다고 하였다.

ㄷ. (×) 제20조 제3항에 따르면 내용의 실질적 변경을 수반하지 않는 오탈자나 자구 수정 등 단순한 문구 변경인 경우는 홈페이지 게시 이외의 방법으로 변경 내용을 알리지 않아도 된다.

ㄹ. (×) 제20조 제2항에서 은행은 약관 등을 변경하는 경우 신·구조문대비표를 우편 또는 전자우편, 거래처와 약정한 별도의 전자기기(앱푸쉬 등)를 포함하여 통지해야 한다고 하였다.

16

정답 ⑤

① (×) 제1급 법정감염병 확진자로 의료기관으로부터 통보를 받아 격리 중이며, 농지 경작면적이 5ha 미만인 경영주의 경우 사업대상자에 해당한다고 하였다.

② (×) '농업인 교육과정'에 1일 이상 참여한 여성 농업인이며, 농지 경작면적이 5ha 미만인 경우 사업대상자에 해당한다고 하였다.

③ (×) 사고로 3일 이상 입원하며, 농지 경작면적이 5ha 미만인 경영주 외 농업인의 경우 사업대상자에 해당한다고 하였다.

④ (×) 뇌혈관질환 진단을 받은 자로 해당 질환으로 최근 6개월 이내 통원치료를 받았으며, 농지 경작면적 5ha이 미만인 경영주의 경우 사업대상자에 해당한다고 하였다.

⑤ (○) 질병으로 2주 이상 진단을 받았으며, 농지 경작면적 5ha 미만인 경영주 외 농업인의 경우 사업대상자에 해당한다고 하였다.

17

정답 ④

- 갑: '유의사항'에서 1일 작업시간이 8시간 미만일 경우에는 시간급으로 환산하여 산정해야 한다고 하였다. 8시간 기준으로 임금은 84,000원이므로 1일 임금은 $84,000/8\times5=52,500$원이다. 갑이 지불해야 하는 자기부담금은 $52,500\times6\times0.3=94,500$원이다.
- 을: 여성농업인 교육의 경우 10일 미만 교육 시 교육 참여일 수만큼 지원한다고 하였다. 을이 지불해야 하는 자기부담금은 $84,000\times9\times0.3=226,800$원이다.

따라서 갑과 을이 지불해야 하는 자기부담금은 총 $94,500+226,800=321,300$원이다.

18

정답 ①

① (×) 평균임금 산정기간 시 육아휴직 기간이 있는 경우 그 기간은 제외한다고 하였다. 퇴직 신청 1년 전 육아휴직 6개월을 사용한 A는 평균임금 산정 시 6개월 기간의 평균임금을 산정한다.

② (○) 근로자가 만 55세 이전에 퇴직하여 급여를 받는 경우 퇴직금은 근로자가 지정한 개인형 퇴직연금제도의 계정으로 이전하는 방법으로 지급해야 한다고 하였다.

③ (○) 최근 연봉이 3,066만 원인 근로자가 5년간 재직했을 때 퇴직금은 $(3,066/365)\times30\times(365\times5/365)=1,260$만 원이다.

④ (○) 퇴직금은 '1일 평균임금×30일×(재직일수÷365)'이므로 평균임금과 재직일수에 따라 달라진다.
⑤ (○) 근로자가 퇴직한 경우 14일 이내에 지급해야 하며 특별한 사정이 있는 경우에는 당사자 간의 합의에 따라 지급 기일을 연장할 수 있다고 하였다.

19

정답 ①

편의상 위에서부터 제1조, 제2조라고 하자.
① (✕) 제1조 제1항에 따르면 본점 및 수도권 소재지에서 근무하는 직원일 경우 4급 이하여야 하지만, 본점 및 수도권 이외의 소재지에서 근무하는 직원일 경우에는 직급에 제한을 두고 있지 않으므로 옳지 않은 설명이다.
② (○) 제1조 제1항에 따르면 전문직원은 고용계약이 체결되거나 갱신된 날로부터 기산하는 것이 원칙이지만, 일반직, 별정직 및 청원경찰에서 전환된 전문직원의 경우 예외적으로 기존 근속기간을 포함하므로 옳은 설명이다.
③ (○) 제1조 제3항에 따르면 임차사택에 입주하고 있는 직원이 타 지역으로 이동되었으나 부득이한 사정으로 단신부임하게 된 경우에는 부양가족의 계속 거주를 위하여 임차사택을 제공할 수 있으므로 옳은 설명이다.
④ (○) 제2조 제3항에 따르면 월 미만 사용기간에 대하여는 이를 절사하므로 옳은 설명이다.
⑤ (○) 제2조 [별표]의 주석에 따르면 불가피한 사유 발생 시 한도액의 −30%~+50% 범위 내 운용이 허용된다. 따라서 수도권의 임차보증금 한도액인 120,000천 원의 1.5배인 180,000천 원까지 운용이 허용될 수 있다.

20

정답 ②

- A: (✕) 제1조 제1항에 따를 때 입주신청일 현재 통근가능 지역 내 무주택자여야 하므로 A는 임차사택을 제공받을 수 없다.
- B: (○) 제1조 제1항에 따를 때 60일 이내 결혼 예정인 직원은 부양가족을 동반한 직원으로 간주되므로 임차사택을 제공받을 수 있다.
- C: (✕) 제1조 제2항에 따를 때 임차사택은 임차사택제공 대상자의 배우자의 직계존속이 소유한 주택이 아니어야 하므로 임차사택을 제공받을 수 없다.
- D: (○) 주택자금을 대여받고 있는 직원은 임차사택을 제공받을 수 없지만, 건설 중인 주택은 제외되므로 임차사택을 제공받을 수 있다.

21

정답 ⑤

① (○) 농기계임대사업소에는 임대농기계 보관창고 건축 및 임대농기계 구입비를 지원한다고 하였다.
② (○) 여성농업인에게 우선 임대할 수 있다고 하였다.
③ (○) 많은 농가들이 이용할 수 있도록 3일 내외의 단기임대를 원칙으로 한다고 하였다.
④ (○) 해당 시·군의 농경지를 타 지역에서 출입 경작하는 농업인에게도 임대하여야 한다고 하였으며 해당 농업인에게 임대하지 않는 것은 금지되는 행위라고 하였다.
⑤ (✕) 임대사무소 휴무로 인하여 농기계 반납을 못하는 경우 해당 일자의 임대료를 감면하는 등의 임대료를 탄력적으로 운영할 수 있다고 하였다. 추가 임대를 할 수 있는지는 알 수 없다.

22

정답 ③

감자는 기계 1대당 작업면적이 8ha이므로 25ha에 총 4대가 필요하고, 마늘은 기계 1대당 작업면적이 6ha이므로 25ha에 총 5대가 필요하다. 3월에 동력파종기 4대, 파종기 5대가 필요하고, 7월에 땅속작물수확기 4대, 8월에 땅속작물수확기 5대가 필요하다. 무는 기계 1대당 작업면적이 6ha이므로 50ha에 총 9대가 필요하므로 8월에 파종기 9대가 필요하다. 마늘은 기계 1대당 작업면적이 6ha이므로 50ha에 총 9대가 필요하므로 11월에 파종기 9대가 필요하다. 따라서 A가 2024년에 대여해야 하는 농기계는 총 4+5+4+5+9+9=36대이다.

23

정답 ⑤

① (○) '1. 시설의 설치'에서 영유아 1인당 돌봄방 면적은 2.64m² 이상이라고 하였으므로 영유아 1인당 돌봄방 면적이 최소일 때, 1인당 돌봄방 면적은 2.64m²이다. 돌봄방 면적이 47.52m²일 때 돌봄방을 이용하는 영유아는 47.52/2.64=18명이므로 돌보미는 2명이다.
② (○) '2. 농번기 아이돌봄방의 운영'에서 주말 선택제 운영의 경우 동일한 요일을 정하여 돌봄방을 운영해야 하며, 주마다 요일 변동 불가하다고 하였다.
③ (○) '1. 시설의 설치'에서 돌봄방의 면적은 최소 39.6m²라고 하였고, 영유아 1인당 돌봄방 면적은 2.64m² 이상이라고 하였으므로 돌봄방이 최소 면적일 때 돌봄방을 이용하는 영유아는 39.6/2.64=15명이다.
④ (○) '3. 입소 우선순위'에서 한부모 가정인 경우 1순위 적용한다고 하였고, 부모가 모두 농업인인 경우 1순위라고

하였다. 동일 순위 내에서는 한부모 가정 아동에게 우선순위를 부여한다고 하였다.

⑤ (×) '4. 운영방식'에서 사전에 이용신청서를 제출하지 않은 아동이 돌봄이 필요한 경우 출결상황 등을 고려하여 돌봄 가능하다고 하였다.

24

정답 ⑤

① (×) 보육교사 3급 자격은 돌보미 자격에 해당한다.

② (×) 사회복지사 2급 이상의 자격 취득 후 아동복지시설에 3년 이상 종사한 경력이 있어야 한다고 하였다.

③ (×) 영양사 자격 취득 후 사회복지사업에 5년 이상 종사한 경력이 있어야 한다고 하였다.

④ (×) 7급 이상 공무원으로서 국가나 지방자치단체에서 사회복지사업에 관한 행정업무에 5년 이상 종사한 경력이 있어야 한다고 하였다.

⑤ (○) 정신보건전문요원 자격 취득 후 사회복지업무에 5년 이상 종사한 경력이 있어야 한다고 하였다.

25

정답 ③

ㄱ. (×) 시설장비를 지원받는 법인의 자부담금은 15,000/30×0.1=50백만 원이다.

ㄴ. (○) 사업기간은 5월 31일까지라고 하였고, 지원 대상자 확정은 12월이라고 하였다.

ㄷ. (○) 지자체가 생산단지를 직접 지원하는 경우 국비 50%, 지방비 50%라고 하였다.

ㄹ. (×) 교육컨설팅의 경우 30ha 이상 가루쌀 공동영농을 할 수 있는 농업법인이라고 하였고, 시설장비의 경우 가루쌀 생산단지로 지정 예정된 농업법인으로 가루쌀 공동영농 부지가 60ha 이상인 조직이라고 하였다. 부지가 30ha 이상 60ha 미만인 경우 시설장비 지원자격에 해당하지 않는다.

26

정답 ②

ㄱ. (○) A상품을 X 경매방식으로 진행할 경우 최초 호가는 50만 원이 되며 호가 단위가 7만 원이므로 입찰가는 50만 원에서 57만 원, …, 92만 원, 99만 원이 된다. 이때 A 상품은 그 가치를 100만 원으로 평가한 갑에게 낙찰되며 따라서 최종 낙찰금액은 99만 원이 된다.

ㄴ. (×) B상품을 Y 경매방식으로 진행할 경우 최초 호가는 300만 원이며 호가 단위가 25만 원이라면 입찰가는 300만 원, 275만 원, …, 250만 원, 225만 원이 된다. 따라서 이 경우에는 B상품의 가치를 230만 원으로 평가한 정에게 225만 원의 가격으로 낙찰된다. 하지만 Z 경매방식의 경우 각각의 입찰자들이 상품에 대해서 평가한 가치가 그대로 반영되므로 정에게 230만 원에 낙찰된다. 따라서 최종 낙찰금액은 다르다.

ㄷ. (○) A상품을 호가 단위가 9만 원인 X 경매방식으로 진행한다면 입찰가는 최초 호가인 50만 원에서 59만 원, …, 86만 원, 95만 원, 104만 원이 된다. 104만 원인 경우에는 아무도 살 사람이 없으므로 95만 원에서 경매가 멈추게 되는데 이 경우 갑과 을이 동시 낙찰자가 되며, 이때에는 판매자의 의사에 따라 갑과 을 중에 최종 낙찰자가 결정되므로 을이 낙찰자가 될 수도 있다.

ㄹ. (×) X 경매방식과 Y 경매방식의 호가 단위가 동일하게 30만 원이라면 X 경매방식의 경우 100만 원, 130만 원, …, 220만 원, 250만 원이 된다. 이때 250만 원에는 낙찰자가 나오지 않으므로 220만 원에 최종 낙찰가격이 결정된다. 반면, Y 경매방식으로 진행할 경우 최초 호가 300만 원에서 270만 원, 240만 원, 210만 원이 되므로 최종 낙찰가격은 210만 원으로 결정된다. 따라서 이 경우에는 X 경매방식으로 진행할 때가 최종 낙찰가격이 더 크다.

27

정답 ③

A와 B가 지불해야 하는 부동산 중개보수액은 다음과 같다.

- A: 분양권 매매의 경우 거래금액에 프리미엄도 포함된다고 하였으므로 A의 거래금액은 65,000+13,000=7억 8천만 원이므로 상한요율은 1천분의 4이고 지불해야 하는 부동산 중개보수액은 78,000×4/1,000=312만 원이다.
- B: 전용면적이 30m²인 오피스텔 임대차의 경우 상한요율은 1천분의 4이고, 월세의 거래금액은 '보증금+(월차임액×100)'으로 산정한다고 하였다. B가 지불해야 하는 부동산 중개보수액은 {5,000+(60×100)}×4/1,000=44만 원이다.

따라서 A와 B가 지불해야 하는 부동산 중개보수액은 최대 312+44=356만 원이다.

28

정답 ②

① (×) 제4조 제1항 제2호에서 광역시 내에 있는 매장면적 17m² 이상인 소매점포는 판매가격 표시의무 대상점포에 해당한다고 하였다.

② (○) 제4조 제5항에서 시·도지사는 판매가격 표시의무 대상점포로 지정된 시장에 대하여 가격표시 지정업소임을 알리는 표지판을 일반 소비자가 알기 쉬운 장소에 설치하

게 할 수 있다고 하였다.

③ (X) 제4조 제2항에서 수입업자가 소매점포를 자기의 책임과 계산하에 직접 운영하는 경우 상품에 대한 소유권 및 가격결정권이 있는 수입업자가 판매가격을 표시한다고 하였다.

④ (X) 제4조 제3항에서 시 · 도지사는 지정하고자 하는 시장의 판매업체 · 단체와 지정일시, 범위, 유예기간 등에 대하여 협의하여 지정한다고 하였다.

⑤ (X) 제5조 제2항에서 개별상품의 판매가격이 500원 이하인 상품이면서 종류가 다양한 상품의 경우에는 개별상품명을 명기하지 아니한다고 하였다.

29

정답 ④

A군 내의 청년 조직은 지역 주민에게 필요한 사회 · 복지 서비스를 제공하고 있으므로 농촌주민 생활돌봄 대상자이다.

① (○) 1년차의 지원금은 50백만 원이라고 하였다.

② (○) 돌봄 반장의 활동비를 지원받을 수 있다고 하였다.

③ (○) 5년간 지원받을 수 있다고 하였다.

④ (X) 농촌돌봄농장은 지역사회 네트워크 구축비를 지원받을 수 있다고 하였다.

⑤ (○) 이동 진료소 구축과 같은 시설비도 지원받을 수 있다고 하였다.

30

정답 ②

제시문의 내용에 따르면 현재의 DSR 규제는 40%이다. 신용대출 한도를 x라 할 때, 연간 대출원금 상환액은 $0.1x$이고 연간 이자 상환액은 $0.05x$이다. 이를 공식에 대입하면 다음과 같다.

$40=(0.15x/6{,}000{,}000)\times 100$

$x=16{,}000{,}000$

따라서 ㉠에 들어갈 금액은 16,000,000이다.

31

정답 ④

DSR 공식을 활용하는 문제다. 신용대출을 가장 많이 받을 수 있는 사람부터 구하는 문제임을 감안하면, 다음과 같이 연간 대출원리금 상환액을 중심으로 공식을 변형하면 된다.

DSR 40%=(연간 대출원리금 상환액/연 소득)×100

→ 연간 대출원리금 상환액=(DSR 40%×연 소득)÷100

변형된 공식에 따를 때, 결국 연 소득이 큰 사람부터 나열하면 됨을 알 수 있다. 따라서 A~D 각각의 연 소득을 산정 공식 따라 구해 보면, A=2,400만 원, B=2,000만 원, C=1,800만 원, D=2,700만 원이 된다.

소득 금액이 큰 순서대로 나열해 보면 'D-A-B-C'이다.

실수는 줄이고↓ 속도는 높이는↑ TIP

이 문제에서 DSR 공식에 대입하여 개인별 신용대출 한도를 구할 수도 있으나 그렇게 하면 시간이 많이 소요될 수밖에 없다. 신용대출 한도와 연 소득이 비례 관계임을 파악하면 계산에 소요되는 시간을 줄일 수 있다.

32

정답 ①

ㄱ. (○) 선정 방식 1번으로 업체를 선정할 때 총점은 다음과 같다.

구분	시간당 생산대수	생산대수 1,000개당 불량대수	총점
A사	1,500/3 =500개	10/1,500×1,000 ≒6.7개	7+2 =9점
B사	2,400/5 =480개	24/2,400×1,000 =10개	6점
C사	600개	7/600×1,000 ≒11.7개	10점
D사	900/2 =450개	8/900×1,000 ≒8.9개	5점
E사	2,100/4 =525개	16/2,100×1,000 =7.6개	8점

선정되는 업체는 C사이다.

ㄴ. (X) 선정 방식 2번으로 업체를 선정할 때, 총점은 다음과 같다.

구분	불량률	시간당 생산대수	총점
A사	10/1,500×100 ≒0.7%	1,500/3 =500개	10점
B사	24/2,400×100 =1%	2,400/5 =480개	6점
C사	7/600×100 ≒1.2%	600개	5+2=7점
D사	8/900×100 ≒0.9%	900/2 =450개	7점
E사	16/2,100×100 ≒0.8%	2,100/4 =525개	8점

선정되는 업체는 A사이다.

ㄷ. (X) 추가 점수를 3점으로 변경한다면 선정 방식 1의 경우 A사의 총점이 10점으로 변경되어 C사와 동점이다. A사와 C사 중 시간당 생산대수가 더 많은 C사가 선정된다. 선정 방식 2의 경우 C사의 점수가 8점으로 변경되지만, 선정되는 업체는 A사이다.

33

정답 ②

생산 방식 2번으로 선정했을 때 선정되는 업체는 A업체이고, 불량품은 생산기간 동안 일정 비율로 생산된다고 하였다. 5,000개의 제품을 주문하였고, 5% 여유분을 추가로 주문하였으므로 5,250개의 제품을 주문하였다. A업체는 1,500개 제작 시 10개의 불량품을 제작하므로 5,250개 제작 시 5,250/1,500×10=35개의 불량품을 제작한다. A업체에 지불해야 하는 비용은 (5,250−35)×500=2,607,500원이다.

34

정답 ③

① (O) 신입직원의 20%를 여유로 둔다면 120×1.2=144명이므로 가능한 곳은 A, F, G, H, I이다.
② (O) 신입직원은 120명으로, 이 인원 모두 수용 가능한 서울지역의 장소는 A, F, I로 3곳이다.
③ (X) 예산이 180만 원 이하인 장소는 B, C, E이다. 이 중 식사가 가능한 곳은 C와 E이지만 이 두 곳 모두 식사는 수용 가능 인원이 100명이므로, 신입직원 전체가 식사 가능한 곳은 없다.
④ (O) 평점이 4.0인 장소는 A, D, G, I로 모두 수용 가능 인원이 120명 이상이다. 이 중 최저금액은 A로 200만 원이다.
⑤ (O) 인천지역인 B, C, H의 평점은 각각 3.7, 3.6, 3.8로 모두 3점대이다. 따라서 연수 장소 선정에 있어 평점을 중요시한다면 4점대가 있는 서울·경기 지역에 비해 선정되기 어렵다.

35

정답 ①

단서조건에 의해 신입직원 전체를 수용 불가한 장소인 C와 E는 제외한다.
[방법]에 따라 점수를 정리하면 다음과 같다.

장소	위치	수용 가능 인원	금액	식사 제공 여부	평점	합계
A	20	15	13	20	17	85
B	15	10	20	10	13	68
D	15	18	10	10	20	73
F	20	10	13	10	13	66
G	15	15	10	20	17	77
H	15	18	13	20	13	79
I	20	20	10	10	17	77

따라서 점수가 가장 높은 A가 선정된다.

36

정답 ①

- 김 과장: (O) [표]에서 17개 시·도의 2020년 1인당 민간소비지출액이 2019년에 비해 모두 하락하였음을 쉽게 확인할 수 있다.
- 박 대리: (X) 조사 기간 동안 강원도와 제주특별자치도의 1인당 민간소비지출액의 차이를 계산해 보면 다음과 같다.
  - 2017년: 16,191−15,780=411 → 411,000원
  - 2018년: 16,640−16,565=75 → 75,000원
  - 2019년: 17,037−16,905=132 → 132,000원
  - 2020년: 16,227−16,193=34 → 34,000원
  - 2021년: 17,252−17,078=174 → 174,000원
  - 2022년: 19,125−18,457=668 → 668,000원

  1인당 민간소비지출액의 차이가 10만 원 이상이었던 해는 2017년, 2019년, 2021년, 2022년으로 총 4개년이다.
- 이 대리: (O) 조사 기간 동안 1인당 민간소비지출액이 큰 순서대로 순위를 매겨 보면, 1~5위는 다음과 같다.

구분	2017	2018	2019	2020	2021	2022
1위	서울	서울	서울	서울	서울	서울
2위	울산	울산	울산	울산	울산	울산
3위	부산	광주	광주	대전	대전	대전
4위	세종	부산	부산	광주	광주	부산
5위	광주	대전	대전	부산	부산	광주

  조사 기간 동안 광주광역시의 순위 변화는 5위, 3위, 3위, 4위, 4위, 5위로, 매해 5위 이내이다.
- 최 주임: (O) 조사 기간 동안 경상남도와 경상북도의 1인당 민간소비지출액을 합산한 금액과 충청남도와 충청북도의 1인당 민간소비지출액을 합산한 금액을 비교해 보면 다음과 같다.

구분	경상남도+경상북도	충청남도+충청북도
2017년	15,687+15,332 =31,019	15,428+15,088 =30,516

2018년	16,068+15,852 =31,920	15,872+15,583 =31,455
2019년	16,520+16,311 =32,831	16,123+15,885 =32,008
2020년	15,890+15,473 =31,363	15,426+15,215 =30,641
2021년	16,945+16,472 =33,417	16,330+16,082 =32,412
2022년	18,766+17,841 =36,607	17,878+17,536 =35,414

경상남도와 경상북도의 합산 금액이 충청남도와 충청북도의 합산 금액보다 매해 더 크다는 것을 확인할 수 있다.

실수는 줄이고↓ 속도는 높이는↑ TIP

굳이 계산하지 않더라도, 경상남도는 충청남도보다 매해 금액이 더 크고, 경상북도는 충청북도보다 매해 금액이 더 크므로, 경상남도와 경상북도의 합산 금액이 충청남도와 충청북도의 합산 금액보다 매해 더 크다는 것을 알 수 있다.

37

정답 ②

2017~2022년 동안 1인당 민간소비지출액이 전국 기준 1인당 민간소비지출액보다 매해 더 컸던 시 · 도는 서울특별시, 부산광역시, 광주광역시, 울산광역시이다. 이 4개 시 · 도의 2021년 대비 2022년의 1인당 민간소비지출액 증가율을 계산해 보면 다음과 같다.

- 서울특별시: (24,455−22,603)/22,603×100≒8.19%
- 부산광역시: (20,637−18,712)/18,712×100≒10.29%
- 광주광역시: (20,361−18,800)/18,800×100≒8.30%
- 울산광역시: (21,097−19,207)/19,207×100≒9.84%

따라서 강 대리가 정 과장에게 보고해야 하는 곳은 부산광역시이다.

실수는 줄이고↓ 속도는 높이는↑ TIP

4개 시 · 도 중 2021년 대비 2022년의 1인당 민간소비지출액 증가율이 가장 높은 곳은 자세한 계산 없이도 파악할 수 있다. 각 시 · 도의 분자 값을 어림셈해 보면, 서울특별시는 2,000 미만, 부산광역시는 1,900 이상, 광주광역시는 1,900 미만, 울산광역시는 2,000 미만이다. 이를 통해 서울특별시, 광주광역시, 울산광역시는 10% 미만, 부산광역시는 10% 이상임을 쉽게 파악할 수 있다.

38

정답 ③

ㄱ. (○) A~E의 총점은 다음과 같다.

구분	A	B	C	D	E
업무달성도	8×0.3 =2.4점	7×0.3 =2.1점	8×0.3 =2.4점	6×0.3 =1.8점	10×0.3 =3.0점
인성	6×0.2 =1.2점	7×0.2 =1.4점	8×0.2 =1.6점	7×0.2 =1.4점	4×0.2 =0.8점
통합역량	7×0.2 =1.4점	8×0.2 =1.6점	9×0.2 =1.8점	6×0.2 =1.2점	5×0.2 =1.0점
발전가능성	5×0.2 =1.0점	8×0.2 =1.6점	5×0.2 =1.0점	7×0.2 =1.4점	7×0.2 =1.4점
근무태도	7×0.1 =0.7점	8×0.1 =0.8점	7×0.1 =0.7점	6×0.1 =0.6점	8×0.1 =0.8점
총점	6.7점	7.5점	7.5점	6.4점	7.0점

B와 C는 7.5점으로 동점이므로 업무달성도가 더 높은 C가 승진 대상자로 선정된다.

ㄴ. (○) E의 발전가능성이 10점으로 변경된다면 E의 총점은 10×0.3+4×0.2+5×0.2+10×0.2+8×0.1=7.6점으로 승진 대상자로 선정된다.

ㄷ. (×) 업무달성도와 통합역량의 가중치를 각각 0.4, 0.1로 변경했을 때 총점은 다음과 같다.

구분	A	B	C	D	E
업무달성도	8×0.4 =3.2점	7×0.4 =2.8점	8×0.4 =3.2점	6×0.4 =2.4점	10×0.4 =4.0점
인성	6×0.2 =1.2점	7×0.2 =1.4점	8×0.2 =1.6점	7×0.2 =1.4점	4×0.2 =0.8점
통합역량	7×0.1 =0.7점	8×0.1 =0.8점	9×0.1 =0.9점	6×0.1 =0.6점	5×0.1 =0.5점
발전가능성	5×0.2 =1.0점	8×0.2 =1.6점	5×0.2 =1.0점	7×0.2 =1.4점	7×0.2 =1.4점
근무태도	7×0.1 =0.7점	8×0.1 =0.8점	7×0.1 =0.7점	6×0.1 =0.6점	8×0.1 =0.8점
총점	6.8점	7.4점	7.4점	6.4점	7.5점

총점이 가장 높은 E가 승진 대상자로 선정된다.

39

정답 ①

첫 번째 조건을 확인하기 위해, 11월 주 평균 소매가격을 구해야 한다.

- A: 11월 소매가격 총합은 29,701+29,698+30,780+31,241+31,180=152,600이다. 이를 5주로 나누면 30,520원이 도출된다.

- B: 11월 소매가격 총합은 19,795+20,295+21,857+22,373+21,773=106,093이다. 이를 5주로 나누면 21,218원이 도출된다.
- C: 11월 소매가격 총합은 26,285+26,254+28,222+28,819+29,016=138,596이다. 이를 5주로 나누면 27,719.2원이 도출된다.
- D: 11월 소매가격 총합은 19,045+19,045+19,427+19,590+20,690=97,797이다. 이를 5주로 나누면 19,559.4원이 도출된다.

따라서 11월 주 평균 소매가격이 가장 높은 업체인 A가 '가야'임을 알 수 있다.

두 번째 조건을 확인하기 위해, 10월 4주 소매가격 대비 12월 3주 소매가격 증가율을 구해야 한다.

- A: (30,554−29,536)/29,536×100≒3.4%
- B: (23,648−20,432)/20,432×100≒15.7%
- C: (28,818−27,903)/27,903×100≒3.2%
- D: (27,850−19,045)/19,045×100≒46.2%

따라서 증가율이 10%에 못 미치는 업체는 A와 C이다. A는 '가야'임을 확인했으므로, C는 '신라'이다.

세 번째 조건을 확인하기 위해, 각 월의 3주차 소매가격을 확인해야 한다.

- A: 10월 3주차 소매가격은 29,225원, 11월 3주차는 30,780원, 12월 3주차는 30,554원이다. 증감방향은 +, −이다.
- B: 10월 3주차 소매가격은 19,795원, 11월 3주차는 21,857원, 12월 3주차는 23,648원이다. 증감방향은 +, +이다.
- C: 10월 3주차 소매가격은 27,761원, 11월 3주차는 28,222원, 12월 3주차는 28,818원이다. 증감방향은 +, +이다.
- D: 10월 3주차 소매가격은 20,593원, 11월 3주차는 19,427원, 12월 3주차는 27,850원이다. 증감방향은 −, +이다.

증감방향이 같은 것은 B와 C이다. C는 '신라'임을 확인했으므로, B는 '백제'이다. 따라서 A와 B에 해당하는 업체를 순서대로 나열하면 '가야'와 '백제'이다.

40

정답 ⑤

① (○) 사육 동물 두수는 사육밀도×축산농가면적이다. 따라서 2013년 사육 동물 두수는 각 농가의 사육밀도와 축산농가면적의 곱을 통해 확인 가능하다. A는 603.15×60=36,189, B는 799.25×65=51,951, C는 811.25×53=42,996, D는 514.78×75=38,609이다. 따라서 B가 가장 많다.

② (○) 2018년 사육 동물 두수는 A가 603.15×54=32,570, B가 799.25×67=53,550, C가 811.25×55=44,619, D가 514.78×70=36,035이다. 따라서 A가 가장 적다.

③ (○) 2023년 A축산 농가의 사육 동물 두수는 603.15×49=29,554이고, B는 799.25×63=50,353이다. A의 값에 ×2를 하면, 59,108이므로, B를 넘어선다. 따라서 B는 A의 2배에 못 미치고, 이는 A가 B의 50% 이상임을 의미한다.

④ (○) C축산 농가는 2013년 42,996, 2018년 44,619이고, 2023년도 811.25×57=46,241로 매 조사기간마다 증가했다. 이때 축산 농가의 면적은 조사기간마다 동일하기 때문에 결국 축산 농가별 사육밀도가 매 조사기간마다 증가한 축산 농가를 확인하면 된다. 여기에 해당하는 것은 C뿐이다. 이런 관점이면 [그림]에서도 실선>굵은 점선>얇은 점선 순으로 높아지는 축산 농가가 C뿐인지 확인하면 된다.

⑤ (×) [표]에서 D의 축산 농가 면적은 514.78이고, C의 축산 농가 면적은 811.25이므로 514.78/811.25≒63.4%이다.

41

정답 ④

ㄱ. (○) 농가 1호당 농가인구 비중은 농가인구/농가호수를 통해 확인 가능하다. 농가 1호당 농가인구 비중은 2023년에 257/109≒2.357, 2024년에 252/107≒2.355, 2025년에 247/106≒2.330, 2026년에 226/101≒2.237, 2027년에 203/96≒2.114로 지속적으로 낮아진다.

ㄴ. (×) 2021년과 2022년이 제시되지 않았기 때문에 매년 줄어든다는 내용은 확인할 수 없다.

ㄷ. (○) 농림업취업자의 전년대비 증가율은 (현년도 농림업취업자−전년도 농림업취업자)/전년도 농림업취업자로 확인 가능하다. 2024년은 (133−135)/135≒−1.4%, 2025년은 (132−133)/133≒−0.8%, 2026년은 (126−132)/132≒−4.5%, 2027년은 (116−126)/126≒−7.9%이다.

ㄹ. (○) 총인구는 주어지지 않았기 때문에 총인구를 다룬 지표를 활용해 문제를 풀어야 한다. 2023년의 총인구 중 농가인구비율이 5%이므로, 농가인구와의 관계를 통해서 총인구를 구할 수 있다. 따라서 농가인구/총인구 중 농가인구비율=총인구이므로, 농가인구 2,570,000을 5%로 나누면 총인구 51,400,000명임을 확인할 수 있다.

42

정답 ③

쌀 생산량이 다른 주요 곡물 생산량의 두 배 이상이 된다는 것은 쌀 : 나머지＝2 : 1임을 의미한다. 따라서 쌀 생산량은 전체의 2/3이고 나머지는 전체의 1/3인 상황이다.

이렇게 되면 쌀 생산량은 1,566.666…이고, 나머지(보리＋옥수수)의 생산량은 783.333…이다.

그리고 보리와 옥수수 간 비율은 현재 4 : 1이므로, 나머지 생산량(783.3)을 4 : 1로 구분해야 보리의 적정 생산량을 알 수 있다. 나머지 생산량을 4 : 1로 나누면 보리는 783.3의 80%인 626.64이고, 옥수수는 20%인 156.666…이다. 따라서 보리의 적정 생산량은 626.6톤이다.

43

정답 ③

ㄱ. (X) 2015~2017년까지의 정보가 없어 알 수 없다.

ㄴ. (O) 쌀 소비량 대비 두류 소비량은 2018년이 3.0/78.8 ≒ 3.8%이다. 2019년은 2.7/76.9 ≒ 3.5%, 2020년 2.3/75.8 ≒ 3.0%, 2021년은 2.3/74≒3.1%, 2022년은 2.3/72.8≒3.2%, 2023년은 1.8/71.2≒2.5%이다.

ㄷ. (O) 감소율이 가장 큰 것은 전년대비 증가율이 가장 작은 것이다. 따라서 전년대비 증가율이 －21.7%로 가장 작은 두류의 감소율이 가장 크다.

ㄹ. (X) 2024년의 1인당 양곡 소비량은 2023년의 1인당 양곡 소비량에 2023년 대비 2024년 증가율을 반영해서 확인할 수 있다. 밀가루는 1.4×93.3%＝1.3062, 잡곡은 0.6×85.7%＝0.514, 두류는 1.8×78.3%＝1.409, 서류는 2.4×88.9%＝2.134이다.

44

정답 ③

ㄱ. (X) A와 B 모두 총점이 최대한 잘 나오도록 하기 위해서는 생산량 지표와 품질 지표 중 더 좋은 점수를 받을 수 있는 지표를 숙성시켜야 한다. A는 생산량 지표가 50＋3.2×시간이고, 품질 지표가 30＋6.1×시간이므로, 14시간 기준으로 품질 지표만 숙성시키는 것이 더 좋다. 따라서 A의 품질 지표는 30＋6.1×14＝115.4이다. 이때, 생산량 지표는 50이기 때문에 A의 총합은 165.4이다. B는 생산량 지표를 극대화시킨 경우의 점수가 더 높기 때문에 14시간 기준으로 생산량 지표만 숙성시키면, 생산량 지표는 40＋4.5×14＝103이 도출된다. 이때, 숙성 지표는 50이기 때문에 B의 품종 개량 정도는 153이다. 따라서 A가 더 우위에 있다.

ㄴ. (X) 같은 시간 동안 숙성한다는 것은 산식을 비교해보면 쉽게 비교가 가능하다. A의 생산량 지표는 50＋3.2×시간이고, 품종 지표는 30＋6.1×시간이다. 생산량 지표와 품종 지표의 값이 동일한 경우라면, 50＋3.2×시간＝30＋6.1×시간이므로, 이를 정리하면 20＝2.9×시간이 된다. 따라서 약 6.89 시간일 때에만 두 지표가 동일하다. 6.89에 미치지 못하면, Y절편으로서 기본 지표가 높은 생산량 지표가 더 높게 나타나고, 6.89 시간을 초과하면 기울기가 큰 품질 지표가 더 높게 나타난다. 즉, 같은 시간 숙성하더라도 생산량 지표와 품질 지표 중 더 좋게 나타나는 것이 달라질 수 있다.

ㄷ. (O) B의 생산량 지표는 40＋4.5×시간이고, C의 생산량 지표는 50＋4.3×시간이다. 두 지표가 같다면, 40＋4.5×시간＝50＋4.3×시간이므로, 0.2×시간＝10이다. 따라서 50시간인 경우에 두 지표가 같아진다. 결국, 최대 14시간 동안 진행하는 지금 상황에서는 두 지표가 같아질 수 없다.

45

정답 ②

① (X) 2021년은 경지규모가 커질수록 농가부채가 많아지지만, 2020년은 1.5~2.0ha의 농가부채가 26,854이고, 2.0~3.0ha의 농가부채가 26,101임을 통해 잘못된 내용임을 알 수 있다. 2022년도 1.5~2.0ha에 비해 2.0~3.0ha의 농가부채가 적고, 2023년은 0.5~1.0ha에 비해 1.5~2.0ha의 농가부채가 적다.

② (O) 2022년의 전년대비 농가자산 증가율은 (431,823－400,580)/400,580＝7.8%이고, 2023년의 전년대비 농가자산 증가율은 (453,580－431,823)/431,823＝5.0%이다. 따라서 2022년의 전년대비 농가자산 증가율이 더 크다.

③ (X) 2022년 대비 2023년의 부채상환능력은 0.5%p 감소하였다. 비중 간 차이는 %p로 표시하여야 하고, 두 값의 변화율은 %로 표시할 수 있다. %로 나타내기 위한 변화율은 (6－6.5)/6.5＝－7.7%이다.

④ (X) 경지규모가 0.5ha 이하인 농가들의 농가부채는 부채상환능력이 가장 낮은 해인 2021년에 16,734로 가장 적었고, 2022년에 21,315로 가장 많았다.

⑤ (X) 0.5ha 이하의 경지규모에 해당하는 농가 수와 0.5~1.0ha의 경지규모에 해당하는 농가 수가 같다는 전제가 없기 때문에 두 농가의 수가 동일하다는 가정 하에 산술평균 할 수 없다. 반례로, 2021년에 0.5~1.0ha의 농가 수가 1,000 가구이고, 0.5ha 이하의 농가 수가 1가구일때의 평균 부채는 (16,734×1＋22,299×1,000)/1,001＝22,293이다. 이때의 평균 부채는 2022년보다 많기 때문에 산술평균으로 본 선지의 내용을 판단할 수 없다.

46

정답 ③

① (○) 세 번째 숫자 두 개는 전기용품 분류코드이다. 02는 전기 스위치를 가리킨다.

② (○) - 뒤의 두 자리는 인증받은 연도 끝자리 두 자리를 가리킨다. 12이므로, 2012년에 인증받은 것이다.

③ (×) 두 번째 자리 B는 부산광역시에서 제조된 제품이라는 의미이다.

④ (○) 첫 번째 자리 H는 한국기계전기전자시험연구원의 안전인증을 의미한다.

⑤ (○) 마지막 자리의 알파벳은 A부터 몇 차례 재발급 받았는지를 가리킨다. B이므로, 두 차례 재발급받았음을 의미한다.

47

정답 ②

먼저, 첫 번째 들어가는 코드는 안전확인코드이다. 안전확인코드는 X, Y, Z, W로 구분된다. S는 한국산업기술시험원의 안전인증코드이기 때문에 적절하지 않다. 또한 해외에서 제조된 상품은 아시아~기타 지역까지 U, V, W, X, Y, Z가 부여된다. 문제되는 선지는 없다.

그 다음 두 자리는 전기용품 분류코드이다. 11은 조명기기로, 모두 문제 없다. 그 다음 네 자리는 고유 일련번호이다. 어떤 숫자가 들어가도 문제되지 않는다. - 다음의 두 자리는 인증 연도이다. 어떤 숫자가 들어가도 문제되지 않는다. 다음 세 자리는 동일공장, 동일제품분류의 일련번호이다. 어떤 숫자가 들어가도 문제되지 않는다. 다음 두 자리는 수입 제품에 대해 부여되는 것으로 수입업자에 부여되는 일련번호이다. 어떤 숫자가 들어가도 문제되지 않는다. 마지막 알파벳은 기본 인증의 재발급 식별코드이다. 재발급 횟수에 대한 조건이 없기 때문에 어떤 알파벳이 들어가도 문제되지 않는다.

48

정답 ⑤

자모 한 개당 암호 코드에서 숫자 두 개가 되므로, 이름을 초성-중성-종성 순으로 나열했을 때 다섯 번째 자모(이중 자음의 경우 단자음으로 분리)에 해당하는 암호 코드 숫자를 도출해 내면 된다.

ㄱ. (○) '박지성'의 자모를 나열했을 때 다섯 번째 자모는 'ㅣ'이다. 'ㅣ'를 [자모 변환표]에 따라 변환하면 '45'가 되는데 여기서 열 번째에 해당하는 숫자는 '5'이다. 이것을 [난수표]의 열 번째 숫자 '6'에 대응시켜 더하면 암호 코드 숫자는 '1'이 된다. 따라서 암호 코드의 열 번째 숫자는 홀수이다.

ㄴ. (×) '소유진'의 자모를 나열했을 때 다섯 번째 자모는 'ㅈ'이다. 'ㅈ'을 [자모 변환표]에 따라 변환하면 '82'가 되는데 여기서 열 번째에 해당하는 숫자는 '2'이다. 이것을 [난수표]의 열 번째 숫자 '6'에 대응시켜 더하면 암호 코드 숫자는 '8'이 된다. 따라서 암호 코드의 열 번째 숫자는 짝수이다.

ㄷ. (○) '이맑음'에서 이중 자음은 단자음으로 분리하여 자모를 나열했을 때 다섯 번째 자모는 'ㄹ'이다. 'ㄹ'을 [자모 변환표]에 따라 변환하면 '33'이 되는데 열 번째에 해당하는 숫자는 '3'이다. 이것을 [난수표]의 열 번째 숫자 '6'에 대응시켜 더하면 암호 코드 숫자는 '9'가 된다. 따라서 암호 코드의 열 번째 숫자는 홀수이다.

ㄹ. (○) '최민식'의 자모를 나열했을 때 다섯 번째 자모는 'ㄴ'이다. 'ㄴ'을 [자모 변환표]에 따라 변환하면 '17'이 되는데 여기서 열 번째에 해당하는 숫자는 '7'이다. 이것을 [난수표]의 열 번째 숫자 '6'에 대응시켜 더하면 암호 코드 숫자는 '3'이 된다. 따라서 암호 코드의 열 번째 숫자는 홀수이다.

ㅁ. (○) '황보혜정'의 자모를 나열했을 때 다섯 번째 자모는 'ㅗ'이다. 'ㅗ'를 [자모 변환표]에 따라 변환하면 '21'이 되는데 여기서 열 번째에 해당하는 숫자는 '1'이다. 이것을 [난수표]의 열 번째 숫자 '6'에 대응시켜 더하면 암호 코드 숫자는 '7'이 된다. 따라서 암호 코드의 열 번째 숫자는 홀수이다.

49

정답 ②

변환된 숫자에 난수표 숫자를 더한 수의 일의 자리 숫자가 암호 코드 숫자가 되므로, 역으로 암호 코드 숫자에서 난수표 숫자를 빼면 변환된 숫자를 구할 수 있다. 이때 암호 코드 숫자가 난수표 숫자보다 작다면 십의 자리 수에서 일의 자리 숫자만 표기한 경우이므로, 십의 자리가 1인 수로 바꾸어 계산해 주면 된다.

암호 코드 (십의 자리 반영)	8	12	4	5	9	10	8	17	6	7	15	7	3	15	8	14	10	4
난수표 숫자	7	5	2	4	9	1	8	8	4	6	6	7	2	8	4	9	6	3
변환된 숫자	1	7	2	1	0	9	0	9	2	1	9	0	1	7	4	5	4	1

변환된 숫자를 나열한 '172109092190174541'을 맨 앞에서부터 두 자씩 끊어서 [자음 변환표]에 따라 한글 자모와 대응시켜 보면 다음과 같다.

변환된 숫자	17	21	09	09	21	90	17	45	41
자모	ㄴ	ㅗ	ㄱ	ㄱ	ㅗ	ㅊ	ㄴ	ㅣ	ㅁ

따라서 김 대리가 암호화한 고객의 이름은 '노꽃님'이다.

50

정답 ①

16진수 '4C, 4F, 56, 45'를 10진수로 치환해야 한다.

$4C = 4 \times 16 + C(12) = 76$이다.

$4F = 4C + 3 = 79$이다.

$56 = 5 \times 16 + 6 \times 1 = 86$이다.

$45 = 4 \times 16 + 5 \times 1 = 69$이다.

즉, 이 문자는 10진수 76, 79, 86, 69이다. 이는 LOVE에 해당한다.

직무상식평가

01

정답 ⑤

2024년 3월, 제25대 농협중앙회장에 취임한 강호동 회장은 취임사를 통해 '비전 2030'을 선포하며 '변화와 혁신을 통한 새로운 대한민국 농협'을 지향점으로 삼았다. 비전 실현을 위한 핵심가치는 다음과 같다.

- 국민에게 사랑받는 농협: 지역사회와 국가경제 발전에 공헌하여 온 국민에게 신뢰받고 사랑받는 농협을 구현
- 농업인을 위한 농협: 농업인의 행복과 발전을 위해 노력하고, 농업인의 경제적 · 사회적 · 문화적 지위 향상을 추구
- 지역 농축협과 함께하는 농협: 협동조합의 원칙과 정신에 의거, 협동과 상생으로 지역 농축협이 중심에 서는 농협을 구현
- 경쟁력 있는 글로벌 농협: 미래 지속가능한 성장을 위하여 국내를 벗어나 세계 속에서도 경쟁력을 갖춘 농협으로 도약

02

정답 ③

NH농협이 하는 일은 크게 교육지원부문, 경제부문, 금융부문으로 나뉘며 각 부문별 사업은 다음과 같다.

- 교육지원부문
  - 교육지원사업: 농 · 축협 육성 · 발전지도 · 영농 및 회원 육성 · 지도, 농업인 복지증진, 농촌사랑 · 또 하나의 마을 만들기 운동, 농정활동 및 교육사업 · 사회공헌 및 국제협력 활동 등
- 경제부문
  - 농업경제사업: 영농자재(비료, 농약, 농기계, 면세유 등) 공급, 산지유통혁신, 도매 사업, 소비지유통활성화, 안전한 농식품 공급 및 판매
  - 축산경제사업: 축산물 생산, 도축, 가공, 유통, 판매 사업, 축산 지도(컨설팅 등), 지원 및 개량 사업, 축산 기자재(사료 등) 공급 및 판매
- 금융부문
  - 상호금융사업: 농촌지역 농업금융 서비스 및 조합원 편익 제공, 서민금융 활성화
  - 농협금융지주: 종합금융그룹(은행, 보험, 증권, 선물)

03

정답 ⑤

⑤ (X) 원칙적으로 협동조합과 사회적협동조합 모두 경영공시가 의무사항이 아니지만 협동조합의 경우 조합원수가

200인 이상 또는 출자금 납입총액이 30억 원 이상의 경우 경영공시가 의무화된다.

04

정답 ③

「금융분야 인공지능(AI) 가이드라인」에서의 4가지 핵심가치는 다음과 같다.

- 금융산업의 책임성 강조: 서비스 개발 · 운영에 따른 발생 가능한 위험을 명확히 인지하고 금융서비스 목적에 맞게 위험을 통제하기 위한 전사적 노력 추진
- AI 학습용 데이터의 정확성 · 안전성 확보: 안전하고 효율적인 데이터 관리를 위해 AI 학습데이터의 품질을 엄격히 관리하고 개인정보보호 체계도 한층 강화
- AI 금융서비스의 투명성 · 공정성 담보: 금융서비스가 합리적이고 공정한 기준에 따라 제공 · 관리된다는 금융소비자의 믿음을 확보할 수 있도록 일반적이고 건전한 상식 · 사회규범에 어긋나지 않는 AI 서비스 운영 도모
- 금융소비자 권리의 엄격한 보장: 사람에 의한 금융서비스를 제공받을 때와 같이 금융소비자가 서비스를 이해하고, 자신의 권리를 불편함 없이 행사토록 지원

05

정답 ④

ㄱ. (○) 하둡(Hadoop)은 대용량 데이터를 분산처리할 수 있는 자바 기반의 오픈소스 프레임 워크다. 오픈소스이기 때문에 기존 데이터베이스 시스템보다 적은 비용이 들고 여러 대의 서버에 데이터를 분산해서 저장해두기 때문에 처리 속도가 빠르다.

ㄴ. (×) 기존의 관계데이터베이스나 하둡, NoSQL 모두 각각의 장단점이 있기 때문에 서로를 대체하기보다는 상호 보완적인 관계이다.

ㄷ. (×) 빅데이터 분석 기술은 데이터 마이닝, 기계 학습, 자연어 처리, 패턴 인식 등을 활용하였으나 근래에는 비정형 데이터의 증가로 텍스트 마이닝, 오피니언 마이닝, 소셜 네트워크 분석, 군집 분석 등이 주목을 받고 있다.

ㄹ. (○) 표현 기술은 특정 기준으로 분석한 데이터의 특징이나 분석 결과를 분석가와 사용자들이 쉽게 이해할 수 있도록 그림이나 그래프 등으로 표현해주는 기술을 의미하며, 대표적인 표현 도구로는 R와 파이썬(Python)이 있다.

06

정답 ④

클라우드 컴퓨팅은 서비스 모델에 따라 서비스형 인프라(IaaS: Infrastructure as a Service), 서비스형 플랫폼(Paas: Platform as a Service), 서비스형 소프트웨어(SaaS: Software as a Service)로 분류한다.

ㄱ, ㅁ. (○) 서비스형 인프라(IaaS)에 대한 설명이다. Iaas를 도입하면 웹사이트에 이벤트 등을 이유로 단기간에 접속자가 몰릴 경우 해당 기간만 컴퓨팅 리소스를 일시적으로 많이 사용하고 해당 기간이 종료되면 줄이는 방식으로 변경할 수 있기 때문에 운용비용을 절감할 수 있다.

ㄴ, ㄹ. (×) 서비스형 플랫폼(Paas)에 대한 설명이다.

ㄷ. (×) 서비스형 소프트웨어(Saas)에 대한 설명이다. 이용자는 장소와 기기에 구애받지 않고 빠르게 서비스를 이용할 수 있으며 비용도 저렴하다.

07

정답 ⑤

ㄱ. 인공지능(AI; Artificial Intelligence): 인간의 지적 능력을 컴퓨터를 통해 구현하는 모든 기술을 통칭하는 가장 큰 범주의 단어이다.

ㄴ. 머신러닝(Machine Learning): 컴퓨터에 데이터를 주고 패턴을 찾아내게 하는 방법으로, 약한 인공지능(weak AI, narrow AI)을 구현하는 데 쓰인다.

ㄷ. 딥러닝(Deep Learning): 깊은 인공신경망(ANN) 알고리즘을 활용하는 머신러닝 기술이다. 합성곱 신경망(CNN), 심층 신경망(DNN) 등과 같은 인공신경망(ANN; Artificial Neural Network)을 이용해 스스로 분석한 후 답을 내는 방식이다.

08

정답 ③

ㄱ. (×) 생명보험과 손해보험의 겸영은 금지된다. 하지만 제3보험과 생명보험, 손해보험과의 겸영은 허용된다.

ㄴ. (○) 제3보험의 보험종목인 상해보험, 질병보험, 간병보험은 모두 사람의 생명 또는 신체에 관한 보험사고 시 보험회사의 보상책임이 발생하는데, 이는 상법상 인보험(=생명보험+상해보험) 영역에 해당한다. 즉, 생명보험의 정액보상적 특성과 손해보험의 실손보상적 특성을 동시에 가지는 보험이다.

ㄷ. (○) 원칙적으로 사망보장이 불가능하지만, 특약 형태로 사망보장을 운용하고 있다.

ㄹ. (○) 우리나라 보험업법은 보험업을 생명보험업, 손해보험업, 제3보험업으로 구분하고 있다. 제3보험은 독립된 하나의 보험업으로서의 지위를 갖는다.

ㅁ. (×) 상해보험은 보험금 지급방법이 정액으로 한정되어 있지 않으며, 15세 미만, 심신상실자 등의 사망사고로 한 계약도 가능하다.

09

정답 ④

주가지수연동정기예금(ELD: Equity Linked Deposit)은 정기예금과 주가지수옵션(워런트) 등을 결합하여 만든 구조화된 정기예금으로, 원금의 일부 또는 정기예금에서 발생하는 이자를 KOSPI200 등과 연계된 주가지수옵션 또는 워런트에 투자하는 상품이다.

지문은 ELD 중 하락수익추구형(Knock Out Put)에 대한 설명으로, 주가지수 상승 시에는 원금을 보장하고, 하락 시에는 참여율을 적용하여 수익률이 정해지지만, 주가지수가 일정지수(barrier) '이하'를 터치할 경우 옵션의 효력을 무효화하거나 사전에 정한 소정의 리베이트만을 받게 되는 수익구조이다.

10

정답 ②

채권가격에 영향을 미치는 요인은 다음과 같다.

1) 내적 요인(개별채권에만 영향을 미치는 요인)
   - 채권의 잔존기간: 잔존기간이 길면 수익률도 상승한다.
   - 채권발행자의 신용도: 채무불이행 위험이 커지면 해당 채권의 수익률도 상승한다.
   - 채권의 유동성: 유동성이 풍부한 채권의 수익률은 그렇지 않은 채권의 수익률보다 낮게 거래된다.
2) 외적 요인(채권시장 전체에 영향을 미치는 요인)
   - 수급관계: 채권의 초과공급이 발생하면 채권수익률은 상승하고, 시중 단기자금 사정이 여유로우면 채권수익률은 하락한다.
   - 경기동향: 소비, 투자, 수출 및 정부지출을 고려해야 한다.
   - 기대인플레이션: 물가 상승 시 투자 수익의 구매력을 유지하기 위해 투자자는 더 높은 수익률을 요구하게 된다.
   - 경제정책: 정책당국의 채권발행 규모 조절, 콜금리 결정, 공개시장정책 등은 중요한 경제정책이다.
   - 해외요인: 외국의 금리정책 및 금리수준이 국내 시장 및 금리수준에 영향을 미치며, 외국인 투자증가로 해외채권 수익률과 국내채권 수익률 간의 상관관계가 높아지고 있다.

11

정답 ②

① (○) 주가수익비율(PER)은 주당이익의 창출능력에 비해 주가가 높은지 낮은지를 판단하는 기준이다. 기업의 가치평가에 유용하며, 기업의 성장성 · 수익성을 파악할 수 있다.

② (X) 주가순자산비율(PBR)은 시장가치 대 장부가치 비율로, 1보다 작을 때 저평가됐다고 판단한다.

③ (○) 주가현금흐름비율은 주가를 주당 현금흐름으로 나누어 계산하며, 기업의 영업성과와 자금조달 능력을 측정한다.

④ (○) 주가매출액비율(PSR)은 순이익이 나지 않는 경우나 손익이 극단적으로 치우칠 때는 분석이 힘들어진다. 영업성과에 대한 객관적인 자료를 제공하기 때문에 PER의 단점을 보완한다.

⑤ (○) 토빈의 q가 1보다 작은 경우 자산의 시장가치가 대체비용에 비하여 저렴하게 평가되어 있으므로 M&A대상이 되기도 한다.

12

정답 ①

① (X) 물가상승률을 고려하여 이자의 실질적 가치를 반영한 이자율을 실질이자율이라고 한다. 일반적인 이자율을 실질이자율의 상대적인 용어로 명목이자율이라 부른다.

② (○) 수익률은 현재에 투자되는 금액을 기준으로, 할인율은 미래에 지급되는 금액을 기준으로 계산한다.

③ (○) 실효수익률은 연단위 복리이자율로 금융상품들의 수익률을 비교하는 판단지표이다. 한편 채권에서는 발행 시 최초 결정되어 명시되는 이자율로 액면가에 대한 연간 이자지급률도 표면금리라 부른다.

④ (○) 채권의 유통시장에서 거래되는 채권들의 가격에 해당하는 금리를 유통수익률 또는 시장수익률이라고 표현한다. 만기수익률은 연복리수익률을 기준으로 하며 채권의 만기 전에 발생하는 모든 현금흐름이 같은 수익률로 만기일까지 재투자되는 것을 전제로 한다.

⑤ (○) 정책금리는 중앙은행이 모든 금리의 기준이 될 수 있는 초단기금리를 인위적으로 결정하는 금리로 기준금리라고도 하며, 한국은행이 시중자금을 조절하는 수단으로 7일 만기 RP를 활용하고 있다.

13

정답 ①

채권의 가격은 원금과 이자를 포함한 채권의 미래 현금흐름을 적정 이자율로 할인해 계산할 수 있다.

① (X) 채권의 발행 시기가 다르더라도 기대 현금흐름, 할인율이 동일하다면 채권 가격이 같을 수 있으므로 채권 가격에 영향을 미치는 요인과 가장 관련이 없다.

② (○) 액면에 표시된 표면금리가 클수록 채권의 시장가격이 상승한다. 참고로, 표면금리가 시장금리보다 작을 경우 시장가가 액면가보다 작은 할인발행이 이루어지고 표면금리가 시장금리보다 클 경우 시장가가 액면가보다 큰 할증발행이 이루어진다.

③ (○) 채권의 부도 위험이 상승한다면 투자자가 요구하는 수

익률이 상승하고 채권 가격은 하락한다.

④ (○) 해당 채권에 대해 적정하다고 생각하는 할인율이 높을수록 채권 가격은 하락한다.

⑤ (○) 채권의 만기가 길수록 이자율에 대한 채권 가격의 변동성은 커진다.

14

정답 ④

① (○) 생산량(Q)이 10단위일 때, 총비용은 300(=100+2×10²)이다.

② (○) 한계비용 함수는 MC=4Q이므로 생산량(Q)이 10단위일 때, 한계비용은 40(=4×10)이다.

③ (○) 평균총비용 함수는 TAC=TC/Q이므로 생산량(Q)이 5단위일 때 평균총비용은 30(=(100+2×5²)/5)이다.

④ (×) 평균가변비용 함수는 AVC=TVC/Q=2Q이므로 생산량(Q)이 15단위일 때 평균가변비용은 30(=2×15)이다. 이는 총비용(TC) 550(=100+2×15²)의 절반 이하이다.

⑤ (○) 생산량(Q)이 15단위일 때의 평균가변비용(AVC)은 30이다. 생산량(Q)이 10단위일 때의 한계비용(MC)은 40이다.

15

정답 ④

① (×) 기술 발전은 주로 장기적인 공급 측면의 변화에 영향을 미치기 때문에 IS 곡선보다는 LAS(장기 총공급곡선)에 더 큰 영향을 준다.

② (×) 이자율의 상승은 투자 비용을 증가시켜 투자를 감소시키고 IS 곡선을 왼쪽으로 이동시킨다.

③ (×) IS 곡선의 기울기는 투자의 이자율탄력성이 높을수록 완만해진다.

④ (○) 확장적 재정정책은 총수요를 증가시키며, 이는 경제 내에서 소비와 투자를 촉진하여 IS 곡선을 오른쪽으로 이동시키는 효과를 가진다.

⑤ (×) 기업 수익성이 증가하는 경우 일반적으로 투자가 증가하므로 IS 곡선은 오른쪽으로 이동한다. 수익성 증가가 투자를 촉진하므로, 이는 경제 내 총수요를 증가시키는 효과를 가진다.

16

정답 ④

① (○) C점은 비효율적인 생산지점으로 실업, 독점, 노동분쟁, 시장실패 등의 경제적 비효율 발생 시 C점에서 생산할 수 있다.

② (○) 재화를 생산하는 기업이 해외로 이전하는 경우 자본, 노동 등의 유출로 잠재적 생산능력이 감소하므로 B점의 경제가 C점으로 이동할 수 있다.

③ (○) A점과 B점은 모두 효율적인 생산점이지만 B점의 기울기가 A점의 기울기보다 크므로 B점에서 X재 생산의 기회비용이 더 크다.

④ (×) 위의 PPC 곡선은 한계비용이 체증하고 한계생산이 체감해 원점에 대해 오목한 형태이다.

⑤ (○) D점은 주어진 생산능력 아래에서 생산이 불가한 재화의 조합이다.

17

정답 ⑤

ㄱ. (○) 고전학파의 이론에서는 가격과 임금의 유연성이 경제의 자동 조절 메커니즘으로 작용하여 자연적인 완전 고용 수준을 유지하게 한다.

ㄴ. (○) 케인즈는 '동물적 본능'과 같은 비합리적 기대가 경제 활동에 영향을 미치고, 이로 인해 시장이 자동으로 균형 상태에 이르지 못할 수 있음을 강조한다.

ㄷ. (×) 해당 설명은 케인즈학파에 해당하는 내용이다.

ㄹ. (○) 고전학파의 이자율 이론은 시장에서의 자유로운 조정을 통해 자동적으로 저축과 투자의 균형을 이루고 경제가 균형 상태를 유지한다고 본다.

ㅁ. (○) 케인즈학파는 통화정책이 항상 효과적이지 않을 수 있다고 보았고, 특히 이자율이 이미 매우 낮은 상황, 즉 유동성 함정 상황에서는 통화정책보다 재정정책이 더 효과적일 수 있다고 본다.

18

정답 ②

① (○) 통화량은 단지 가격, 물가와 같은 명목소득에 영향을 미치며, 실질소득과 같은 실물 변수에는 영향을 주지 않는다고 본다(화폐의 중립성).

② (×) 가격과 임금의 유연성을 통해 시장이 자동으로 균형에 이르고 불황이 발생하지 않는다고 보았다. 불황은 주로 외부적 충격이나 정부 개입의 결과로 생긴다고 주장한다.

③ (○) 생산이 소비를 결정한다고 보았고, 총공급이 국민소득을 결정한다는 '공급이 수요를 만든다'는 생각을 가지고 있었다(세이의 법칙).

④ (○) 가격, 임금, 그리고 이자율의 유연성을 통해 경제가 자동적으로 완전고용을 달성한다고 본다.

⑤ (○) 이자율은 자금의 수요와 공급을 조정하는 중요한 역할을 한다고 주장한다. 이자율의 유연성이 투자와 저축 사이의 균형을 조절하고, 경제가 균형을 이루게 한다고 본다.

19

정답 ③

① (X) 고정환율제도에서 정부나 중앙은행은 환율을 고정하기 위해 개입한다.

② (X) 변동환율제도에서 환율은 정부에 의해 고정되지 않으며, 외환시장의 수요와 공급에 따라 자유롭게 결정된다.

③ (O) 고정환율제도에서는 국제적 압력이나 권고, 특히 IMF와 같은 글로벌 금융기구의 권고에 따라 환율을 재조정하는 경우가 있다.

④ (X) 변동환율제도에서 환율은 시장의 수요와 공급에 의해 자유롭게 결정되기 때문에 환율의 변동성이 고정환율제도보다 더 높은 경향이 있다.

⑤ (X) 고정환율제도에서 환율을 고정하기 위해 외환준비금을 더 많이 사용해야 하므로 변동성이 더 크다.

20

정답 ②

① (O) 무차별곡선에서의 효용은 서수적인 개념으로 원점에서 멀어질수록 소비자의 효용이 높아진다.

② (X) 서로 다른 사람의 무차별곡선은 겹칠 수 있다. 동일한 사람의 무차별곡선은 겹칠 수 없다.

③ (O) 무차별곡선이 원점에 볼록한 형태인 경우 소비자는 한 재화를 많이 소비하는 것보다 여러 재화를 골고루 소비하는 것을 선호한다. 같은 효용을 주는 하나의 무차별곡선상에서 Y재를 X재로 대체할수록 X재 한 단위의 소비를 증가시키기 위해 포기할 수 있는 Y재의 소비량이 점점 적어진다.

④ (O) 각 축의 재화가 완전대체재 관계에 있는 경우 무차별곡선은 일반적인 무차별곡선의 형태와 다르게 우하향 직선이다. 참고로 완전대체재 관계의 재화에 대한 효용함수는 U=AX+BY 형태이다.

⑤ (O) 일반 재화와 비재화가 각각 축으로 있는 무차별곡선의 경우 일반적인 무차별곡선의 형태와 다르게 무차별곡선이 우상향한다.

21

정답 ②

ㄱ. (O) 공급 곡선이 완전히 수평인 경우로 이는 생산 비용이 변동 없이 어떤 수준의 수요 증가에도 대응할 수 있다는 것을 나타내며, 공급자가 추가 비용 없이 필요한 만큼 생산량을 조절할 수 있다는 것을 의미한다. 이러한 상황은 특히 완전 경쟁 시장에서 생산자가 추가 단위를 현재의 시장 가격에서 생산할 수 있는 경우에 해당된다.

ㄴ. (X) 완전 탄력적 공급의 경우, 공급 곡선은 수평으로 그려져 가격 변동이 일어나지 않는다. 공급 곡선이 수평이라는 것은 가격이 결정적으로 고정되어 있고, 공급자는 그 가격에서 어떤 수준의 수요도 충족할 수 있다는 의미한다. 따라서 가격은 변하지 않으며 공급량만 수요에 따라 변동한다.

ㄷ. (O) 완전 탄력적 공급의 경우 공급량은 수요에 따라 유연하게 조절되며 가격은 고정된다. 이러한 상황은 공급자가 매우 높은 생산 능력을 가지고 있거나, 생산 비용이 변동이 거의 없는 경우에 가능하다. 예를 들어, 디지털 상품이나 일부 서비스의 경우, 한 번 개발되거나 설정된 후 추가 사용자나 소비자에게 제공하는 데 거의 추가 비용이 발생하지 않을 수 있다. 따라서 수요가 증가하더라도 공급자는 추가적인 비용 없이 더 많은 양을 생산할 수 있으며, 이로 인해 시장 가격은 변동하지 않고 일정하게 유지된다.

ㄹ. (X) 공급 곡선이 수직인 경우는 완전 비탄력적인 상태로 공급량이 고정되어 있으며, 가격은 수요의 변화에 의해서만 결정된다. 반면, 완전 탄력적인 경우에는 공급 곡선이 수평이므로 가격이 고정되어 있고, 공급량은 수요의 양에 따라 조절된다.

ㅁ. (X) 완전 탄력적 공급에서는 공급자가 생산 비용이나 기타 조건의 변화 없이 필요한 만큼의 상품을 생산할 수 있다는 것을 의미한다. 공급량은 수요에 의해서만 결정되며, 기술적 혁신이나 자원의 변화는 공급 곡선의 위치나 형태를 변화시킬 수 있지만, 완전 탄력적인 공급 조건에서는 공급량 자체에 직접적인 영향을 미치지 않는다.

22

정답 ③

① (O) 로렌츠 곡선은 완전균등선에서 멀어질수록, 즉 완전균등선(대각선)과 곡선 사이의 영역이 클수록 소득 불평등이 더 크다는 것을 의미한다. 지니 계수는 이 대각선(완전균등선)과 로렌츠 곡선 사이의 면적을 기반으로 계산하며, 1에 가까울수록 소득 불평등이 심화된다는 것을 수치로 나타낸다.

② (O) 앳킨슨 지수는 소득 불평등의 정도를 측정하면서 사회복지에 대한 불평등의 영향을 반영한다. 이를 통해 다양한 사회적 태도와 불평등에 대한 민감도를 반영할 수 있는 매개변수를 포함하고 있다. 매개변수 값이 높아질수록 소득분배에서 높은 소득에 대한 불평등을 더 크게 반영된다.

③ (X) 지니 계수는 소득의 전체 분포를 고려하여 계산되며, 특정 소득 그룹만을 대상으로 하지 않는다.

④ (O) 로렌츠 곡선은 인구의 누적 비율을 x축에, 누적 소득 비율을 y축에 그리며, 완전 균등상태에서의 그래프는 대각선이 된다(45도의 직선). 그래프가 이 직선에서 벗어날수록 소득 불평등이 크다고 해석되며, 이는 더 큰 지니 계수로 나타난다.

⑤ (○) 소득 분배가 완전히 평등할 경우, 즉 모든 개인의 소득이 동일할 경우 소득 분배에 불평등이 없으므로 앳킨슨 지수는 0이 된다.

23

정답 ④

① (X) 고용률은 전체 인구가 아니라, 취업 가능 연령대의 인구(보통 15세 이상) 중에서 실제로 취업하고 있는 사람들의 비율을 나타낸다.
② (X) 실업률은 비경제활동인구를 포함하지 않고, 오직 경제활동인구 중에서 일자리를 찾고 있지만 아직 취업하지 못한 사람들의 비율로 계산된다.
③ (X) 고용률의 증가는 경제 성장의 하나의 지표일 수 있지만, 반드시 경제 성장을 의미하지는 않는다. 예를 들어, 노동 인구가 줄어들면 고용률이 증가할 수 있지만 이것이 경제 전체의 성장을 나타내지 않는다.
④ (○) 경제활동인구에는 실제로 일하고 있는 사람들과 일자리를 찾고 있는 사람들이 모두 포함된다.
⑤ (X) 경제활동인구는 실제로 일을 하거나 일자리를 찾고 있는 인구만을 포함한다.

24

정답 ②

① (X) 완전경쟁시장에서 장기 균형은 기업의 평균비용(AC)과 한계비용(MC)이 시장 가격과 일치하는 수준에서 이루어진다. 장기적으로는 생산설비를 최적화하기 때문에 고정비용이 존재하지 않으며, 비용은 모두 가변비용이다.
② (○) 완전경쟁시장에서는 장기적으로 개별 기업이 가격 결정권을 가지지 못하고 시장에서 형성된 가격을 받아들여야한다. 이 가격은 시장의 총수요와 총공급에 의해 결정되며, 모든 기업은 이 가격에서 수익을 극대화하기 위해 최소효율규모에서 생산한다.
③ (X) 시장 가격을 초과하는 가격으로 상품을 판매하려고 하면, 소비자들은 다른 기업에서 더 저렴한 가격으로 동일한 상품을 구매할 것이다. 따라서 장기적인 이윤 극대화전략이 될 수 없다.
④ (X) 장기 균형 상태에서 한계비용(MC)은 시장 가격과 일치하지만, 이는 한계비용 곡선의 모든 점에서 일치하는 것이 아니라 평균비용(AC)과 한계비용(MC)이 최소화되는 점에서만 시장 가격과 일치한다.
⑤ (X) 완전경쟁시장의 장기 균형에서는 모든 기업이 최소효율규모에서 생산하고 있기 때문에 시장 가격은 모든 기업의 평균 총비용과 같아진다. 시장 진입과 퇴거는 장기 균형에 도달하기 위한 조정 과정에서 발생하는 현상이며, 장기 균형이 형성된 이후에는 더 이상 이러한 움직임이 발생하지 않는다.

25

정답 ⑤

① (X) 피구세는 부정적 외부효과를 줄이는 목적으로 원인제공자에게 부담하는 세금으로, 소비자에게 직접 부과되어야 하는 것은 아니다.
② (X) 코즈 정리는 거래 비용이 낮을 경우에만 자발적 협상이 효율적으로 외부성 문제를 해결할 수 있다고 주장한다. 거래 비용이 높은 경우, 정부 개입이 필요할 수 있다.
③ (X) 긍정적 외부성이 항상 생산자 이익을 높이거나 과대생산을 초래하는 것은 아니다. 종종 시장에서의 과소생산을 초래하며, 이는 추가적인 혜택이 시장 가격에 완전히 반영되지 않기 때문이다.
④ (X) 부정적 외부효과에 대응하여 정부가 보조금을 제공하는 것은 적절하지 않다. 오히려, 정부는 부정적 외부효과를 내부화하기 위해 세금이나 규제를 부과하는 것이 일반적인 방법이다.
⑤ (○) 교역 가능한 배출권 시스템은 시장 기반 접근 방식으로 부정적 외부효과를 효과적으로 관리할 수 있으나, 배출권의 가격 결정 과정은 시장 참여자의 조작이나 투기적 행위에 영향을 받을 수 있다.

26

정답 ⑤

① (X) 총효용이 증가한다고 해서 한계효용이 반드시 증가하는 것은 아니다. 한계효용은 소비량이 증가함에 따라 감소할 수 있다(한계효용체감의 법칙).
② (X) 소비자가 총효용을 최대화하려면, 두 상품의 한계효용 대 가격 비율(MU/P)이 동일해야 한다. 단순히 한계효용이 동일하다고 해서 총효용이 최대화되는 것은 아니다(한계효용균등의 법칙).
③ (X) 리스크 회피 소비자는 위험 증가에 대해 한계효용이 감소하는 경향이 있다. 위험을 피하려는 경향 때문에, 더 높은 위험이 주어지면 그들이 느끼는 한 단위의 가치는 줄어들게 된다.
④ (X) 한계효용이 처음으로 0이 되는 지점에서 총효용은 최대치에 도달하며, 감소하지 않는다. 이후 소비가 계속되면 한계효용이 음수가 되어 총효용이 감소하기 시작한다.
⑤ (○) 소비자 이론에서 소비자는 주어진 예산 제약하에서 선택을 통해 총효용을 극대화하려고 한다.

27

정답 ①

① (○) 토빈의 q가 1을 초과하는 경우, 시장은 기업의 자산 가치를 재구매 비용 이상으로 평가하고 있으며, 이는 기업은 신규 투자를 통해 더 큰 가치 창출이 가능하다고 판단할 수 있다.

② (X) 토빈의 q가 낮다는 것은 시장 가치가 자산 교체 비용보다 낮다는 것을 의미한다. 이 경우, 기업은 추가 투자를 유보하고 기존 자산의 효율성을 높이는 방향으로 전략을 조정할 가능성이 더 높다.

③ (X) 토빈의 q는 주식 가격의 변동성을 측정하는 데 사용되지 않는다. 이는 주로 기업의 투자 결정과 관련된 지표이다.

④ (X) 이자율은 기업의 자본 조달 비용과 직접적으로 관련이 있으며, 이는 투자 결정과 q 값에 영향을 미칠 수 있다.

⑤ (X) 토빈의 q는 부채와 자본의 비율 아닌 시가총액과 교체 비용의 비율을 나타내는 지표이다.

28

정답 ①

① (○) 현금예금비율이 증가하면, 사람들이 더 많은 현금을 은행에 예금하지 않고 보유하게 되므로, 은행의 대출 가능성이 감소하고 결과적으로 통화승수도 감소한다.

② (X) 현금통화비율이 증가하면, 시중에 더 많은 현금이 유통되고 은행 내부로 들어오는 예금이 감소한다. 이는 은행의 대출 가능성을 감소시켜 통화승수가 감소한다.

③ (X) 지급준비율의 감소는 실제로 은행들이 보유해야 할 최소 예금 비율을 낮추는 것이 맞지만, 이로 인해 은행들은 더 많은 자금을 대출에 활용할 수 있게 된다.

④ (X) 중앙은행의 금리 정책은 은행의 대출 비용을 조절하고, 이는 대출 수요와 공급에 영향을 미친다. 따라서 통화승수는 중앙은행의 금리 정책에 의해 간접적으로 영향을 받을 수 있다.

⑤ (X) 통화승수는 은행의 대출 활동이 증가할수록 증가한다. 대출 활동의 증가는 은행 예금의 순환 속도를 높이고, 결과적으로 통화승수도 증가하게 된다.

29

정답 ⑤

① (○) 인플레이션 기대가 높아질 경우, 시장 참여자들이 이를 명목 이자율에 반영하여 더 높은 이자율을 요구한다고 가정한다.

② (○) 인플레이션 기대가 변할 때 명목 이자율이 조정되어, 장기적으로 실질 이자율이 상대적으로 안정적인 경향을 보인다고 가정한다. 이는 장기적인 시장 메커니즘에 의해 실질 이자율이 결정된다고 보는 이론이다.

③ (○) 피셔방정식에 따라, 실질이자율은 3%(=명목이자율−예상인플레이션율)이다.

④ (○) 인플레이션이 없는 경우, 즉 기대 인플레이션이 0%인 경우 명목 이자율은 추가적인 인플레이션 조정 없이 실질 이자율과 동일하게 된다.

⑤ (X) 완전한 피셔 효과하에서는명목 이자율의 변화는 기대 인플레이션의 변화 없이는 발생하지 않는다.

실수는 줄이고↓ 속도는 높이는↑ TIP

피셔방정식 공식 : 명목이자율 = 실질이자율 + 예상인플레이션율

30

정답 ④

ㄱ. (X) 개인 B의 MRS가 가격비와 일치하지 않으므로, 시장은 파레토 효율적이지 않다.

ㄴ. (○) 현 시장은 파레토 효율적으로 이루어지지 않음에 따라 A와 B 사이에 재분배를 통해 두 개인의 복지를 향상시킬 수 있는 여지가 있음을 알 수 있다.

ㄷ. (X) 개인 B의 MRS는 X에 대해 1Y이며, 이는 시장 가격 비율 $P_x=2P_y$와 일치하지 않는다. 따라서 경제가 파레토 효율적 상태에 있지 않다.

ㄹ. (X) 개인 A의 MRS가 2Y/X이고 이는 $P_x=2P_y$와 일치한다. 이는 개인 A가 상품 X에 대해 Y를 두 배로 포기할 용의가 있다는 것을 의미하며, 이는 시장 가격과 일치하므로 효율적인 소비 선택이다.

ㅁ. (○) 개인 B의 한계대체율이 1Y/X로, 이는 개인 A의 2Y/X에 비해 상품 X를 상대적으로 가치를 낮게 평가하고 있음을 나타낸다. 이는 개인 B가 X를 획득하기 위해 Y를 덜 포기할 용의가 있음을 의미한다.

제2회 실전모의고사

직무능력평가

01	02	03	04	05	06	07	08	09	10
③	②	④	③	⑤	⑤	⑤	④	②	②
11	**12**	**13**	**14**	**15**	**16**	**17**	**18**	**19**	**20**
④	④	③	⑤	②	④	③	⑤	③	②
21	**22**	**23**	**24**	**25**	**26**	**27**	**28**	**29**	**30**
④	④	④	③	②	③	②	④	④	⑤
31	**32**	**33**	**34**	**35**	**36**	**37**	**38**	**39**	**40**
①	①	⑤	④	③	③	⑤	③	⑤	③
41	**42**	**43**	**44**	**45**	**46**	**47**	**48**	**49**	**50**
②	③	①	④	③	⑤	⑤	③	③	④

직무상식평가

01	02	03	04	05	06	07	08	09	10
①	④	①	⑤	⑤	②	①	④	②	④
11	**12**	**13**	**14**	**15**	**16**	**17**	**18**	**19**	**20**
⑤	④	③	①	③	④	⑤	①	④	③
21	**22**	**23**	**24**	**25**	**26**	**27**	**28**	**29**	**30**
⑤	④	④	③	④	⑤	⑤	①	②	③

직무능력평가

01

정답 ③

① (○) 4문단에서 얼마 전 온라인을 통해 미성년 자녀 계좌 개설이 가능하도록 제도가 개편됐다고 언급한 것을 통해 확인할 수 있다.

② (○) 5문단에서 카카오미니 가입 대상은 올해 3분기부터 만 7세로 하향 조정될 예정이라고 언급한 것을 통해 확인할 수 있다.

③ (X) 5문단에서 초등생 4명 중 3명은 시중은행에서 첫 거래를 시작했고, 핀·빅테크 브랜드보다 시중은행을 먼저 상기했다고 하였다. 또한 초등생은 금융의사결정 시 부모의 영향력이 크고, 부모는 인터넷전문은행을 거래해도 자녀 거래는 시중은행을 택하므로 알파에게는 아직 시중은행이 우선이라고 하였다. 따라서 알파세대에게는 시중은행보다 인터넷전문은행의 인지도가 더 높다는 진술은 적절하지 않다.

④ (○) 제시문의 내용으로 보아 은행들이 유소년 서비스와 유스앱 등을 내세워 유소년 고객 유치에 매진하는 데는 어릴 때 이용한 은행을 성인이 된 후에도 계속 이용하도록 하는 목적이 크다는 것을 알 수 있다.

⑤ (○) 1문단에서 잘파세대의 개념을 설명하고 있다.

02

정답 ②

① (○) 은행권 경쟁 촉진을 위한 인터넷전문은행 등 신규 플레이어 진입을 허용하겠다는 방침은 10대 이하에 뒤늦게 접근한 시중은행 입장에서는 잘파세대 확보가 향후 더 치열해질 시장경쟁을 준비하는 필수 조치로 여겨졌다. 또한 온라인을 통해 미성년 자녀 계좌 개설이 가능하도록 제도가 개편되어 미성년 자녀 계좌 개설이 용이해짐으로써 부모는 거래 대상 기관을 확대할 것이고, 이는 결국 향후 자

녀 거래에도 영향을 미치게 될 것이기 때문에 잘파세대에 대한 관리가 더욱 시급해진 것이라고 생각할 수 있다.

② (X) 잘파세대에 속하는 초등, 중고등, 대학생 각각의 대상은 서로 다른 특성을 보임을 알 수 있다. 또한 마지막 문단에서 잘파세대는 성장에 따라 거래 조건, 인식이 크게 바뀌므로 성장에 따른 앱의 개발이 필요함을 언급하고 있다. 따라서 잘파세대를 동일 집단으로 보고 이들을 통합 관리한다는 것은 적절하지 않다.

③ (O) 마지막 문단에서 영국의 Bluestone Bank는 마일스톤 계좌를 통해 0~23세 잘파세대의 성장에 맞춰 서비스·혜택을 차별적으로 제공하는데, 아직 국내 유스앱 중 잘파세대 성장을 고려한 앱은 눈에 띄지 않는다고 언급한 것을 통해 확인할 수 있다.

④ (O) 위 보고서를 통해 초등생은 금융의사결정 시 부모의 영향력이 크고, 부모는 인터넷전문은행을 거래해도 자녀 거래는 시중은행을 택한다고 하였으며 이는 향후 자녀 거래에도 영향을 미치게 됨을 알 수 있다. 따라서 잘파세대의 부모가 선호할 만한 상품 개발에 힘쓰는 것이 결국 잘파세대의 유입을 불러일으킬 것이므로 밀레니얼 세대 부모를 대상으로 한 상품도 출시할 필요가 있다는 진술은 적절하다.

⑤ (O) 6문단에서 시중은행의 잘파세대을 위한 플랫폼들은 아직 금융거래가 제한적인 이들에게 일상·소비의 다양한 콘텐츠를 제공하지만 잘파세대를 위한 플랫폼은 그들이 기대하는 금융(은행)의 핵심 가치를 고려해야 한다고 하였다. 즉, 단편적인 관심 유발보다 이들의 핵심 기대가 실현될 수 있도록 플랫폼을 통해 효율적으로 가이드할 방안을 고민해야 하므로, 이벤트, 게임 등은 금융의 핵심 가치를 실현하기 위한 수단으로 활용되어야 한다는 진술은 적절하다.

03

정답 ④

① (O) [금융 플랫폼 구축 경쟁 본격화]의 1문단 "기존 금융기관들이 인력과 자본을 투입하여 수행했던 금융서비스를 이제 네트워크에 기반한 정보통신기술이 대신할 수 있게 된 것이다."와 2문단 "금융서비스의 제공이 금융기관의 독점적인 영역을 벗어나게 됨에 따라 금융업에서도 플랫폼의 중요성이 커지고 있다." 등을 통해 확인할 수 있다.

② (O) [금융 플랫폼 구축 사례]의 국내 사례 2문단을 통해 올원 뱅크의 'Life Helper'에는 공과금 납부 서비스가 포함된다는 점을 확인할 수 있다.

③ (O) [금융 플랫폼 구축 사례]의 해외 사례 2문단에서 Moven은 "모바일 플랫폼을 통해 야구 티켓을 사는 고객에게 자신이 여가에 얼마나 많은 돈을 사용하고 있는지 경고해 주고, 과거 기록 등과 비교했을 때 어떠한 수준인지도 알려 준다."라고 하였다.

④ (X) [금융 플랫폼 구축 사례]의 해외 사례 2문단에서 TD Bank는 본래 개인자산관리 서비스를 제공하지 않았다는 점을 확인할 수 있고, 3문단에서 Moven과의 얼라이언스를 통해 자산관리 플랫폼을 제공할 수 있었음을 확인할 수 있다.

⑤ (O) [금융 플랫폼 구축 경쟁 본격화]의 2문단에서 "특히 비대면 인증 수단의 도입은 금융소비자가 금융기관을 방문하지 않고도 모바일 금융 플랫폼을 통해 모든 금융 거래를 할 수 있게 만들고 있다."라고 하였다.

04

정답 ③

① (O) 'Young People'에서 20~30대를 주 타깃으로 하여 다양한 서비스를 제공하므로 적절한 문구이다.

② (O) 'Easy & Quick'은 쉽고 빠르다는 의미를 가지고 있으며, 해당 항목에서 간편송금, 간편결제, 간편대출, 비대면 계좌 개설 등의 모바일 금융서비스를 제공하고 있으므로 적절한 문구이다.

③ (X) 'NH Market'에서 NH캐피탈의 오토론 패키지, NH저축은행의 햇살론처럼 증권, 생명, 손보, 캐피탈 등의 서비스를 제공한다고 하였지만, 실손치과보험에 관한 서비스도 제공되는지는 알 수 없다.

④ (O) 'Life Helper'에서 경조금 송금 서비스를 제공하므로 적절한 문구이다.

⑤ (O) 'Young People'에서 썸데이(일정관리) 서비스를 제공하므로 적절한 문구이다.

05

정답 ⑤

① (O) 1문단에서 양면시장은 플랫폼 사업자가 서로 구분되는 두 개의 이용자 집단에 플랫폼을 제공하고 이용자들은 플랫폼을 통해 상대 집단과 거래하면서 경제적 가치나 편익을 창출하는 시장을 의미한다고 하였으므로 적절하다.

② (O) 2문단에서 직접 네트워크 외부성이란 동일 집단 내에서 발생하는 것으로, 동일 집단에 속한 이용자의 규모가 커지면 집단 내 개별 이용자의 효용이 증가하는 특성이라는 것을 알 수 있다.

③ (O) 2문단에서 간접 네트워크 외부성이란 서로 다른 집단 간에 발생하는 것으로, 한쪽 이용자 집단의 규모가 커지면

반대쪽 이용자 집단의 효용이 증가하고, 한쪽 이용자 집단의 규모가 작아지면 반대쪽 이용자 집단의 효용이 감소하게 된다고 언급한 것을 통해 알 수 있다.

④ (○) 3문단에서 플랫폼 사업자는 플랫폼 이용료를 통해 수익을 창출하기 때문에 양쪽 이용자 집단 모두를 플랫폼에 참여하도록 유도할 수 있는 가격구조를 결정하게 되며, 수익을 극대화할 수 있는 전략으로 양쪽 이용자 집단에 차별적인 가격을 부과하는 것이 일반적이라고 하였다. 또한 마지막 문단에서 플랫폼 사업자는 수익을 창출하기 위해 무료 서비스를 통해 한쪽 집단의 이용자 수를 늘리면서 반대쪽 집단 이용자의 플랫폼 참여를 유인한다고 하였다. 이를 종합할 때 플랫폼 사업자는 양쪽 혹은 한 쪽에 이용료를 부과함으로써 수익을 창출한다는 것을 알 수 있다.

⑤ (×) 3문단에서 플랫폼 사업자는 플랫폼 이용료를 통해 수익을 창출하기 때문에 양쪽 이용자 집단 모두를 플랫폼에 참여하도록 유도한다고 하였다.

06

정답 ⑤

① (○) 5문단에서 카드 회원의 수요의 가격탄력성이 높은 경우에는 연회비가 오를 때 카드 회원 수가 크게 감소한다고 하였다. 플랫폼 사업자는 자신의 수익을 극대화하기 위해 양쪽 이용자 집단의 특성을 파악하여 각 집단에 최적의 이용료를 부과하게 되는데, 일반적으로 수요의 가격탄력성이 높은 집단에 낮은 이용료를 부과하여 해당 집단의 이용자 수를 늘리려고 한다. 따라서 C의 수익 창출 극대화를 위해 가격탄력성이 높은 A의 이용료를 낮게 부과한다는 진술은 적절하다.

② (○) 마지막 문단에서 플랫폼 사업자가 수익을 창출하기 위해 사용하는 대표적인 전략인 공짜 미끼를 설명하였는데, 공짜 미끼 전략은 무료 서비스를 통해 한쪽 집단의 이용자 수를 늘리면서 반대쪽 집단 이용자의 플랫폼 참여를 유인하는 것이다. 따라서 C가 수익 창출을 위해 A에게 무료 서비스를 제공하여 B의 플랫폼 참여를 유도한다는 진술은 적절하다.

③ (○) 4문단에서 카드 회원들이 가맹점에 미치는 간접 네트워크 외부성이 클수록, 카드 회사는 카드 회원 수를 늘리기 위해 낮은 연회비를 부과할 수 있으며, 이에 따라 카드 회원 수가 늘어나면 가맹점들의 효용이 증가하기 때문에 가맹점은 높은 결제 건당 수수료를 지불하더라도 카드 결제 시스템을 이용하게 된다고 하였다. 또한 플랫폼 사업자는 수익을 극대화할 수 있는 전략으로 양쪽 이용자 집단에 차별적인 가격을 부과하므로, A가 B에 미치는 간접 네트워크 외부성이 큰 경우 C는 B에게 높은 수수료 ⓒ을 부과할 수 있다.

④ (○) 5문단에서 카드 회원의 수요의 가격탄력성이 높은 경우에는 연회비가 오를 때 카드 회원 수가 크게 감소한다고 하였고, 2문단에서 간접 네트워크 외부성이란 한쪽 이용자 집단의 규모가 작아지면 반대쪽 이용자 집단의 효용이 감소하게 되는 것이라고 하였다. 이를 종합할 때 A의 가격탄력성이 높고, A가 B에 미치는 간접 네트워크 외부성이 클 때, C가 이용료 ⓛ을 무료에서 유료로 올리게 되면 A의 수와 B의 효용은 감소한다.

⑤ (×) 4문단에서 카드 회원들이 가맹점에 미치는 간접 네트워크 외부성이 클수록, 카드 회사는 카드 회원 수를 늘리기 위해 낮은 연회비를 부과할 수 있고, 이에 따라 카드 회원 수가 늘어나면 가맹점들의 효용이 증가하기 때문에 가맹점은 높은 결제 건당 수수료를 지불하더라도 카드 결제 시스템을 이용하게 된다고 하였다. 즉, B의 효용이 증가하는 것은 A가 B에 미치는 간접 네트워크 외부성이 클 때이므로 적절하지 않다.

07

정답 ⑤

① (×) 'Ⅱ-의무 사항-정보유출 방지대책 적용'에는 외부 단말기의 화면이나 출력물 등에 의한 정보유출 방지대책을 적용해야 한다는 내용이 언급되면서 '내부 전산자료 출력 금지'가 정보유출 방지대책의 예시로 주어져 있다. 즉, 외부 단말기를 통한 정보유출에 유의해야 하지만, 그 대안으로 자료의 출력이 의무화되는 것은 아니다.

② (×) 'Ⅰ. 개요'에 각종 전염병의 영향으로 사무 환경의 밀집도가 높은 금융권 콜센터 직원 등의 재택근무 필요성이 지속적으로 제기되고 있다는 내용은 있으나, 콜센터 직원이 의무적으로 재택근무를 해야 한다는 내용은 나와 있지 않다.

③ (×) 'Ⅱ-권고 사항-개인방화벽 설정'에 외부로부터의 악의적인 네트워크 접근 등을 차단하기 위한 개인방화벽 설정에 관한 내용이 제시되어 있으나 이것은 의무 사항이 아닌 권고 사항이다. 즉, 개인방화벽 설정을 반드시 해야 하는 것은 아니다.

④ (×) 'Ⅱ-의무 사항-백신 프로그램 설치'에서는 외부 단말기에 백신 프로그램을 설치하는 것을 의무로 두고 있다.

⑤ (○) 'Ⅱ-의무 사항-안전한 운영체제 사용'에서는 잘 알려진 최신의 보안패치를 필수로 적용하도록 하고 있다. 즉, 보안패치는 '1) 잘 알려진 것, 2) 최신인 것'의 두 가지고 요건을 모두 만족해야 한다. 따라서 아무리 최신이라고 하더라도 잘 알려지지 않은 낯선 패치를 적용해서는 안 된다.

08

정답 ④

모바일 기기를 사용하는 재택근무자에게 권고 사항에 관해 안내하는 이메일이므로, 'Ⅱ-추가 권고 사항'을 중점적으로 살펴보면 된다.

㉠ (○) '탈옥된 운영체제 사용 금지' 항목을 통해 적절한 내용임을 확인할 수 있다.

㉡ (○) '불필요한 네트워크 접속 제한' 항목을 통해 적절한 내용임을 확인할 수 있다.

㉢ (×) '잠금 설정' 항목을 보면, 잠금 설정 해제를 위한 안전한 방법으로 바이오인증을 들고 있다. 따라서 지문이나 홍채인식 등의 생체정보(바이오정보)를 통한 잠금 해제 방식은 권고되고 있다.

㉣ (×) '모바일 기기 통제 솔루션 적용' 항목을 보면, MDM과 MAM이라는 두 가지 솔루션에 관해 설명하고 있는데, MDM은 기기별 통제 강도를 조절하는 솔루션이고, MAM은 하나의 기기 안에서 업무용 구간과 개인용 구간을 분리하는 솔루션이다. 따라서 하나의 모바일 기기 안에서 개인용 앱과 업무용 앱을 구분하여 앱 제어기능을 차등 적용하고 싶은 직원은 MDM이 아닌 MAM 솔루션에 대해 안내받는 것이 적절하다.

09

정답 ②

편의상 규정의 조문을 위에서부터 순서대로 '제1조, 제2조, 제3조'라고 칭하자.

① (×) 제3조 제3항 제2호에 따를 때, 외국환중개회사가 대통령령으로 정하는 구분에 따라 기획재정부장관의 인가를 받거나 기획재정부장관에게 신고를 한 경우 영업의 전부 또는 일부를 양도하거나 양수하는 것이 가능하다.

② (○) 제3조 제1항과 동조 제2항에 따를 때, 대통령령으로 정하는 바에 따라 자본·시설 및 전문인력을 갖추어 기획재정부장관의 인가를 받아야 외국환중개업무를 업으로 할 수 있고, 이렇게 외국환중개업무를 인가받은 자를 외국환중개회사라고 한다.

③ (×) 제2조 제3항 제2호에 따를 때, 대통령령으로 정하는 바에 따라 해당 업무에 필요한 자본·시설 및 전문인력 등 대통령령으로 정하는 요건을 갖추어 미리 기획재정부장관에게 등록한 경우에는 금융회사등이 아닌 자도 대한민국과 외국 간의 지급 및 수령과 이에 수반되는 외국통화의 매입 또는 매도를 업으로 할 수 있다.

④ (×) 제2조 제2항에 따를 때, 외국환업무를 하는 금융회사등은 대통령령으로 정하는 바에 따라 그 금융회사등의 업무와 직접 관련되는 범위에서 외국환업무를 할 수 있다. 금융회사등의 업무와 직접 관련되지 않은 범위에서 외국환업무를 할 수 있는 예외적인 경우는 규정에 나타나 있지 않다.

⑤ (×) 제3조 제2항에 따를 때, 외국환거래 관련 전문성을 갖춘 금융회사등 및 관련 기관으로서 대통령령으로 정하는 자는 '전문외국환업무취급업자가 외국환업무를 할 수 있는' 거래의 상대방이 아니라 '외국환중개회사가 외국환중개업무를 할 수 있는' 거래의 상대방에 해당한다.

10

정답 ②

㉠ 제2조 제1항에 따르면, 외국환업무를 업으로 하려는 자는 대통령령으로 정하는 바에 따라 외국환업무를 하는 데에 충분한 자본·시설 및 전문인력을 갖추어 미리 기획재정부장관에게 '등록'하여야 한다.

㉡ 제2조 제3항에 따르면, 금융회사등이 아닌 자가 동조 동항 각 호의 어느 하나에 해당하는 외국환업무를 업으로 하려는 경우에는 대통령령으로 정하는 바에 따라 해당 업무에 필요한 자본·시설 및 전문인력 등 대통령령으로 정하는 요건을 갖추어 미리 기획재정부장관에게 '등록'하여야 한다. 등록이 완료된 경우 동조 제4항에 따라 전문외국환업무취급업자로 칭해진다.

㉢ 제3조 제1항에 따르면, 외국환중개업무를 업으로 하려는 자는 대통령령으로 정하는 바에 따라 자본·시설 및 전문인력을 갖추어 기획재정부장관의 인가를 받아야 하는데, 인가사항 중 대통령령으로 정하는 중요 사항을 변경하려면 기획재정부장관에게 '신고'하여야 한다.

㉣ 제2조 제4항에 따르면, 전문외국환업무취급업자가 외국환업무를 폐지하려는 경우에는 대통령령으로 정하는 바에 따라 기획재정부장관에게 미리 그 사실을 '신고'하여야 한다.

따라서 ㉠과 ㉡에는 '등록'이 들어가야 하고, ㉢과 ㉣에는 '신고'가 들어가야 한다.

11

정답 ④

① (○) C가 A와 B의 신상에 대해 모르고 있는 상황은 구매자인 C의 입장에서 판매자인 A와 B가 레몬인지 복숭아인지 알 수 없는 상황을 의미하므로 '정보의 비대칭'에 해당한다.

② (○) C가 A와 B에 대한 정확한 정보를 갖게 된다는 것은 구매자인 C가 판매자인 A와 B가 레몬인지 복숭아인지 알 수 있다는 것이므로 이를 근거로 보험료를 다르게 책정한다면 손해를 볼 확률은 낮아지게 된다.

③ (○) 정보가 적은 사람이 필요한 정보를 얻기 위해 노력한 것에 해당하므로 일종의 '심사'라고 할 수 있다.

④ (×) 장기적으로 판매자인 레몬에 해당하는 A가 자신의 이

익을 극대화하기 위한 행동을 하고, 이러한 상황이 지속된다면 구매자는 판매자를 신뢰할 수 없는 상황이 될 것이므로 시장은 그 기능을 완전히 상실하게 될 것이다.

⑤ (○) 제시문에서 복숭아는 품질이 우수한 제품을, 레몬은 결함이 있는 형편없는 제품을 가리킨다. 따라서 생명보험 회사의 입장에서 볼 때 툭하면 아픈 A는 손해를 초래할 가능성이 크다는 점에서 레몬에, 건강을 잘 유지해 온 B는 손해를 초래할 가능성이 적다는 점에서 복숭아에 해당한다고 볼 수 있다.

12

정답 ④

① (○) 적금 B는 N은행 인터넷뱅킹, 스마트뱅킹 중 한 곳을 통해 가입할 수 있는데, N은행 인터넷뱅킹 또는 스마트뱅킹으로 적금 B에 가입하는 경우 우대금리 0.30%p를 적용받는다. 따라서 적금 B에 가입한 고객은 모두 0.30%p 이상의 우대금리를 적용받게 된다.

② (○) 적금 A의 기본금리는 가입 기간에 따라 3.37%, 3.25%, 3.42%이고, 적금 B의 기본금리는 3.67%, 3.55%, 3.72%이다. 따라서 가입 기간과 상관없이 적금 A 가입 고객이 적용받는 기본금리는 적금 B 가입 고객이 적용받는 기본금리에 비해 낮다.

③ (○) 적금 B 가입 고객이 타인에게 적금 B를 추천하여 타인이 적금 B에 가입하는 경우 추천 고객은 0.10%p의 우대금리를 적용받는다. 하지만 추천으로 가입한 고객이 5명이라고 해서 0.50%p를 적용받는 것은 아니고 최대 0.30%p까지만 적용받을 수 있다.

④ (X) 적금 가입 월부터 만기 전월 말까지 N은행 ★★카드(신용/체크)의 결제 실적이 100만 원인 경우 적용받는 우대금리는 적금 A의 경우 0.20%p이고, 적금 B의 경우 0.10%p이다.

⑤ (○) 해당 고객은 가입 기간 동안 1회 이상 N은행으로 건별 50만 원 이상 급여를 이체하였고, N은행 입출식통장으로 3개월 이상 급여이체 실적이 있는 경우에도 해당되므로 0.30%p의 우대금리를 적용받는다.

13

정답 ③

ㄱ. (X) 갑이 가입한 상품이 적금 B라면, 계약 기간 3/4 경과 후 적립할 수 있는 금액은 이전 적립 누계액의 1/2 이내이므로, 계약 기간 3/4 시점인 18개월까지의 적립 누계액이 900만 원인 경우 19~24개월에 적립할 수 있는 금액은 최대 450만 원이다. 따라서 19개월 차에 500만 원을 적립하는 것은 불가능하다.

ㄴ. (○) 갑이 가입한 상품이 적금 A라면, 가입 시점 기준 3개월(분기)당 300만 원 이내에서 적립이 가능하므로, 19~21개월에 적립할 수 있는 금액은 300만 원 이하이다. 따라서 21개월이 된 시점에 해당 적금에 적립된 누계액은 1,200만 원 이하일 것이다.

ㄷ. (○) 적금 A와 B 모두 계약 기간 3/4 경과 후 적립할 수 있는 금액은 이전 적립 누계액의 1/2 이내이므로, 계약 기간 3/4 시점인 9개월까지의 적립 누계액이 630만 원인 경우 10~12개월에 적립할 수 있는 금액은 최대 315만 원이다. 따라서 만기 시점에 적립된 누계액은 최대 945만 원으로 1,000만 원을 넘을 수 없다.

ㄹ. (X) 적금 A의 최초 입금액은 1만 원 이상이어야 하고, 적금 B의 최초 입금액은 5만 원 이상이어야 하는데, 예를 들어 적금 A의 최초 입금액이 6만 원, 적금 B의 최초 입금액이 5만 원인 경우도 가능하다. 따라서 갑의 최초 입금액이 을의 최초 입금액보다 많을 수도 있다.

14

정답 ⑤

① (○) 상속 · 이농 또는 귀농목적으로 취득한 농어촌주택이 2개 이상인 경우에는 먼저 양도하는 일반주택과 농어촌주택에 대하여 양도소득세가 과세된다고 명시되어 있으므로 옳은 반응이다.

② (○) 상속주택은 거주요건이, 이농주택은 거주요건과 영농요건이 명시되어 있지만, 그 외 요건은 명시되어 있지 않다.

③ (○) 이농주택의 요건 중 '영농 · 영어에 종사하면서 5년 이상 거주하다가 전업으로 인하여 전출함으로써 거주하지 않게 된 주택으로서 이농인이 소유하고 있는 주택'을 통해 이농인은 영농 및 영어에 더 이상 종사하지 않음을 유추할 수 있다.

④ (○) 이농주택의 요건 중 '본인 및 그 배우자와 생계를 같이 하는 가족 전부 또는 일부가 거주하지 않게 된 주택'을 통해 가족 중 일부는 거주할 수 있음을 유추할 수 있다.

⑤ (X) 귀농주택 요건 중 네 번째 '세대전원이 이사하여 거주할 것(취학, 근무상 형편, 질병의 요양의 경우 예외 인정)'에서 예외요건에 해당할 경우 세대전원이 거주하지 않아도 귀농주택으로 인정될 수 있음을 알 수 있다.

15

정답 ②

① (X) 1세대가 농어촌주택과 그 외의 일반주택을 각각 1개씩 소유하게 되었지만, 일반주택이 아닌 농어촌주택을 먼저 양도했으므로 비과세 특례를 적용받을 수 없다.

② (○) 부모로부터 상속받은 서울 소재 주택은 농어촌주택이 아닌 일반주택으로 볼 수 있으며, 일반주택을 먼저 양도했기에 비과세 특례를 적용받을 수 있다.
③ (X) 귀농주택의 요건은 현재가 아닌, 취득 당시에 9억 원 초과 고가주택이 아닌 것이므로 비과세 특례를 적용받을 수 없다.
④ (X) 귀농주택 취득일은 2013년이고 일반주택 양도일은 2019년으로 5년을 초과한다. 따라서 "귀농주택의 경우 취득일부터 5년 이내에 일반주택을 양도하는 경우에 한정하여 적용한다."라는 단서조항을 만족하지 못하므로 비과세 특례를 적용받을 수 없다.
⑤ (X) 2018년 1월 취득 후 다음 해 6월 귀농주택으로 거주지를 옮겼으므로 거주기간은 최대 1년 5개월이고, 2020년 6월 일반주택을 양도했으므로 보유기간은 최대 2년 5개월이다. 규정상 일반주택의 경우 2년 이상 보유지만, 일반주택 중 조정대상지역 내 주택을 취득할 경우에는 2년 이상 거주하여야 하므로, 이 경우 비과세 특례를 적용받을 수 없다.

16

정답 ④

① (○) 성적은 70점 이상이어야 한다고 하였으므로 기준학점이 4.0일 때, 직전학기 학점은 70×4.0/100=2.8점 이상이어야 신청할 수 있다.
② (○) 미성년자의 경우, 성년도래 시점에 보증보험에 가입하겠다는 보증보험 가입약정을 해야 선발된다고 하였다. 공증 비용은 장학생이 지불해야 한다고 하였다.
③ (○) 의무종사 미이행 시 장학금이 환수되며, 의무교육 미이행 시 향후 1년간 장학금 지원이 중단된다고 하였다.
④ (X) 추가모집의 경우 등록금은 타 장학금 수혜금액을 제외하고 지원한다고 하였다.
⑤ (○) 졸업 후 장학금 수혜 학기당 6개월 동안 영농 및 농림축산식품분야에 취업 또는 창업을 해야 한다고 하였다.

17

정답 ③

D의 계획의 구체성을 제외한 A~F의 총점은 다음과 같다.

구분	A	B	C	D	E	F
지속적인 활동 가능성	70×0.15=10.5	80×0.15=12	74×0.15=11.1	84×0.15=12.6	86×0.15=12.9	80×0.15=12
분야 선택의 적절성	80×0.1=8	76×0.1=7.6	80×0.1=8	66×0.1=6.6	78×0.1=7.8	72×0.1=7.2
계획의 구체성	84×0.2=16.8	76×0.2=15.2	80×0.2=16	( )	82×0.2=16.4	84×0.2=16.8
실현 가능성	90×0.3=27	82×0.3=24.6	82×0.3=24.6	85×0.3=25.5	84×0.3=25.2	86×0.3=25.8
진출 준비 과정	88×0.25=22	86×0.25=21.5	80×0.25=20	82×0.25=20.5	86×0.25=21.5	84×0.25=21
총점	84.3점	80.9점	79.7점	65.2점	83.8점	82.8점

각 항목의 점수에 가중치를 곱한 값의 합인 총점이 가장 높은 2명을 선별한다고 하였다. A와 E가 총점이 가장 높은 2명이고, D가 선발되기 위해서는 E의 점수인 83.8점보다 높아야 한다. 동점자가 있는 경우 실현 가능성이 더 높은 대상자를 선별한다고 하였다. D와 E가 동점인 경우 실현 가능성 점수가 더 높은 D가 선발되므로 D가 선발되기 위해서는 E의 점수보다 같거나 높으면 된다. D가 장학금 수혜자로 선정되기 위한 계획의 구체성의 최소 점수는 (83.8−65.2)/0.2=93이다.

18

정답 ⑤

① (○) 제14조 제1호에서 자동차의 양도 행위는 할 수 없다고 하였고, 제21조 제3항 제2호에서 제14조에 규정된 금지행위를 행한 경우 계약을 해지할 수 있다고 하였다.
② (○) 제21조 제4항에서 고객이 월 리스료를 2회 이상 연속적으로 지체한 경우 계약을 해지할 수 있다고 하였다.
③ (○) 제21조 제5항에서 리스기간 중 자동차가 도난된 경우, 보험금 수령일자를 계약 해지일로 본다고 하였다.
④ (○) 제14조 제4호에서 자동차를 제3자에게 담보목적으로 제공하는 행위는 할 수 없다고 하였고, 제21조 제3항 제2호에서 제14조에 규정된 금지행위를 행한 경우 계약을 해지할 수 있다고 하였다.
⑤ (X) 제15조 제1항 제1호에서 외형을 손상시키는 경우 지체 없이 자동차를 본래의 외형으로 복구해야 한다고 하였다. 제21조 제3항 제3호에서 제15조의 의무를 불이행한 경우 계약을 해지할 수 있다고 하였다.

19

정답 ③

ㄱ. (○) 신고자가 신고와 관련한 불법행위 가담 여부는 감액 사유에 해당한다고 하였다.
ㄴ. (○) 부과금액 및 환수금액에 따라 보상금을 지급한다고 하였고, 보상금 지급 절차에서 전원위원회가 지급 여부 및 금액을 결정한다고 하였다.

ㄷ. (X) 보상금 신청기한에서 공공기관 수입의 회복에 관한 법률관계가 확정되었음을 인지한 날로부터 3년 이내, 그 법률관계가 확정된 날로부터 5년 이내에 보상금을 지급해야 한다고 하였다.

20

정답 ②

A와 B에 지급되는 최대 보상금은 다음과 같다.

- A: 보상대상가액은 4억 8천만 원이므로 최대 보상금은 3,000만 원＋38,000×0.2＝10,600만 원이다.
- B: 보상대상가액은 42억 원이므로 최대 보상금은 48,000만 원＋20,000×0.04＝48,800만 원이다.

따라서 A와 B에 지급되는 최대 보상금 차이는 48,800－10,600＝37,200만 원이다.

21

정답 ④

편의상 위에서부터 제1조, 제2조라고 하자.

① (X) 제2조의 [별표]에 따르면, 가계안정자금은 주택자금 대여와 생활안정자금 대여로 두 가지가 있으며 각각 대여한도가 5,000만 원, 1,000만 원이다. 하지만 주택자금 대여한도에는 생활안정자금 대여한도도 포함한다는 주석에 의해 가계안정자금 대여한도는 5,000만 원이 된다.

② (X) 제2조의 [별표]에 따르면, 원화대출고정기준금리(1년)에 가산금리(0.73%)가 더해진 이율이 적용된다.

③ (X) 제2조의 [별표]에 따르면, 주택자금 대여 시 구입자금의 경우 최초 원금의 5% 내입 시 3년 연장이 가능하지만, 임차자금의 경우 해당 사항이 없다.

④ (O) 제2조의 [별표]에 따르면, 생활안정자금의 거치기간을 포함한 대여기간은 8년 이내 혹은 3년 이내로, 최대 8년을 초과할 수 없다. 최초 원금 10% 내입 시 3년 연장이 가능하지만, 대여기간이 3년 이내인 경우에만 해당된다.

⑤ (X) 제1조 제1항에 따르면, 국내에 배우자 소유의 주택이 있다면 주택자금 대여대상에 해당될 수 없다.

22

정답 ④

① (X) 제1조 제1항에 사택을 제공받고 있는 직원은 주택자금 대여대상에서 제외된다고 명시되어 있다.

② (X) 가계안정자금 대여는 근속기간 6개월 이상 시 이용가능하다. 그중 주택자금 대여는 향후 2년 이상 근무 가능한 직원에 한해 가능하지만, 생활안정자금 대여는 이에 해당 사항이 없다.

③ (X) 전세의 경우 주택자금 중 임차자금 대여에 해당하므로 가능한 원금 상환방법은 만기 일시상환뿐이다.

④ (O) 국내에 본인, 배우자 및 동거하는 부양가족 소유의 주택이 있는 직원은 주택자금 대여제도를 이용할 수 없지만, 국외 소유에 대한 것은 해당사항이 없으므로 주택자금 대여제도를 이용할 수 있다.

⑤ (X) 주택자금 대여대상은 근속기간 6개월 이상인 직원으로 향후 2년 이상 근무 가능한 직원이다. 하지만 B는 10월에 입사했으므로 2월까지의 근속기간은 최대 5개월이기 때문에 주택자금 대여대상에 해당하지 않는다.

23

정답 ④

ㄱ. (X) 동일한 물품에 한하여 비용에 따라 일정 비율의 세금을 지불해야 한다. 하지만 가방, 모피의류, 고급보석, 시계는 일정 금액 이상인 경우 개별소비세 또는 교육세가 추가로 부과된다고 하였다.

ㄴ. (O) 금일 1달러 환율이 1,380원인 경우 면세범위는 800×1,380＝1,104,000원이다.

ㄷ. (X) 미성년자의 경우 주류 면세범위가 없다고 하였다.

ㄹ. (X) 농축수산물 품목당 5kg 이내이고, 총량은 40kg 이내라고 하였으므로 반입 품목은 8개 이상이다.

24

정답 ③

A와 B가 납부해야 하는 세금은 다음과 같다.

- 200만 원 이하의 가방에 해당하므로, A의 관세는 (1,600,000－(800×1,360))×0.08＝40,960원이고, 부가세는 40,960×0.1＝4,096원이다. 자진 신고 시 산출 세액의 30%를 경감하므로 A의 납부 세액은 (40,960＋4,096)×0.7≒31,539원이다.
- B의 관세는 (2,500,000－(800×1,380))×0.08＝111,680원이고, 부가세는 111,680×0.1＝11,168원이다. 미신고 적발 시 산출 세액의 40%의 가산세가 부과된다고 하였으므로 B의 납부 세액은 (111,680＋11,168)×1.4≒171,987원이다.

따라서 A와 B가 납부할 세액의 합은 31,539＋171,987＝203,526원이다.

25

정답 ②

① (O) 대상자 선정절차는 지자체에서 진행한다고 하였다.

② (X) 자격 요건 중 제조시설이 위치하고 있는 지자체에서 지방비 확보가 가능하여야 한다고 하였고, 자격 요건에 해당하지 않는 경우 신청 불가하다고 하였다.

③ (O) 제출 서류 중 최근 3년간 국산원목 매입실적 증명서,

최근 3년간 수출 증명서류가 있으므로 최근 3년간 국산원목 매입 실적과 최근 3년간 수출 능력이 지원에 영향을 줄 수 있다.

④ (○) 목탄제조시설은 컨베어벨트 교체 및 보강 지원을 받을 수 있다고 하였다.

⑤ (○) 지원금 비중은 국비 40%, 지방비 20%, 자부담 40%이라고 하였다.

26

정답 ③

① (○) 생산녹지지역을 포함한 녹지지역은 지원 제외 지역이라고 하였다.

② (○) 한 필지 내에서 다양한 품목을 재배하는 경우 대상품목 재배면적만을 지급대상 면적으로 산정하며, 비대상품목 재배면적은 제외된다고 하였다.

③ (X) 농지소재지와 주거지 주소가 다른 경우 같은 시·군·구에 소재하는 10,000m^2 이상의 농지를 경작하는 농업인에 한하여 지원받을 수 있다고 하였다.

④ (○) 거주지와 밭 소재지가 동일한 경우 1,000m^2 이상의 밭농업에 이용하는 농지를 경작해야 한다고 하였고, 하계작물의 경우 지급단가가 옥수수가 100원/m^2으로 가장 저렴하다. 하계작물 재배 시 최소로 지급받는 직불금은 100 × 1,000 = 100,000원이다.

⑤ (○) 직불금 지급은 8월과 12월 2회에 나눠서 지급한다고 하였다.

27

정답 ②

A와 B가 지급받는 직불금은 다음과 같다.

- A: 동계에는 50 × 5,000 = 250,000원을, 하계에는 100 × 6,000 = 600,000원을 지급받는다. A는 이모작에 해당하므로 이모작 인센티브를 받는데 동·하계작물 식재면적 중 적은 면적에 적용한다고 하였으므로 100 × 5,000 = 500,000원이다. 따라서 A가 지급받는 직불금은 250,000 + 600,000 + 500,000 = 1,350,000원이다.
- B: 한 필지 내에 2개 이상의 대상품목을 섞어 재배했으므로 대상품목의 지급금액을 모두 지급한다고 하였다. B가 지급받는 직불금은 200 × 500 + 430 × 5,000 = 2,250,000원이다.

따라서 A와 B가 지급받는 직불금의 합은 1,350,000 + 2,250,000 = 3,600,000원이다.

28

정답 ④

① (X) 갑 가구의 월평균 소득은 1인당 월평균 소득 × 4 = 7,343,544원으로 전년도 도시근로자 가구당 월평균 소득을 넘어섰다. 따라서 우선공급 대상이 될 수 없다.

② (X) 을 가구의 전용면적은 56m^2이기 때문에, 당해지역 거주자에 우선공급된다. 하지만 거주지와 공급지 지역이 일치하지 않아 우선공급 대상이 될 수 없다.

③ (X) 병 가구의 전용면적은 50m^2이기 때문에, 1인 가구를 제외한다. 따라서 병은 우선공급 대상이 될 수 없다.

④ (○) 정 가구의 전용면적은 56m^2이기 때문에, 당해지역 거주자인지와 월평균 소득이 해당되는지 봐야 한다. 정 가구는 거주지와 공급지가 일치하고 가구의 월평균 소득도 2,712,644원으로 2인 가구 기준 4,816,665원의 70%인 3,371,666원에 못 미치기 때문에 우선공급 대상임을 알 수 있다.

⑤ (X) 무 가구의 월평균 소득은 1,833,965원 × 5 = 9,169,825원으로 우선공급 대상이 될 수 없다.

29

정답 ④

① (○) 온·오프라인 판매 홍보·마케팅 비용 지원에 해당한다.

② (○) 온·오프라인 판매 관련 및 농식품 관련 교육비 지원에 해당한다.

③ (○) 꾸러미 제품 온·오프라인 판매에 따른 물류 지원에 해당한다.

④ (X) 꾸러미 제품 상품화 지원에 해당하지만, 인건비는 지원 불가 항목이라고 하였다.

⑤ (○) 꾸러미 제품 상품화 지원에 해당한다.

30

정답 ⑤

ㄱ. (○) 중요사항의 거짓 기재와 거짓의 시세를 이용하는 행위로 부정거래행위에 해당한다.

ㄴ. (○) 거래와 관련하여 부정한 수단, 중요사항의 거짓 기재로 부정거래행위에 해당한다.

ㄷ. (○) 시세를 고정 및 변동시키는 행위로 시세조종행위에 해당한다.

ㄹ. (○) 가상자산사업자가 자기가 발행한 가상자산의 매매 행위로 자기발행 가상자산 매매행위에 해당한다.

31

정답 ①

영업팀은 10명이고 A~C숙소는 모두 4인실이므로 3개의 방이 필요하다. A~C숙소 이용 시 지불해야 하는 금액은 다음과 같다.

• A숙소: 120,000×3+8,000×10×(2−1)
=440,000원
• B숙소: 100,000×3+10,000×10×2−70,000
=430,000원
• C숙소: (110,000×3+10,000×10×2)×0.85
=450,500원

따라서 영업팀은 비용이 가장 저렴한 B숙소를 예약하며, 워크숍을 가기 위해 지불해야 하는 금액은 430,000원이다.

32

정답 ①

영업팀은 10명이므로 5인승 차를 2대 렌트해야 하며, 워크숍은 1박 2일이므로 2일간 렌트한다. 영업팀이 이동하는 거리는 50+10+10+50=120km이다. A업체와 B업체의 렌트 비용은 다음과 같다.

• A업체: (80,000×2+120/10×1,850)×2=364,400원
• B업체: (85,000×2+120/15×1,850)×2=369,600원

따라서 영업팀은 렌트 비용이 더 저렴한 A업체를 이용하며, 유류비를 포함한 렌트 비용은 364,400원이다.

33

정답 ⑤

① (○) 지구 내 농지의 임대차가 허용된다고 하였다.
② (○) 인건비, 개별농가 홍보·마케팅 관련 비용은 제외된다고 하였다.
③ (○) 판로확대 유형 지원내용은 디자인 및 브랜드 개발, 상품 특허 및 지적재산권 등록이 있다고 하였다.
④ (○) 자격 요건 중 지구 내 친환경인증농가 전원 친환경 농산물 의무자조금 납부 필수라고 하였다.
⑤ (×) 시설·장비의 경우 공동이용 목적으로 구매하는 것만 지원 가능하다고 하였다.

34

정답 ④

ㄱ. (○) 쌀 재배의 경우 예비지구의 최소 인증면적은 50×0.5=25ha, 원예 재배의 경우 예비지구의 최소 인증면적은 20×0.5=10ha이므로 2.5배이다.
ㄴ. (○) 지원한도는 20억 원이고 자부담은 20%이므로 지원금을 최대로 받는 경우 자기 부담금액은 20×0.2=4억 원이다.
ㄷ. (×) 재배방법의 컨설팅을 받을 수 있지만 비료 구매비 지원은 불가하다고 하였다.

35

정답 ③

각 로봇청소기의 총점은 다음과 같다.

구분	가	나	다	라	마
흡입력	2점 → 0.6점	3점 → 0.9점	1점 → 0.3점	5점 → 1.5점	4점 → 1.2점
배터리 용량	3점 → 0.6점	2점 → 0.4점	4점 → 0.8점	1점 → 0.2점	5점 → 1.0점
가격	5점 → 2.5점	3점 → 1.5점	4점 → 2.0점	1점 → 0.5점	2점 → 1.0점
물걸레 기능	0점	1점	1점	1점	0점
총점	3.7점	3.8점	4.1점	3.2점	3.2점

따라서 A가 구매하는 로봇청소기는 '다'이다.

36

정답 ③

• A: 육아휴직 정책 개편 후이고, A는 일반 근로자이다. A가 지급받는 육아휴직급여는 1~12개월 모두 통상임금의 80%이므로 월 350×0.8=280만 원이지만 육아휴직급여 상한이 월 최대 150만 원이므로 A가 지급받는 육아휴직급여는 월 150만 원이다. 따라서 A가 지급받는 육아휴직급여는 총 150×6=900만 원이다.
• B: 육아휴직 정책 개편 전이고, B는 한부모 근로자이다. B가 지급받는 육아휴직급여는 1~3개월에는 통상임금의 100%이므로 월 270만 원이지만 육아휴직급여 상한이 월 최대 250만 원이므로 B가 지급받는 육아휴직급여는 월 250만 원이다. 4~6개월은 통상임금의 80%이므로 월 270×0.8=216만 원이지만 육아휴직급여 상한이 월 최대 150만 원이므로 지급받는 육아휴직급여는 월 150만 원이다. 7~12개월은 통상임금의 50%이므로 월 270×0.5=135만 원이지만 육아휴직급여 상한이 월 최대 120만 원이므로 지급받는 육아휴직급여는 월 120만 원이다. 따라서 B가 지급받는 육아휴직급여는 총 250×3+150×3+120×6=1,920만 원이다.

37

정답 ⑤

C와 D는 3+3 부모 육아휴직제도에 해당하며, C와 D가 지급받는 육아휴직급여는 첫 번째 달은 통상임금의 100%이지만 상한이 각각 최대 200만 원이므로 각각 200만 원, 두 번째 달은 통상임금의 100%이지만 상한이 각각 최대 250만 원이므로 각각 250만 원, 세 번째 달은 통상임금의 100%

이지만 상한이 각각 최대 300만 원이므로 각각 300만 원이다. 네 번째 달부터 여덟 번째 달까지 통상임금의 80%이므로 C는 400×0.8=320만 원, D는 380×0.8=304만 원이지만 상한이 월 최대 150만 원이므로 각각 월 150만 원을 지급받는다. 따라서 가족이 지급받는 육아휴직급여는 (200+250+300+150×5)×2=3,000만 원이다.

38

정답 ③

① (○) 선택지에서는 증가율을 묻고 있지만, 문제 풀이의 편의를 위해 2018년 대비 2023년의 배율을 구해도 무방하다. 조사 대상 은행 중 2018년 대비 2023년의 선불카드 이용 실적이 100배 이상인 곳은 B은행뿐이다. 따라서 2018년 대비 2023년의 선불카드 이용 실적 증가율이 가장 높은 곳 역시 B은행이다.

② (○) 2019~2023년 H은행의 신용카드 이용 실적 전년 대비 증감 방향은 '증가, 감소, 증가, 증가, 증가'이다. 같은 기간 A~G은행의 증감 방향을 파악해 보면 다음과 같다.
- A은행: 증가, 감소, 증가, 증가, 증가
- B은행: 증가, 감소, 증가, 증가, 증가
- C은행: 증가, 감소, 증가, 증가, 증가
- D은행: 증가, 감소, 증가, 증가, 증가
- E은행: 감소, 감소, 감소, 감소, 증가
- F은행: 증가, 감소, 증가, 증가, 증가
- G은행: 증가, 증가, 증가, 증가, 감소

따라서 H은행과 증감 방향이 일치하는 은행은 A은행, B은행, C은행, D은행, F은행으로 총 5곳이다.

③ (×) 조사 기간 동안 C은행의 전체 카드 이용 실적 중 선불카드 이용 실적의 비중이 1% 이상이었던 해를 추려 보면, 2020년, 2021년, 2022년, 2023년이다. 이 4개년의 선불카드 이용 실적 비중을 계산해 보면 다음과 같다.
- 2020년: 82,670/1,681,064×100≒4.91%
- 2021년: 295,303/1,982,807×100≒14.89%
- 2022년: 65,986/1,890,110×100≒3.49%
- 2023년: 240,447/2,125,377×100≒11.31%

2021년과 2023년은 선불카드 이용 실적의 비중이 5% 이상이라는 것을 계산 없이도 쉽게 알 수 있지만, 2020년과 2023년은 어림셈이 필요하다. 2020년의 경우 분자를 보수적으로 83으로 잡고 분모를 1,681이라고 하더라도 분모가 분자의 20배 이상이다. 따라서 계산 값은 5% 미만임을 알 수 있다. 2022년도 같은 원리로 5% 미만임을 파악할 수 있다.

④ (○) 카드는 신용카드, 직불카드, 선불카드로 구성되므로, 전체 카드 이용 실적 중 신용카드 이용 실적이 50% 초과인지 여부를 파악해 보면 된다. 조사 기간 내내 신용카드 이용 실적이 50%를 초과했던 곳은 A은행, D은행, E은행, F은행, H은행으로 총 5곳이다.

⑤ (○) 2021년에 조사 대상 은행 중 직불카드 이용 실적이 가장 큰 은행은 F은행이고, 가장 작은 은행은 E은행이다. 이 두 은행의 신용카드 이용 실적은 각각 15,559,488백만 원, 428,094백만 원으로, 15조 1,313억 9,400만 원 차이가 난다.

39

정답 ⑤

㉠ 2018~2023년 동안 카드 총 이용 실적이 2조 원 이상이었던 해가 한 번도 없었던 은행은 A은행, B은행, D은행, E은행, G은행이다.

㉡ 카드 총 이용 실적에서 신용카드와 직불카드 이용 실적을 제외한 나머지 실적은 선불카드 실적을 말한다. 따라서 2023년에 카드 총 이용 실적에서 선불카드 이용 실적의 비중이 1% 미만이었던 은행을 찾으면 된다. 해당하는 은행은 A은행, D은행, F은행, G은행, H은행이다.

㉢ 2020년 대비 2023년에 신용카드, 직불카드, 선불카드 이용 실적이 각각 모두 증가한 은행은 C은행, D은행, F은행, G은행, H은행이다.

따라서 ㉠~㉢ 각각에 모두 들어갈 수 있는 은행은 D은행, G은행이다.

40

정답 ③

각주 2)를 통해 '유통비용=소비자가격−생산자 수취가'임을 알 수 있다. 따라서 직접비용을 정확하게 확인하기 위해서는 각 지역별 유통비용을 계산해야 한다. 또한 비용별로 구분된 직접비, 간접비, 이윤에 표기된 비중들을 합하면 각 지역별 유통비용률의 합과 같다는 것을 알 수 있다. 따라서 본 문제는 소비자가격=생산자 수취가+유통비용, 유통비용=직접비+간접비+이윤으로 구분되고 있음을 알 수 있다. 이에 각 비용별 내용에 해당하는 빈칸의 정확한 값을 확인하기 위해서는 유통비용을 계산해야 한다.
- 가: D 지역의 유통비용=소비자가격−생산자 수취가=3,600.0−1,035.9=2,564.1이므로 빈칸 가 유통비용의 직접비 15%는 2,564.1×15.0%=384.6임을 알 수 있다.
- 나: B 지역의 유통비용은 소비자가격−생산자 수취가=3,620.0−1,727.6=1,892.4이므로 빈칸 나 유통비용의 이윤 24.8%는 1,892.4×24.8%=469.3임을 알 수 있다.

41

정답 ②

각 업체별로 인증에 필요한 비용을 구하면 다음과 같다.

- A: 전년도 매출 규모는 4등급, 과실류 판매 비중은 1등급이므로 금년도 등급은 4등급에 해당한다. 전년도 등급은 3등급이었으므로, 2등급 이상 낮아지지 않기 때문에 연회비는 절감되지 않는다. 이에 따라 인증에 필요한 비용은 150,000＋400,000＝550,000원이다.
- B: 전년도 매출 규모는 2등급, 과실류 판매 비중은 1등급이므로 금년도 등급은 2등급에 해당한다. 전년도 등급은 4등급이었으므로, 2등급 이상 낮아지지 않기 때문에 연회비는 절감되지 않는다. 이에 따라 인증에 필요한 비용은 150,000＋800,000＝950,000원이다.
- C: 전년도 매출 규모는 1등급, 과실류 판매 비중은 3등급이므로 금년도 등급은 3등급에 해당한다. 전년도 등급은 2등급이었으므로, 2등급 이상 낮아지지 않기 때문에 연회비는 절감되지 않는다. 이에 따라 인증에 필요한 비용은 150,000＋600,000＝750,000원이다.
- D: 전년도 매출 규모는 2등급, 과실류 판매 비중은 4등급이므로 금년도 등급은 4등급에 해당한다. 전년도 등급은 1등급이었으므로, 2등급 이상 낮아졌기 때문에 연회비는 절감된다. 이에 따라 인증에 필요한 비용은 150,000＋400,000×0.5＝150,000＋200,000＝350,000원이다.
- E: 전년도 매출 규모는 3등급, 과실류 판매 비중은 1등급이므로 금년도 등급은 3등급에 해당한다. 전년도 등급은 1등급이었으므로, 2등급 이상 낮아지기 때문에 연회비는 절감된다. 이에 따라 인증에 필요한 비용은 150,000＋600,000×0.5＝150,000＋300,000＝450,000원이다.

따라서 금년도 지출액의 순은 B ＞ C ＞ A ＞ E ＞ D 순이다.

42

정답 ③

ㄱ. (○) 2022년의 농업총생산액 대비 농업보조금 비율은 미국이 38,425/528,897≒7.3%이고, 한국이 2,772/48,284≒5.7%이다.

ㄴ. (×) 현재 [표]에 주어진 2021년의 농업보조금 순위는 미국 1위, 일본 2위, 영국 3위, 캐나다 4위, 스위스 5위, 한국 6위, 호주 7위, 멕시코 8위이고, 2022년의 농업보조금 순위는 주어진 자료 그대로 미국, 일본, 영국, 스위스, 캐나다, 멕시코, 호주, 한국 순이다. [표]의 제목이 농업보조금 Top 8의 자료라고 밝히고 있기 때문에 2022년 순서대로 주어져 있음을 인지할 수 있다면 조금 더 이 부분은 수월하게 확인이 가능했을 것이다.
다만, ㄴ에서는 OECD 내 농업보조금 순위라고 언급하고 있기 때문에 주어진 8개 국가만으로는 모든 순위를 확인할 수 없음을 통해 주어진 Top 8의 순위를 확인하지 않고도 틀린 선지임을 알 수 있다.

ㄷ. (×) 2021년의 농업총생산액 대비 고정직불금 비율은 일본이 3,118/80,521≒3.9%이고, 한국이 2,045/51,743≒4.0%이다.

ㄹ. (○) 2022년 주어진 국가인 미국, 일본, 영국, 스위스, 캐나다, 멕시코, 호주, 한국의 농업보조금 합은 67,902백만 달러이다. 이를 OECD 전체 농업보조금의 합과의 차로 보면 74,430백만 달러이다.
즉, 나머지 국가의 농업보조금 합인 74,430백만 달러는 한국보다 작은 농업보조금을 가진 국가들의 농업보조금으로 구성되어 있다. 따라서, 74,430을 2,772로 나누면 한국보다 농업보조금이 작은 국가들의 최대치를 가정한 값, 즉 한국보다 농업보조금이 작은 국가들이 최소 몇 개국인지 확인할 수 있게 된다. 74,430/2,772≒26.85이므로, 한국보다 농업보조금이 작은 국가는 27개국임을 알 수 있다. 따라서 OECE 국가는 최소 Top 8＋27＝35개국이다.

43

정답 ①

ㄱ. (○) 일반 가구 중 코로나19 이전 대비 이후의 곡류 소비지출이 감소한 가구의 비중은 11.5%이고, 취약 계층은 14.8%이다.

ㄴ. (×) 일반 가구 중 어패류 소비지출이 감소한 가구 비중은 '일반 가구 중 어패류 소비지출이 감소한 가구 수/일반 가구 전체 가구 수'로 구할 수 있으며, 취약 계층 중 어패류 소비지출이 감소한 가구 비중은 '취약 계층 중 어패류 소비지출이 감소한 가구 수/취약 계층 전체 가구 수'로 구할 수 있다. 주어진 자료는 소비지출 변화를 보인 일반 가구, 취약 계층 각각의 비중을 나타낸 것일 뿐, 각 일반 가구 전체 가구 수와 취약 계층 전체 가구 수는 알 수 없다. 따라서 일반 가구 중 어패류 소비지출이 감소한 비중과 취약 가구 중 어패류 소비지출이 감소한 비중이 14.2%로 같다하더라도 감소한 가구 수가 같은지는 알 수 없다.

ㄷ. (×) 일반 가구의 경우, 코로나19 이전 대비 이후의 식재료 소비지출이 비슷한 가구의 비중은 곡류(65.7%) ＞ 어패류(53.0%) ＞ 채소류(52.3%) ＞ 축산물류(47.4%) ＞ 과일류(46.3%) ＞ 가공식품류(37.2%) 순이지만, 증가한 가구의 비중은 축산물류(38.9%) ＞ 가공식품류(38.2) ＞ 채소류(31.9%) ＞ 과일류(29.0%) ＞ 곡류(22.8%) ＞

어패류(14.2%) 순이다. 따라서 비슷한 가구의 비중이 크다고 해서 증가한 비중이 작다고 할 수 없다.

44

정답 ④

[실업급여 지급액 산정 방식]을 [표]의 A~D 사례에 적용하면 다음과 같다.

구분	기준액	소정급여일수	실업급여 지급액
A	100,000×0.6 =60,000원 → 상한액 50,000원	• 퇴사 당시 연령: 만 51세 • 가입기간: 24년 3개월 → 270일	50,000×270 =13,500,000원
B	150,000×0.6 =90,000원 → 상한액 66,000원	• 퇴사 당시 연령: 만 33세 • 가입기간: 8년 9개월 → 210일	66,000×210 =13,860,000원
C	70,000×0.6 =42,000원 → 하한액 43,000원	• 퇴사 당시 연령은 만 38세이지만 장애인임 • 가입기간: 5년 7개월 → 240일	43,000×240 =10,320,0000원
D	105,000×0.6 =63,000원	• 퇴사 당시 연령: 만 26세 • 가입기간: 4년 4개월 → 180일	63,000×180 =11,340,000원

실업급여 지급액이 많은 순서로 나열하면 B>A>D>C이므로, 실업급여 지급액이 가장 많은 사람은 B이고, 세 번째로 많은 사람은 D이다.

45

정답 ③

① (O) 로봇산업 총 매출액 중 로봇 서비스 비중은 다음과 같다.

2019년	1,960,298/9,060,220×100≒21.6%
2022년	2,222,225/10,089,067×100≒22.0%

② (O) 조사기간 동안의 로봇 서비스의 평균 사업체 수와 전문서비스용 로봇의 평균 사업체 수는 다음과 같다.

로봇 서비스	(1,175+1,137+1,156+1,168)/4=1,159개
전문서비스용 로봇	(244+331+355+362)/4=323개

로봇 서비스의 평균 사업체 수는 전문서비스용 로봇의 평균 사업체 수보다 1,159−323 = 836개 많다.

③ (X) 2021년 로봇산업 매출액은 로봇 임베디드를 제외하고 전년 대비 증가하였고, 전년 대비 증가율은 다음과 같다.

제조업용 로봇	(2,873,996−2,865,786)/2,865,786 ×100≒0.3%
전문서비스용 로봇	(509,117−461,124)/461,124 ×100≒10.4%
개인서비스용 로봇	(398,548−396,583)/396,583 ×100≒0.5%
로봇부품 및 소프트웨어	(1,826,621−1,750,099)/1,750,099 ×100≒4.4%
로봇 시스템	(1,559,051−1,556,946)/1,556,946 ×100≒0.1%
로봇 서비스	(2,046,455−1,793,297)/1,793,297 ×100≒14.1%

④ (O) 2020년 로봇산업 사업체 1개당 매출액은 다음과 같다.

제조업용 로봇	2,865,786/558≒5,135.8백만 원
전문서비스용 로봇	461,124/331≒1,393.1백만 원
개인서비스용 로봇	396,583/127≒3,122.7백만 원
로봇부품 및 소프트웨어	1,750,099/1,411≒1,240.3백만 원
로봇 시스템	1,556,946/612≒2,544.0백만 원
로봇 임베디드	360,672/164≒2,199.2백만 원
로봇 서비스	1,793,297/1,137≒1,577.2백만 원

사업체 1개당 매출액이 가장 높은 산업은 가장 낮은 산업의 5,135.8/1,240.3 ≒ 4.1배이다.

⑤ (O) 2022년 로봇산업 매출액과 사업체 수의 2019년 대비 증가율은 다음과 같다.

사업체 수	(4,505−4,310)/4,310×100≒4.5%
매출액	(10,089,067−9,060,220)/9,060,220 ×100≒11.4%

2022년 로봇산업 매출액의 2019년 대비 증가율은 로봇산업 사업체 수 증가율의 11.4/4.5≒2.5배이다.

46

정답 ⑤

그린고블린은 영국의 문학이므로, 영미문학 840이 꽂힌 책장에서 찾을 수 있다.

ㄱ. (O) 500~900까지는 2층에서 열람 가능하다.

ㄴ. (X) 000~400은 1층, 500~900은 2층이기 때문에 바로 오른쪽에 배치되어 있지 않다.

ㄷ. (○) 예술 책장 앞에는 기술과학뿐인데, '그린고블린'은 영어, 문학이라는 특징을 가졌기 때문에 예술보다는 뒤에 배치되어 있어야 한다.

ㄹ. (X) 논리학은 100 철학으로 분류되어 있다. 100 철학은 1층 열람실, 800 문학은 2층 열람실이기 때문에 같은 열람실이 아니다.

47

정답 ⑤

차대번호 각 순서대로 해당되는 문자를 적으면 다음과 같다.

1. 제조국: 한국 K
2. 제조사: 현대 M
3. 차량구분: 승용 H
4. 차의 특성: 중형차-E, 기본사양-L, door 4개-4, 에어백-4, 배기량 2,200cc-B
5. 보안코드: R
6. 생산년도: 2015년 F
7. 생산공장: 한국공장 K
8. 생산번호: 첫 번째 000001

따라서 작성해야 할 차대번호는 KMHEL44BRFK000001이다.

48

정답 ③

선택지별 항목과 그 내용을 나타내면 다음과 같다.

① K: 제조국-한국
② B: 제조사-BMW
③ K: 생산연도-2020년
④ K: 생산공장-한국공장
⑤ 000000: 생산번호-0번째 생산

먼저, BMW의 제조국은 독일이며, 생산공장을 한국에 두고 있지 않기 때문에 ①, ②, ④는 함께 쓰일 수 없다. 또한 생산번호는 첫 번째 생산을 의미하는 000001번부터 최대 999999번 째 생산까지만 나타낼 수 있기에 0번 째 생산을 의미하는 000000은 나타낼 수 없다. 따라서 가장 어색하지 않은 것은 ③ 생산연도 부분이다.

49

정답 ③

출원번호는 권리구분 2자리-출원연도 4자리-일련번호 7자리로 구분되고, 등록번호는 권리구분 2자리-일련번호 7자리-단순 번호 4자리로 구성된다.

① (○) 30은 디자인에 부여되는 권리번호이고, 2003은 출원연도번호이다. 일련번호는 중요하지 않다.
② (○) 10은 특허에 부여되는 권리번호이고, 2009는 출원연도번호이다. 일련번호는 중요하지 않다.
③ (X) 47은 증명표장에 부여되는 권리번호이고, 출원 연도는 2013이다. 일련번호는 중요하지 않다.
④ (○) 20은 실용신안이고, 등록번호는 일련번호 7자리와 임의의 추가 4자리를 사용한다.
⑤ (○) 41은 서비스표이고, 등록번호는 일련번호 7자리와 임의의 추가 4자리를 사용한다.

50

정답 ④

① (X) 20은 개인과세사업자에 부여되는 번호이다.
② (X) 88은 영리법인의 본점에 부여되는 번호이다.
③ (X) 84는 외국법인의 본 · 지점 및 연락사무소에 부여되는 번호이다.
④ (○) 85는 영리법인의 지점에 부여되는 번호이다.
⑤ (X) 맨 앞자리 일련번호 코드에는 101~999까지 부여가 가능하다.

직무상식평가

01
정답 ①

국제협동조합연맹(ICA)에서는 1995년 ICA100주년 총회에서 '협동조합 정체성에 대한 선언(Statement on the Co-Operative Identity)'을 발표하여 7대 원칙을 천명하였다.

- 제1원칙: 자발적이고 공개적인 조합원 제도
- 제2원칙: 조합원에 의한 민주적 운영
- 제3원칙: 조합원의 경제적 참여
- 제4원칙: 자율과 독립
- 제5원칙: 교육훈련 및 정보 제공
- 제6원칙: 협동조합 간의 협동
- 제7원칙: 지역사회에 대한 기여

02
정답 ④

ㄱ. (○) 주식회사는 투자자(주주)가 소유자가 되며 원칙적으로 출자제한이 없다. 그러나 협동조합은 조합원이 소유자가 되며 개인의 출자한도가 제한된다.

ㄴ, ㄷ (×) 주식회사는 자본이 중심이므로 1주 1표의 의결권을 가지지만, 협동조합은 출자액에 관계없이 1인 1표라는 사람 중심의 의결권을 갖다. 따라서 일반적으로 주식회사의 경우 실제적인 의사결정이 소수의 대주주에 의해 결정되지만 협동조합은 다수에 의한 평등한 지배가 가능하다.

ㄹ. (○) 사업을 통한 이익 발생 시 주식회사는 위험을 감수한 대가로 간주하여 배당률의 제한 없이 출자배당을 우선하지만 협동조합은 이용배당이 출자배당에 선행하며, 출자배당은 출자금의 이자로 이해하여 배당률을 제한한다.

03
정답 ①

① (×) 농업협동조합법 제4조(법인격 등) 제1항에서 조합과 중앙회는 각각 법인으로 한다고 하였으므로 조합을 중앙회의 지사로 간주한다는 내용은 적절하지 않다.

04
정답 ⑤

RPA(Robotics Process Automation, 로봇프로세스자동화)는 물리적 로봇이 아닌 소프트웨어 프로그램으로 단순 반복적인 업무를 자동화하는 기술을 일컫는 용어이다. 반복적이고 노동 집약적인 작업을 정확하고 신속하게 완료할 수 있기 때문에 금융을 비롯해 제조·유통·통신 등 다양한 산업계가 도입하고 있다.

05
정답 ⑤

ㄱ. (×) P2E(Play to Earn)는 블록체인 시스템을 도입해 게임을 하며 벌어들인 게임머니를 환전하고, 지갑에 넣은 가상자산을 현금화할 수 있도록 하는 개념이다.

ㄴ, ㄹ, ㅁ, ㅅ. (○) 블록체인의 대표적인 기반기술로 P2P 네트워크, 스마트 계약, 해시함수, 합의 알고리즘을 들 수 있다. P2P(Peer to Peer)는 네트워크에 연결된 컴퓨터의 다양한 자원을 공유할 수 있게 해준다. 스마트 계약은 제 3의 보증기관을 두지 않고 개인 간에 원하는 계약을 체결할 수 있도록 해준다. 해시함수는 거래 내역을 암호화해주며, 합의 알고리즘은 블록체인 네트워크에서 다수의 참여자가 통일된 의사결정을 위해 사용한다.

ㄷ. (×) Web 3.0은 인공지능을 기반으로 맞춤형 정보를 제공하며, 블록체인을 기반으로 신뢰할 수 있는 제3자가 없이도 온라인상에 디지털 자산 소유와 온라인 거래를 가능하게 하는 새로운 형태의 웹이다.

06
정답 ②

① (○) 빅데이터란 디지털 환경에서 생성되는 모든 데이터를 의미한다. 기존 데이터보다 방대하여 기존의 방법이나 도구로 수집·저장·분석 등이 어려운 정형 및 비정형 데이터들을 의미한다.

② (×) 경제협력개발기구(OECD)의 정의에 따르면 빅데이터의 공통적 속성을 크기, 속도, 다양성으로 꼽아 '3V'로 칭하고 있다. 크기는 물리적 데이터의 양을 나타내며, 속도는 대용량의 데이터를 빠르게 처리하고 분석할 수 있는 것, 다양성은 다양한 형태의 데이터를 포함하는 것을 의미한다. 한편 시간이 지나면서 현업에서는 정확성(Veracity), 가치(Value), 시각화(Visualization), 가변성(Variability) 등 새로운 속성들이 추가되는 추세이다.

③, ④, ⑤ (○) 빅데이터는 정형화의 종류에 따라 정형, 반정형, 비정형 데이터로 분류할 수 있다. 정형 데이터는 형식에 맞게 데이터베이스로 저장되는 데이터다. 반정형 데이터는 정형 데이터와 같이 데이터베이스의 고정된 필드에 저장되어 있지는 않지만, 메타데이터나 스키마 등을 포함하는 데이터이다. 비정형 데이터는 데이터베이스의 고정된 필드에 저장된 형태가 아닌 데이터를 의미하며 페이스북, 트위터, 사진, 오디오, 음원, 워드, 유튜브 영상 등이 이에 해당한다.

07
정답 ①

피지털(phygital)은 피지컬(physical)과 디지털(digital)의 합성어로 오프라인과 온라인의 결합을 나타낸다. 이 용어는 호주의 광고 대행사인 모멘텀(Momentum)이 2013년 '피지털 세계를 위한 대행사(An agency for the Phygital World)'라는 자사의 모토에서 처음 사용하였다. 주로 마케팅 분야에서 활용되며, 오프라인 공간에서 디지털의 편리함을 더해 소비자의 소비 경험을 더욱 확대한다는 의미로 사용된다.

08

정답 ④

스왑이란 두 당사자가 각자 가지고 있는 미래의 서로 다른 현금흐름을 일정기간 동안 서로 교환하기로 계약하는 것이다. 이때 두 개의 서로 다른 현금흐름은 계약 당사자들이 협의하여 정할 수 있으므로 스왑 거래자들은 자신이 노출된 리스크 구조에 따라 새로운 현금흐름을 만들어 낼 수 있다.

ㄴ. (X) 교환원금은 같은 자산일 수도 있고, 다른 자산일 수도 있다.

ㄹ. (X) 노출된 리스크 구조와 다른 새로운 현금흐름 구조를 만들어 낼 수 있다.

09

정답 ②

① (O) 청약의 철회: 보험증권을 받은 날로부터 15일(최대 청약일로부터 30일) 이내에 청약을 철회할 수 있다. 단, 건강진단계약, 1년 미만 단기계약, 자동차보험, 타인을 위한 보증보험 및 단체보험 등은 청약철회 대상에서 제외된다.

② (X) 약관 교부 및 설명의무: 약관 및 계약자 보관용 청약서를 전달하지 않은 경우, 약관의 중요 내용을 설명하지 않은 경우, 청약서에 계약자가 자필 서명하지 않은 경우에 계약자는 계약성립일로부터 3개월 이내에 계약을 취소할 수 있다.

③ (O) 계약자 및 수익자 변경: 수익자를 변경할 때에는 보험금의 지급사유가 발생하기 전에 피보험자의 동의를 얻어야 한다.

④ (O) 보장개시일: 제1회 보험료를 받고 청약을 승낙한 경우에는 제1회 보험료를 받은 때부터 책임을 진다. 단, 암보장 등 일부 담보의 경우 면책기간이 있을 수 있다.

⑤ (O) 해지계약의 부활: 계약이 해지되었으나 해약환급금을 받지 않은 경우 보험계약자는 해약된 날로부터 3년 이내에 절차에 따라 계약의 부활을 청구할 수 있다.

10

정답 ④

① (O) 마코위츠의 기술적 문제점을 해결하고 현실적으로 쉽게 적용할 수 있는 효율적인 분산투자 방법을 강구하기 위해 등장한 모형이 샤프의 단일지표모형이다.

② (O) 단일지표모형은 모든 개별 자산들 간의 공분산을 계산하는 대신 개별자산과 시장의 움직임을 대표하는 KOSPI 지수와 같은 단일시장지표와의 공분산만을 고려한 단순한 모형이다.

③ (O) 주식의 수익률과 시장수익률은 일정한 비례(β)관계를 갖는다.

④ (X) 단일지표모형은 체계적 위험을 나타내는 베타를 이용하여 시장수익률과 주식수익률의 선형관계를 설명하는 모형이다. 단일지표모형에 의할 경우 잘 분산된 포트폴리오는 비체계적 위험이 제거되므로 체계적 위험을 나타내는 베타가 위험의 척도가 된다.

⑤ (O) 양(+)의 알파는 주식이 저평가, 음(−)의 알파는 고평가임을 나타낸다. 따라서 시장수익률에 대해 동일한 민감도(베타)를 가진 주식들 중에도 높은 알파값을 가진 주식은 더 높은 기대수익률을 제공한다.

11

정답 ⑤

① (O) ABS는 기업 또는 금융기관이 보유한 유가증권, 채권, 부동산 등의 자산을 바탕으로 발행된 증권이다.

② (O) ABS는 자산을 유동화하기 위해 특수하게 설립된 유동화전문회사(SPC)가 발행하고 관리하는 것이 일반적이다.

③ (O) ABS를 통해 유동성이 떨어지는 자산을 담보로 현금을 조달해 유동성을 확보할 수 있다.

④ (O) ABS를 통해 부채 증가 없이 재무지표를 개선할 수 있다.

⑤ (X) ABS는 원리금의 지급가능성과 채무불이행 가능성 등을 고려해 여러 등급으로 평가된다.

12

정답 ④

① (O) 투자기간 동안 시장금리의 변동으로 인하여 투자수익률이 하락할 가능성을 시장위험, 이자율위험, 금리변동위험 등으로 부르는데 이 위험은 채권 듀레이션이 길수록 커지므로 듀레이션위험이라 한다. 채권의 듀레이션이 길면 길수록, 보유하는 채권의 금액이 많으면 많을수록 듀레이션위험은 증가한다.

② (O) 채권발행자의 신용도 하락에 의해 절대적 또는 상대적으로 발생할 가능성으로 부도위험, 신용등급하락위험, 신용스프레드위험이 있다. 재무상태표의 분석, 기업심사 등을 통하여 채권발행자의 신용위험을 측정하는 것을 신용분석이라 한다.

③ (O) 유동성위험은 적절한 매수자가 나타나지 않아 적정가격으로 매도하지 못하는 위험이다.

④ (X) 풋옵션부채권의 경우에는 발행자 측면에서 중도상환의 위험이 있다.
⑤ (O) 콜옵션부채권은 만기일 도래 전에 시장금리가 급락하면 발행자가 이자부담을 줄이기 위해 중도상환을 강제한다. 이는 시장금리가 낮아진 상황에서 상환된 자금으로의 재투자금리가 상당부분 낮아져 있기 때문이다.

13

정답 ③

(1)의 경우 일반에게 공표되지 않은 정보를 이용해 이득을 취했기 때문에 미공개정보이용(내부자거래)이며, (2)의 경우 주식의 시세를 상승시키기 위하여 고가매수주문, 가장매매주문 등의 시세조정 주문을 한 혐의가 있다는 것이다.
증권 불공정거래는 「자본시장과 금융투자업에 관한 법률」에서 요구하는 각종 의무를 이행하지 않고 주식을 거래하거나 거래 상대방을 속여 부당한 이득을 취하는 일체의 증권거래 행위로서 '시세조정(주가조작), 미공개정보이용(내부자거래), 부정거래행위, 시장질서 교란행위, 단기매매 차익거래, 주식 소유상황 및 대량보유 보고의무 위반, 신고·공시의무 위반'과 같은 행위를 말한다.

시세조정 (주가조작)	증권시장의 자유로운 수급상황에 의해 정상적으로 형성되어야 할 주가를 특정세력이 인위적으로 상승·하락시키는 행위(통정매매·가장매매, 고가주문, 저가주문, 허수주문, 허위사실 유포 등)를 말한다.
미공개정보이용 (내부자거래)	회사의 주요주주, 임직원 및 회사와 일정한 관계가 있는 자는 일반인에게 공개되지 아니한 중요정보를 이용한 주식매매가 금지되어 있으며 이를 어길 시 최고 무기징역과 함께 주식매매로 인한 이익 또는 손실회피 금액의 5배에 해당하는 벌금형을 받게 된다.

14

정답 ①

① (X) 제1급 가격차별은 각 소비자의 최대 지불 용의를 반영하여 개별적으로 다른 가격을 부과하는 것을 의미한다. 즉, 각 소비자마다 서로 다른 가격을 지불하게 되며, 이를 통해 기업은 소비자 잉여를 모두 기업의 이윤으로 전환할 수 있다.
② (O) 제2급 가격차별은 구매량에 따라 가격을 달리 설정하는 것으로, 대량 구매 시 할인 적용 등이 이에 해당한다.
③ (O) 제3급 가격차별은 소비자 그룹별로 가격을 다르게 설정하는 것으로, 학생 할인, 노인 할인 등이 이에 해당한다.
④ (O) 가격차별은 소비자들이 서로 다른 가격 민감도를 가지고 있을 때 이를 활용하여 다른 가격을 부과하는 것이다.
⑤ (O) 가격차별은 일반적으로 독점적 지위를 가진 기업이 소비자 잉여를 최대한 이윤으로 전환하는 방식이다.

15

정답 ③

$Y = C + I + G$
$= 0.5(Y - T) + 200 + 0.3Y + 200 + 200$
$= 0.8Y - 0.5T + 600$
$= 0.8Y - 0.25Y + 600$
$= 0.55Y + 600$
$0.45Y = 600$
$Y = 1{,}333$

16

정답 ④

① (X) 더 가파르게 기울어진 D_1은 가격 변화에 덜 민감하게 반응한다. 이는 D_1의 가격 탄력성이 D_2보다 작다는 것을 의미한다.
② (X) 수요곡선 D_2가 가격탄력성이 더 큼에 따라 동일한 가격 변화에 대해 더 큰 수요량 변화를 보인다.
③ (X) 주어진 가격에서 D_1의 수요량이 D_2보다 크다.
④ (O) 수요곡선 D_2는 더 완만하게 기울어져 있어, 주어진 가격 변화에 대해 더 민감하게 반응한다.
⑤ (X) 수요곡선 D_1과 D_2의 기울기가 다르므로, 두 수요곡선은 동일한 가격 변화에 대해 동일한 수요량 변화를 보이지 않는다.

17

정답 ⑤

각 재화 생산의 기회비용은 다음과 같다.

국가	재화 X	재화 Y
A국	0.5(=5/10)	2(=10/2)
B국	1(=4/4)	1(=4/4)

① (X) A국의 재화 Y 생산 기회비용은 재화 X 2단위이다. B국의 재화 Y 생산 기회비용은 재화 X 1단위이다. 따라서 B국이 비교우위를 가지고 있다.
② (X) B국은 재화 X를 생산할 때 재화 Y 1단위를 포기해야 한다. A국의 재화 X 생산 기회비용은 재화 B 0.5단위이다. 따라서 A국이 비교우위를 가지고 있다.
③ (X) B국은 두 재화에서 모두 절대우위를 가지고 있지 않다.
④ (X) A국은 재화 X 1단위를 생산하는 데 재화 Y 0.5단위를 포기한다.
⑤ (O) B국은 재화 Y 1단위를 생산하는 데 재화 X 1단위를 포기한다.

18

정답 ①

① (X) 완전한 가격 및 임금 유연성이 존재하지 않는다고 가정하며, 이는 경기 변동의 원인 중 하나로 본다.

② (O) 경기 침체 시 정부가 재정정책과 통화정책을 통해 적극적으로 개입하는 것을 지지한다.

③ (O) 새케인즈학파의 주요 주장 중 하나로, 실질임금의 경직성은 고용 조정을 어렵게 하여 노동시장 불균형을 초래할 수 있다고 본다.

④ (O) 비합리적인 기대와 정보의 비대칭성은 경제 주체들이 최적의 결정을 내리지 못하게 하여 경기 변동을 초래할 수 있다고 본다.

⑤ (O) 메뉴 비용(menu costs)은 가격 변경에 따른 비용으로, 이는 기업들이 가격을 자주 조정하지 못하게 하는 요인 중 하나로 설명된다.

19

정답 ④

ㄱ. (X) 평균생산(AP)은 총생산(TP)을 노동 투입량으로 나눈 값이다. 노동 투입량이 5일 때 평균생산은 70/5=14이다. 노동 투입량이 3일 때 평균생산은 45/3=15이다. 따라서 평균생산이 최대가 되는 노동 투입량은 3이다.

ㄴ. (O) 노동 투입량이 4에서 5로 증가할 때 한계생산(MP)은 70−60=10이다.

ㄷ. (X) 노동투입량이 5에서 6으로 증가할 때, 한계생산은 65−70=−5로 음수가 된다.

ㄹ. (O) 노동 투입량이 2에서 3으로 증가할 때 한계생산은 45−25=20이다. 다른 모든 노동 투입량에서의 한계생산보다 크다.

ㅁ. (X) 노동 투입량이 5일 때 총생산은 70으로, 이 표에서 가장 높은 값이다.

20

정답 ③

소비자가 효용 함수 U(X, Y)=XY를 최대화하기 위해서, 소비자는 다음과 같은 조건을 만족해야 한다.

$$\frac{MU_X}{P_X}=\frac{MU_Y}{P_Y}$$

여기서 MU_X와 MU_Y는 각각 X와 Y의 한계효용을 나타낸다.

$MU_X=Y,\ MU_y=X$

위의 조건을 통해 Y/2=X/4이며, 양변에 4를 곱하면 2Y=X이다. 예산조건은 2X+4Y=100이다.

두 식을 연립하면, 2(2Y)+4Y=100이다.

따라서 Y는12.5이고, X=2Y=2×12.5=25이다.

21

정답 ⑤

① (O) 절대소득가설에 따르면 소득이 높을수록 추가 소득의 소비 비율이 낮아진다.

② (O) 쿠즈네츠의 연구는 단기적으로는 평균소비성향이 변할 수 있지만, 장기적 관점에서 소득이 증가할 경우 소비가 비례적으로 증가하여 평균소비성향이 일정하게 유지된다는 것을 강조한다.

③ (O) 전시효과는 사회적 비교에 의한 소비 증가를, 톱니효과는 한 번 높아진 소비 수준이 쉽게 낮아지지 않는 현상으로, 모두 상대소득가설이 소비자들의 비합리적 소비 행동을 설명하기 위해 사용하는 개념들이다.

④ (O) 항상소득가설은 소비자들이 현재 소비를 장기적인 평균 소득, 즉 항상소득을 기반으로 결정한다고 주장한다.

⑤ (X) 생애주기가설은 사람들이 자신의 생애 전반에 걸친 소득을 기반으로 소비와 저축을 계획한다고 가정함에 따라 일시적인 조세정책은 소비 계획에 큰 영향을 미치지 않는다.

22

정답 ④

① (X) 감가상각률이 높아지면 자본의 감소 속도가 빨라져 자본 축적이 어려워진다.

② (X) 저축률이 높아지면 1인당 자본량과 생산량은 증가할 수 있지만, 장기적인 경제 성장률은 오직 기술진보에 의해 결정된다.

③ (X) 인구 증가율이 낮아지면 1인당 자본량이 증가할 수 있지만, 경제 성장률이 반드시 높아지는 것은 아니다.

④ (O) 기술진보가 없으면 자본 축적의 한계로 인해 경제는 결국 정체 상태에 도달한다.

⑤ (X) 장기적인 경제 성장률이 주로 기술진보에 의해 결정되며, 재정정책은 단기적인 경제 변동에만 영향을 미친다고 본다.

23

정답 ④

① (O) 어떤 한 사람의 선호가 집단 전체의 선호로 자동으로 결정되지 않도록 보장하는 조건이다.

② (O) 만장일치의 선호가 집단 결정에 반영되어야 한다는 원칙이다.

③ (O) 각 개인이 어떤 형태로든 선호를 가질 수 있어야 한다는 조건이다.

④ (X) 일관성은 애로우의 불가능성 정리의 필수 조건이 아니다.

⑤ (○) 대안 A와 B의 비교에서 다른 대안의 존재 여부가 영향을 미치지 않아야 한다는 조건이다.

24

정답 ③

① (×) 시장에서 저품질 제품의 가격을 높이는 것은 역선택 문제를 해결하는 방법이 아니다. 저품질 제품의 가격을 높이면 소비자들이 더욱 저품질 제품을 회피하게 되어 역선택 문제가 심화될 수 있다.

② (×) 동일한 가격을 제시하는 것은 정보 비대칭 문제를 해결하지 않으며, 고품질 제품이 시장에서 사라질 가능성을 높인다.

③ (○) 신호발송(Signaling)은 자신의 제품이 고품질임을 소비자에게 알리기 위해 광고나 보증, 품질 인증 등을 사용하는 방법이다. 이를 통해 소비자는 제품의 품질을 신뢰할 수 있게 되어 정보 비대칭이 줄어들고 역선택 문제가 완화된다.

④ (×) 정부의 개입은 표준화된 인증제도 등을 통해 역선택 문제를 해결하는 데 도움이 될 수 있다. 정부의 개입이 항상 문제를 심화시키는 것은 아니다.

⑤ (×) 역선택 문제는 저품질 제품이 시장에 남고 고품질 제품이 사라지는 현상을 말한다. 고품질 제품만 시장에 남게 되는 현상은 역선택 문제와 반대이다.

25

정답 ④

① (×) 유동성함정은 화폐 수요의 금리 탄력성이 매우 높을 때 발생한다. 금리가 낮아짐에도 불구하고 사람들은 화폐를 계속 보유하려고 하기 때문에 추가적인 화폐공급이 경제를 활성화시키지 못한다.

② (×) 통화 공급이 늘어나도 사람들이 현금을 보유하려는 경향이 강해져, 인플레이션이 즉각적으로 발생하지 않는다.

③ (×) 금리 인상이 경제 회복을 촉진하지 않는다. 오히려 금리 인하는 이미 한계에 도달했으며, 금리 인상은 경제를 더 악화시킬 수 있다.

④ (○) 정부 지출 증가가 금리 상승을 유발하지 않으므로, 구축효과가 발생하지 않는다.

⑤ (×) 통화정책이 실효성을 잃어버리기 때문에 재정정책이 통화정책보다 더 효과적이다.

26

정답 ⑤

① (○) r=실질이자율, d=감가상각률, P_k=자본의 가격일 때 조르겐슨 모형에 따르면 자본의 사용자비용=$(r+d)\cdot P_k$이다. 따라서 이자율이 하락하면 자본의 사용자비용이 감소하고 투자가 증가한다.

② (○) 조르겐슨 모형에서는 자본의 사용자비용과 한계생산물 가치가 동일해질 때 [$(r+d)\cdot P = MP_k \cdot P$] 기업의 적정 자본량이 결정된다고 보았다.

③ (○) 감가상각비가 증가하면 그만큼 자본 사용에 대한 기회비용이 커진다.

④ (○) 가속도원리에 의하면 투자는 소비와 소득의 변동에 의해 이루어진다. 가속도원리는 유휴설비 존재 시 적용하기 어렵다.

⑤ (×) Dixit의 투자옵션모형에서는 불확실성 증가 시 기업 투자가 위축되는 것을 설명했으므로 옳지 않다.

27

정답 ⑤

① (○) A는 실질 GDP가 잠재GDP보다 낮은 상태로 경기침체 상태에 해당된다.

② (○) 정부 지출 증가로 AD 곡선이 오른쪽으로 이동하면, 단기적으로 물가와 산출량이 모두 상승하여 새로운 균형점 B가 형성된다.

③ (○) 장기적으로 국내총생산이 잠재 GDP 수준으로 복귀함에 따라 추가적인 수요 증가가 필요하지 않다.

④ (○) AD 곡선이 오른쪽으로 이동하여 새로운 균형점 D에서 경제가 과열 상태에 이르기 때문에, 정부는 긴축 정책을 통해 총수요를 줄여야 한다.

⑤ (×) 장기적으로 SRAS 곡선이 왼쪽으로 이동하면서 산출량은 초기 수준(LRAS)으로 돌아가지만, 물가는 상승하게 된다(균형점 C물가 > 균형점 B물가).

28

정답 ①

ㄱ. (○) 한계소비성향이 높을수록 소비가 더 많이 이루어지며, 이는 승수효과를 증가시킨다.

ㄴ. (○) 정부 지출이나 세금 감면과 같은 재정정책이 경제에 미치는 영향을 증폭시킬 수 있다.

ㄷ. (×) 세금 감면이 승수효과를 일으키는 주된 이유는 소비자들이 추가로 얻은 소득을 소비하기 때문이다.

ㄹ. (×) 경제가 완전 고용 상태일 때는 추가적인 지출이 생산 증가로 이어지지 않고, 인플레이션을 초래할 수 있다. 따라서 승수효과는 완전 고용 상태에서는 동일하게 작용하지 않을 수 있다.

ㅁ. (×) 한계소비성향이 같더라도 정부 지출과 세금 감면의 승수효과는 다를 수 있다. 정부 지출은 직접적으로 경제에 투입되지만, 세금 감면은 소비자가 그 소득을 어떻게 사용

할지에 따라 일부가 저축으로 사용될 수 있다. 따라서 일반적으로 정부 지출의 승수효과가 세금감면의 승수효과보다 크다.

29

정답 ②

① (X) 장기 필립스 곡선은 자연 실업률 가설에 따라 수직 형태를 가지며, 실업률과 인플레이션율 간의 관계가 없다고 본다.
② (O) 예상 인플레이션이 상승하면, 노동자들은 더 높은 임금을 요구하게 되어 기업의 비용이 증가하고, 이는 단기적으로 실업률을 증가시킬 수 있다.(단기필립스곡선이 우상방으로 이동)
③ (X) 단기적으로 실업률과 인플레이션율 간에 역의 관계가 있음을 나타낸다.
④ (X) 자연실업률 가설은 장기적으로 실업률과 인플레이션 간의 관계가 없음을 나타내지만, 단기 필립스 곡선의 관계를 부정하지는 않는다.
⑤ (X) 장기적으로는 중앙은행의 통화정책이 실업률을 낮추는 데 효과적이지 않다. 장기 필립스 곡선에 따르면, 실업률은 자연실업률 수준으로 돌아오며, 인플레이션만 영향을 받는다.

30

정답 ③

① (O) 후방굴절형 노동공급곡선 노동자가 임금이 상승할 때 노동 시간을 줄이고 여가 시간을 늘리는 선택을 하는 것을 나타낸다.
② (O) 임금이 일정 수준 이상으로 증가하면 소득효과가 대체효과보다 강해져 노동자가 여가를 더 많이 선택하게 되어 노동 공급이 줄어든다.
③ (X) 주로 고소득 노동자들에게 관찰된다. 저소득 노동자들은 임금 상승 시 노동 공급을 늘리는 경향이 있는 반면, 고소득 노동자들은 임금 상승 시 여가를 더 많이 선택하여 노동 공급을 줄이는 경향이 있다.
④ (O) 낮은 임금 수준에서는 임금이 상승할 때 노동자가 여가보다 노동을 더 선호하게 된다. 임금이 오르면 노동의 기회비용(즉, 여가의 기회비용)이 상승하기 때문에 노동자는 여가 시간을 줄이고 더 많은 시간을 일하는 것이 더 매력적이게 된다. 이는 대체효과에 의해 발생한다.
⑤ (O) 여가가 정상재로 간주되면, 소득이 증가할 때 노동자는 더 많은 여가를 선택하려고한다. 이는 후방굴절형 노동공급곡선이 나타나는 중요한 조건 중 하나이다.

제3회 실전모의고사

직무능력평가

01	02	03	04	05	06	07	08	09	10
②	④	②	④	③	③	⑤	④	④	⑤
11	**12**	**13**	**14**	**15**	**16**	**17**	**18**	**19**	**20**
②	⑤	②	②	①	②	④	②	①	①
21	**22**	**23**	**24**	**25**	**26**	**27**	**28**	**29**	**30**
①	③	⑤	②	③	④	④	③	⑤	③
31	**32**	**33**	**34**	**35**	**36**	**37**	**38**	**39**	**40**
③	③	⑤	①	①	③	①	①	④	④
41	**42**	**43**	**44**	**45**	**46**	**47**	**48**	**49**	**50**
④	④	③	③	③	④	④	③	⑤	①

직무상식평가

01	02	03	04	05	06	07	08	09	10
②	③	⑤	①	③	②	⑤	②	④	①
11	**12**	**13**	**14**	**15**	**16**	**17**	**18**	**19**	**20**
④	①	⑤	③	⑤	①	③	①	①	③
21	**22**	**23**	**24**	**25**	**26**	**27**	**28**	**29**	**30**
②	④	①	②	⑤	④	③	①	⑤	⑤

직무능력평가

01

정답 ②

ㄱ. (X) 2문단의 "전국 모든 영업점에 AI 행원 배치를 완료한 것은 국내 은행 중 A은행이 최초이다."를 통해 국내 은행 최초로 '전국 모든 영업점'에 AI 행원 배치를 '완료'한 곳은 A은행임을 알 수 있다. 하지만 AI 행원을 영업점에 처음으로 배치하기 시작한 은행이 어디인지는 제시문을 통해 알 수 없다.

ㄴ. (X) 5문단에서 행원들이 AI 스튜디오를 이용하는 방법을 설명하기 위해 개인형 IRP 상품을 예시로 들고 있지만, 이를 통해 AI 스튜디오 플랫폼이 개인형 IRP 상품을 필요로 하는 고객을 추천하는 데 특화되어 있다고 해석하는 것은 적절하지 않다.

ㄷ. (O) 7문단의 "금융감독원은 2022년 '금융분야 AI 활용 활성화 및 신뢰확보 방안'을 발표한 후, 2023년 'AI 기반 신용평가모형 검증체계' 및 '금융분야 AI 보안 가이드라인'을 발표하는 등 AI 활용에 속도를 높이고 있다."를 통해 확인할 수 있다.

ㄹ. (X) 1문단의 "그해 C은행도 신용대출 비대면 거래 비중이 94.5%를 기록했고, 담보대출 비대면 거래 비중은 2022년 66.0%에서 2023년 74.2%로 증가했다."를 통해 2023년 담보대출 비대면 거래 비중의 전년 대비 증가율은 구할 수 있지만, 신용대출의 경우에는 2022년 데이터가 나타나 있지 않으므로 전년 대비 증가율을 구할 수 없다. 따라서 비대면 거래 비중의 전년 대비 증가율이 어느 대출의 경우에 더 높은지도 알 수 없다.

02

정답 ④

㉠ (X) 2문단의 "A은행 관계자는 AI 행원의 업무를 확대해 영업점뿐만 아니라 모바일이나 디지털 데스크 등 타 채널에

투입하는 것도 검토 중이라고 밝혔다."를 통해 아직 모바일이나 디지털 데스크 등 타 채널에는 활용되지 않음을 알 수 있다.

㉡ (X) 3문단의 "AI 뱅커는 우대 금리, 세금 우대 혜택 등에 따라 고객별 상황에 적합한 예적금 상품을 추천하고 가입을 권유한다."를 통해 고객별 상황에 맞춰 상품의 우대 금리, 세금 우대 혜택 등을 조정하는 것이 아니라, 고객별 상황에 맞는 우대 금리와 세금 우대 혜택을 갖추고 있는 상품을 추천해 주는 것임을 알 수 있다.

㉢ (X) 4문단의 "UETR 번호(송금 고유식별번호), 송금은행, 송금통화, 송금금액의 네 가지 정보만 알고 있으면 해외송금의 시작부터 도착까지 전 과정의 진행 상황을 조회해 볼 수 있다."를 통해 UETR 번호(송금 고유식별번호), 송금은행, 송금통화, 송금금액을 모두 알아야 조회가 가능하다는 것을 알 수 있다.

㉣ (O) 5문단의 "AI나 코딩 관련 지식이 없는 행원들도 손쉽게 데이터를 추출할 수 있다는 것이 AI 스튜디오의 장점이다."를 통해 옳은 내용임을 확인할 수 있다.

03

정답 ②

첫 번째 글을 중심으로 발언의 적절성을 판단해 보자.

- 행원 A: (O) 1문단에서 금융수요에 비해 금융공급이 부족한 상황에 대해 "수차례의 금융위기 발생과 세계적인 저성장 기조 등의 영향으로 금융기관들이 위험관리 측면에서 주로 안전한 담보자산 대출에 치중한 결과"라고 설명하고 있으므로, 적절한 발언이다.
- 행원 B: (X) 2문단에서 "적정한 위험 프리미엄을 받으면서 해당 위험을 부담할 의사가 있는 다수의 소액 투자자를 유치하는 것도 용이해짐에 따라 ~ 창업 생태계의 선순환 구조가 구축될 것"으로 전망하고 있다. 즉, 위험 프리미엄을 감수하려는 소액 투자자들의 감소가 아니라 이들의 유치가 용이해짐에 따라 창업 생태계의 선순환 구조가 구축될 것으로 기대되고 있으므로, 적절하지 않은 발언이다.
- 행원 C: (O) 1문단에서 "국내에서 금융산업이 지속적인 경제성장에 필수적인 혁신산업에 대한 금융중개기능을 충분히 수행하지 못하고 있다"라는 문제점에 대해 언급하고 있으므로, 적절한 발언이다.
- 행원 D: (X) 2문단에서 빅데이터, 클라우드, 블록체인 기술 등 핀테크로 요약될 수 있는 새로운 기술의 도입이 "금융기관의 위험 평가 및 관리 능력을 제고시켜 다품종·소량의 고객 맞춤형 상품 개발을 촉진할 것"이라고 예측하고 있다. 즉, 소품종·대량의 금융상품이 아니라 다품종·소량의 고객 맞춤형 금융상품 개발이 전망되고 있으므로, 적절하지 않은 발언이다.

04

정답 ④

㉠ (X) 해외 사례의 1문단에서 프로그레시브는 "차별적인 보험료를 책정함으로써 보험가입자의 만족과 보험사의 수익성 제고를 동시에 달성하고 있다."라고 하였으므로 옳지 않다.

㉡ (X) 국내 사례의 1문단에서 "보험 핀테크 기업 레드벨벳벤처스는 비즈니스 정보 제공 전문기업인 쿠콘(Coocon)과의 기술 협력을 통해 통합 보험관리 어플리케이션 '보맵(Bomapp)'을 출시했다."라고 하고 있다. 즉, 레드벨벳벤처스는 비즈니스 정보 제공 전문기업이 아니라 보험 핀테크 기업이고, 독자적 기술이 아니라 쿠콘과의 기술 협력을 통해 보맵을 출시했으므로 옳지 않다.

㉢ (X) 국내 사례의 2문단에서 "아이지넷은 온·오프라인 연계(O2O) 서비스 '마이리얼플랜(Myrealplan)'을 제공하고 있다."라고 하고 있다. 즉, 온라인 전용 서비스가 아니라 온·오프라인 연계 서비스이므로 옳지 않다.

㉣ (O) 국내 사례의 2문단에서 마이리얼플랜과 관련하여 "고객이 생년월일, 성별, 소득수준, 보장수준, 보장기간, 기타 요구사항 등의 정보를 입력하면 알고리즘 분석을 통해 자신에게 맞는 보험상품을 추천받을 수 있다."라고 하고 있으므로 옳다.

05

정답 ③

① (O) 2문단에서 개인정보자기결정권을 보호하기 위해 제정된 법률이 개인정보보호법이라고 밝히고 있다.

② (O) 1문단에서 우리나라는 헌법 제17조에 명시된 사생활의 비밀과 자유가 보장되어야 한다는 내용을 주된 근거로 개인정보자기결정권이 기본권 중 하나임을 인정하고 있다고 밝히고 있다.

③ (X) 2문단에서 개인정보보호법에서 규정하는 개인정보는 살아 있는 개인에 관한 정보로, 사망자에 관한 정보나 단체 혹은 법인에 관한 정보는 개인정보에 포함되지 않는다고 밝히고 있다.

④ (O) 2문단에서 개인정보보호법에서 규정하는 개인정보는 개인을 알아볼 수 있는 정보여야 한다고 하였는데, 4문단에서 익명 정보란 다른 정보를 사용하더라도 더 이상 개인을 알아볼 수 없는 정보를 의미한다고 하였으므로, 익명 정보는 개인정보보호법의 보호 대상이 아니다.

⑤ (○) 마지막 문단에서 가명 정보는 익명 정보와 달리 개인 정보와 일대일 대응이 가능하기 때문에 가명 정보를 제3자에게 제공하는 경우 특정 개인을 알아보는 데 사용될 수 있는 정보를 포함해서는 안 된다고 밝히고 있다.

06

정답 ③

① (○) 2문단에서 개인정보를 처리하는 개인이나 단체를 의미하는 개인정보 처리자는, 정보 주체의 동의를 구할 때 정보 수집·이용의 목적, 수집 항목, 보유 및 이용 기간 등을 고지해야 한다고 하였다. 따라서 ㉠은 개인정보 처리자에 해당한다.

② (○) 2문단에서 개인정보보호법에 따른 사전 동의 제도는 정보 주체인 개인이 개인정보에 대한 자기 결정을 표현할 수 있다는 점에서 개인정보자기결정권을 보호하는 중요한 수단이라고 하였다. 따라서 개인정보 수집에 대한 동의 여부를 묻는 ㉡은 개인정보자기결정권을 보호하기 위한 수단에 해당한다.

③ (×) 3문단을 통해 수집·이용하려는 개인정보 중 고유식별정보와 민감정보는 별도로 동의를 받아야 하는데, 고유식별정보는 여권 번호와 같이 개인을 고유하게 구별하기 위해 부여된 정보이며, 민감정보는 건강 정보나 정치적 견해와 같이 주체의 사생활을 현저히 침해할 우려가 있는 정보라는 것을 알 수 있다. 따라서 주민등록번호는 고유식별정보에 해당하므로 적절하지 않다.

④ (○) 3문단을 통해 수집·이용하려는 개인정보 중 고유식별 정보와 민감정보는 별도로 동의를 받아야 하는데, 이때 정보 주체가 알아보기 쉽도록 수집하려는 고유식별정보와 민감정보의 항목을 밑줄이나 큰 글씨로 강조해야 한다는 것을 알 수 있다.

⑤ (○) 2문단에서 개인정보 처리자는 개인정보 수집 동의를 거부할 권리가 있다는 사실과 동의 거부에 따른 불이익이 있는 경우 그 불이익의 내용 역시 알려야 한다고 하였으므로 적절하다.

07

정답 ⑤

ㄱ. “농가소득의 완만한 증가추세와 달리” → (가)

ㄴ. “농업소득은 1994년에 1,000만 원대에 진입한 이후 등락을 반복하면서 정체돼 있다.” → (나)

ㄷ, ㄹ. “농외소득과 이전소득은 지속적으로 증가했는데” → (가)

ㅁ. “그 결과 농업소득의존도(＝농업소득/농가소득 × 100)는 2005년 38.7%에서 2019년 24.9%로 13.8%포인트 감소했다.” → (다)

08

정답 ④

- A: (○) 3문단의 “이러한 변화에 대응하기 위해서는 고투입·다수확 방식의 관행적 농법으로부터 환경친화적 농법으로의 전환이 필요하다.”에 따를 때 적절한 방안이다.
- B: (×) 4문단에 “그러나 도매시장, 직거래, 온라인 거래 등 다양한 시도에도 불구하고, 농업인의 입장을 우선으로 하는 농산물 유통방식은 마련되지 못했다.”라는 내용이 있을 뿐, 도매시장 거래가 농업소득의 확대을 유도할 수 있다는 내용은 나와 있지 않다.
- C: (○) 5문단의 “농작업의 기계화에 따른 농업인의 안전재해 노출도 확대되고 있다. ~ 효과적으로 관리할 수 있도록 제도를 확충해 농가가 안심하고 영농에 종사할 수 있는 여건을 조성해야 한다.”에 따를 때 적절한 방안이다.
- D: (×) 4문단의 전반적인 내용을 볼 때 농업인도 유통 과정 등에 적극 참여하여 시장에서의 가격 결정에 영향력을 행사하는 것이 제시문에서 말하는 농업소득 제고 방안임을 확인할 수 있다. 따라서 농업인이 생산에만 집중하는 것은 적절한 방안이 아니다.

09

정답 ④

편의상 규정의 조문을 위에서부터 순서대로 ‘제1조, 제2조, 제3조, 제4조’라고 칭하자.

ㄱ. (○) 제2조 제3항 제7호에 따를 때, 소비자보호부는 동조 동항 제1호부터 제6호까지의 사항을 위원회에 보고하는 업무를 수행하여야 한다. 금융소비자보호 관련 교육의 기획·운영은 동조 동항 제2호의 내용으로, 소비자보호부는 해당 사항을 위원회에 보고하는 업무를 수행한다.

ㄴ. (×) 제3조 제3항에 따를 때, 금융소비자보호 담당직원에 대한 근무평가 시, 징계 등 특별한 경우를 제외하고는 소비자보호 관련 실적이 우수한 담당직원에게 인사상 가점 등을 부여하여야 한다. 즉, (특별한 경우를 제외하고) 인사상 가점 등을 부여받는 대상은 금융소비자보호 담당직원이 아니라, 금융소비자보호 담당직원 중 소비자보호 관련 실적이 우수한 담당직원이다.

ㄷ. (×) 제3조 제2항 제2호에 따를 때, 금융소비자보호 담당직원은 원칙적으로 3년 이상 금융소비자보호 업무를 전담하여야 하고, 금융소비자보호 담당임원의 승인을 얻은 경우에 예외적으로 3년 미만으로 금융소비자보호 업무를 전담할 수 있다.

ㄹ. (○) 제2조 제2항에 따를 때, 동조 제3항 각 호의 업무를 원활히 수행할 수 있는 직원을 금융소비자보호 담당직원으로 선발하여야 한다. 임직원의 성과보상체계에 대한 금융소비자보호 측면에서의 평가는 동조 제3항 제6호의 내용으로, 해당 업무를 원활히 수행할 수 있어야 금융소비자보호 담당직원으로 선발될 수 있다.

ㅁ. (X) 제3조 제2항 제1호에 따를 때, 입사 후 3년 이상 경력자로서 상품개발 · 영업 · 법무 · 시스템 · 통계 · 감사 등 분야에서 2년 이상 근무한 사람 및 이와 동일한 수준의 전문지식과 실무경험을 갖추었다고 금융소비자보호 담당임원이 인정하는 사람이어야만 금융소비자보호 담당직원의 자격요건을 충족한다. 제시된 직원은 입사 후 경력이 3년이 되지 않기 때문에 규정된 요건과 동일한 수준의 전문지식과 실무경험을 갖추었다고 금융소비자보호 담당임원이 인정하는 사람이어야 한다. 하지만 금융소비자보호 담당임원의 인정에 대한 언급은 없으므로, 자격요건을 충족한다고 볼 수 없다.

10

정답 ⑤

- 갑: (X) 제4조 제1항에 따를 때, 소비자보호부는 각 부서 및 임직원이 업무를 수행하면서 소비자보호에 충실하였는지를 평가하는 주체가 아니라, 이 내용을 조직 및 개인 성과평가에 반영하는 평가도구를 마련하는 주체이다.
- 을: (X) 제4조 제2항에 따를 때, 성과보상체계를 설정하는 부서가 매년 금융상품 판매 관련 성과보상체계를 수립하기 전에 소비자보호부의 의견을 확인하여야 한다.
- 병: (X) 제4조 제5항에 따를 때, 금융소비자보호 담당임원은 금융상품 판매 관련 업무를 수행하는 임직원에 대한 성과평가지표(KPI)를 조정할 수 있는 것이 아니라, 해당 조정을 포함한 평가 · 보상체계의 개선을 건의할 수 있다.
- 정: (X) 제4조 제5항에 따를 때, 소비자보호부가 금융소비자보호의 관점에서 평가 및 보상구조가 적절히 설계되어 있는지 정기적으로 검토한 결과를 은행장에게 보고하여야 하는 주체는 금융소비자보호 담당임원이다.

11

정답 ②

① (○) 지원기준은 국비 100%라고 하였다.

② (X) 창업 1년 미만 기업의 경우 증빙된 매출을 1년으로 환산해야 한다고 하였다. 창업 4개월 차의 식품 분야 기업의 매출액이 3,320만 원인 경우 1년으로 환산하면 3,320/4×12=9,960만 원으로 1억 원 미만이므로 지원대상에 해당하지 않는다.

③ (○) 인턴 실습에 대한 지원금은 최대 3개월, 주 40시간이라고 하였으므로 최대 480시간의 인턴 실습 지원금을 지원받을 수 있다.

④ (○) 정부 창업지원사업 시행 중 본인의 귀책사유로 지원 중단에 해당하는 평가를 받은 이력이 있는 기업은 제외된다고 하였다.

⑤ (○) 지원 자격은 최대 3개월의 인턴 기간 동안 현장실습 경험이 가능한 자라고 하였다.

12

정답 ⑤

① (○) 4문단에서 '16년 한도제한 계좌가 도입된 이후 국민경제 규모의 성장에도 불구하고, 거래한도는 현재까지도 변함이 없었다고 하였다.

② (○) 1문단에서 대포통장 근절을 위해 입출금 통장 개설 시 금융거래 목적을 확인하도록 하는 제도가 '12년에 시행되었음을 확인할 수 있다.

③ (○) 5문단에서 은행 창구 및 인터넷 홈페이지 등에 게시된 안내장을 통하여 금융거래 목적별 대표 증빙서류가 명확히 안내된다는 것을 알 수 있다.

④ (○) 6문단에서 그동안 국민들이 입출금 통장 개설 또는 한도제한 계좌의 한도 해제 시 금융거래 목적 확인을 위한 실물 서류를 직접 갖추어야 했지만, 앞으로는 고객이 희망하는 경우 간단한 동의 절차를 거쳐 은행이 고객의 금융거래 목적 확인에 필요한 정보(예 직장정보)를 자동으로 수집이 가능해지므로, 실물 서류를 직접 제출해야 하는 경우가 최소화될 것이라고 언급한 부분을 통해 알 수 있다.

⑤ (X) 마지막 문단에서 사기이용계좌로 사용된 통장이 사기이용계좌로 재사용되는 것을 막기 위해 지급정지가 해제된 후에도 해당 통장의 인출 · 이체한도가 축소되는데, 이 경우 인출 · 이체한도는 종전의 금융거래 한도로 적용된다고 하였다. 따라서 해당 통장의 인출 · 이체한도는 한도제한 계좌 개선방안 이전보다 축소되는 것이 아니라 이전과 동일하다.

13

정답 ②

① (○) 3문단에서 한도제한 계좌를 보유한 고객은 하루에 인터넷뱅킹 100만 원, ATM 100만 원, 창구거래 300만 원까지 거래할 수 있게 된다고 하였다.

② (X) 3문단에서 상향 한도는 고객이 별도로 신청할 필요 없이 기존의 한도제한 계좌에도 적용된다고 하였으므로 A씨는 한도제한 계좌의 한도 상향을 위해 별도의 신청을 할 필요가 없다.

③ (○) 3문단에서 한도제한 계좌를 보유한 고객은 하루에 인터넷뱅킹 100만 원까지 거래할 수 있게 된다고 하였으므로 A씨는 70만 원의 월세를 인터넷뱅킹으로 한 번에 송금할 수 있다.

④ (○) 1문단에서 '24. 5. 2.(목)부터 한도제한 계좌의 1일 거래한도가 30만 원에서 100만 원으로 상향된다고 하였다. 5. 1.(수)까지는 한도제한 계좌의 1일 거래한도가 30만 원이었으므로 A씨가 70만 원의 월세를 송금하는 데 3일이 걸렸음을 알 수 있다.

⑤ (○) 1문단에서 한도제한 계좌란 금융거래 목적 확인에 필요한 객관적 증빙서류를 제출할 수 없어 입출금 통장 개설이 곤란했던 은행이용자를 위해 '16년에 도입된 계좌라고 하였다. 따라서 '16년부터 한도제한 계좌를 사용 중인 A씨는 금융거래 목적 확인을 위한 객관적 증빙서류 제출이 어려운 상황이었음을 알 수 있다.

14

정답 ②

① (×) 부동산을 취득하였을 경우 취득세를 자진 신고 · 납부하여야 하지만, 자진 신고 · 납부하였다고 해서 취득세를 경감받을 수 있는 것은 아니다.

② (○) 유 · 무상을 불문하고 자경농민 또는 후계농업경영인 등이 농지 취득과 관련하여 일정 조건을 만족하면 취득세를 경감받을 수 있다.

③ (×) 후계농업경영인이라고 하더라도 직접 경작할 농지를 취득하는 경우에 취득세를 경감받게 된다.

④ (×) 7월 1일이 취득일인 경우 60일째인 8월 30일 이내에 취득세를 신고 · 납부하여야 한다.

⑤ (×) 경감받은 세액의 추징 사유 중, '② 농지 취득일부터 2년 내에 직접 경작하지 않은 경우'라는 내용으로 보아 취득일로부터 2년 이내에는 경작해야 하지만, 취득한 해에 경작을 하지 않는다고 해서 경감받은 세액이 추징되는 것이 아니다.

15

정답 ①

• A: (○) 후계농업경영인이 직접 경작할 농지를 취득하는 경우에 자경농민으로 인정되어 취득세를 경감받을 수 있다.

• B: (×) 후계농업경영인으로 농지 취득세를 경감받았을 것이나, 농지 취득 후 2년 이상 경작하지 않고 매각한 경우에 해당하므로, 경감받은 세액을 추징당했을 것이다.

• C: (×) 자경농민 요건 중 거주 요건인 '① 농지소재지에 주민등록이 되어 있고 사실상 거주할 것'을 만족하지 못한다.

• D: (×) 배우자와 동일한 세대별 주민등록표에 기재되어 있지 않으므로, 농지 취득자인 D 본인이 자경농민 요건을 모두 만족하여야 취득세를 경감받을 수 있지만, 거주요건과 영농요건을 만족하지 못한다.

16

정답 ②

ㄱ. (○) 농기계손해보험의 경우 가입금액 1억 원 이하 보험료의 50%를 지원한다고 하였다.

ㄴ. (○) 농기계종합보험의 경우 담보와 할증에 따른 제한이 있다고 하였다.

ㄷ. (×) 차상위계층 농업인을 피보험자로 가입하는 경우 보험료의 70%를 지원한다고 하였다. 차상위계층 농업인을 피보험자로 가입하는 경우 일반 농업인을 피보험자로 가입하는 경우보다 보험료 지원 비율은 더 높으나, 보험료가 일반 농업인을 피보험자로 가입하는 경우보다 낮은 경우 지원 금액이 더 낮을 수 있다.

17

정답 ④

① (×) A: 만 15~87세의 농업인을 90일 미만 고용하고 해당 농업인을 피보험자로 보험 계약을 체결한 농업경영체에 등록된 농업 경영주에 한하여 지원 가능하다고 하였다.

② (×) B: 농업경영체에 등록된 만 19세 이상의 농업인에 한하여 지원 가능하다고 하였다.

③ (×) C: 산재형의 경우 만 15~84세에 한하여 지원 가능하다고 하였다.

④ (○) D: 농업경영체에 등록된 만 15~87세로 영농에 종사하는 농업인을 피보험자로 하여 보험 계약을 체결한 경영주 또는 경영주 외 농업인에 한하여 지원 가능하다고 하였다. 산재근로자전용형의 경우 만 15~87세에 한하여 지원 가능하다고 하였으며, 최근 2년 이내에 보험 관련 보험사기행위로 형사처벌을 받은 사람은 제외된다고 하였다.

⑤ (×) E: 농업경영체에 등록된 농업법인에 한하여 지원 가능하다고 하였다.

18

정답 ②

① (○) 여신금융협회 홈페이지를 통해 신고하며, 지급방법은 계좌이체라고 하였다.

② (×) 타사카드모집 신고의 경우 1회 포상금액은 100만 원, 연간 최대 포상금액은 100만 원이라고 하였다. 하지만 포상금이 감액된 경우 2회 포상금을 지급받을 수 있다.

③ (○) 신고 시 사진, 동영상, 녹취록, 제공받은 경품 등의 불법모집 정황 증거를 제출해야 한다고 하였다.

④ (○) 종합카드모집을 1회 신고한 경우 지급받는 포상금은 최대 200만 원이고 제세공과금 22%를 공제한다고 하였으므로 계좌로 이체되는 포상금은 최대 200×0.78=156만 원이다.
⑤ (○) 포상금은 신청일 날부터 60일 이내에 지급된다고 하였다.

19

정답 ①

① (○) 신고인과 카드발급 신청인이 상이한 경우 포상금 지급을 감액한다고 하였다.
② (×) 동일 모집인에 대해 여러 건의 신고가 접수되었을 경우 최초 신고 접수 건만 포상금을 지급한다고 하였다.
③ (×) 신고인이 모집인과 사전접촉을 통해 금품을 요구 후 신고한 경우 포상금 지급이 제외된다고 하였다.
④ (×) 포상금 지급 사유가 발생한 날로부터 1년 이내에 신청하지 않은 경우 포상금은 지급되지 않는다고 하였다.
⑤ (×) 신용카드 연회비의 100%를 초과하는 경품 제공한 경우 포상금이 지급된다고 하였다.

20

정답 ①

맬버른 - 머서 글로벌 연금지수 계산 방법을 [국가별 평가점수]에 적용하면 다음과 같다.

국가	적정성	지속 가능성	완전성	맬버른 - 머서 글로벌 연금지수
ⓐ	80	85	85	32+29.75+21.25=83
ⓑ	75	80	90	30+28+22.5=80.5
ⓒ	60	50	70	24+17.5+17.5=59
ⓓ	55	50	40	22+17.5+10=49.5
ⓔ	60	40	60	24+14+15=53

ㄱ. 甲: 평가점수에서 A등급에 해당하는 81점 이상인 국가는 ⓐ이다.
ㄴ. 乙: C등급(50점 이상~65점 미만)이면서 지속가능성 점수와 완전성 점수가 일치하는 국가는 ⓒ이다.
ㄷ. 丙: 평가점수에서 B등급에 해당하는 65점 이상~81점 미만인 국가는 ⓑ이다.
ㄹ. 丁: 평가점수에서 D등급에 해당하는 35점 이상~50점 미만인 국가는 ⓓ이다.
ㅁ. 戊: C등급이면서 지속가능성 점수가 5개국 중 최하 점수인 국가는 ⓔ이다.

21

정답 ①

① (×) 표준사업비는 면적에 따라 지원비를 받지만, 사업비 상한액이 200백만 원이라고 하였으므로 모든 지원자는 규모에 비례하여 지원한도액이 높아지는 것은 아니다.
② (○) 시설현대화 등의 농림사업에서 지원받은 동일 지역의 동류 시설장비의 경우, 중복지원 불가능하다고 하였다.
③ (○) 3년 거치 7년 균분상환이며, 농가단위 피해율 30% 이상 50% 미만의 경우 상환연기 1년, 이자감면 1년을 추가 지원받을 수 있다고 하였다. 농가단위 피해율이 40%인 농가는 11년 뒤에 상환 완료할 수 있다.
④ (○) 사업 지원 이후 5년간 자부담 등을 통한 가온시설 설치는 금지된다고 하였다.
⑤ (○) 변동금리는 N은행에서 가장 많이 대출된 자금(가계대출) 중 담보대출 평균금리−2%p라고 하였다.

22

정답 ③

① (×) 지원조건은 농업경영정보를 등록한 농업경영체 또는 농가라고 하였고, 생산유통통합조직에 참여 여부는 가산점에 해당한다고 하였다.
② (×) 가온시설에서 재배하는 경영체는 지원 제외된다고 하였다.
③ (○) 농업경영정보를 등록한 농가에 해당하며, 지원대상에 포함되므로 지원 가능하다.
④ (×) 열대 과수를 재배하는 경영체는 지원 제외된다고 하였다.
⑤ (×) 노지를 시설로 바꾸기 위한 비가림시설은 지원 제외된다고 하였다.

23

정답 ⑤

① (○) 원활한 사업 추진을 위하여 사업자 요청 시 선금 지급 가능하다고 하였다.
② (○) 소비자가 국산 농축산물 구입 시 할인 비용을 지원한다고 하였다.
③ (○) 특정 카드 사용 시 할인 지원은 불가하다고 하였다.
④ (○) 사업자는 사업 종료 후 적격증빙서류를 제출하여야 한다고 하였다.
⑤ (×) 1주일에 1인당 20%를 할인하며 전통시장 외 김장철 2만 원 한도로 지원한다고 하였다. A 대형마트는 김장철을 맞이하여 3주간 행사를 진행한다고 할 때, 3주 동안 매주 1인당 10만 원 구매 시 최대 할인을 받을 수 있다.

24

정답 ②

① (X) 당해연도 교육을 수강한 교육생의 불만 신고가 3회 이상 발생한 경우는 소명기회를 부여하며, 지정취소 사유에 해당하지 않는다.
② (O) 교육인원이 15명 이상인 교육은 예비농업인인 농고·농대생에 한해 운영 가능하다고 하였다.
③ (X) 직접교육비 중 다과비, 간접교육비 중 원고료는 지원 가능하다고 하였다.
④ (X) 청년창업형 후계농업경영인 선정 후 5년 이내인 자는 교육대상자라고 하였다.
⑤ (X) 교육 중 사고로 인해 민사 소송 중인 경우 지정취소 사유에 해당한다.

25

정답 ③

교육운영 성과평가 2년간 연속 D등급일 경우 소명기회를 부여받았으므로 A 교육장의 2023년과 2024년 교육운영 성과평가 결과는 50점 미만이다. 2023년 교육운영 성과평가 결과는 7+5+10 +6+2+1+6+2=39점이다. 2024년 교육운영 성과평가 결과도 50점 미만이므로 ㉠에 들어갈 점수 최댓값은 49−(8+5+7+5+3+7+3)=11점이다.

26

정답 ④

① (O) 3천만 원 이하의 저온저장고 운영 관련 컨설팅은 지원자금의 사용용도에 해당한다고 하였다.
② (O) 공급 불안에 따른 정부의 출하조절 명령 시 지원사업자는 비축물량을 가락시장 등 시장에 우선적으로 상장하는 출하조절 의무를 성실히 이행해야 한다고 하였다.
③ (O) 2023년 마늘 취급물량이 1.5천 톤인 법인이 2027년 이내 취급물량을 40% 증가하면 1.5×1.4=21천 톤이다. 전년도 취급물량이 마늘 1천 톤 이상이면서 향후 3년 이내에 마늘 2천 톤 이상 취급을 확대할 계획이 있는 법인은 지원받을 수 있다고 하였다.
④ (X) 저장시설 유휴기간에 사업신청 품목 이외의 품목을 저장할 경우에는 농식품부 사전 승인 필요하다고 하였다.
⑤ (O) 저온저장시설 설치 및 운영에 필요한 비용은 지원 가능하지만 부지매입비는 제외된다고 하였다.

27

정답 ④

A의 점수는 다음과 같다.

항목	구분	점수
종합계획과의 연계성	있음	5점
지자체 육성품목 여부	있음	5점
시설부지 확보 계획	부지는 기 확보하였으나 예정 부지 및 시설에 근저당 기 설정, 관련법 저촉 및 개발제한에 저촉 등 규제사항 없음	6점
자금운용 및 조달계획	(　)	
원물 확보 여건 및 방안	(　)	
사업규모 적정성	(　)	
연중 시설운영 가능 여부	4점	4점
조직화 계획	2점	2점
농산물우수관리인증(GAP)/식품안전관리인증기준(HACCP) 운영	HACCP 인증은 받았으나 전담인력 미확보	4점
지자체 추천순위	3순위	4점
출하조절물량 운영 계획	매우 우수	10점
사업 계획 수립의 적정성	8점	8점

전체 평가항목 합계가 80점 미만의 사업계획은 선정 제외된다고 하였으므로 A가 자금운용 및 조달계획, 원물 확보 여건 및 방안, 사업규모 적정성 항목 점수 합이 80−(5+5+6+4+2+4+4+10+8)=32점 이상이어야 한다. 세 항목의 점수가 32점 이상인 경우는 다음과 같다.

자금운용 및 조달계획	10점	10점	8점
원물 확보 여건 및 방안	14점	14점	14점
사업규모 적정성	10점	8점	10점
합계	34점	32점	32점

따라서 A가 선정 제외되지 않기 위하여 가능한 세 항목의 점수 구성은 3가지이다.

28

정답 ③

① (O) 개인신용평점 하위 20% 이하인 경우 연소득 4,500만 원 이하이거나 만 34세 이하인 경우 신속채무조정 특례를 신청할 수 있다.
② (O) 기초생활수급자의 대출약정이율이 8.3%인 경우 대출약정이율은 최소 8.3×0.3=2.49이지만 최대 3.25%까지 인하 가능하다고 하였다.
③ (X) 무담보채무가 6억 원, 담보채무가 8억 원인 경우 신속채무조정 특례를 신청할 수 없다.

④ (○) 신청 전 1개월 이내에 3개월 이상 입원치료가 필요한 질병을 진단받은 경우 특례를 신청할 수 있다.
⑤ (○) 원리금 상환 전 6개월 포함하여 총 3년 유예 가능하다고 하였다.

29

정답 ⑤

- 김 과장: 만년필에 이름이 각인되어 있으면 좋겠다고 하였으므로, 각인 서비스가 가능한 A, C, D, F 중에서 선택할 수 있다. 이때 카트리지 외 다른 방식으로 잉크를 주입하는 만년필을 쓸 생각이라고 하였으므로, A와 D는 제외된다. 남은 것은 C와 F인데 지출 금액을 최소화하기 위해서는 각인 비용을 포함하더라도 더 저렴한 F를 선물하게 된다.
- 박 대리: 정가 5만 원 이상의 만년필은 받을 수 없다고 하였으므로, 정가가 47,000원인 E와 38,000원인 F 중에서 선택할 수 있다. 이때 펜촉 굵기가 0.8mm 이상인 만년필만 사용한다고 하였는데, F는 최대 굵기가 0.7mm이므로 최대 굵기가 0.9mm인 E를 선물하게 된다.
- 이 주임: 일본, 중국, 독일, 영국 외 국가에서 만들어진 만년필을 선물로 받고 싶다고 하였으므로, 제조국이 미국인 B와 이탈리아인 C 중에서 선택할 수 있다. 이때 이왕이면 정가가 비싼 것이 좋다고 하였으므로, 정가가 B보다 더 비싼 C를 선물하게 된다.

30

정답 ③

최 대리는 펜촉 굵기가 0.3mm 이하인 만년필만 사용한다고 하였으므로, 최소 굵기가 0.5mm인 D와 0.4mm인 E는 제외된다. 남은 A, B, C, F 중에서 잉크 주입 방식이 카트리지인 것은 A뿐이므로 최 대리에게는 A를 선물하게 된다.
홍길동이 네 명의 직원에게 선물할 만년필 구입 비용은 다음과 같다.

구분	상품명	정가	각인 비용	구입 비용
김 과장	F	38,000원	10,000원	48,000원
박 대리	E	47,000원	—	47,000원
이 주임	C	79,000원	—	79,000원
최 대리	A	80,000원	무료	80,000원

따라서 홍길동의 구입 총액은 48,000+47,000+79,000+80,000=254,000원이다. 이때 구입 총액이 20만 원 이상인 경우 10%의 할인이 적용된다고 하였으므로, 홍길동이 지출할 금액은 254,000×0.9=228,600원이다.

31

정답 ③

① (○) 계약자부담금은 마리당 1만 원이라고 하였다.
② (○) 계약 암소 및 계약생산 송아지의 귀표를 다른 것과 교체한 경우 보전금의 지급 중지·회수된다고 하였다.
③ (×) 암소 송아지의 귀표번호는 12자리라고 하였다.
④ (○) 축산업 허가를 받지 않은 농가는 지원 제외된다고 하였다.
⑤ (○) 계약 암소가 폐사하더라도 수의사의 검안서가 있는 경우에는 보전금을 지급할 수 있다고 하였다.

32

정답 ③

2022년 가임 암소 사육두수는 100만 마리, 6~7개월령 송아지 평균 거래가격은 189−10=179만 원으로 마리당 10만 원을 지원받을 수 있으므로 200×10=2,000만 원을 지원받는다.
2023년 가임 암소 사육두수는 100×0.9=90만 마리, 6~7개월령 송아지 평균 거래가격은 189/1.08=175만 원으로 마리당 30만 원을 지원받을 수 있으므로 200×30=6,000만 원을 지원받는다. 따라서 B씨가 지원받은 금액은 총 8,000만 원이다.

33

정답 ⑤

T는 2시 30분부터 8시 30분까지 총 6시간 동안 주차해야 한다. A~E주차장의 요금은 각각 다음과 같다.

구분	비용
A	3,500+33×350=15,050원
B	4,000×0.9+33×400=16,800원
C	2,800+33×600=22,600원
D	4,200+21×450=13,650원
E	3,600+33×300=13,500원

따라서 요금이 가장 저렴한 주차장은 E주차장이다.

34

정답 ①

A사 신제품에 공급해 주어야 하는 기준전압은 3.5V이고, 정격전압에서 ±10%에서 사용 가능하다고 하였다. 3.5×0.9=3.15V 이상, 3.5×1.1=3.85V 이하의 배터리가 사용 가능하므로 사용 가능한 배터리는 리튬이온, 리튬폴리머, 리튬인산철이다.
에너지밀도가 높을수록 부피를 작게 만들 수 있다고 하였으므로 세 배터리 중 부피를 가장 작게 만들 수 있는 배터리는 리튬이온이다. 세 배터리 중 사용횟수가 가장 높은 배터리는 리튬인산철, 자체방전율이 가장 낮은 배터리는 리튬이온, 리튬폴리머, 안전성이 양호인 배터리는 리튬인산철이다. 따라서 리튬이온은 2점, 리튬폴리머는 1점, 리튬인산철은 2점이다.

점수가 동일한 배터리가 있는 경우 정격전압이 더 높은 배터리를 선택한다고 하였으므로 리튬이온과 리튬인산철 중 정격전압이 더 높은 리튬이온을 선택한다.

35

정답 ①

[상황]을 정리하면 다음과 같다.

- 대표를 포함한 전 직원 65명 중 80%만 송별회에 참석하기로 했으므로 참석인원은 65×0.8=52명이다. 따라서 E는 제외된다.
- 송별회 예산은 2,600,000원이므로 참석인원 기준, 1인당 최대금액은 2,600,000÷52=50,000원이다. 따라서 C도 제외된다.
- 회사대표는 미팅장소(L)에서 오후 6시 30분에 출발하고 다른 직원들은 오후 6시에 회사에서 출발하기로 하였다. 이를 통해 호텔 도착시간을 정리하면 다음과 같다.

호텔명	회사 대표 도착시간	직원 도착시간	대여가능시간
A	오후 7시 10분	오후 6시 50분	오후 7:00~9:30
B	오후 7시 50분	오후 6시 40분	오후 8:00~10:30
D	오후 6시 50분	오후 7시	오후 6:30~8:30

- A: 대표 도착시간인 오후 7시 10분부터 2시간 후인 9시 10분까지 대여가능하다.
- B: 대표·직원 모두 도착하고 대여 가능한 오후 8시부터 2시간 뒤인 10시까지 대여가능하다.
- D: 대표·직원 모두 도착하고 대여 가능한 오후 7시부터 2시간 뒤인 9시까지 대여 불가능하다(오후 8시 30분 대여 종료).

송별회를 진행할 수 있는 호텔은 A와 B이다.

36

정답 ③

참석인원은 대표를 포함한 전 직원 65명과 주요 거래업체 대표 4명으로 총 69명이다. 따라서 수용인원이 이에 못 미치는 호텔 B와 E는 제외한다. 또 회사로부터 소요시간이 1시간을 초과하는 곳인 C 역시 제외한다. 따라서 가능한 곳인 A와 D의 점수를 구하면 다음과 같다.

- A: 1+(3×4)+(2×3)=19점
- D: 4+(3×3)+(2×4)=21점

선정될 호텔은 점수가 더 높은 D다. D의 1인당 금액은 45,000원이므로 총 금액은 45,000×69=3,105,000원이다. 따라서 증액해야 할 금액은 3,105,000−2,600,000=505,000원이다.

37

정답 ①

A사, B사 순으로 방문 후 C사에 방문하는 경우 9:00에 회의 시작하여 11:00에 회의 종료 후 B사로 출발한다. 11:30에 B사에 도착과 동시에 회의를 시작하여 14:30에 회의 종료 후 C사로 출발한다. 15:30에 C사에 도착하므로 회의를 진행할 수 없으므로 C사는 첫 번째 또는 두 번째에 방문해야 한다.

1) C사를 첫 번째로 방문하는 경우
- C사 → A사 → B사 순으로 방문한 경우: 12:00에 회의를 시작하여 13:30에 회의 종료 후 A사로 출발한다. 14:20에 A사에 도착과 동시에 회의를 시작하여 16:20에 회의 종료 후 B사로 출발한다. 16:50에 B사에 도착과 동시에 회의를 시작하여 19:50에 회의가 종료해야 하지만, B사 회의 가능 시간이 19시까지이므로 회의를 진행할 수 없다.
- C사 → B사 → A사 순으로 방문한 경우: 12:00에 회의를 시작하여 13:30에 회의 종료 후 A사로 출발한다. 14:30에 B사에 도착과 동시에 회의를 시작하여 17:30에 회의 종료 후 A사로 출발한다. 18:00에 A사에 도착하므로 회의를 진행할 수 없다.

2) C사를 두 번째로 방문하는 경우
- A사 → C사 → B사 순으로 방문한 경우: 9:00에 회의를 시작하여 11:00에 회의 종료 후 C사로 출발한다. 11:50에 C사에 도착과 동시에 회의를 시작하여 13:20에 회의 종료 후 B사로 출발한다. 14:20에 B사에 도착과 동시에 회의를 시작하여 17:20에 회의가 종료된다.
- B사 → C사 → A사 순으로 방문한 경우: 9:30에 회의를 시작하여 12:30에 회의 종료 후 C사로 출발한다. 13:30에 C사에 도착과 동시에 회의를 시작하여 15:00에 회의 종료 후 A사로 출발한다. 15:50에 A사에 도착과 동시에 회의를 시작하여 17:50에 회의가 종료된다.

ㄱ. (X) C사에서 가장 먼저 회의를 진행할 수 없다.

ㄴ. (O) 가장 빠르게 모든 회의가 종료되는 시각은 17시 20분이다.

ㄷ. (O) B사 회의 가능 시간이 1시간 연장된다면, C사에서

12:00에 회의를 시작하여 13:30에 회의 종료 후 A사로 출발한다. 14:20에 A사에 도착과 동시에 회의를 시작하여 16:20에 회의 종료 후 B사로 출발한다. 16:50에 B사에 도착과 동시에 회의를 시작하여 19:50에 회의가 종료된다.

38

정답 ①

포장비는 B－A에서 확인 가능하다. B－A＝－74,990이므로, B에 포장비 969,900을 대입하면, A＝969,900＋74,990＝1,044,890임을 알 수 있다. 운송비는 B－A의 자료 역시 빈칸이기 때문에 포장비와 같은 방식으로는 확인할 수 없고, 물류비 합계를 활용해야 한다. 물류비 합계에서 운송비를 제외한 나머지를 전부 차감하면 운송비는 1,988,910－1,540－1,044,890－174,020＝770,000임을 알 수 있다. 따라서 포장비와 운송비가 물류비 합계에서 차지하는 비중은 (1,044,890＋770,000)/1,988,910＝0.9125이므로, 소수 둘째 자리에서 반올림하면 91.3%이다.

39

정답 ④

ㄱ. (○) 2021년의 마늘 비중은 마늘 생산량/채소 생산량을 통해 확인 가능하다. 50,123/102,033≒49.1%이므로 50%를 하회한다.

실수는 줄이고↓ 속도는 높이는↑ TIP

이때 50%를 나눠서 확인할 수도 있지만, 분자인 마늘 생산량의 2배가 전체값인 채소 생산량에 미치지 못하는지를 통해서도 확인 가능하다. 50,123×2＝100,246＜102,033이므로, 마늘 생산량은 채소 생산량의 50%에 못 미친다는 것을 확인 가능하다.

ㄴ. (×) 2019년부터 2021년까지는 44.6 → 48.8 → 49.1로 매년 증가하는 것을 확인할 수 있다. 그렇다면 2022년에는 49.1%보다 낮은 마늘 비중이 계산되어야 한다. 2022년의 마늘 비중은 52,538/94,930≒55.3%이다. 따라서 2022년에도 증가하기 때문에 본 선지는 옳지 않다.
이때 위 ㄱ과 마찬가지로 52,538×2＝105,076임을 통해 채소 생산량인 94,930을 넘어서는 50% 이상인 값을 쉽게 확인 가능하다.

ㄷ. (○) [표]의 전체 마늘 생산량 대비 [그림]의 난지형 마늘 생산량의 비중을 통해서 확인 가능하다. 2021년이 가장 높다고 했으므로 31,203/50,123≒65.0%이다. 다른 해 역시 60%를 넘겨야 2021년과 유의미한 비교가 가능하기 때문에 일일이 계산하기보다는 어림산을 통해 확인할 필요가 있다. 2019년은 21,652/39,920＜60%, 2020년은 25,233/44,188＜60%, 2022년은 31,203/52,538＜60%, 2023년은 22,016/44,490＜50%이므로 난지형 마늘 생산량 비중이 가장 높은 해는 2021년이다.

ㄹ. (○) 노지채소 생산량은 마늘, 양파, 고추의 합을 통해 확인 가능하다. 2020년은 44,188＋31,523＋4,472＝80,183, 2021년은 50,123＋33,480＋644＝84,247이다. 따라서 2019년 77,444, 2020년 80,183, 2021년 84,247, 2022년 84,458, 2023년 84,850으로 매년 증가함을 알 수 있다.

40

정답 ④

ㄱ. (○) 가중평균 개념을 이용해 풀 수 있다. 평균을 기준으로 한, 청년과 장년의 평균과의 거리의 비는 (60－25):(75－60)＝7:3이다. 따라서 가중치의 비는 그 역수인 3:7임을 알 수 있다. 전체 5,000명의 3:7이므로 1,500명과 3,500명으로 구성된 것이다. 따라서 청년응답자는 1,500명이고, 장년응답자는 그 2배 이상인 3,500명이다.

ㄴ. (×) 청년응답자가 2,000명으로 증가하고 찬성률이 25%이면 찬성응답자는 500명이다. 장년응답자는 기존 3,500명 중 75%인 2,625명이 찬성하면 전체 찬성인원은 3,125명이다. 전체 5,500명 중 3,125명이 찬성하면 그 찬성률은 약 56.18%이다. 55% 초과이다.

ㄷ. (○) 다른 인원은 유지되기 때문에, 찬성인원은 청년응답자 375명, 장년응답자 2,625명으로 총 3,000명이다. 이때 전체 응답자가 청년응답자는 1,500명, 장년응답자는 4,500명으로 총 6,000명이 되었기 때문에 찬성률은 50%이다.

41

정답 ④

ㄱ. (×) 숙련 근로자만으로 4일 동안 7,500kg을 수확하려면 1일 1,800kg의 수확이 필요하다. 따라서 최소 18명을 고용해야 한다. 18명의 일당과 식비는 270,000원(1일)이므로, 4일 동안 19,440,000원이 필요하다. 예산 초과로 숙련 근로자만으로 수확 업무를 진행할 수는 없다.

ㄴ. (○) 일반 근로자 20명을 고용하면, 90kg(1인당 1일 수확량)×20명×4일＝7,200kg으로 기간 내 수확이 가능하다. 소요되는 비용은 195,000원×20명×4일＝15,600,000원이다. 예산 총액 내에서 소화 가능하다.

ㄷ. (○) 숙련 근로자를 10명 고용하면, 수확량은 100×10×4=4,000kg이다. 남은 3,200kg을 수확하기 위해서는 9명을 고용해 3,240kg을 확보해야 한다.

이런 경우 소요되는 비용은 숙련 근로자 270,000원×4일×10명=10,800,000원이고, 일반 근로자 195,000원×4일×9명=7,020,000원으로 합계 17,820,000원이다. 따라서 예산 총액 내에서 필요 수확량을 모두 수확하기 위해 적합하다.

ㄹ. (×) 숙련 근로자를 12명 고용했을 때의 소요 비용은 270,000원×12명×4=12,960,000원이다. 이때 남은 예산은 5,040,000원이다. 아르바이트생은 1인당 1일 92,000, 4일 368,000원이 소요되므로, 13명까지 추가로 고용 가능하다. 이때 수확량은 숙련 근로자 12명이 100kg×12명×4일=4,800kg 수확하고, 2,400kg이 추가로 수확되어야 한다. 2,400kg을 수확하는 데 필요한 아르바이트생은 2,400kg÷4일÷80kg=8명이다. 따라서 아르바이트생은 10명까지 고용하지 않아도 된다. 8명만 고용해도 된다.

42

정답 ④

① (×) '24년에 대해 주어진 자료는 '24년 5월 평균밖에 없다. '24년 5월 중 하루라도 222$/t을 넘어섰을 수 있다. 단정지을 수 없다.

② (×) 최고가와 최저가를 유지한 기간에 대해서는 알 수 없다.

③ (×) '24년 5월의 평균만으로 구성 최고 가격에 대해 확인할 수 없다.

④ (○) 전일 대비 감소율은 (현재일 가격−전일 가격)/전일 가격×100으로 확인 가능하다. 06. 27.의 경우, 밀(HRW)와 밀(SRW), 원당은 전일 대비 가격이 증가했고, 대두는 가격이 동일하다. 따라서 가격이 감소한 옥수수, 대두, 쌀만 비교하면 된다.

옥수수의 가격 감소율은 (163−165)/165×100=1.2%, 대두의 가격 감소율은 (423−427)/427×100=0.9%, 쌀의 가격 감소율은 (369−392)/392×100=5.9%이다. 감소율은 쌀이 가장 크다.

⑤ (×) 대두 가격의 절반은 432×50%=216이다. 따라서 밀(HRW), 밀(SRW), 옥수수의 가격은 대두 가격의 절반 이하이다.

43

정답 ③

ㄱ. (×) A지역의 경우 매 조사기간 간 증감방향은 +, −, +, −, +이다. 하지만 D지역의 경우 매 조사기간 간 증감방향은 −, +, +, −, +이다. 따라서 모든 지역마다 일치하지 않는다.

ㄴ. (×) 전체 농산물소매점포 수에서 갑 업체가 차지하는 비중은 2014년에 1,432/3,723=38.5%, 2016년에 1,834/4,276=42.9%, 2018년에 1,963/4,254=46.1%, 2020년에 1,976/4,873=40.5%이다. 2020년에는 감소한다.

ㄷ. (○) 을 업체의 농산물소매점포 수가 Z국 각지(9개 지역)에 동일한 수로 분포되어 있다면, 2014년에는 지역별로 150.8개소, 2020년에는 지역별로 237개소씩 분포하게 된다. 각 개소별로 D지역에서의 월평균 배달 건수는 해당 지역 월평균 배달 건수를 개소별로 나눠야 한다. 따라서 2014년에는 757/150.8=5.02건, 2020년에는 859/237=3.6건이다. 그러므로 2020년에 감소한다.

ㄹ. (×) G지역의 2022년 대비 2024년의 월평균 배달 건수 증가율은 (762−651)/651=17.1%이다. 이를 2024년에 증가율로 반영하여 2026년의 월평균 배달 건수를 구하면 762×1.17.1=891건이 도출된다. 하지만 D지역의 2022년 대비 2024년의 월평균 배달 건수 증가율은 (872−842)/842=3.6%이다. 이를 2024년에 증가율로 반영하여 2026년을 구하면 872×1.03=903건이 도출된다. 따라서 D지역이 가장 많다. 2024년 기준 값이 G지역보다 D지역이 훨씬 크기 때문에 G지역의 증가율이 더 크지만 D지역이 여전히 더 큰 값으로 유지되는 것이다.

44

정답 ③

[상황]을 토대로 포인트를 계산하면 다음과 같다.

- H커피: 이벤트 쿠폰으로 교환을 하였으므로 적립대상에 해당하지 않는다.
- M영화관: $\frac{9,000\text{원}\times 2\text{장}}{1,000\text{원}}$ ×현금 결제 20점=360점
- W면세점: $\frac{50,000\text{원}\times 1\text{개}}{1,000\text{원}}$ ×현금 결제 10점=500점
- T레스토랑: 세트메뉴를 주문하였으므로 적립대상에 해당하지 않는다.
- E주유소: $\frac{70,000\text{원}}{1,000\text{원}}$ ×카드 결제 3점=210점

따라서 적립된 포인트의 합계는 1,070점(=360+500+210)이다.

45

정답 ③

① (○) 01~69까지는 승용차이고, 가는 비사업용 등록 번호

에 해당한다. 바르게 이해한 것이다.

② (○) 70~79까지는 승합차이고, 허는 렌터카 등록 번호에 해당한다. 바르게 이해한 것이다.

③ (×) 80~97까지는 화물차이다. 잘못 이해하였다.

④ (○) 01~69까지는 승용차이다. 아는 일반 영업용 등록 번호에 해당한다. 바르게 이해한 것이다.

⑤ (○) 98, 99는 특수차이고, 가, 나, 다 외의 '구'는 비사업용 또는 관용에 사용된다. 바르게 이해한 것이다.

46

정답 ④

① (○) 노란색 바탕은 택배 · 운수용 차량이다. 81은 화물차, 배는 택배 차량이기 때문에 하늘색 택배용 화물차를 통해 확인 가능하다.

② (○) 하얀색 바탕은 일반용 차량이다. 77은 승합차, 아는 일반 영업용 차량이기 때문에 농협의 일반 영업용 승합차를 통해 확인 가능하다.

③ (○) 남색 바탕은 외교용 차량이다. 17은 승용차, 가는 비사업용 또는 관용 차량이기 때문에 대한민국 외교부 승용차 무리를 통해 확인 가능하다.

④ (×) 연한 청색 바탕은 친환경 차량이다. 확인할 수 없다.

⑤ (○) 주황색 바탕은 중장비 차량이다. 99는 특수차, 차는 일반 영업용 차량이기 때문에 출차 중인 검정색 크레인을 통해 확인 가능하다.

47

정답 ④

ㄱ. (×) ISBN에서 '65700'이 발행자번호, '60'이 서명식별 번호로 기입되어 있다. 『멈추면, 비로소 보이는 것들』이 발행자(출판가)가 출간하는 60번째 책이 되면서 발행자번호가 5자리가 된 사례이다.

ㄴ. (○) 'ISBN: 978-89-6570-060-x'을 ISBN 체크기호 공식에 따라 적용하면, 다음과 같다.

9	7	8	-	8	9	-	6	5	7	0	-	0	6	0	-	x
×	×	×		×	×		×	×	×	×		×	×	×		
1	3	1		3	1		3	1	3	1		3	1	3		

(9+8+9+5+0+6)+(7+8+6+7+0+0)×3+x=37+84+x=121+x. '121+x'가 10의 배수가 되어야 하므로 체크기호 x는 '9'이다.

ㄷ. (×) 발행형태기호로 기재된 '03'은 교양 단행본이다.

ㄹ. (○) 내용분류기호로 기재된 '810'은 이 책의 주제가 문학임을 의미한다.

48

정답 ③

- 접두부-국별번호: 종전처럼 '978-89'
- 발행자번호: 새로 발급받은 번호가 '3724'
- 서명식별번호: 100번째 책이므로 '100'
- 체크기호: '978-89-3724-100'에서
  (9+8+9+7+4+0)+(7+8+3+2+1+0)×3+x =37+63+x=100+x=10의 배수이므로, x=0
- 독자대상기호: 아동도서이므로 '7'
- 발행형태기호: 그림만화책이므로 '7'
- 내용분류기호: 주제가 역사이므로 '9□□'

따라서 ISBN은 '978-89-3724-100-0'이고 부가기호는 '779□□'이다.

49

정답 ⑤

① (○) 각 홀수 자리 숫자를 두 배로 하면, 1/4/3/8, 5/3/7/7, 9/0/1/4, 3/7/3/4가 된다. 이를 모두 더하면 70으로, 10의 배수이기 때문에 유효하다.

② (○) 각 홀수 자리 숫자를 두 배로 하면, 3/8/5/3, 7/7/9/0, 2/4/3/8, 6/3/8/4가 된다. 이를 모두 더하면 80으로, 10의 배수이기 때문에 유효하다.

③ (○) 각 홀수 자리 숫자를 두 배로 하면, 7/3/7/7, 9/0/1/4, 5/8/5/3, 8/7/8/8이 된다. 이를 모두 더하면 90으로, 10의 배수이기 때문에 유효하다.

④ (○) 각 홀수 자리 숫자를 두 배로 하면, 8/7/9/0, 2/4/1/8, 5/3/3/7, 9/0/1/3이 된다. 이를 모두 더하면 70으로, 10의 배수이기 때문에 유효하다.

⑤ (×) 각 홀수 자리 숫자를 두 배로 하면, 3/0/1/2, 3/3/1/3, 4/6/3/0, 3/4/7/8이 된다. 이를 모두 더하면 51로, 10의 배수가 아니기 때문에 유효하지 않다.

50

정답 ①

품목번호를 부여하기 위해서는 생산연월, 공장번호, 물품번호, 고유번호를 순서대로 입력해야 한다.

1) 생산연월은 22년 5월에 생산되었기 때문에 2205
2) 공장번호는 6공장에서 생산되었기 때문에 F606
3) 물품번호는 기계 물품이기 때문에 4~5만 번 대
4) 고유번호는 특별한 규칙이 있는 것은 아니기 때문에 4자리일 때, 0000만 아니면 된다.

④의 경우에는 나머지 품목번호는 문제되지 않지만, 고유번호가 0000이기 때문에 생산 불가능한 품목번호이다. 따라서 정답은 ①이다.

직무상식평가

01

정답 ②

② (X) 농업협동조합중앙회 정관 제1조의2(농업지원사업비) 제1항에서 농업협동조합, 농협, nonghyup, NH 등의 명칭을 사용하는 모든 법인에 대하여 매출액의 1000분의 25 범위에서 명칭 사용에 대한 대가인 농업지원사업비를 부과하도록 되어 있으나 제2항에서 조합만이 출자한 법인, 조합공동사업법인, 비영리법인 등에 대해서는 예외적으로 농업지원사업비를 부과하지 않는 것으로 규정하고 있다.

02

정답 ③

'비전 2030'에 나타난 혁신전략은 다음과 같다.

1) 농업인·국민과 함께 「농사같이(農四價値)운동」 전개
2) 중앙회 지배구조 혁신과 지원체계 고도화로 「농축협 중심」의 농협 구현
3) 디지털 기반 「생산·유통 혁신」으로 미래 농산업 선도, 농업소득 향상
4) 「금융부문 혁신」과 「디지털 경쟁력」을 통해 농축협 성장 지원
5) 「미래 경영」과 「조직문화 혁신」을 통해 새로운 농협으로 도약

03

정답 ⑤

ㄱ. (X) 세계 최초의 근대적인 협동조합으로 인정받는 것은 영국의 로치데일공정선구자조합(Rochdale Society of Equitable Pioneers)이다. 로치데일 지역의 노동자들이 모여 적정가격으로 믿을 수 있는 품질의 일용 생필품을 공동으로 구매하는 낮은 단계의 활동부터 시작하여, 장기적으로 생산과 소비를 통합하는 협동조합 사회를 만들자는 웅장한 비전을 공유하면서 '로치데일협동조합'을 만들었다.

ㄴ. (O) 1884년 프랑스와 영국의 협동조합운동가들이 국제적인 협동조합 교류를 제안한 후 11년 만인 1895년 런던에서 국제협동조합연맹(ICA) 1차 대회가 열렸다. 국제협동조합연맹은 다양한 형태의 협동조합을 포괄하여 설립하되 협동조합 원칙에 대해 지속적으로 토론하기로 하였다.

ㄷ. (O) 1945년 이후 세계경제는 본격적으로 다국적 기업 중심으로 재편되어 갔다. 협동조합들은 거대한 다국적 기업의 공격에서 살아남아야 했다. 미국에서는 농산물가공사업을 활성화시키기 위해 조합원이 물량을 내는 만큼 출자금을 매년 조절하고 조절된 출자금에 비례하여 의결권을 행사하는 협동조합과 주식회사를 반쯤 섞은 듯한 새로운 협동조합이 출현했다. 이를 신세대협동조합이라고 하는데 썬키스트(Sunkist)가 그 대표적인 형태다.

ㄹ. (O) 우리나라는 1961년 농협법과 수협법, 중소기업협동조합법이 한꺼번에 만들어졌다. 중앙회를 먼저 만들고 단위조합을 만드는 방식으로 도입된 이러한 산업육성 중심의 협동조합들은 조합원들의 아래로부터의 자조와 자립의 자율적인 조직이 아니라 준(準)국가기관과 같은 기능을 수행하게 된다.

04

정답 ①

'Nomad'는 '유목민'을 뜻하는 라틴어로 장소, 시간, 상황에 구애받지 않고 혜택을 찾아 움직이는 자유로운 사람들을 의미한다. 은행권에서는 오픈뱅킹 참가 기관이 확대되고 소비자의 금융서비스 선택권 및 본인정보 통제권이 강화되면서 금리, 수수료, 자산관리 서비스 등 혜택에 따라 고객이 수시로 거래은행을 이동하는 사람을 일컬어 금융 노마드(Financial Nomad)라 한다.

05

정답 ③

디지털 트윈(Digital twin)은 현실 세계에서 얻은 정보를 기반으로 만들어낸 디지털 가상공간으로, 현실 세계와 연결된 디지털 공간에서 다양한 시뮬레이션을 수행할 수 있다는 점에서 현실 세계와 연결되지 않은 메타버스와 구분된다. 이러한 디지털 트윈을 구성하는 다섯 가지 기술은 IoT(사물 인터넷), AI(인공지능), 5G, AR(증강현실)/VR(가상현실), CAE(Computer Aided Engineering)이다.

06

정답 ②

① (O) 클라우드라는 개념은 가상화 기술을 기반으로 나온 서비스이다. 가상머신(VM; Virtual Machine)이라는 복제된 컴퓨터 환경이 만들어지기 때문에 1대의 서버 컴퓨터로 여러 대의 서버를 이용하고 있는 것처럼 작동시킬 수 있다.

② (X) 하이퍼바이저(Hypervisor)는 물리 서버 자원을 추상화하고 논리적으로 공간을 분할하여 가상머신이라는 독립된 가상 환경의 서버를 이용할 수 있게 하는 방식으로, 기존에 하나의 서버를 여러 사용자가 공유할 수 있도록 물리적으로 공간을 격리하는 방식보다 진보된 가상화이다.

③ (O) 가상머신 방식이 하이퍼바이저와 게스트OS를 필요로

하는 데 비하여 컨테이너 방식은 프로세스를 격리하여 모듈화된 프로그램 패키지로써 작성을 수행하여 오류를 최소화할 수 있다는 특징이 있다.

④ (○) 도커(Docker)는 오픈소스 기반의 컨테이너 관리 플랫폼으로, 컨테이너 기반 클라우드 컴퓨팅의 표준이다.

⑤ (○) 쿠버네티스(Kubernetes)는 여러 컨테이너(서비스)의 실행을 관리하고 외부의 요구를 적절히 배분, 조율해주는 역할을 한다.

07

정답 ⑤

물류 또는 항공 노선을 구성하는 한 형태로서 각각의 출발지(Spoke)에서 발생하는 물량을 중심 거점(Hub)으로 모으고, 중심 거점에서 물류를 분류하여 다시 각각의 도착지(Spoke)로 배송하는 형태가 마치 바퀴의 중심축(Hub)과 바퀴살(Spoke)의 모습을 연상케 한다고 해서 허브 앤 스포크(Hub & Spoke)라고 부른다.

은행권에서는 파트너십그룹(KB국민은행), 커뮤니티그룹(신한은행), 투게더그룹(우리은행), 콜라보그룹(하나은행) 등 다양한 이름으로 불린다.

08

정답 ②

2024년 2월, 한국거래소가 30년 국채선물을 상장하였다. 3년물과 5년, 10년 국채선물에 이어 30년 국채선물을 도입함에 따라, 초장기 국채 투자에 따른 금리변동 위험을 효과적으로 관리할 수 있는 수단이 제공되고 있다.

ㄴ. (×) 3년·5년·10년 국채선물의 최소 변동금액은 10,000원(=1억원×0.01×1/100)이지만 30년 국채선물의 최소 변동금액은 20,000원(=1억원×0.02×1/100)이다.

ㅁ. (×) 기초자산은 표면금리 5%, 6개월 이자지급 방식의 3, 5, 10년 그리고 30년 만기 국고채이다.

09

정답 ④

① (○) 자본자산가격결정모형(CAPM)의 비현실적인 가정을 배제하고, 대신 자본시장이 제대로 기능할 경우 가격 불균형에 의한 차익거래 기회가 주어지지 않는다는 가정에 바탕을 둔 차익거래가격결정이론을 제시하였다.

② (○) 다양한 공통요인에 대한 추가적인 추정치를 필요로 하는데, 만약 추정치가 정확하지 않다면 오히려 단일요인모형인 CAPM보다 정확성이 떨어질 수 있다.

③ (○) 차익거래가격결정이론(APT)은 시장 균형상태에서 자산의 기대수익률을 공통 요인에 대한 민감도(베타계수)의 선형함수로 표시한다.

④ (×) 차익거래 기회가 없는 균형상태에서 성립하는 균형수익률과 위험과의 관계 이론이다.

⑤ (○) 차익거래가격결정이론(APT)은 모든 자산의 기대수익률이 각 요인에 대한 민감도(체계적 위험)와 선형관계를 갖고 결정된다.

10

정답 ①

① (×) 투자 포트폴리오의 총위험(표준편차) 1단위에 대한 초과수익의 정도를 나타낸다.

② (○) 동일한 유형의 펀드 간에 동일한 운용기간을 대상으로 샤프지수를 비교해야 하며, 실무상 좋은 펀드를 찾는 데 활용한다.

③, ④ (○) 트레이너지수는 투자 포트폴리오의 체계적 위험(베타) 1단위당 무위험 초과수익을 나타내는 지표이다. 투자규모가 크고 광범위한 분산투자를 하는 연기금에 적합한데, 그 이유는 비체계적인 위험은 대부분 제거되어 있기 때문이다.

⑤ (○) 젠센의 알파는 투자 포트폴리오의 수익률이 균형상태에서의 수익률보다 얼마나 높은지를 나타내는 지표이다. 뮤추얼펀드를 맡아서 운용하는 개별 펀드매니저의 증권선택 능력을 측정할 때 활용한다.

11

정답 ④

① (×) 증권신고서 제도는 증권 발행인이 발행인과 증권에 대한 관련 정보를 공시하는 제도로 발행시장 공시에 해당한다.

② (×) 발행시장 공시는 증권발행 시 필요한 공시로 발행 이후의 공시를 의미하는 유통시장 공시에 해당하지 않는다.

③ (×) 투자설명서 제도는 투자자에 발행증권과 기업에 대한 정보를 공시하는 제도로 발행시장 공시에 해당한다.

④ (○) 사업보고서는 직전 사업연도의 영업실적 등을 공시한 보고서로 유통시장 공시에 해당한다.

⑤ (×) 증권발행 실적보고 제도는 증권발행 후 발행 실적을 보고하는 제도로 발행시장 공시에 해당한다.

실수는 줄이고↓ 속도는 높이는↑ TIP

자본시장법에서는 상장법인과 관련된 중요한 정보를 의무적으로 공시하도록 하는 공시제도가 있다. 이러한 자본시장법상 공시제도의 종류에는 유통시장 공시와 발행시장 공시가 있다. 유통시장 공시는 증권발행 이후 기업과 관련된 정보를 이해관계자에 지속적으로 제공하는 공시이고, 발행시장 공시는 증권을 공모방식으로 발행할 때 필요한 공시이다.

12

정답 ①

① (X) 회사채로 발행 후 소정의 이자가 지급되고, 발행 시 일정한 기간이 지난 후 투자자가 청구할 경우 주식으로 전환할 수 있는 채권이다.

실수는 줄이고↓ 속도는 높이는↑ TIP

전환사채의 정의와 특징은 다음과 같다.

- 회사채로 발행 후 소정의 이자가 지급되고, 발행 시 일정한 기간이 지난 후 투자자가 청구할 경우 주식으로 전환할 수 있는 채권이다.
- 주가가 약정된 가격 이상으로 상승하면 권리행사로 높은 수익률을 향유한다.
- 주가가 하락해도 부도가 나지 않는 한 보유하고 있는 채권의 원리금을 상환받을 수 있다.
- 일반채권에 비해 보장금리가 낮다.
- 청구권 행사 시 신주 발행으로 물량부담이 커서 주가 상승이 어렵다.
- 자금조달이 어려운 기업에 의해 발행된다.

13

정답 ⑤

① (X) 밴드왜건 효과는 소비자들이 대중적인 유행을 따라 상품을 구입하는 현상을 의미한다.

② (X) 스놉 효과는 '비싸야 잘 팔린다'와 '특별함'을 합친 개념으로, 명품이라 할지라도 대중화가 되면 수요가 감소하는 것을 의미한다. '속물 효과'라고도 불린다.

③ (X) 베블런 효과는 사람들의 과시욕이나 허영심 때문에 상품이 가격이 상승하는데도 수요가 증가하는 현상을 의미한다.

④ (X) 저축의 역설은 개인의 과도한 저축으로 인한 소비 감소가 경제 침체와 불황을 유발하는 현상을 의미한다.

⑤ (O) 파노플리 효과는 특정 제품을 구매하는 경우 그 제품을 구매하는 계층과 같은 부류라고 생각하는 현상이다. 파노플리 효과는 신분상승을 위해 특정 상품을 구매하는 현상으로 이어진다.

14

정답 ③

① (O) 케인즈 학파는 이자율 변화 시 화폐 수요가 민감하게 반응하지만 소득 변화 시에는 크게 반응을 하지 않는다고 본다. 또한 케인즈 학파는 투자가 이자율보다 기업가의 동물적 감각에 크게 영향을 받는다고 본다.

② (O) 구축효과는 정부지출 증가로 인해 이자율 상승 시 민간투자가 감소하는 것을 의미한다. 고전학파와 통화주의학파는 재정정책의 구축효과가 크다고 보았다.

③ (X) 통화주의학파는 화폐 수요의 이자율 탄력성은 작고 화폐 수요의 소득탄력성과 투자의 이자율탄력성은 크다고 보므로 틀린 보기이다. 즉, 통화주의학파는 화폐 수요가 이자율 변화에 영향을 적게 받으며 소득의 변화에 영향을 크게 받는다고 본다. 또한, 통화주의학파는 투자는 이자율의 영향을 크게 받는다고 본다.

④ (O) 정부지출 증가로 국민소득이 증가하는 경우 화폐 수요의 소득탄력성이 높은 경우 국민소득 증가 시 화폐 수요도 큰 폭으로 증가해 이자율이 크게 상승한다. 또한, 이자율이 상승하는 경우 투자의 이자율 탄력성이 클수록 투자가 크게 감소해 구축효과가 커진다.

⑤ (O) 투자의 이자율 탄력성이 높아 투자가 이자율 변화에 민감하게 반응 시 이자가 상승하면 투자가 급격히 감소한다.

15

정답 ⑤

① (X) 점 A에서는 재화시장은 초과공급, 화폐시장은 초과수요 상태에 있다.

② (X) 점 B에서는 재화시장은 초과수요, 화폐시장은 초과수요 상태에 있다.

③ (X) 점 C에서는 재화시장은 초과수요, 화폐시장은 초과공급 상태에 있다.

④ (X) 점 D에서는 재화시장은 초과수요, 화폐시장은 초과수요 상태에 있다.

⑤ (O) 점 A에서는 재화시장은 초과공급, 화폐시장은 초과수요 상태에 있다.

16

정답 ①

ㄱ. 국공채를 매도하면 시중은행의 자금이 중앙은행으로 이동하면서 통화량이 줄어든다. 이는 시중의 유동성을 줄여 인플레이션 압력을 완화하는 데 효과적이다.

ㄴ. 지급준비율 인상은 시중은행이 중앙은행에 더 많은 준비금을 예치하도록 요구한다. 이는 시중은행의 대출 여력을 줄이고, 결과적으로 시중의 통화량을 감소시킨다. 대출이 줄어들면 소비와 투자가 감소하여 경제 활동이 억제된다.

ㄷ. 재할인율 인상은 중앙은행이 시중은행에 대출해 주는 금리를 높이게 된다. 이는 시중은행의 대출 비용을 증가시켜 대출을 억제하고, 시중의 통화량을 줄인다. 대출 비용이 증가하면 대출 수요가 감소하고, 이는 소비와 투자를 줄여 경제 과열을 완화한다.

17

정답 ③

① (X) 공공재는 비배제성을 가지기 때문에 특정 개인이나 그룹이 이를 사용하는 것을 제한할 수 없다.

② (X) 공공재는 시장 실패를 일으키기 쉬워 정부의 개입이 필요하다. 예를 들어 국방, 치안 등은 시장에서 자연스럽게 제공되기 어렵다.

③ (O) 무임승차 문제는 공공재의 비배제성 때문에 사람들이 비용을 지불하지 않고 혜택을 받을 수 있어서 발생한다.

④ (X) 공공재는 비경합성을 가지므로 사용자의 수가 증가해도 개인당 소비량이 감소하지 않는다.

⑤ (X) 공공재의 시장 수요는 각 개인의 지불 의사를 더해 수직적으로 합산한 곡선을 사용한다. 이는 공공재의 비경합적 성질 때문이다.

18

정답 ①

① (O) 꾸르노 모형에서 각 기업은 상대방의 생산량을 주어진 것으로 본다.

② (X) 슈타켈버그 모형에서는 선도기업이 먼저 생산량을 결정하고, 추종기업이 이를 고려하여 자신의 생산량을 결정한다.

③ (X) 베르뜨랑 모형에서는 각 기업이 가격을 경쟁하여 결정하며, 생산량은 가격의 함수로 자동적으로 결정된다.

④ (X) 굴절수요곡선 모형에서는 기업이 가격을 인상하면 경쟁기업이 따라오지 않고, 가격을 인하하면 경쟁기업이 따라오는 상황을 고려한다.

⑤ (X) 독자적 모형에서는 각 기업이 독립적으로 행동하며 협력하지 않는다.

19

정답 ①

1) 국제무역 전 소비자잉여는 A, 생산자잉여는 B+C, 총잉여는 A+B+C이다.

2) 국제무역 후 재화의 가격이 낮아지면, 국내 소비량이 증가하게 된다. 따라서 소비자잉여는 A+B+D가 된다. 그러나 국내 생산자들은 더 낮은 가격으로 인해 생산자잉여가 감소하여 C가 된다.

3) 국제무역이 시작되면 소비자잉여의 증가분이 생산자잉여의 감소분을 초과하여 총잉여가 증가하고. 총잉여는 A+B+C+D가 된다.

20

정답 ③

• 한계생산력(MP): $MP_L=0.5L^{-0.5}K^{0.5}$

$MP_K=0.5L^{0.5}K^{-0.5}$

• 한계생산산물가치(VMP):

$VMP_L=MP_L\times P=0.5L^{-0.5}K^{0.5}\times P$

$VMP_K=MP_K\times P=0.5L^{0.5}K^{-0.5}\times P$

• 이윤극대화조건:

$$\frac{VMP_L}{w}=\frac{VMP_K}{r}=\frac{0.5L^{-0.5}K^{0.5}\times P}{10}=\frac{0.5L^{0.5}K^{-0.5}\times P}{20}$$

위 식을 정리하면 L=2K이다. 선택지에서 이를 만족하는 조합을 찾으면 L=20, K=10이다.

21

정답 ②

① (X) 가격이 하락할 때, 소득효과와 대체효과가 반대로 작용하여 수요가 감소한다.

② (O) 기펜재는 열등재의 일종으로, 가격이 상승할 때 오히려 수요가 증가하는 특성을 지닌다. 이는 소득효과가 대체효과보다 강하게 작용하기 때문이다.

③ (X) 기펜재의 수요 변화는 대체재의 가격 변화와 직접적인 관련이 없다. 기펜재는 자체 가격 변화에 따라 수요가 비정상적으로 반응하는 특성을 지닌다.

④ (X) 기펜재는 주로 저소득층이 소비하는 필수품에서 발견되며, 고가의 사치품과는 관련이 적다. 저소득층이 주로 소비하는 매우 저렴한 기본식품인 빵을 기펜재의 예시로 들 수 있다. 만약 빵 가격이 오른다면, 사람들은 비싼 다른 식품 대신 더 많은 빵을 구매하게 될 것이다. 따라서 가격이 올라가도 빵의 수요는 줄어들지 않고 오히려 증가하는 현상이 발생하게 된다.

⑤ (X) 기펜재는 일반적인 수요 법칙과 반대로 가격이 상승할 때 수요가 증가한다.

22

정답 ④

① (X) 평균비용은 총비용을 생산량으로 나눈 값으로 80(=160/2)이다.

② (X) 한계비용은 총비용의 증가분을 생산량의 증가분으로 나눈 값으로 30(=190−160)이다.

③ (X) 2단위 평균비용은 80(=160/2), 3단위 평균비용은 63.33(=190/3)으로 평균비용은 감소한다.

④ (O) 고정비용은 생산량이 0일 때의 총비용을 의미하므로 고정비용은 100이다.

⑤ (X) 5단위일 때 한계비용이 평균비용보다 높으므로, 이는 규모의 불경제가 발생하는 상황이다.

23

정답 ①

생산자에게 5원의 세금 부과 시 새로운 공급곡선은 다음과 같다.

$Q=3(P-5)-10=3P-25$

균형가격과 거래량을 구하기 위해 새로운 공급곡선과 수요곡선 $Q=50-2P$를 연립해서 풀면 균형가격은 15, 거래량은 20이 된다.

24

정답 ②

① (X) CPI는 소비재와 서비스만 포함하며, 자본재는 포함하지 않는다. GDP 디플레이터는 소비재, 자본재, 정부 지출 등을 포함한다.

② (O) CPI는 소비자가 일상 생활에서 구매하는 재화와 서비스의 가격 변동을 반영하는 지표이고, GDP 디플레이터는 한 나라의 경제에서 생산된 모든 최종 재화와 서비스의 가격 변동을 반영하는 지표이다.

③ (X) CPI는 수입품 가격 변동을 반영하지만, GDP 디플레이터는 국내에서 생산된 재화와 서비스만을 포함하므로 수입품 가격 변동을 반영하지 않는다.

④ (X) CPI와 GDP 디플레이터는 서로 다른 방법으로 가중치를 사용한다. CPI는 고정된 가중치를 사용하고, GDP 디플레이터는 변동하는 경제 구조를 반영하여 가중치를 사용한다.

⑤ (X) CPI는 라스파이레스 방식을 사용하고, GDP 디플레이터는 파셰 방식을 사용하여 작성한다.

25

정답 ⑤

① (X) 실물적 충격, 예를 들어 기술적 변화가 경기 변동의 주요 원인이라고 주장하며, 화폐적 충격은 강조하지 않는다.

② (X) 경제가 균형 상태에서 벗어나도 시장 메커니즘에 의해 자연스럽게 조정될 수 있다고 주장한다.

③ (X) 노동시장의 유연성이 높다고 가정하며, 이로 인해 노동의 기간 간 대체가 가능해 경기 변동이 지속된다고 본다.

④ (X) 건설기간을 중요하게 고려하며, 장기적인 기술 혁신과 같은 실물적 충격이 경기 변동의 주요 원인이라고 주장한다.

⑤ (O) 노동자이 미래의 경제 상황을 예상하고, 이에 따라 현재의 노동 공급을 조정함으로써 자발적 실업이 발생할 수 있다고 본다.

26

정답 ④

① (X) 한계소비성향이 일정하게 유지된다고 주장한다.

② (X) 평균소비성향이 소득이 증가할수록 감소한다고 주장한다.

③ (X) 평균소비성향이 한계소비성향보다 항상 크다고 주장한다.

④ (O) 소득이 증가할수록 소비의 증가 비율은 소득 증가 비율보다 작기 때문에 평균저축성향은 증가한다.

⑤ (X) 평균소비성향과 평균저축성향의 합이 1이므로, 평균소비성향이 평균저축성향보다 항상 크지는 않다.

27

정답 ③

ㄱ. (X) 모든 개인이 저축을 늘리면 소비가 감소해 총수요가 줄어들고, 이는 경제 활동을 위축시켜 총저축이 오히려 감소할 수 있다.

ㄴ. (O) 절약의 역설은 단기적으로 저축 증가가 경제에 부정적인 영향을 미칠 수 있음을 설명하며, 이는 저축이 항상 경제 성장에 도움이 된다는 고전 경제학의 관점과 상충된다.

ㄷ. (X) 절약의 역설은 단기적으로나 장기적으로 모두 발생할 수 있다. 저축이 단기적으로 총수요를 감소시키고 경제 침체를 야기할 수 있기 때문에, 반드시 장기적으로 긍정적인 영향을 미친다고 할 수 없다.

ㄹ. (O) 소비 성향이 낮으면 저축 성향이 높아지고, 이는 소비 감소로 이어져 절약의 역설이 더 강하게 나타날 수 있다.

ㅁ. (X) 저축 증가로 인해 소비와 총수요가 줄어들어 유발투자가 감소하고, 이는 경제를 위축시킨다.

28

정답 ①

① (O) 통화정책은 주로 중앙은행이 금리를 조정하는 방식으로 시행되며, 비교적 빠르게 경제에 영향을 미칠 수 있다. 반면, 재정정책은 입법 과정 등을 거쳐야 하므로 시간이 더 오래 걸린다.

② (X) 정책의 시차는 정책이 시행된 후 즉시 경제에 영향을 미치는 시간을 의미하는 것이 아니라, 정책 결정에서 실제 효과 발현까지의 시간 차이를 의미한다.

③ (X) 통화주의학파는 오히려 정책의 시차 문제로 인해 정부의 개입이 경제의 불안정성을 증가시킬 수 있다고 주장한다.

④ (X) 정책의 시차 문제는 정부의 경제 개입이 의도한 효과

를 내기 어려워 오히려 경제의 불안정성을 초래할 수 있다는 것을 의미한다.

⑤ (X) 정책의 시차 문제는 통화정책뿐만 아니라 재정정책에도 적용된다.

29

정답 ⑤

① (X) 파레토 개선은 다른 사람의 효용을 감소시키지 않고 한 사람의 효용을 증가시키는 것을 의미한다.

② (X) 파레토 효율성은 자원이 고르게 분배된 상태를 의미하지 않으며, 자원이 최적으로 배분된 상태를 의미한다.

③ (X) 파레토 효율성 상태에서는 자원의 재배분을 통해 모두의 효용을 증가시킬 수 없다.

④ (X) 파레토 효율성을 달성한 상태에서는 다른 사람의 효용을 감소시키지 않고는 한 사람의 효용을 증가시킬 수 없다.

⑤ (O) 파레토 효율적인 배분이 반드시 형평성을 의미하지는 않는다. 예를 들어, 모든 자원이 소수의 사람들에게 집중된 상태가 파레토 효율적일 수 있지만, 이는 많은 사람들에게 불공정할 수 있다.

30

정답 ⑤

효용함수가 $U=\min[aX, bY]$인 경우 X재와 Y재는 완전 보완재 관계에 있다. 이러한 관계에서는 $U=aX=bY$일 때 효용극대화가 달성된다. 따라서 $U=X=4Y$의 식을 도출할 수 있다.

X재와 Y의 가격과 예산이 주어졌으므로 예산제약식($M=P_X \cdot X+P_Y \cdot Y$)을 구하면 $200=3X+8Y$이다.

주어진 효용함수를 통해 도출한 식과 예산제약식을 연립하면

$200=3 \cdot 4Y+8Y=20Y$

따라서 $X=40$, $Y=10$이다.

혼JOB 농협은행 5급 기출복원 + 실전모의고사
직무능력평가 + 직무상식평가

발 행 일 2024년 9월 22일 (초판 1쇄)
편 저 자 혼JOB취업연구소
펴 낸 곳 (주)커리어빅
펴 낸 이 석의현
가 격 26,000원
I S B N 979-11-91026-77-1 (13320)
주 소 서울특별시 종로구 인사동5길 25
전 화 02) 3210-0651
홈페이지 www.honjob.co.kr
이 메 일 honjob@naver.com

정오 문의 및 정오표 다운로드는 홈페이지를 이용해 주시기 바랍니다.

※ 본 답안지는 실제와 다를 수 있습니다.

자름선

농협은행 5급 기출복원+실전모의고사 OMR 답안지

성명(4자까지만 표기)

ㄱ ㅏ ㄱ	ㄱ ㅏ ㄱ	ㄱ ㅏ ㄱ	ㄱ ㅏ ㄱ
ㄴ ㅑ ㄴ	ㄴ ㅑ ㄴ	ㄴ ㅑ ㄴ	ㄴ ㅑ ㄴ
ㄷ ㅓ ㄷ	ㄷ ㅓ ㄷ	ㄷ ㅓ ㄷ	ㄷ ㅓ ㄷ
ㄹ ㅕ ㄹ	ㄹ ㅕ ㄹ	ㄹ ㅕ ㄹ	ㄹ ㅕ ㄹ
ㅁ ㅗ ㅁ	ㅁ ㅗ ㅁ	ㅁ ㅗ ㅁ	ㅁ ㅗ ㅁ
ㅂ ㅛ ㅂ	ㅂ ㅛ ㅂ	ㅂ ㅛ ㅂ	ㅂ ㅛ ㅂ
ㅅ ㅜ ㅅ	ㅅ ㅜ ㅅ	ㅅ ㅜ ㅅ	ㅅ ㅜ ㅅ
ㅇ ㅠ ㅇ	ㅇ ㅠ ㅇ	ㅇ ㅠ ㅇ	ㅇ ㅠ ㅇ
ㅈ ㅡ ㅈ	ㅈ ㅡ ㅈ	ㅈ ㅡ ㅈ	ㅈ ㅡ ㅈ
ㅊ ㅣ ㅊ	ㅊ ㅣ ㅊ	ㅊ ㅣ ㅊ	ㅊ ㅣ ㅊ
ㅋ ㅐ ㅋ	ㅋ ㅐ ㅋ	ㅋ ㅐ ㅋ	ㅋ ㅐ ㅋ
ㅌ ㅒ ㅌ	ㅌ ㅒ ㅌ	ㅌ ㅒ ㅌ	ㅌ ㅒ ㅌ
ㅍ ㅔ ㅍ	ㅍ ㅔ ㅍ	ㅍ ㅔ ㅍ	ㅍ ㅔ ㅍ
ㅎ ㅖ ㅎ	ㅎ ㅖ ㅎ	ㅎ ㅖ ㅎ	ㅎ ㅖ ㅎ
ㄲ ㅘ ㄲ	ㄲ ㅘ ㄲ	ㄲ ㅘ ㄲ	ㄲ ㅘ ㄲ
ㄸ ㅙ ㄶ	ㄸ ㅙ ㄶ	ㄸ ㅙ ㄶ	ㄸ ㅙ ㄶ
ㅃ ㅚ ㄺ	ㅃ ㅚ ㄺ	ㅃ ㅚ ㄺ	ㅃ ㅚ ㄺ
ㅆ ㅟ ㄻ	ㅆ ㅟ ㄻ	ㅆ ㅟ ㄻ	ㅆ ㅟ ㄻ
ㅉ ㅞ ㄼ	ㅉ ㅞ ㄼ	ㅉ ㅞ ㄼ	ㅉ ㅞ ㄼ
ㅝ ㅀ	ㅝ ㅀ	ㅝ ㅀ	ㅝ ㅀ
ㅢ	ㅢ	ㅢ	ㅢ

수험번호(8자리)

⓪	⓪	⓪	⓪	⓪	⓪	⓪	⓪
①	①	①	①	①	①	①	①
②	②	②	②	②	②	②	②
③	③	③	③	③	③	③	③
④	④	④	④	④	④	④	④
⑤	⑤	⑤	⑤	⑤	⑤	⑤	⑤
⑥	⑥	⑥	⑥	⑥	⑥	⑥	⑥
⑦	⑦	⑦	⑦	⑦	⑦	⑦	⑦
⑧	⑧	⑧	⑧	⑧	⑧	⑧	⑧
⑨	⑨	⑨	⑨	⑨	⑨	⑨	⑨

생년월일(연도/월/일)

⓪	⓪	⓪	⓪	⓪	⓪
①	①	①	①	①	①
②	②	②	②	②	②
③	③	③	③	③	③
④	④	④	④	④	④
⑤	⑤	⑤	⑤	⑤	⑤
⑥	⑥	⑥	⑥	⑥	⑥
⑦	⑦	⑦	⑦	⑦	⑦
⑧	⑧	⑧	⑧	⑧	⑧
⑨	⑨	⑨	⑨	⑨	⑨

직무능력평가(01~50) | 직무상식평가(01~30)

01	① ② ③ ④ ⑤	21	① ② ③ ④ ⑤	41	① ② ③ ④ ⑤	01	① ② ③ ④ ⑤
02	① ② ③ ④ ⑤	22	① ② ③ ④ ⑤	42	① ② ③ ④ ⑤	02	① ② ③ ④ ⑤
03	① ② ③ ④ ⑤	23	① ② ③ ④ ⑤	43	① ② ③ ④ ⑤	03	① ② ③ ④ ⑤
04	① ② ③ ④ ⑤	24	① ② ③ ④ ⑤	44	① ② ③ ④ ⑤	04	① ② ③ ④ ⑤
05	① ② ③ ④ ⑤	25	① ② ③ ④ ⑤	45	① ② ③ ④ ⑤	05	① ② ③ ④ ⑤
06	① ② ③ ④ ⑤	26	① ② ③ ④ ⑤	46	① ② ③ ④ ⑤	06	① ② ③ ④ ⑤
07	① ② ③ ④ ⑤	27	① ② ③ ④ ⑤	47	① ② ③ ④ ⑤	07	① ② ③ ④ ⑤
08	① ② ③ ④ ⑤	28	① ② ③ ④ ⑤	48	① ② ③ ④ ⑤	08	① ② ③ ④ ⑤
09	① ② ③ ④ ⑤	29	① ② ③ ④ ⑤	49	① ② ③ ④ ⑤	09	① ② ③ ④ ⑤
10	① ② ③ ④ ⑤	30	① ② ③ ④ ⑤	50	① ② ③ ④ ⑤	10	① ② ③ ④ ⑤
11	① ② ③ ④ ⑤	31	① ② ③ ④ ⑤	01	① ② ③ ④ ⑤	21	① ② ③ ④ ⑤
12	① ② ③ ④ ⑤	32	① ② ③ ④ ⑤	02	① ② ③ ④ ⑤	22	① ② ③ ④ ⑤
13	① ② ③ ④ ⑤	33	① ② ③ ④ ⑤	03	① ② ③ ④ ⑤	23	① ② ③ ④ ⑤
14	① ② ③ ④ ⑤	34	① ② ③ ④ ⑤	04	① ② ③ ④ ⑤	24	① ② ③ ④ ⑤
15	① ② ③ ④ ⑤	35	① ② ③ ④ ⑤	05	① ② ③ ④ ⑤	25	① ② ③ ④ ⑤
16	① ② ③ ④ ⑤	36	① ② ③ ④ ⑤	06	① ② ③ ④ ⑤	26	① ② ③ ④ ⑤
17	① ② ③ ④ ⑤	37	① ② ③ ④ ⑤	07	① ② ③ ④ ⑤	27	① ② ③ ④ ⑤
18	① ② ③ ④ ⑤	38	① ② ③ ④ ⑤	08	① ② ③ ④ ⑤	28	① ② ③ ④ ⑤
19	① ② ③ ④ ⑤	39	① ② ③ ④ ⑤	09	① ② ③ ④ ⑤	29	① ② ③ ④ ⑤
20	① ② ③ ④ ⑤	40	① ② ③ ④ ⑤	10	① ② ③ ④ ⑤	30	① ② ③ ④ ⑤

감독자 확인란	

※ 본 답안지는 실제와 다를 수 있습니다. 자름선

농협은행 5급 기출복원+실전모의고사 OMR 답안지

성명(4자까지만 표기)

ㄱ ㅏ ㄱ	ㄱ ㅏ ㄱ	ㄱ ㅏ ㄱ	ㄱ ㅏ ㄱ
ㄴ ㅑ ㄴ	ㄴ ㅑ ㄴ	ㄴ ㅑ ㄴ	ㄴ ㅑ ㄴ
ㄷ ㅓ ㄷ	ㄷ ㅓ ㄷ	ㄷ ㅓ ㄷ	ㄷ ㅓ ㄷ
ㄹ ㅕ ㄹ	ㄹ ㅕ ㄹ	ㄹ ㅕ ㄹ	ㄹ ㅕ ㄹ
ㅁ ㅗ ㅁ	ㅁ ㅗ ㅁ	ㅁ ㅗ ㅁ	ㅁ ㅗ ㅁ
ㅂ ㅛ ㅂ	ㅂ ㅛ ㅂ	ㅂ ㅛ ㅂ	ㅂ ㅛ ㅂ
ㅅ ㅜ ㅅ	ㅅ ㅜ ㅅ	ㅅ ㅜ ㅅ	ㅅ ㅜ ㅅ
ㅇ ㅠ ㅇ	ㅇ ㅠ ㅇ	ㅇ ㅠ ㅇ	ㅇ ㅠ ㅇ
ㅈ ㅡ ㅈ	ㅈ ㅡ ㅈ	ㅈ ㅡ ㅈ	ㅈ ㅡ ㅈ
ㅊ ㅣ ㅊ	ㅊ ㅣ ㅊ	ㅊ ㅣ ㅊ	ㅊ ㅣ ㅊ
ㅋ ㅐ ㅋ	ㅋ ㅐ ㅋ	ㅋ ㅐ ㅋ	ㅋ ㅐ ㅋ
ㅌ ㅒ ㅌ	ㅌ ㅒ ㅌ	ㅌ ㅒ ㅌ	ㅌ ㅒ ㅌ
ㅍ ㅔ ㅍ	ㅍ ㅔ ㅍ	ㅍ ㅔ ㅍ	ㅍ ㅔ ㅍ
ㅎ ㅖ ㅎ	ㅎ ㅖ ㅎ	ㅎ ㅖ ㅎ	ㅎ ㅖ ㅎ
ㄲ ㅘ ㄲ	ㄲ ㅘ ㄲ	ㄲ ㅘ ㄲ	ㄲ ㅘ ㄲ
ㄸ ㅙ ㄶ	ㄸ ㅙ ㄶ	ㄸ ㅙ ㄶ	ㄸ ㅙ ㄶ
ㅃ ㅚ ㄺ	ㅃ ㅚ ㄺ	ㅃ ㅚ ㄺ	ㅃ ㅚ ㄺ
ㅆ ㅝ ㄻ	ㅆ ㅝ ㄻ	ㅆ ㅝ ㄻ	ㅆ ㅝ ㄻ
ㅉ ㅞ ㄼ	ㅉ ㅞ ㄼ	ㅉ ㅞ ㄼ	ㅉ ㅞ ㄼ
ㅟ ㅀ	ㅟ ㅀ	ㅟ ㅀ	ㅟ ㅀ
ㅢ	ㅢ	ㅢ	ㅢ

수험번호(8자리)

⓪	⓪	⓪	⓪	⓪	⓪	⓪	⓪
①	①	①	①	①	①	①	①
②	②	②	②	②	②	②	②
③	③	③	③	③	③	③	③
④	④	④	④	④	④	④	④
⑤	⑤	⑤	⑤	⑤	⑤	⑤	⑤
⑥	⑥	⑥	⑥	⑥	⑥	⑥	⑥
⑦	⑦	⑦	⑦	⑦	⑦	⑦	⑦
⑧	⑧	⑧	⑧	⑧	⑧	⑧	⑧
⑨	⑨	⑨	⑨	⑨	⑨	⑨	⑨

생년월일(연도/월/일)

⓪	⓪	⓪	⓪	⓪	⓪
①	①	①	①	①	①
②	②	②	②	②	②
③	③	③	③	③	③
④	④	④	④	④	④
⑤	⑤	⑤	⑤	⑤	⑤
⑥	⑥	⑥	⑥	⑥	⑥
⑦	⑦	⑦	⑦	⑦	⑦
⑧	⑧	⑧	⑧	⑧	⑧
⑨	⑨	⑨	⑨	⑨	⑨

직무능력평가(01~50) | 직무상식평가(01~30)

01	① ② ③ ④ ⑤	21	① ② ③ ④ ⑤	41	① ② ③ ④ ⑤	01	① ② ③ ④ ⑤
02	① ② ③ ④ ⑤	22	① ② ③ ④ ⑤	42	① ② ③ ④ ⑤	02	① ② ③ ④ ⑤
03	① ② ③ ④ ⑤	23	① ② ③ ④ ⑤	43	① ② ③ ④ ⑤	03	① ② ③ ④ ⑤
04	① ② ③ ④ ⑤	24	① ② ③ ④ ⑤	44	① ② ③ ④ ⑤	04	① ② ③ ④ ⑤
05	① ② ③ ④ ⑤	25	① ② ③ ④ ⑤	45	① ② ③ ④ ⑤	05	① ② ③ ④ ⑤
06	① ② ③ ④ ⑤	26	① ② ③ ④ ⑤	46	① ② ③ ④ ⑤	06	① ② ③ ④ ⑤
07	① ② ③ ④ ⑤	27	① ② ③ ④ ⑤	47	① ② ③ ④ ⑤	07	① ② ③ ④ ⑤
08	① ② ③ ④ ⑤	28	① ② ③ ④ ⑤	48	① ② ③ ④ ⑤	08	① ② ③ ④ ⑤
09	① ② ③ ④ ⑤	29	① ② ③ ④ ⑤	49	① ② ③ ④ ⑤	09	① ② ③ ④ ⑤
10	① ② ③ ④ ⑤	30	① ② ③ ④ ⑤	50	① ② ③ ④ ⑤	10	① ② ③ ④ ⑤
11	① ② ③ ④ ⑤	31	① ② ③ ④ ⑤	01	① ② ③ ④ ⑤	21	① ② ③ ④ ⑤
12	① ② ③ ④ ⑤	32	① ② ③ ④ ⑤	02	① ② ③ ④ ⑤	22	① ② ③ ④ ⑤
13	① ② ③ ④ ⑤	33	① ② ③ ④ ⑤	03	① ② ③ ④ ⑤	23	① ② ③ ④ ⑤
14	① ② ③ ④ ⑤	34	① ② ③ ④ ⑤	04	① ② ③ ④ ⑤	24	① ② ③ ④ ⑤
15	① ② ③ ④ ⑤	35	① ② ③ ④ ⑤	05	① ② ③ ④ ⑤	25	① ② ③ ④ ⑤
16	① ② ③ ④ ⑤	36	① ② ③ ④ ⑤	06	① ② ③ ④ ⑤	26	① ② ③ ④ ⑤
17	① ② ③ ④ ⑤	37	① ② ③ ④ ⑤	07	① ② ③ ④ ⑤	27	① ② ③ ④ ⑤
18	① ② ③ ④ ⑤	38	① ② ③ ④ ⑤	08	① ② ③ ④ ⑤	28	① ② ③ ④ ⑤
19	① ② ③ ④ ⑤	39	① ② ③ ④ ⑤	09	① ② ③ ④ ⑤	29	① ② ③ ④ ⑤
20	① ② ③ ④ ⑤	40	① ② ③ ④ ⑤	10	① ② ③ ④ ⑤	30	① ② ③ ④ ⑤

감독자 확인란	

※ 본 답안지는 실제와 다를 수 있습니다.

자름선

농협은행 5급 기출복원+실전모의고사 OMR 답안지

성명(4자까지만 표기)

㉠	ㅏ	㉠	㉠	ㅏ	㉠	㉠	ㅏ	㉠	㉠	ㅏ	㉠
㉡	ㅑ	㉡	㉡	ㅑ	㉡	㉡	ㅑ	㉡	㉡	ㅑ	㉡
㉢	ㅓ	㉢	㉢	ㅓ	㉢	㉢	ㅓ	㉢	㉢	ㅓ	㉢
㉣	ㅕ	㉣	㉣	ㅕ	㉣	㉣	ㅕ	㉣	㉣	ㅕ	㉣
㉤	ㅗ	㉤	㉤	ㅗ	㉤	㉤	ㅗ	㉤	㉤	ㅗ	㉤
㉥	ㅛ	㉥	㉥	ㅛ	㉥	㉥	ㅛ	㉥	㉥	ㅛ	㉥
㉦	ㅜ	㉦	㉦	ㅜ	㉦	㉦	ㅜ	㉦	㉦	ㅜ	㉦
㉧	ㅠ	㉧	㉧	ㅠ	㉧	㉧	ㅠ	㉧	㉧	ㅠ	㉧
㉨	ㅡ	㉨	㉨	ㅡ	㉨	㉨	ㅡ	㉨	㉨	ㅡ	㉨
㉩	ㅣ	㉩	㉩	ㅣ	㉩	㉩	ㅣ	㉩	㉩	ㅣ	㉩
㉪	ㅐ	㉪	㉪	ㅐ	㉪	㉪	ㅐ	㉪	㉪	ㅐ	㉪
㉫	ㅒ	㉫	㉫	ㅒ	㉫	㉫	ㅒ	㉫	㉫	ㅒ	㉫
㉬	ㅔ	㉬	㉬	ㅔ	㉬	㉬	ㅔ	㉬	㉬	ㅔ	㉬
㉭	ㅖ	㉭	㉭	ㅖ	㉭	㉭	ㅖ	㉭	㉭	ㅖ	㉭
ㄲ	ㅘ	ㄲ	ㄲ	ㅘ	ㄲ	ㄲ	ㅘ	ㄲ	ㄲ	ㅘ	ㄲ
ㄸ	ㅙ	ㄶ	ㄸ	ㅙ	ㄶ	ㄸ	ㅙ	ㄶ	ㄸ	ㅙ	ㄶ
ㅃ	ㅚ	ㄺ	ㅃ	ㅚ	ㄺ	ㅃ	ㅚ	ㄺ	ㅃ	ㅚ	ㄺ
ㅆ	ㅝ	ㄻ	ㅆ	ㅝ	ㄻ	ㅆ	ㅝ	ㄻ	ㅆ	ㅝ	ㄻ
ㅉ	ㅞ	ㄼ	ㅉ	ㅞ	ㄼ	ㅉ	ㅞ	ㄼ	ㅉ	ㅞ	ㄼ
	ㅟ	ㅀ		ㅟ	ㅀ		ㅟ	ㅀ		ㅟ	ㅀ
	ㅢ			ㅢ			ㅢ			ㅢ	

수험번호(8자리)

⓪	⓪	⓪	⓪	⓪	⓪	⓪	⓪
①	①	①	①	①	①	①	①
②	②	②	②	②	②	②	②
③	③	③	③	③	③	③	③
④	④	④	④	④	④	④	④
⑤	⑤	⑤	⑤	⑤	⑤	⑤	⑤
⑥	⑥	⑥	⑥	⑥	⑥	⑥	⑥
⑦	⑦	⑦	⑦	⑦	⑦	⑦	⑦
⑧	⑧	⑧	⑧	⑧	⑧	⑧	⑧
⑨	⑨	⑨	⑨	⑨	⑨	⑨	⑨

생년월일(연도/월/일)

⓪	⓪	⓪	⓪	⓪	⓪
①	①	①	①	①	①
②	②	②	②	②	②
③	③	③	③	③	③
④	④	④	④	④	④
⑤	⑤	⑤	⑤	⑤	⑤
⑥	⑥	⑥	⑥	⑥	⑥
⑦	⑦	⑦	⑦	⑦	⑦
⑧	⑧	⑧	⑧	⑧	⑧
⑨	⑨	⑨	⑨	⑨	⑨

직무능력평가(01~50) | 직무상식평가(01~30)

01	① ② ③ ④ ⑤	21	① ② ③ ④ ⑤	41	① ② ③ ④ ⑤	01	① ② ③ ④ ⑤
02	① ② ③ ④ ⑤	22	① ② ③ ④ ⑤	42	① ② ③ ④ ⑤	02	① ② ③ ④ ⑤
03	① ② ③ ④ ⑤	23	① ② ③ ④ ⑤	43	① ② ③ ④ ⑤	03	① ② ③ ④ ⑤
04	① ② ③ ④ ⑤	24	① ② ③ ④ ⑤	44	① ② ③ ④ ⑤	04	① ② ③ ④ ⑤
05	① ② ③ ④ ⑤	25	① ② ③ ④ ⑤	45	① ② ③ ④ ⑤	05	① ② ③ ④ ⑤
06	① ② ③ ④ ⑤	26	① ② ③ ④ ⑤	46	① ② ③ ④ ⑤	06	① ② ③ ④ ⑤
07	① ② ③ ④ ⑤	27	① ② ③ ④ ⑤	47	① ② ③ ④ ⑤	07	① ② ③ ④ ⑤
08	① ② ③ ④ ⑤	28	① ② ③ ④ ⑤	48	① ② ③ ④ ⑤	08	① ② ③ ④ ⑤
09	① ② ③ ④ ⑤	29	① ② ③ ④ ⑤	49	① ② ③ ④ ⑤	09	① ② ③ ④ ⑤
10	① ② ③ ④ ⑤	30	① ② ③ ④ ⑤	50	① ② ③ ④ ⑤	10	① ② ③ ④ ⑤
11	① ② ③ ④ ⑤	31	① ② ③ ④ ⑤	01	① ② ③ ④ ⑤	21	① ② ③ ④ ⑤
12	① ② ③ ④ ⑤	32	① ② ③ ④ ⑤	02	① ② ③ ④ ⑤	22	① ② ③ ④ ⑤
13	① ② ③ ④ ⑤	33	① ② ③ ④ ⑤	03	① ② ③ ④ ⑤	23	① ② ③ ④ ⑤
14	① ② ③ ④ ⑤	34	① ② ③ ④ ⑤	04	① ② ③ ④ ⑤	24	① ② ③ ④ ⑤
15	① ② ③ ④ ⑤	35	① ② ③ ④ ⑤	05	① ② ③ ④ ⑤	25	① ② ③ ④ ⑤
16	① ② ③ ④ ⑤	36	① ② ③ ④ ⑤	06	① ② ③ ④ ⑤	26	① ② ③ ④ ⑤
17	① ② ③ ④ ⑤	37	① ② ③ ④ ⑤	07	① ② ③ ④ ⑤	27	① ② ③ ④ ⑤
18	① ② ③ ④ ⑤	38	① ② ③ ④ ⑤	08	① ② ③ ④ ⑤	28	① ② ③ ④ ⑤
19	① ② ③ ④ ⑤	39	① ② ③ ④ ⑤	09	① ② ③ ④ ⑤	29	① ② ③ ④ ⑤
20	① ② ③ ④ ⑤	40	① ② ③ ④ ⑤	10	① ② ③ ④ ⑤	30	① ② ③ ④ ⑤

감독자 확인란	

※ 본 답안지는 실제와 다를 수 있습니다.

자름선

농협은행 5급 기출복원+실전모의고사 OMR 답안지

성명(4자까지만 표기)			
ㄱ ㅏ ㄱ	ㄱ ㅏ ㄱ	ㄱ ㅏ ㄱ	ㄱ ㅏ ㄱ
ㄴ ㅑ ㄴ	ㄴ ㅑ ㄴ	ㄴ ㅑ ㄴ	ㄴ ㅑ ㄴ
ㄷ ㅓ ㄷ	ㄷ ㅓ ㄷ	ㄷ ㅓ ㄷ	ㄷ ㅓ ㄷ
ㄹ ㅕ ㄹ	ㄹ ㅕ ㄹ	ㄹ ㅕ ㄹ	ㄹ ㅕ ㄹ
ㅁ ㅗ ㅁ	ㅁ ㅗ ㅁ	ㅁ ㅗ ㅁ	ㅁ ㅗ ㅁ
ㅂ ㅛ ㅂ	ㅂ ㅛ ㅂ	ㅂ ㅛ ㅂ	ㅂ ㅛ ㅂ
ㅅ ㅜ ㅅ	ㅅ ㅜ ㅅ	ㅅ ㅜ ㅅ	ㅅ ㅜ ㅅ
ㅇ ㅠ ㅇ	ㅇ ㅠ ㅇ	ㅇ ㅠ ㅇ	ㅇ ㅠ ㅇ
ㅈ ㅡ ㅈ	ㅈ ㅡ ㅈ	ㅈ ㅡ ㅈ	ㅈ ㅡ ㅈ
ㅊ ㅣ ㅊ	ㅊ ㅣ ㅊ	ㅊ ㅣ ㅊ	ㅊ ㅣ ㅊ
ㅋ ㅐ ㅋ	ㅋ ㅐ ㅋ	ㅋ ㅐ ㅋ	ㅋ ㅐ ㅋ
ㅌ ㅒ ㅌ	ㅌ ㅒ ㅌ	ㅌ ㅒ ㅌ	ㅌ ㅒ ㅌ
ㅍ ㅔ ㅍ	ㅍ ㅔ ㅍ	ㅍ ㅔ ㅍ	ㅍ ㅔ ㅍ
ㅎ ㅖ ㅎ	ㅎ ㅖ ㅎ	ㅎ ㅖ ㅎ	ㅎ ㅖ ㅎ
ㄲ ㅘ ㄲ	ㄲ ㅘ ㄲ	ㄲ ㅘ ㄲ	ㄲ ㅘ ㄲ
ㄸ ㅙ ㄶ	ㄸ ㅙ ㄶ	ㄸ ㅙ ㄶ	ㄸ ㅙ ㄶ
ㅃ ㅚ ㄺ	ㅃ ㅚ ㄺ	ㅃ ㅚ ㄺ	ㅃ ㅚ ㄺ
ㅆ ㅝ ㄻ	ㅆ ㅝ ㄻ	ㅆ ㅝ ㄻ	ㅆ ㅝ ㄻ
ㅉ ㅞ ㄼ	ㅉ ㅞ ㄼ	ㅉ ㅞ ㄼ	ㅉ ㅞ ㄼ
ㅟ ㅀ	ㅟ ㅀ	ㅟ ㅀ	ㅟ ㅀ
ㅢ	ㅢ	ㅢ	ㅢ

수험번호(8자리)							
⓪	⓪	⓪	⓪	⓪	⓪	⓪	⓪
①	①	①	①	①	①	①	①
②	②	②	②	②	②	②	②
③	③	③	③	③	③	③	③
④	④	④	④	④	④	④	④
⑤	⑤	⑤	⑤	⑤	⑤	⑤	⑤
⑥	⑥	⑥	⑥	⑥	⑥	⑥	⑥
⑦	⑦	⑦	⑦	⑦	⑦	⑦	⑦
⑧	⑧	⑧	⑧	⑧	⑧	⑧	⑧
⑨	⑨	⑨	⑨	⑨	⑨	⑨	⑨

생년월일(연도/월/일)					
⓪	⓪	⓪	⓪	⓪	⓪
①	①	①	①	①	①
②	②	②	②	②	②
③	③	③	③	③	③
④	④	④	④	④	④
⑤	⑤	⑤	⑤	⑤	⑤
⑥	⑥	⑥	⑥	⑥	⑥
⑦	⑦	⑦	⑦	⑦	⑦
⑧	⑧	⑧	⑧	⑧	⑧
⑨	⑨	⑨	⑨	⑨	⑨

직무능력평가(01~50) | 직무상식평가(01~30)							
01	① ② ③ ④ ⑤	21	① ② ③ ④ ⑤	41	① ② ③ ④ ⑤	01	① ② ③ ④ ⑤
02	① ② ③ ④ ⑤	22	① ② ③ ④ ⑤	42	① ② ③ ④ ⑤	02	① ② ③ ④ ⑤
03	① ② ③ ④ ⑤	23	① ② ③ ④ ⑤	43	① ② ③ ④ ⑤	03	① ② ③ ④ ⑤
04	① ② ③ ④ ⑤	24	① ② ③ ④ ⑤	44	① ② ③ ④ ⑤	04	① ② ③ ④ ⑤
05	① ② ③ ④ ⑤	25	① ② ③ ④ ⑤	45	① ② ③ ④ ⑤	05	① ② ③ ④ ⑤
06	① ② ③ ④ ⑤	26	① ② ③ ④ ⑤	46	① ② ③ ④ ⑤	06	① ② ③ ④ ⑤
07	① ② ③ ④ ⑤	27	① ② ③ ④ ⑤	47	① ② ③ ④ ⑤	07	① ② ③ ④ ⑤
08	① ② ③ ④ ⑤	28	① ② ③ ④ ⑤	48	① ② ③ ④ ⑤	08	① ② ③ ④ ⑤
09	① ② ③ ④ ⑤	29	① ② ③ ④ ⑤	49	① ② ③ ④ ⑤	09	① ② ③ ④ ⑤
10	① ② ③ ④ ⑤	30	① ② ③ ④ ⑤	50	① ② ③ ④ ⑤	10	① ② ③ ④ ⑤
11	① ② ③ ④ ⑤	31	① ② ③ ④ ⑤	01	① ② ③ ④ ⑤	21	① ② ③ ④ ⑤
12	① ② ③ ④ ⑤	32	① ② ③ ④ ⑤	02	① ② ③ ④ ⑤	22	① ② ③ ④ ⑤
13	① ② ③ ④ ⑤	33	① ② ③ ④ ⑤	03	① ② ③ ④ ⑤	23	① ② ③ ④ ⑤
14	① ② ③ ④ ⑤	34	① ② ③ ④ ⑤	04	① ② ③ ④ ⑤	24	① ② ③ ④ ⑤
15	① ② ③ ④ ⑤	35	① ② ③ ④ ⑤	05	① ② ③ ④ ⑤	25	① ② ③ ④ ⑤
16	① ② ③ ④ ⑤	36	① ② ③ ④ ⑤	06	① ② ③ ④ ⑤	26	① ② ③ ④ ⑤
17	① ② ③ ④ ⑤	37	① ② ③ ④ ⑤	07	① ② ③ ④ ⑤	27	① ② ③ ④ ⑤
18	① ② ③ ④ ⑤	38	① ② ③ ④ ⑤	08	① ② ③ ④ ⑤	28	① ② ③ ④ ⑤
19	① ② ③ ④ ⑤	39	① ② ③ ④ ⑤	09	① ② ③ ④ ⑤	29	① ② ③ ④ ⑤
20	① ② ③ ④ ⑤	40	① ② ③ ④ ⑤	10	① ② ③ ④ ⑤	30	① ② ③ ④ ⑤

감독자 확인란	